LOGISCHE UNTERSUCHUNGEN

ERSTER BAND

HUSSERLIANA

EDMUND HUSSERL
GESAMMELTE WERKE

BAND XVIII

LOGISCHE UNTERSUCHUNGEN

ERSTER BAND

PROLEGOMENA ZUR REINEN LOGIK

AUF GRUND DES NACHLASSES VERÖFFENTLICHT IN
GEMEINSCHAFT MIT DEM HUSSERL-ARCHIV AN DER
UNIVERSITÄT KÖLN VOM HUSSERL-ARCHIV (LEUVEN)
UNTER LEITUNG VON

H. L. VAN BREDA †

EDMUND HUSSERL
LOGISCHE UNTERSUCHUNGEN

ERSTER BAND

PROLEGOMENA ZUR REINEN LOGIK

TEXT DER 1. UND DER 2. AUFLAGE

HERAUSGEGEBEN

VON

ELMAR HOLENSTEIN

Die Vorbereitung dieses Bandes wurde unterstützt vom
Belgischen Ministerie voor Nationale Opvoeding en
Nederlandse Cultuur und vom Fonds voor Kollektief
Fundamenteel Onderzoek

DEN HAAG

MARTINUS NIJHOFF

1975

ISBN 90 247 1722 1

PRINTED IN THE NETHERLANDS

INHALT

SELBSTANZEIGE 259

TEXTKRITISCHER ANHANG

EINLEITUNG DES HERAUSGEBERS

Die *Logischen Untersuchungen* sind die zweite Buchveröffent-
lichung Edmund Husserls. Ihnen voraus liegt der I. Band einer
Philosophie der Arithmetik[1], dem nie ein II. Band gefolgt ist. Zu
Lebzeiten Husserls erschienen insgesamt vier deutschsprachige
Auflagen der *Logischen Untersuchungen*. Die erste Auflage
stammt aus den Jahren 1900 (I. Teil) und 1901 (II. Teil), die
zweite, „umgearbeitete" Auflage aus den Jahren 1913 (I. Band
und II. Band, 1. Teil) und 1921 (II. Band, 2. Teil). Die weiteren
Auflagen aus den Jahren 1922 und 1928 sind, bis auf einige
Druckfehlerkorrekturen, unveränderte Abdrucke der zweiten
Auflage. Mit Husserls Autorisierung erschienen ferner eine russische Übersetzung der ersten Auflage des I. Teiles im Jahre 1909
und eine spanische Übersetzung der gesamten zweiten Auflage
im Jahre 1929.[2]

Für die textkritische Neuedition der *Logischen Untersuchungen*
im Rahmen der *Husserliana* sind die Direktoren der Husserl-
Archive in Leuven und Köln übereingekommen, streng zwischen
den Texten, die Husserl selber publiziert und durch wiederholte
Editionen approbiert hatte, und anderweitigen Texten — Ma-
nuskriptvorlagen, Annotationen in den Handexemplaren, Entwürfen zur Umarbeitung und von ergänzenden Einlagen usw.[3] —

---

[1] Vgl. *Husserliana* XII.

[2] Für die bibliographischen Daten vgl. den *Textkritischen Anhang*, unten S. 265
ff. — Um Komplikationen zu vermeiden, gebrauchen wir für die zwei „Teile" der
ersten Auflage, aus denen in der zweiten Auflage zwei „Bände" wurden, fortan in
dieser Einleitung ebenfalls die Bezeichnung „I. bzw. II. Band". Für die erste Auflage
gebrauchen wir ferner in der vorliegenden Edition das Sigel A für die zweite Auflage
das Sigel B, wobei der 1. Teil des II. Bandes als B₁ und der 2. Teil des II. Bandes als
B₂ angeführt wird. Für die übrigen Zeichen und Sigel vgl. den *Textkritischen Anhang*,
unten S. 289.

[3] Einer dieser Texte wurde von Eugen Fink, Husserls letztem Assistenten, unter
dem Titel „Entwurf einer ‚Vorrede' zu den ‚Logischen Untersuchungen' (1913)" in
der *Tijdschrift voor Philosophie*, 1 (1939), S. 106–133, 319–339, veröffentlicht. Es
handelt sich um Manuskriptfragmente, die ursprünglich für die Einführung zur

zu unterscheiden. Vorderhand gelangen die von Husserl selbst veröffentlichten Texte, d.h. neben dem Text der *Logischen Unter-suchungen* selber nur noch die Selbstanzeigen der ersten Auflage, allein und separat zur kritischen Neuedition.

Als Grundtext für diese Neuedition wurde der Text der zweiten Auflage, unter Berücksichtigung der Druckfehlerkorrekturen der dritten Auflage, gewählt, den Husserl durch wiederholte Editio-nen als letztwilligen Text bestätigt hatte. Die Abweichungen der ersten Auflage werden in Fußnoten angeführt. Der vorliegende Band XVIII der *Husserliana* enthält dabei die Vorworte, den I. Band und, als Anhang, die Selbstanzeige des I. Bandes.

Die folgende Einleitung bringt nach einer kurzen Vorstellung der philosophischen Bedeutung und der literarischen Eigenart der *Logischen Untersuchungen* einen Überblick über die Ent-stehungs-, Editions- und Rezensionsgeschichte des I. Bandes, der mit einem Paragraphen über die Weiterentwicklung seiner The-matik in den folgenden Schriften Husserls abgeschlossen wird.

Die *Logischen Untersuchungen* gelten weithin als das bedeu-tendste Werk Husserls. Ihr Ansehen verdanken sie zu gleichen Teilen der Begründung der Logik als einer reinen, formalen und autonomen Wissenschaft, zu der sie ihrer ursprünglichen Ziel-setzung nach ansetzen, und dem Durchbruch zu einer neuen „Erkenntnistheorie", der Phänomenologie, zu der die ursprüng-lich gestellte Aufgabe schließlich führte.

Das ursprüngliche Anliegen wird in den einführenden Texten zum I. wie zum II. Band klar zum Ausdruck gebracht.[1] Der I. Band bringt dazu dreierlei: 1. eine Abgrenzung der Idee einer reinen Logik gegenüber den Auffassungen der Logik als einer Kunstlehre, d.h. einer Technologie oder Anleitung zum wissen-schaftlichen Denken, und als einer normativen Wissenschaft, die die Formalgesetze der reinen Logik zu Normalgesetzen wendet (Kapitel I und II), 2. eine Zurückweisung der psychologischen Begründung der logischen Gesetze aus der Natur des Bewußt-

---

zweiten Auflage und dann später für das „Nachwort", von dem im „Vorwort zur zweiten Auflage" (B XVI f.) die Rede ist, bestimmt waren. Vgl. dazu die textkritische Studie von K. Schuhmann, „Forschungsnotizen über Husserls ‚Entwurf einer ‚Vorrede' zu den *Logischen Untersuchungen'*": *Tijdschrift voor Filosofie*, 34 (1972), S. 513–524.

[1] Vgl. vor allem die Selbstanzeige des I. Bandes (hier S. 261 f.).

seins, in dem sie konzipiert werden, zugunsten einer erkenntnistheoretischen Begründung aus dem Sinn der logischen Grundbegriffe (Kapitel III bis X), 3. eine vorläufige Skizze der reinen Logik, ihrer Grundbegriffe und ihrer Aufgabenbereiche (Kapitel XI). Die reine Logik wird definiert als ,,das System der idealen Gesetze und Theorien, welche rein im Sinne der idealen Bedeutungskategorien gründen''[1]. Der II. Band bringt dann in einer Reihe von sog. Einzeluntersuchungen ,,Vorarbeiten'' zur erkenntnistheoretischen bzw. phänomenologischen Klärung und Grundlegung dieser reinen Logik.

Als ,,ein Werk des Durchbruchs, und somit nicht ein Ende, sondern ein Anfang'' werden die *Logischen Untersuchungen* gleich zu Beginn des Vorworts zur zweiten Auflage von 1913 vorgestellt.[2] Mit ,,Durchbruch'' greift Husserl einen Ausdruck auf, der in diesem Zusammenhang vor und nach 1913 wiederholt erscheint. Besonders in Briefen wird unmißverständlich zu Wort gebracht, wohin der Durchbruch erfolgte.

,,N a t o r p hat ‹in seiner Rezension des I. Bandes › richtig bemerkt, daß die Ziele, die ich der reinen Logik stelle, sich im wesentlichen mit denjenigen der Kantischen Erkenntniskritik decken. In der Tat, ich versuche eine neue Erkenntniskritik, aber ich habe sie nicht ganz, es sind Anfänge, die in wichtigen Richtungen der Fortführung bedürfen.'' — Brief an G. A l b r e c h t, 22.8.1901.[3]
,,Noch eins. Ich schrieb einmal über *Logische Untersuchungen*. Seitdem figuriere ich als Logiker. Phänomenologie gilt als so etwas wie Logik. Sie hat mit Logik nicht mehr zu tun als mit Ethik, mit Ästhetik und mit allen parallelen Disziplinen. Die *Logischen Untersuchungen* boten tastende Anfänge einer Phänomenologie des Logischen: Da vollzog sich ein erster Durchbruch der Phänomenologie überhaupt...''
— Entwurf eines Briefes an E. S p r a n g e r, um 1918.
,,Man sieht nur (...) den Verfasser der *Logischen Untersuchungen*, man sieht nur, was sie der vorigen Generation waren und nicht, was in ihnen werden wollte und in meiner weiteren Arbeit wurde. Sie waren eine Restitution der formalen und materialen Ontologie, aber in eines mit einem Durchbruch der ‚transzendentalen', sie alsbald transzendental relativierenden ‚Phänomenologie'. Ontologie behielt ihr Recht so wie die reale Welt; aber es enthüllte sich ihr letzter, konkret voller (transzendentaler) Sinn. In weiterer Folge (das war schon bei Erschei-

---

[1] Selbstanzeige des I. Bandes, S. 512 (hier S. 262).
[2] B VIII.
[3] Sämtliche zitierten Briefe und Briefentwürfe finden sich im Original oder in einer Kopie im Husserl-Archiv in Leuven.

nen der *Ideen* soweit!) verlor die formale Logik und alle reale Ontologie ihr ursprüngliches Interesse für mich, gegenüber einer systematischen Begründung einer Lehre der transzendentalen Subjektivität
und zwar als Intersubjektivität." — Brief an G. Misch, 16.11.1930.[1]

In den beiden letzten Briefen kommt das Eigengewicht der
Phänomenologie gegenüber den Problemen der formalen Logik,
die zu ihr führten, zur Geltung. In der Selbstanzeige des I. Bandes
wird der Blick dagegen noch auf den inneren, konsequenten
Fortgang von der Begründung der reinen Logik zur Erkenntnistheorie als solcher gerichtet.

„Man kann sagen, daß diese Aufgabe einer erkenntnistheoretischen
Aufklärung der Logik sich in der Hauptsache mit der kritischen Aufklärung von Denken und Erkennen, also mit der Erkenntnistheorie
selbst deckt."[2]

Auch in literarischer Hinsicht fällt den *Logischen Untersuchungen* ein besonderer Platz im Schrifttum Husserls zu. Das
zweite für seine Philosophie grundlegende Werk, das I. Buch der
Ideen, schrieb Husserl nach eigenem Zeugnis „in sechs Wochen,
ohne Entwürfe als Unterlage, wie in Trance"[3]. In ähnlicher Weise
sollen die Spätschriften *Formale und transzendentale Logik* und
Cartesianische Meditationen zustandegekommen sein.[4] Was jahr-
zehntelang über unzählige Manuskriptseiten hin durchdacht worden ist, wird als ausgereifte Frucht in kürzester Zeit niedergeschrieben. Anders die *Logischen Untersuchungen*. Sie stellen über
Jahre sich ausweitende, bis zum allerletzten Moment der Drucklegung fortgetriebene Ausarbeitungen von Vorlesungs- und Forschungsmanuskripten dar, ohne daß sie dabei zu einem allseitig
ausgewogenen und abgerundeten Ganzen, zu einem „befriedigen-
den Ende"[5] gebracht worden wären. Sie sind ihrer literarischen
Entstehungsgeschichte und Form nach als ein Mittelstück anzu-

---

[1] Abgedruckt in A. Diemer, *Edmund Husserl*, 2., verbesserte Auflage, Meisenheim am Glan 1965, S. 328 f.

[2] S. 512 (hier S. 262).

[3] Brief an A. Metzger, 4. 9. 1919; vgl. den (allein autorisierten) Abdruck in
E. V. Kohak, „Edmund Husserl: A Letter to Arnold Metzger": *The Philosophical
Forum*, 21 (1963/64), S. 48–68. Dazu K. Schuhmann, *Reine Phänomenologie und
phänomenologische Philosophie. Historisch-analytische Monographie über Husserls
„Ideen I": Phaenomenologica* 57, S. 2 f.

[4] Vgl. D. Cairns, *Conversations with Husserl and Fink*, 26.12.1931 (Manuskript
im Besitz des Husserl-Archivs in Leuven; Veröffentlichung in der Reihe *Phaenomenologica* in Vorbereitung).

[5] Vgl. Brief an A. Metzger, 4.9.1919, a.a.O., S. 63.

sehen zwischen den genannten Schriften und den Vorlesungs-
und Forschungsmanuskripten, wie sie erstmals 1928 in den *Vorlesungen zur Phänomenologie des inneren Zeitbewusstseins* von
M. Heidegger[1] herausgegeben worden sind und wie sie jetzt in
den *Husserliana* veröffentlicht werden.

Wie die Unfertigkeit der Untersuchungen Husserl zusetzte,
läßt sich wiederum seinen Briefen entnehmen. Diese geben zugleich eine Vorstellung vom Platze, den die *Logischen Untersuchungen* im Leben und in der Lebensauffassung Husserls ein-
nahmen. In einem Brief an P. Natorp vom 29.3.1897 schreibt
Husserl von einem „verzweifelten Ringen nach sicheren Grund-
punkten für eine rationale Weltanschauung". Das gleiche Ringen
bringt ein etwas früherer Brief an H. von Arnim zum Ausdruck.

„Dieses zähe Ringen nach festen Haltepunkten, nach einer sicheren
Basis, nach einem Stück echter Wissenschaft (als etwas, das nicht
erfunden, gemacht, sondern als an sich seiendes nur gefunden werden
kann), dieser Kampf gegen all die Standpunkte und Quasi-Theorien,
die sich im Grunde selbst nicht als objektiv bindend ausgeben — da
liegt die Entscheidung über Erfolg und Mißerfolg, Glück und Unglück
meines Lebens ..." — Brief an H. von Arnim, 22.12.1896.

Nur zwiespältig gibt Husserl dem Drängen zur Veröffentlichung seiner jahrelangen Arbeit nach. Schließlich scheint aber
doch das Gefühl zu obsiegen, einen festen Ausgangspunkt für
sich und für andere gewonnen zu haben.

„Die ganze Darstellung ‹des II. Bandes› zeigt deutlich, daß die
Untersuchungen gar nicht dazu bestimmt waren, in dieser Form
publiziert zu werden, sondern als Grundlagen für eine kürzere, mehr
systematische Behandlung einer zusammenhängenden Reihe erkenntnistheoretischer Hauptprobleme dienen sollten. Die Verhältnisse lagen
aber so, daß ich an weit ausgreifende Unternehmungen nicht mehr
denken durfte. Das Werk konnte nur so, wie es jetzt vorlag, erscheinen
oder es konnte überhaupt nicht mehr erscheinen. Und der Inhalt
rechtfertigt, des bin ich sicher, die Publikation, trotz der unvollkommenen Gestalt. Es ist immerhin ein ernstes Buch, das anderen den
Zugang zu den Zielen erleichtern mag, bis zu welchen ich nicht vor-
dringen konnte. Im übrigen arbeite ich fort; ich bin mit der Erkenntniskritik nicht fertig, ich fühle mich nun erst recht als Anfänger.
Genug, daß ich dies kann; ich glaube, es sind wirklich Anfänge, die

---

[5] Vgl. Bd. X der *Husserliana*

ein gesundes Wachstum zulassen: Also in 10 Jahren ein neuer Band!"
— Brief an P. Natorp, 1.5.1901.

„Als ich die *Logischen Untersuchungen* veröffentlichte, hatte ich nur
ein peinvoll geteiltes logisches Gewissen (daher sie mir von nahestehenden Menschen förmlich entrissen werden mußten), ich fühlte,
obschon ich nicht wußte warum, daß ich noch nicht den völlig reinen
philosophischen Boden und noch nicht die reine Methode, die allseitig
klaren Arbeitshorizonte hatte." — Brief an A. Metzger, 4.9.1919.[1]

„Und schließlich ist in den schweren 14 Jahren meiner Hallenser
Privatdozenten-Zeit doch ein Anfang geworden — die *Logische Untersuchungen*, die mir nunmehr Halt und Hoffnung gaben. Mit ihnen
habe ich mich selbst kuriert." — Brief an D. Cairns, 21.3.1930.

Einer der Gründe für Husserls Freunde und Förderer (vor
allem C. Stumpf und A. Riehl[2]), zur Veröffentlichung der
Untersuchungen zu drängen, war die Hoffnung, ihm, der seit
1887 als Privatdozent an der Universität Halle tätig war, eine
angemessenere berufliche Stellung zu verschaffen. Die Rück-
sichtslosigkeit, mit der Husserl sich mit den maßgebenden Logikern seiner Zeit auseinandersetzte, kam der angebotenen Hilfs-
bereitschaft allerdings wenig entgegen.

„Ein ‚aufstrebender Privatdozent', auf Publikum und Regierung
eifrig Rücksicht nehmend, war ich wahrhaftig nicht. Ein solcher wird
zugleich viel und oft publizieren. Er wird sich in seinen Problemen und
Methoden durch die Mode bestimmen lassen, er wird sich darin an die
Einflußreichen und Berühmten (Wundt, Sigwart, Erdmann usw.)
möglichst anlehnen und sich zumal hüten, sie radikal zu bestreiten.
Von all dem habe ich das genaue Gegenteil getan, ... fast alle Einflußreichen habe ich mir zu Feinden gemacht. Das Letztere dadurch,
daß ich mir meine Probleme selbst gestellt und meine eigenen Wege
gegangen bin, ..." — Brief an F. Brentano, 3.1.1905.

Nach dieser allgemeinen Einleitung beschränken sich die folgenden Ausführungen auf den I. Band der *Logischen Untersuchungen*. Dabei soll jedoch die Einheit der beiden Bände nicht
aus dem Auge verloren werden, eine Einheit, auf der Husserl
wiederholt insistiert, und die durch die folgende Aufrollung der
Entstehungsgeschichte unterbaut wird.

Die Betonung der Einheit schwankt zwischen der Ergänzungs-
bedürftigkeit der prinzipiellen Widerlegung des Psychologismus

---

[1] a.a.O., S. 63. Vgl. auch den Brief an F. Brentano, 3.1.1905.
[2] Briefe an G. Albrecht, 21.11.1899, zitiert unten S. XXX, und 22.8.1901.

im I. Band durch die phänomenologischen Analyse des kategorialen Bewusstseins im II. Band und der kritischen, den Weg
von kurzschlüssigen Vorurteilen freilegenden Vorarbeit des I.
Bandes zu einer phänomenologischen Begründung der Logik.

„Ich hoffe nun doch, daß der II. Teil den Beweis liefern wird, daß
mein Streit gegen den Psychologismus kein leerer Prinzipienstreit ist,
der um die Sachen oberflächlich herumdisputiert, sondern auf einer
sehr ernsten Durcharbeitung der Phänomenologie der Erkenntniserlebnisse beruht." — Brief an A. Meinong, 27.8.1900.[1]
„Nur durch eine reine Phänomenologie, die nichts weniger ist als
Psychologie, als Erfahrungswissenschaft von psychischen Eigenschaften und Zuständen animalischer Realitäten, kann der Psychologismus r a d i k a l überwunden werden."[2]
„Die innere Einheit der beiden Teile, die der zeitgenössischen Kritik
merkwürdigerweise verborgen blieb, liegt in nichts anderem als der
Verwirklichung des methodischen Prinzips der korrelativen Betrach-
tungsart. Um aber der subjektiv-objektiven einheitlichen Forschung
den rechten Ansatz zu verschaffen, bedurfte es zunächst der Anstrengung, die Objektivität des Objekts, hier der logischen Gebilde,
gegen jede falsche Subjektivierung zu verteidigen."[3]

Zur Entstehungsgeschichte

1884–1887

Im Wintersemester 1884/85 und im darauffolgenden Sommer-
semester besucht Husserl bei Brentano in Wien u.a. ein Kolleg,
das unter dem Titel „Die elementare Logik und die in ihr nötigen
Reformen" „systematisch verknüpfte Grundstücke einer deskrip-
tiven Psychologie des Intellekts" zum Gegenstand hat.[4] Am
29.12.1896 schreibt er aus Halle an Brentano, daß er „jetzt
fleißig die Dr. Beckschen Nachschriften der Logik (‚alte und neue

---

[1] Abgedruckt in: *Philosophenbriefe*. Aus der wissenschaftlichen Korrespondenz von
A. Meinong hrsg. von R. Kindlinger, Graz 1965, S. 100.
[2] Einleitung zum II. Band, B₁ 7.
[3] „Husserl, Edmund": *Philosophen-Lexikon*, bearbeitet von E. Hauer, W. Ziegenfuß, G. Jung, Berlin, 1937, 6. Lieferung, S. 448; vgl. die vollständige Ausgabe
des Lexikons, unter Mitwirkung von G. Jung hrsg. von W. Ziegenfuß, Berlin,
1949, Bd. I, S. 570 (von E. Fink redigierte, jedoch von Husserl gezeichnete „Selbstdarstellung"). Vgl. auch „Entwurf einer ‚Vorrede' zu den ‚Logischen Untersuchungen'
(1913)", a.a.O., S. 314 f.
[4] Vgl. „Erinnerungen an Franz Brentano": O. Kraus, *Franz Brentano. Mit
Beiträgen von Carl Stumpf und Edmund Husserl*, München 1919, S. 153, 157. Zu
Brentanos Wiener Logik-Vorlesungen vgl. F. Brentano, *Die Lehre vom richtigen
Urteil*, hrsg. von F. Mayer-Hillebrand, Bern 1956.

Logik')'' benütze.[1] Im gleichen Brief fällt zum ersten Mal der Ausdruck „logische Untersuchungen''. Husserl berichtet, daß er sich „gegenwärtig vorzugsweise mit logischen Untersuchungen über die Grundbegriffe und Prinzipien der Arithmetik und höheren Analysis'' beschäftige.

Im Sommersemester 1887 hört Husserl in Halle Stumpfs Vorlesung „Logik und Enzyklopädie der Philosophie''. In Husserls Nachlaß findet sich eine stenographische Nachschrift dieser Vorlesung sowie ein Exemplar der hektographierten Logik-Diktate Stumpfs vom folgenden Jahr, das die Widmung „Herrn Dr. E. Husserl C.St.'' trägt.[2]

Brentano und sein Schüler Stumpf definieren die Logik im Anschluß an Aristoteles als eine „Kunstlehre'' und sprechen ihr in Anlehnung an die englischen Empiristen des 19. Jahrhunderts ein Abhängigkeitsverhältnis gegenüber der Psychologie zu.

„Sowenig ich aber der Meinung bin, daß die Kunst der Logik samt der Meßkunst aus einer einzigen theoretischen Disziplin ihre Wahrheiten entnehme, vielmehr aus verschiedenen, so stehe ich doch nicht an, jetzt wie früher zu behaupten, daß unter den theoretischen die Psychologie in nächster Beziehung zu ihr stehe.'' — Brief Brentanos an Husserl, 9.1.1905.[3]
„Unter Logik verstehen wir die praktische Erkenntnislehre oder die Anweisung zum richtigen Urteilen. Zur Philosophie wird sie gerechnet, weil sie ihre Voraussetzungen zum größten Teile einer philosophischen Wissenschaft, der Psychologie, entnimmt.''[4]

Die von Husserls Lehrern vorgetragene psychologische Fundierung der Logik konvergiert mit der von seinen früheren mathematischen Lehrern (K. Weierstraß) vertretenen psychologischen Einführung der mathematischen Grundbegriffe.[5]

In seiner Habilitationsschrift von 1887 teilt Husserl das von der „neueren Logik'' vertretene Verständnis ihrer Aufgabe als der „einer praktischen Disziplin (einer Kunstlehre des richtigen

---

[1] Vgl. „Erinnerungen an Franz Brentano'', a.a.O., S. 158.
[2] Archiv-Signatur Q 13 und 14.
[3] Abgedruckt in F. Brentano, *Wahrheit und Evidenz*, hrsg. von O. Kraus, Leipzig 1930, S. 155 f.
[4] C. Stumpf, *Logik-Diktate*, 1888: Q 13, S. 1. Vgl. dazu die Ausführungen in der Logik-Vorlesung von 1887: Q 14, S. 1–4.
[5] Vgl. die Einleitung des Herausgebers (L. Eley) zu E. Husserl, *Philosophie der Arithmetik: Husserliana XII*, S. XXIII f.

Urteilens)''[1] und der Psychologie als einer fundierenden Wissenschaft.

1891

Husserls erstes Buch, *Philosophie der Arithmetik*, bringt in einer Auseinandersetzung mit Frege eine kritische Stellungnahme zum Verhältnis von Psychologie und Mathematik bzw. Logik und Erkenntnistheorie, die sich in auffallender Weise mit der zwischen Psychologismus und Kritizismus, d.h. der kantianischen Verteidigung des Apriorischen, vermittelnden Position Stumpfs deckt, die dieser in einer Publikation des gleichen Jahres vorlegt.[2] Husserl folgt keineswegs ahnungs- und problemlos der psychologistischen Tendenz der damals vorherrschenden philosophischen Strömung. Er vertritt einen wohl reflektierten, fest umgrenzten psychologistischen Standpunkt. Zu Freges Ansicht, daß die Psychologie zur Begründung der Arithmetik nichts beitragen kann, und zu dessen Verfechtung einer rein logischen Fundierung, nämlich einer „Fundierung der Arithmetik auf eine Folge formaler Definitionen'', schreibt Husserl:[3]

---

[1] *Über den Begriff der Zahl*, Halle a.d.S. 1887, S. 4 f. Die Habilitationsschrift wurde als ergänzender Text in *Husserliana* XII, S. 289–339, neu abgedruckt. — Wir zitierten Husserls Schriften durchwegs nach der jeweiligen Originalpaginierung.

[2] „Psychologie und Erkenntnistheorie'': *Abhandlungen der philosophisch-philologischen Klasse der königlich bayerischen Akademie der Wissenschaften*, 19 (1891), S. 466–516. Zu Husserls Rückverweis (A/B 52) auf diese Abhandlung vgl. S. 468: „Wir bezeichnen im folgenden mit dem Ausdruck ,Kritizismus' die Auffassung der Erkenntnistheorie, welche sie von allen psychologischen Grundlagen zu befreien sucht, mit dem Ausdruck ,Psychologismus' (den wohl J. E. Erdmann zuerst gebraucht hat) die Zurückführung aller philosophischen und besonders auch aller erkenntnistheoretischen Untersuchungen auf Psychologie; ...'' W. R. Boyce Gibson (vgl. „From Husserl to Heidegger. Excerpts from a 1928 Freiburg Diary by W. R. Boyce Gibson'', ed. by H. Spiegelberg: *The Journal to the British Society for Phenomenology*, 2 (1971), S. 70) scheint aus Gesprächen mit Husserl den Eindruck gewonnen zu haben, daß dieser von Stumpf „nicht so viel'' profitiert hatte. Dieser Eindruck hält einem historischen Quellenstudium kaum stand.

[3] S. 130 f. Vgl. dazu Stumpf, a.a.O., S. 501: „Sollen wir nun die eigentümlichen Aufgaben der Psychologie und der Erkenntnistheorie einander gegenüberstellen, so haben wir nur einige bereits eingeflochtene Betrachtungen zu erweitern.

Die Untersuchung des Ursprungs der Begriffe, sowohl derjenigen von absolutem als von relativem Inhalt, ist eine alte Aufgabe der Psychologie. Ist es richtig, daß ein Begriff nicht für sich denkbar ist, sondern daß er nur innerhalb einer konkreten Vorstellung, gleichsam eingebettet in derselben oder, mit einem vielleicht bezeichnenderen Bilde, wie stereoskopisch hervortretend, auf dem Wege der gewöhnlichen Abstraktion erfaßt werden kann, so fällt jene Aufgabe zusammen mit der Bestimmung der jeweiligen konkreten Vorstellung und der genauesten Charakterisierung der Momente oder Veränderungsweisen dieser Vorstellung, welche die Abstraktion des bezüglichen Begriffes ermöglichen ...

XX   EINLEITUNG DES HERAUSGEBERS

„Definieren kann man doch nur das logisch Zusammengesetzte. Sobald wir auf die letzten, elementaren Begriffe stoßen, hat alles Definieren ein Ende. Begriffe wie Qualität, Intensität, Ort, Zeit u.dgl. kann niemand definieren. Und dasselbe gilt von den elementaren Relationen und den auf sie gegründeten Begriffen ... Was man in solchen Fällen tun kann, besteht nur darin, daß man die konkreten Phänomene aufweist, aus oder an denen sie abstrahiert sind, und die Art dieses Abstraktionsvorganges klarlegt; ... Was man von der sprachlichen Darlegung eines solchen Begriffes (...), vernünftigerweise verlangen kann, wäre demgemäß so zu fixieren: sie muß wohlgeeignet sein, uns in die richtige Disposition zu versetzen, daß wir diejenigen abstrakten Momente in der inneren und äußeren Anschauung, welche gemeint sind, selbst herausheben bzw. jene psychischen Prozesse, welche zur Bildung des Begriffes erforderlich sind, in uns nacherzeugen können. ... Ein solcher Fall liegt gerade bei den Zahlbegriffen vor, und so können wir es an sich gar nicht tadelnswert finden, wenn Mathematiker an der Spitze ihres Systems anstatt eine logische Definition der Zahlbegriffe zu geben, ‚die Weise beschreiben, wie man zu diesen Begriffen kommt‘; ..."

Gegenüber verschiedenen zeitgenössischen Theorien zum Zahlenbegriff hält Husserl in der *Philosophie der Arithmetik* ausdrücklich daran fest, daß keineswegs alle „psychologischen Vorbedingungen", z.B. die Sukzession in der Zeit, in den Inhalt des Begriffes eingehen.[1]

Husserls Position wird durch die Wahl der Untertitel für die Habilitationsschrift (*Psychologische Analysen*) und die *Philosophie der Arithmetik* (*Psychologische und logische Untersuchungen*)[2] zum Ausdruck gebracht. Soweit die Analyse sich auf Begriffe erstreckt, kann sie, wenn sie „zu festen Resultaten kommen soll"[3], seiner damaligen Sicht nach gar nicht anders als psychologisch sein.

Neben der „Frage nach dem Ursprung der mathematischen Vorstellungen" nennt Husserl im Vorwort zur ersten Auflage der *Logischen Untersuchungen*[4] noch die „Ausgestaltung der prakti-

---

Die Aufsuchung der allgemeinsten unmittelbar einleuchtenden W a h r h e i t e n dagegen ist Sache der Erkenntnistheorie ..."

[1] S. 24 f. Zu Husserls begrenzten psychologistischen Standpunkt in diesen Jahren vgl. auch „Zur Logik der Zeichen (Semiotik)", 1890: *Husserliana* XII, S. 358 f., und die Rezension von E. Schröder, *Vorlesungen über die Algebra der Logik* I, Leipzig 1890: *Göttingische gelehrte Anzeigen* (1891), S. 257 f.

[2] Der Untertitel ist in der *Husserliana*-Ausgabe der *Philosophie der Arithmetik* nicht korrekt wiedergegeben.

[3] *Über den Begriff der Zahl*, S. 8.

[4] A/B VII.

schen Methoden" als ein Gebiet, für das ihm die psychologische Analyse klar und lehrreich schien und auf das er nun in den *Prolegomena* die Zuständigkeit der Psychologie beschränkt. Während die *Philosophie der Arithmetik* zur Reduktion „der Arithmetik als der Wissenschaft von den Zahlenbeziehungen" auf die Rechenkunst, d.h. „die Methode der Herleitung von gesuchten aus gegebenen Zahlen" tendiert[1], schränken die *Logischen Untersuchungen* den Stellenwert der Methodologie unmißverständlich ein.

Bei der Brandmarkung des „Psychologismus" der *Philosophie der Arithmetik* verweisen die Kommentatoren gewöhnlich allein auf eine Stelle, auf die Husserl selber in seinen Vorrede- bzw. Nachrede-Entwürfen zur zweiten Auflage der *Logischen Untersuchungen* zu sprechen kommt. Geleitet von der Erkenntnis, daß ein Kollektivum keine sachliche, in den Inhalten der kolligierten Sachen gründende Einheit ist, und gleichzeitig fehlgeleitet von Brentanos Lehre, daß dem Psychischen nur Physisches entgegengesetzt sein kann und daß ideale Entitäten nichts als Fiktionen sind, verficht Husserl in der *Philosophie der Arithmetik*[2] die These, daß Begriffe von Kollektiva allein durch die Reflexion auf den Akt des Kolligierens zustandekommen und daß ihnen m.a.W. keine ideale Objektivitäten entsprechen. Zweifel, ob denn der Begriff der Anzahl nicht doch etwas anderes sei als der Begriff des Kolligierens, quälten Husserl nach seinen Mitteilungen von 1913[3] jedoch „schon in den allerersten Anfängen und erstreckten sich dann auf alle, wie ich sie nachher nannte, kategorialen Begriffe, und schließlich in anderer Form auf alle Begriffe von Objektivitäten welcher Art immer".

1894

In der Tat distanzieren sich bereits die „Psychologischen Stu-

---

[1] XIII. Kapitel. — Die Herkunft dieser Tendenz verrät ein Brief Brentanos an Husserl vom 9.1.1905, abgedruckt in F. B r e n t a n o, *Wahrheit und Evidenz*, a.a.O., S. 154, in dem B r e n t a n o eine beinahe „operationalistisch" anmutende Reduktion der Mathematik auf die „Rechenkunst" verteidigt: „Ist nicht insbesondere auch die Erfindung des Differentialkalküls die Erfindung eines methodischen Verfahrens? so zwar, daß selbst die positive Festsetzung einer gewissen Bezeichnungsweise durch Leibniz, der von Newton überlegen, sich als ein mächtiger Fortschritt erwies."

[2] S. 12 ff., S. 76 ff.

[3] „Entwurf einer ‚Vorrede' zu den ‚Logischen Untersuchungen' ", a.a.O., S. 127.

dien zur elementaren Logik", abgefaßt im Herbst 1893,[1] ver-
öffentlicht 1894,[2] vom Rekurs auf die „Weise der psychischen
Betätigung" zur Unterscheidung von abstrakten und konkreten
Inhalten.

„Ich habe mich vergeblich bemüht, zwischen dem Bewußtsein des
Abstrakten und Konkreten den leisesten Unterschied aufzufinden.
Abstrahieren, sagt man, ist für sich beachten; bedarf es aber, um ein
absolutes Konkretum aus dem umfassenden Hintergrunde auszu-
scheiden und es zum Gegenstand besonderer Beschäftigung zu machen,
nicht eben dieses ‚Abstrahierens'?"[3]

Im Schlußparagraphen der gleichen Abhandlung[4] vertritt
Husserl unter Verweis auf die *Philosophie der Arithmetik* die
Bedeutung des psychologischen Studiums der anschauenden und
repräsentativen Elementarprozesse für die „apriorischen" Wissenschaften. Die Möglichkeit, das logische Verständnis des sym-
bolischen Denkens auch ohne psychologische Grundlagenfor-
schung fördern zu können, wird jedoch ausdrücklich zugestanden.
Bemerkenswert ist, daß Husserl in der Selbstanzeige seiner
„Psychologischen Studien zur elementaren Logik" innerhalb
seines „Berichtes über deutsche Schriften zur Logik aus dem
Jahre 1894"[5], geschrieben im Winter 1896/97,[6] veröffentlicht
1897, d.h. nach Freges Rezension (1894) der *Philosophie der
Arithmetik* und nach seinen Vorlesungen zum Psychologismus-
Problem (1896), über seine Ausführungen zur „Psychologie der
Erkenntnis und Logik" ohne die geringste Einschränkung re-
feriert und auch noch in dieser Rezension „die deskriptive und
genetische Erforschung" der Anschauungs- und Repräsentations-
bzw. Apperzeptionsphänomene zur „Fundierung jeder Urteilslehre" fordert.[7]

Im gleichen Jahr 1894 erscheint G. Freges Rezension der
Philosophie der Arithmetik.[8] Frege kritisiert u.a. die Verwechslung von Begriff und Vorstellung sowie die Gewinnung von ab-

---

[1] Ms. F III 1, S. 143a.
[2] *Philosophische Monatshefte*, 30 (1894), S. 159–191.
[3] a.a.O., S. 167.
[4] S. 187–191.
[5] *Archiv für systematische Philosophie*, 3 (1897), S. 224–227.
[6] Vgl. die Briefe an P. Natorp, 16.1.1897, und an H. von Arnim, 22.12.1896.
[7] a.a.O., S. 226 f.
[8] *Zeitschrift für Philosophie und philosophische Kritik*, 103 (1894), S. 313–332.

strakten Begriffen durch eine Wendung der Aufmerksamkeit und die Reflexion auf den psychischen Akt des Vorstellens.[1]

„Husserl remarked that Frege's criticism was the only one he was really grateful for. It hit the nail on his head."[2]

1894–1895

Im Winter 1894/95 wendet sich Husserl „nach längere Pause" wiederum „den Untersuchungen zur Logik der deduktiven Wissenschaften (dem II. Band meiner *Philosophie der Arithmetik*)" zu, den er bis zum Frühjahr 1895 zu beendigen hofft.[3] Im Sommersemester 1895 liest er „Über die neueren Forschungen zur deduktiven Logik"[4]. Nach dem Vorwort der ersten Auflage der *Logischen Untersuchungen*[5] waren es die Probleme, die sich beim Studium der deduktiven Wissenschaften stellten, die ihn zum prinzipiellen Zweifel an der psychologischen Begründbarkeit des Logischen brachten.

1896

In einem Brief an H. von Arnim vom 22.12.1896 ist zum ersten Mal ein neues Publikationsvorhaben dokumentiert, das den Plan eines II. Bandes der *Philosophie der Arithmetik* ablöst: „Meine Reinausarbeitung der logischen Untersuchungen ist tüchtig fortgeschritten." Als Termin wird der „nächste Sommer" genannt. Für gewöhnlich veranschlagt Husserl die Vorbereitungsarbeit für die *Logischen Untersuchungen* auf ein volles Jahrzehnt. So spricht er in einem Manuskript[6] von einem „Jahrzehnt mühseliger, einsamer Arbeit", in dem die *Logischen Untersuchungen* „immer neue und festere Gestaltung" annahmen. Der Buchplan, den der zitierte Brief dokumentiert, scheint jedoch unmittelbar auf die Logik-Vorlesungen des gleichen Jahres zurückzugehen.

Nach dem Vorwort zur zweiten Auflage[7] sind die *Prolegomena*

---

[1] a.a.O., S. 316 f.

[2] „Excerpts from a 1928 Freiburg Diary by W. R. Boyce Gibson", a.a.O., S. 66. Vgl. unten A/B 169.

[3] Entwurf eines Briefes an A. Meinong, 20.11.1894; Brief an A. Meinong, 22.11.1894; letzterer abgedruckt in A. Meinong, *Philosophenbriefe*, a.a.O., S. 100.

[4] Ms. K I 25.

[5] A/B V ff.

[6] F III 1, S. 137b.

[7] B XII.

„ihrem wesentlichen Inhalte nach eine bloße Ausarbeitung zweier sich ergänzenden Hallenser Vorlesungsreihen aus dem Sommer und Herbst 1896". In Husserls Nachlaß findet sich in der Tat ein umfangreiches Manuskript „Aus Logik 1896"[1], dessen erster Teil die Problematik der *Prolegomena* zum Inhalt hat.

Gute vier Fünftel dieses ersten Teiles sind dem wissenschaftstheoretischen Problem der Abgrenzung einer reinen Logik als einer formalen Disziplin von der Logik als einer praktischen und normativen Wissenschaft gewidmet, d.h. einem Thema, das in den *Prolegomena* auf die ersten zwei bzw. vier Kapitel eingeschränkt wird. Das letzte Fünftel bezieht sich auf die Wiederlegung der psychologistischen Begründung der Logik, die auf zwei Weisen möglich sei, 1. durch den Nachweis der widersinnigen Konsequenzen und 2. durch die Zergliederung der Vorurteile. Aus Zeitmangel beschränkt sich Husserl auf die Widerlegung der Vorurteile, wobei er jene drei anführt, deren Diskussion das Kernstück der *Prolegomena*, das VIII. Kapitel, bilden. Eine Aufdeckung von widersinnigen Konsequenzen anhand von Behauptungen J. St. Mills und Heymans, die in den *Prolegomena* der Behandlung der Vorurteile vorangeht (§§ 25 f. und 30 f.), erfolgt in gedrängter Fassung im Zusammenhang mit dem zweiten Vorurteil.

Nachdem er im ersten Teil die reine Logik als Fundament der Logik als Methodenlehre aufgewiesen hatte, geht Husserl im mehr als doppelt so umfangreichen zweiten Teil zum systematischen Aufbau dieser reinen Logik über. Die diesbezüglichen Darlegungen decken sich der Anlage und weitgehend auch dem Inhalt nach nicht mit dem Schlußkapitel der *Prolegomena*, das die Idee der reinen Logik skizzenhaft entwirft, und ebensowenig mit dem II. Band der *Logischen Untersuchungen*. Sie bieten vielmehr einen Aufriß der reinen Logik nach ihrer traditionellen Dreiteilung in eine Lehre von den Begriffen, von den Sätzen (Urteilen) und von den Schlüssen.

---

[1] K I 20. In der Datierung dieser Vorlesung schwankt Husserl wiederholt zwischen 1895 und 1896. Die Auswertung (und Datierung) einiger weiterer, eher fragmentarischer Manuskripte, die sich zur Thematik der *Prolegomena* in Husserls Nachlaß finden (K I 57, 59, 61 etc.), setzt die systematische Durchforschung aller Manuskripte vor 1900 voraus und muß für spätere Editionsvorhaben aufgespart werden. Vgl. auch die „Persönlichen Aufzeichnungen" Husserls zu diesen Jahren, hrsg. von W. Biemel: *Philosophy and Phenomenological Research*, 16 (1956), S. 294 f.

Die *Prolegomena* sind mehr als nur eine stilistische Ausarbeitung der Logik-Vorlesungen von 1896. Eine solche stellen höchstens die Paragraphen 4–8 dar. Später sind es nur noch vereinzelte Abschnitte, die sich dem Wortlaut nach mehr oder weniger mit dem Manuskript von 1896 decken. Andererseits finden sich bis auf das Argument des Relativismus (VII. Kapitel) sämtliche Hauptargumente für und wider den Psychologismus bereits in der Vorlage. Was die *Prolegomena* vom Vorlesungstext unterscheidet, ist neben dem Schlußkapitel zur Idee der reinen Logik, dem Kapitel über den skeptischen Relativismus und der ausgebauten Diskussion besonders des dritten Vorurteils, die im Manuskript nur skizziert ist, vor allem der Umfang der literarischen Auseinandersetzung. Im ersten, wissenschaftstheoretischen Teil ist die Auseinandersetzung mit Kant und den Kantianern (Herbart), denen Husserl eine Vermengung von Methodenlehre und theoretischer Fundamentalwissenschaft vorhält, stark gekürzt. Dafür ist im zweiten Teil die Kritik an Mill, Spencer und Heymans nicht nur zu eigenständigen Kapiteln (V und VI) ausgebaut, es kommen auch noch neue literarische Auseinandersetzungen hinzu, ablehnende mit Sigwart (§§ 29, 39), Erdmann (§ 40), dessen Name im ersten Teil der Vorlesung, der den Psychologismus in der Logik zum Thema hat, nicht einmal genannt wird, und der „Denkökonomie" (IX. Kapitel) und (wenigstens teilweise) zustimmende mit Leibniz, Kant, den Kantianern Herbart und Lange sowie Bolzano (X. Kapitel).

Von den beiden letzten Kapiteln, die Husserl auf das Jahr 1897 datiert, und vereinzelten Zusätzen und Umarbeitungen abgesehen,[1] ist nicht auszuschließen, daß Husserl die zusätzlichen Teile gleichfalls schon 1896 ausgearbeitet hat,[2] möglicherweise im Anschluß an eine zweite, nicht mehr erhaltene Vorlesung im Herbst des gleichen Jahres. Husserl spricht ja in den *Prolegomena* von zwei sich ergänzenden Vorlesungsreihen im Sommer und Herbst 1896. Andererseits heißt es in einem Brief an Natorp

---

[1] Vgl. die Zitation von Cornelius' *Psychologie*, erschienen 1897, im Haupttext des IX. Kapitels, allerdings bloß im ersten Abschnitt.

[2] In der fragmentarischen Übersicht über die *Logische Untersuchungen* in einem Brief an Natorp vom 14./15.3.1897 erwähnt Husserl die Auseinandersetzung mit Mill und Heymans vor dem Vergleich von Logik und Mathematik. Vgl. auch den Brief vom 8.7.1900; beide Briefe zitiert unten S. XXXII ff.

vom 8.7.1900, daß die *Prolegomena* „ebensogut vor 1½–2 Jahren"
hätten erscheinen können, d.h. doch nicht früher als 1898.

Zur Beurteilung der zusätzlichen literarischen Auseinandersetzungen sei auf Husserls eigene Empfehlung einer von ihnen
verwiesen.

„Ich will noch sagen, daß innerhalb meiner Kritiken der Sinn meines
Streites gegen den Psychologismus am schärfsten zutage tritt in der
Kritik des extremen Subjektivismus B. E r d m a n n s (*Prolegomena*
‹§ 40›)." — Brief an W. E. H o c k i n g, 25.1.1903.

Als Antagonisten werden in dem sich mit der Thematik der
Prolegomena deckenden Teil der 1896er Vorlesung wie in der
zitierten Abhandlung von S t u m p f Psychologisten und Kritizi-
sten und vereinzelt Psychologismus und Idealismus gegeneinander
ausgespielt. Im Unterschied zu den *Prolegomena* fehlt jedoch
jeder Hinweis auf S t u m p f s Schrift wie auch, in diesem Teil der
Vorlesung, jede namentliche Anführung der Autoren, denen
Husserl selber und die Kommentatoren einen Einfluß auf die
Überwindung des psychologistischen Standpunktes zuzuschreiben pflegen: B o l z a n o, L o t z e, F r e g e, N a t o r p und die Pro-
motoren der mathematischen Mannigfaltigkeitslehre (C a n t o r).

1897

Mit N a t o r p kommt es im Frühjahr zu einer intensiven brief-
lichen Kontaktnahme, die sich neben mathematischen Problemen
auch auf Husserls Buchplan bezieht. Am 29.3.1897 dankt Husserl
N a t o r p für das „mir so wohltuende Interesse an meinen philosophischen Sorgen und Arbeiten". Mit N a t o r p findet er, was er
„seit vielen Jahren" vermißt, „wissenschaftlichen Verkehr". Ausgangspunkt für die sich vom Januar bis März erstreckende Korrespondenz sind Husserls „Bericht über deutsche Schriften zur
Logik aus dem Jahre 1894"[1] sowie eine Rezension von K.
T w a r d o w s k i s Buch *Zur Lehre vom Inhalt und Gegenstand der
Vorstellungen*[2]. Da N a t o r p bereits selber eine Besprechung dieses
Buches für das *Archiv für systematische Philosophie* geschrieben
hatte, schlägt er Husserl vor, seine Rezension zu einer größeren

---

[1] *Archiv für systematische Philosophie*, 3 (1897), S. 216–244.
[2] Wien 1894. — Husserls unveröffentlichte Rezension (vgl. Mss. A I 7, S. 22–28,
und N II 2) ist zur Veröffentlichung in einem geplanten *Husserliana*-Band von Auf-
sätzen und Rezensionen aus den Jahren 1890 bis 1910 vorgesehen.

kritischen Studie auszuarbeiten. Husserl will sich darauf nicht einlassen.

„Zur Abfassung kritischer Aufsätze oder zu einer Abhandlung über Inhalt und Gegenstand habe ich jetzt keine Zeit. Ich arbeite an einer größeren Schrift, welche gegen die subjektivistisch-psychologisierende Logik unserer Zeit gerichtet ist (also gegen den Standpunkt, den ich als B r e n t a n o s Schüler früher selbst vertreten habe). Dabei wird es wohl nicht an Gelegenheit fehlen, den fraglichen Unterschied mit-zubehandeln." — Postkarte an P. N a t o r p, 21.1.1897.

Am 8.3.1897 bittet N a t o r p, falls Husserl in seinem Buche „auf meine Ansicht einmal eingehen" wolle, folgende Schriften zu prüfen: *Einleitung in die Psychologie*[1], „Zu den Vorfragen der Psychologie"[2], „Quantität und Qualität in Begriff, Urteil und gegenständlicher Erkenntnis. Ein Kapitel der transzendentalen Logik"[3] „und vielleicht selbst den noch älteren" Aufsatz „Über objektive und subjektive Begründung der Erkenntnis"[4]. Ob-schon Husserl berichtet, daß er die genannten Schriften mit Aus-nahme des Aufsatzes über „Quantität und Qualität" „schon vor einigen Wochen" überdacht hätte und „im einzelnen ständig angeregt"[5] worden sei, erweckt seine Antwort den Eindruck, daß er erst durch N a t o r p s Brief auf gewisse Übereinstimmungen aufmerksam geworden ist.

„Ihre liebenswürdigen Mitteilungen brachten mir eine angenehme Überraschung: ich hatte es als selbstverständlich angenommen, daß auch Sie, wie fast alle antipsychologischen Logiker[6], auf dem Boden einer ihrem Wesen nach normativen Logik stehen, wonach der norma-tive Charakter von den logischen Gesetzen (im prägnanten Sinn des Wortes) unabtrennbar sein soll. Statt dessen finde ich in Ihren Aus-führungen die Auffassung scharf pointiert, die ich in meinen dies-bezüglichen (seit Mitte Dezember vorigen Jahres so gut wie druck-fertigen) Ausarbeitungen *in extenso* entwickelt habe." — Brief an P. N a t o r p, 14./15.3.1897.

Als weitere Punkte, in denen sich ihre Darlegungen decken, nennt Husserl die Parallelisierung von Logik und Mathematik

---

[1] Freiburg i. Br. 1888.
[2] *Philosophische Monatshefte*, 29 (1893), S. 581–611.
[3] a.a.O., 27 (1891), S. 1–32, 129–160.
[4] a.a.O., 23 (1887), S. 257–286.
[5] „Im einzelnen ständig angeregt, habe ich volles Verständnis Ihres Standpunktes nicht gewinnen können." — Brief an P. N a t o r p, 14./15.3.1897.
[6] In einem ebenfalls erhaltenen Briefentwurf folgt: „mit Ausnahme B ‹olzano›s".

und die Auslegung des Satzes vom Widerspruch als eines Gesetzes, das sich nicht auf die reale Unverträglichkeit sich widersprechender Vorstellungen in einem Bewußtsein, sondern auf ihre
ideale Unverträglichkeit, ihr Nichtzusammenwahrsein bezieht.

Von allen zeitgenössischen Autoren, denen sich Husserl bei der
Erarbeitung der *Logischen Untersuchungen* „beträchtlich genähert"[1] hat, ist Natorp wohl der einzige, an dem er sich nicht
nur für die apriorische Fassung der reinen Logik, sondern auch
für ihre erkenntniskritische Begründung orientieren konnte.
Beide, Natorp und Husserl, beurteilen dabei ihr Verhältnis als
das einer Konvergenz.

„Ihr inhaltsreicher Brief hat mir große Freude bereitet. Es ist bei
unserer zweifelsvollen Arbeit ein so seltener und doch so unentbehr-
licher Trost, mit anderen auf gleichem Wege sich zu begegnen. Die
Übereinstimmung ist umso merkwürdiger, da wir von ganz verschiedenen Seiten und unberührt voneinander auf das Gleiche gekommen
sind." — Brief P. Natorps an Husserl, 20.3.1897.

„Unsere Differenzen haben die entschiedene Tendenz, sich zu min-
dern. — Hoffentlich konvergieren sie schließlich gegen die O." —
Brief Husserls an P. Natorp, 7.9.1901.

Kurz nach der Korrespondenz mit Natorp verfaßt Husserl
das letzte und evtl. auch das vorletzte Kapitel der *Prolegomena*.[2]
In einem der letzten Briefe schreibt er, daß er jetzt „am schwierigen Mittelstück: subjektive und objektive Factores der Erkenntnis" arbeite.[3] Einen Monat später klagt er G. Albrecht
von einem „Stocken meiner Arbeiten, auf deren Veröffentlichung
in Form eines stattlichen Buches wir so große Hoffnungen gesetzt
hatten"[4].

1898

Am 6. Juni 1898 hält Husserl in Halle einen „Vortrag über die
Aufgabe der Logik"[5]. Gegenstand des Vortrages sind die Thesen
der *Prolegomena*.

---

[1] A/B VIII.
[2] Brief an P. Natorp, 8.7.1900, zitiert unten S. XXXIII f.
[3] Brief an P. Natorp, 14./15.3.1897, ausführlicher zitiert und kommentiert unten
S. XXXII f.
[4] 18.4.1897.
[5] Ms. K I 29. Anders als die gedruckte Einladung, die sich in K I 29 findet, datiert
die *Chronik der Königlichen vereinigten Friedrichs-Universität für das Universitätsjahr
vom 1. April 1898 bis zum 31. März 1899*, Halle (Saale), S. 22, diesen Vortrag nicht
auf den 6. Juni, sondern auf den 27. Mai.

„Ungefähr im Jahre 1898" erfolgt laut einer historischen Anmerkung in der *Krisis*[1] „der erste Durchbruch" des „universalen
Korrelationsapriori von Erfahrungsgegenstand und Gegeben-
heitsweisen", der von Husserl „mit dem ersten Durchbruch der
,transzendentalen Phänomenologie'" gleichgesetzt wird.[2] In den
Prolegomena wird dieser Durchbruch nur an vereinzelten Stellen
und vorwiegend in den letzten Partien greifbar.[3] Es handelt sich
durchwegs um Stellen, für die sich in den Vorlesungen von 1896
keine Vorlagen finden. Für die 1896er Vorlesung und für den
ältesten und größten Teil der *Prolegomena* steht eine andere „Korrelation" im Vordergrund, nicht die Korrelation, die zur doppel-
seitigen Ausbildung der Logik als einer formalen und als einer
transzendentale Disziplin führen wird, sondern jene, die eine
doppelseitige Ausbildung der Logik einerseits als eine theoretische
(„reine Logik") und andererseits als eine normativ-praktische
Disziplin („Kunstlehre") ermöglicht.

Die Streitfrage der psychologistischen Begründung der Logik
erscheint in den *Prolegomena* primär an die im Grunde sekundäre[4]
Doppelseitigkeit der Logik als einer theoretischen und als einer
normativ-praktischen Disziplin gebunden. Als theoretische Wissenschaft ist die Logik von aller Psychologie und Tatsachenwissenschaft unabhängig. Soweit sie jedoch auch Kunstlehre,
Methodologie, ist, erscheint die Psychologie, und zwar die empirische, als an ihrer Fundierung mitbeteiligt.[5] Es ist für diese in
den *Prolegomena* vorherrschende Blickrichtung bezeichnend, daß
die Untersuchung der den logischen Gesetzen korrespondierenden
Evidenzerlebnisse als Sache der logischen Kunstlehre und, soweit
sie nicht im Gehalt der logischen Sätze, sondern psychologisch
fundiert sind, als Sache der naturwissenschaftlichen Psychologie
dargestellt wird![6]

Wenn in den *Prolegomena* von der Möglichkeit einer Umwendung der rein logischen Thematik die Rede ist, handelt es sich
fast durchwegs um die Umformung der rein logischen Gesetze in

---

[1] *Die Krisis der europäischen Wissenschaften und die transzendentale Phänomenologie: Husserliana* VI, Den Haag, 2. Auflage, 1962, S. 169, Anm. 1.
[2] a.a.O., S. 168.
[3] Vgl. vor allem A/B 110 f., 212 (Anm. ad 211), 237 ff.
[4] A 240/B 239.
[5] A/B 59, 159, 161, 163 etc.
[6] A/B 182, 186.

normative. Die andere Möglichkeit der Umwendung, die in der
Doppelseitigkeit der logischen Gesetzlichkeiten liegt, als Gesetzlichkeiten, die einerseits in ihren Grundbegriffen gründen und an
sich gelten und die andererseits doch nur in Erlebnissen des
Bewußtseins als solche gegeben sind und ausgewiesen werden,
kommt erst in der Einleitung zum II. Band der *Logischen Untersuchungen* in angemessener Betonung zum Wort. Die für das
historisch richtige Verständnis der *Prolegomena* so wichtige Tatsache, daß zwei Formen der Umwendung der logischen Gesetze
möglich sind, wird explizit überhaupt erst in der *Formalen und
transzendentalen Logik* zum Thema gemacht.[1]

1899

Im Herbst 1899 entschließt sich Husserl zum Druck der *Logischen Untersuchungen*.[2] Noch an den Druckproben nimmt er
Änderungen vor. Im Dezember gehen sechs broschierte Exemplare an Hallenser Ordinarien. Sie enthalten keine oder aber eine
vom jetzigen Vorwort verschiedene Vorrede.[3]

„Sie ‹Frau Malvine Husserl› liest mit aufopfernder Anstrengung
Tag für Tag Korrekturen, oder läßt sich von mir in die Feder diktieren,
und die Zeit drängt mitunter so, daß ich noch um Mitternacht auf die
Bahn laufe, damit der Drucker am nächsten Morgen den erledigten
und oft arg geänderten Bogen in die Hand bekommt. Der Druck
begann am 15. Oktober à 3 Bogen wöchentlich zu je 3 Korrekturen.
16 Bogen sind jetzt im Satz und in etwa 2 Tagen auch durch die letzte
Korrektur gegangen. Dann sind die *Prolegomena* abgeschlossen. Ich
pausiere dann für einige Wochen, um die Fortsetzung zurechtzu-
machen, inzwischen erhalte ich 6 broschierte Exemplare der *Prolegomena*, die für einige hiesige Ordinarien bestimmt sind. Ein neuer (3.)
Antrag ist nämlich in der Fakultät im Gange, mich beim Ministerium
und diesmal mit äußerster Energie für eine etatmäßige Stelle vorzu-
schlagen. Die Sache geht von Riehl aus, der mir sehr zugesetzt hat,
meine Untersuchungen, wie sie nun sind, zu publizieren. Ich habe ihm
daher die Aushängebogen zugehen lassen und schon nach Empfang
der ersten Serie von 5 Bogen hat er sich Kollegen gegenüber mit
äußerster und fast überschwenglicher Anerkennung ausgesprochen.''
— Postkarte an G. Albrecht, 21.11.1899.[4]

---

[1] Vgl. unten S. XLIX ff.
[2] Brief an P. Natorp, 8.7.1900.
[3] Vgl. die Selbstanzeige, S. 511 (hier S. 261), und das Vorwort zur zweiten Auflage,
B XIII.
[4] Vgl. auch den Brief an P. Natorp, 7.12.1899.

1900

Am 2. Mai 1900 hält Husserl in der Philosophischen Gesellschaft in Halle einen Vortrag „Über psychologische Begründung der Logik". Zweierlei ist an dem allein erhaltenen Protokoll, von Husserl selber geschrieben,[1] auffallend. 1. Die psychologische Fragestellung beschränkt sich auf die von den *Prolegomena* vertretene Position. Die im II. Band der *Logischen Untersuchungen* entwickelte Perspektive bleibt unerwähnt. 2. Wie in der Vorlesung von 1896 ist ausdrücklich von „zwei Wegen" die Rede, über die der Psychologismus widerlegt werden kann, nämlich über die Verfolgung seiner widersinnigen Konsequenzen und über die Analyse seiner Vorurteile. Wie die Vorlesung von 1896 „bevorzugt" der Vortrag den letzteren Weg.

Ebenfalls anfangs Mai 1900 vereinbart Husserl mit dem Verleger, „daß die seit Ende November vorigen Jahres bis auf Vorwort etc. gedruckten *Prolegomena* gesondert herausgegeben" werden.[2] Husserls Vorwort trägt das Datum 21. Mai 1900. Der Verlag Veit & Comp., Leipzig, verzögert die Herausgabe des I. Bandes und den Druck des II. Bandes bis in den Juli. In der Folge kommt es zum Bruch mit Veit, und Max Niemeyer, Halle, übernimmt den Verlag beider Bände.[3]

Nach der chronologischen Übersicht über die Entstehungsgeschichte bleibt noch der ursprüngliche Buchplan Husserls zur Behandlung übrig.

Husserl dachte allem Anschein nach anfänglich an einen einzigen Band, der drei Teile umfassen sollte, einen ersten kritischen, der die psychologistische Begründung der Logik bestreitet, d.h. sich mit den ersten neun oder zehn Kapiteln der jetzigen *Prolegomena* deckt; einen zweiten, der systematisch und konstruktiv eine erkenntnistheoretische bzw. phänomenologische Begründung

---

[1] E. Husserl, „Über psychologische Begründung der Logik" — Ein unveröffentlichter Eigenbericht Husserls über einen von ihm gehaltenen Vortrag, hrsg. von H. Reiner. Aus dem Protokollbuch der ‚Philosophischen Gesellschaft' Halle. Sommer-Semester 1900; I. Sitzung am 2. Mai 1900: *Zeitschrift für philosophische Forschung*, 13 (1959), S. 346–348.

[2] Brief an P. Natorp, 8.7.1900.

[3] Briefe an P. Natorp, 8.7.1900, und A. Meinong, 27.8.1900; letzterer abgedruckt a.a.O., S. 101 f.; vgl. auch den ebenfalls erhaltenen ausführlicheren Entwurf zum Brief an A. Meinong, 26.8.1900.

der reinen Logik bietet, für den die Einzeluntersuchungen des jetzigen II. Bandes entweder als Vorarbeiten oder als erste Ausarbeitungen in Angriff genommen wurden; schließlich einen dritten Teil, der in vermutlich etwas breiterer Ausführung als das jetzige Schlußkapitel der *Prolegomena* die Idee der reinen Logik entwickeln sollte. Es sind vor allem zwei Briefe an Natorp sowie ein fragmentarischer Entwurf zu einer Vorrede zum II. Band der *Logischen Untersuchungen* aus dem Jahre 1900, die diesen Plan vermuten lassen.[1] Der erste Brief gibt zugleich einen Einblick in die Problemlage, von der Husserl ausgeht. Was uns in diesem Zusammenhang jedoch hauptsächlich interessiert, ist der letzte Satz vom „schwierigen Mittelstück". Die Formulierung „subjektive und objektive Factores der Erkenntnis" erinnert dabei an Natorps Aufsatz „Über objektive und subjektive Begründung der Erkenntnis"[2], dessen Thematik mehrfach an den II. Band der *Logischen Untersuchungen* denken läßt.

„In meiner Untersuchung gehe ich von der logischen Kunstlehre aus und stelle die Frage nach deren theoretischen Fundamenten. Dies führt auf den Streit zwischen psychologischer und reiner Logik (im traditionellen Sinne). Die erstere stellt die Logik wie eine Stück praktischer Psychologie hin; die reine Logik aber will ein selbständiges Gebiet (obschon ein der praktischen Logik eingeordnetes) sein, das mit aller Psychologie nichts zu tun habe. Die Argumentationen beider Parteien werden verworfen. Die Psychologen verfälschen den Sinn der logischen Gesetze — hier bringe ich u.a. auch die von Ihnen berührten Gegenargumente (hauptsächlich mit Beziehung auf Mill und Heymans) — aus absoluten Exaktheiten werden die rohesten, total verschiedene Objekte betreffenden empirischen Allgemeinheiten. Die Vagheit der ‚Umstände', die unvermeidliche Beziehung auf Normalitäten (der normale Mensch unter normalen Denkumständen u. dgl.), hinter denen sich meistens die wahrhaft logischen Gesetze als maßgebende Faktoren verstecken, u.a. wird ausführlich erörtert. Die reine Logik hat in ihrer These Kraft, verfehlt aber den Beweis, indem sie den normativen Charakter der rein logischen Gesetze als wesentlich hinstellt, aber nicht begreiflich macht, wie Regeln für Urteile und andere Denkbetätigungen möglich sind, ohne doch in der Psychologie das Fundament zu besitzen; auch bietet der spezielle Gehalt der

---

[1] Vgl. auch „Entwurf einer ‚Vorrede' zu den ‚Logischen Untersuchungen' (1913)", a.a.O., S. 125. — Husserl und seine Frau sprechen in der erhaltenen Korrespondenz zwischen 1896 und 1899 nie von zwei Bänden, sondern immer nur von einem, wenn auch „stattlichen" Buch.

[2] *Philosophische Monatshefte*, 23 (1887), S. 257–286.

üblichen Argumente den Psychologen mancherlei Handhabe zur Widerlegung.

Meine eigene Position begründe ich ausführlich, zunächst durch Parallelisierung der logischen und algebraischen Sätze — also wieder in erfreulicher Übereinstimmung mit Ihren Lehren. Ich zeige, daß die normative Form der Sätze beiderseits eine unerhebliche Wendung eines theoretischen Gehalts ist ...

Der Vergleich mit der Mathematik ist aber bei meiner Stellung mehr als Vergleich: die gesamte reine Mathematik: reine Anzahlen- und Ordinalzahlenlehre, reine Mengenlehre, Kombinationslehre, reine Mannigfaltigkeitslehre (...), die ganze *mathesis universalis* im Sinne Leibnizens kann man, wie ich glauben möchte, in die reine Logik hineinbeziehen. Die Geometrie nehme ich aber schon darum aus, weil ich (nach langem Kampfe mit mir selbst) davon abgekommen bin, sie anders zu taxieren wie die Mechanik ...[1]

Die Aufweisung der Grundbegriffe und Grundsätze, die systematische Entwicklung der zugehörigen Theorien — die den unendlichen Bereich formaler Wahrheit ausmachen oder mit anderen Worten den unendlichen Bereich von Gesetzen *a priori* möglicher Deduktions- formen, Theorien — würde ich als Aufgabe der reinen Logik ansehen. Sie zerfällt in eine Reihe relativ selbständiger Theorien, die zum Teil unter dem Titel ‚Mathematische Disziplinen' bekannt und durch eigene Fachmänner bearbeitet sind, während die philosophische Auf- gabe hier wie sonst darin besteht, über das Technische ... hinaus- blickend, die rationalen Grundlagen und Zusammenhänge zur Er- kenntnis zu bringen.

Ausführungen dieser Tendenz, denen die Breite argumentierender Darlegung ein größeres Maß von überzeugender Kraft verleihen dürfte, sollen den Schluß meiner Schrift bilden; jetzt arbeite ich am schwieri- gen Mittelstück, subjektive und objektive Factores in der Erkennt- nis." — 14./15.3.1897.

„Sehr verspätet kommen meine *Prolegomena* und nicht ganz in der Form, in der ich <sie> Ihnen schon vor Jahren angekündigt hatte. Damals hoffte ich noch die wichtigsten der zur Klärung einer reinen Logik gehörigen erkenntnistheoretischen Grundfragen in kräftigen Hauptzügen behandeln zu können, ohne vorher die weitläufigen De- tailuntersuchungen, in die ich schon lange verwickelt war, komplett durchführen zu müssen. Dieser Intention konnte ich nicht genügen. Es blieb zuviel des Vagen, Klärungsbedürftigen übrig und was ich entwarf, wollte mich nicht zufriedenstellen. So habe ich meinen Plan ändern müssen. Was ich Ihnen heute als *Prolegomena* überreiche, war bis auf die beiden letzten Kapitel schon damals fix und fertig. Ich fügte der Hauptsache nach also bloß die Rechenschaft über die mir vorschwebende Idee der reinen Logik hinzu (und zwar schon kurz

---

[1] Es folgen längere Ausführungen zur Ausnahme der Geometrie und über die Verwandtschaft und den Zusammenhang von Mathematik und Logik.

nach unserer Korrespondenz) und wollte nun serienweise die Darstellung der fundierenden phänomenologischen und erkenntniskritischen Einzeluntersuchungen folgen lassen. Erst letzten Herbst entschloß ich mich zum Druck, aber nur um wieder beim Beginn dieser
bösartigen Einzeluntersuchungen stecken zu bleiben. Zum Schluß erscheint nun doch für sich, was ebensogut vor $1\frac{1}{2}$–2 Jahren früher ⟨sic⟩
hätte erscheinen können." — 8.7.1900.

„In vielen Jahren gesammelter und den Problemen ganz zuge-
wandter Arbeit niedergeschrieben, hatten sie ⟨sc. die Untersuchungen
des II. Bandes⟩ zunächst nur den Zweck, mir selbst eine detailliertere
analytische Klarheit im Felde der Phänomenologie der Erkenntnis . . .
zu verschaffen. Seit der Ausarbeitung der *Prolegomena*, also der
Hauptsache nach seit dem Jahre 1896, hatte ich es besonders auf die
Klärung der reinen Logik abgesehen und gedachte, nach einer Durchforschung des phänomenologischen Gebietes, soweit es hiefür in Frage
käme, und in einem Bande mit den *Prolegomena* selbst, eine kurze und
sich auf die durchgehenden Hauptzüge beschränkende Aufklärung
der erkenntnistheoretischen Grundfragen anknüpfen zu können.

Zu dieser systematisch geschlossenen Darstellung ist es leider nicht
mehr gekommen. Die analytischen Schwierigkeiten, die sich nach
jedem Schritte neu auftürmten, machten es mir, trotz so langer Zeit
und angespanntester Arbeit, nicht möglich, mit dem ganzen Gebiete
zu Rande zu kommen und alle wichtigen phänomenologischen Verhältnisse zu befriedigender Klarheit zu bringen.

Bei der Ungunst äußerer Verhältnisse, welche die Möglichkeit einer
Fortführung und Vollendung dieser weitumfassenden Arbeiten ernstlich in Frage stellten, sah ich mich genötigt, meine Untersuchungen,
soweit sie nun gediehen waren, zu veröffentlichen und ihnen nur jene
formelle Besserung angedeihen zu lassen, welche der literarische Zweck
erforderte . . ."[1]

Der I. Band der *Logischen Untersuchungen* trägt den Untertitel *Prolegomena zur reinen Logik*, der folgende Band bietet jedoch „nicht ein System der Logik", wie das noch der zweite Teil
der Logik-Vorlesung von 1896 getan hat, sondern ebenfalls nur
„Vorarbeiten", jedoch nicht mehr kritische, sondern konstruktive
„zur erkenntnistheoretischen Klärung und zu einem künftigen
Aufbau der Logik"[2], „Fundamentierungsarbeiten zur reinen
Logik", wie sie Husserl noch 1921 nennt.[3] Einen systematischen
Aufriß der reinen Logik, von der es heißt, daß ihr „die im II.

---

[1] Entwurf zu einer Vorrede zum II. Band aus dem Jahre 1900: Ms. M III 2 II 6,
S. 2a und b.
[2] Einleitung zum II. Band, A 16.
[3] Vorwort zum 2. Teil des II. Bandes, B₂ IV.

Bande folgenden Einzeluntersuchungen zustreben"[1], bringt vielmehr das Schlußkapitel des I. Bandes. *Prolegomena zur reinen Logik* ist ein Titel, unter dem man sich nicht nur die ersten neun oder zehn Kapitel des I. Bandes, sondern auch den gesamten II. Band zusammengefaßt denken könnte. In der Tat könnte man nach dem zitierten Brief an Natorp vom 8.7.1900 durchaus die Vermutung vertreten, daß ihn Husserl ursprünglich für das ganze Werk vorgesehen hatte.[2]

Beim ursprünglichen Plan und der ursprünglichen Anordnung der verschiedenen Teile wären wohl manche Mißverständnisse weniger leicht aufgekommen, gegen die Husserl nun in Briefen und im Entwurf zu einer Vorrede bzw. Nachrede zur zweiten Auflage[3] zu kämpfen und zu deren Überwindung er immer wieder auf die Ergänzung und die „klärende Beleuchtung"[4], die die Problematik der *Prolegomena* durch den II. Band, besonders durch die VI. Untersuchung, erfahren, zu verweisen hatte. Gemeint ist, daß, nachdem der apriorische Status der logischen Gesetze herausgearbeitet worden ist, noch immer zu klären bleibt, „wie denn das ‚an sich' der Objektivität zur Vorstellung kommen, also gewissermaßen doch wieder subjektiv werden mag; was das heißt, der Gegenstand sei ‚an sich' und in der Erkenntnis ‚gegeben,'"[5] und daß es zu Aufklärung dieser Frage der Entwicklung einer neuen Psychologie und Erkenntnistheorie bedarf, die Husserl schon bald auch dem Namen nach, durch den Titel Phänomenologie, von den alten Wissenschaftsformen unterschieden haben will.

In der VI. Untersuchung sind es speziell die Paragraphen 44 und 65 f., in denen zentrale Punkte von Husserls Psychologismus-Problematik aufgegriffen werden, der Ursprung der Begriffe, der nun nicht mehr in der Reflexion auf die entsprechenden Akte, sondern in den Gegenständen dieser Akte gefunden wird, und die Unterscheidung zwischen Real-, Normal- und Idealgesetzen. Auf

---

[1] A 228/B 227.
[2] In der *Formalen und transzendentalen Logik*, S. 85, stellt Husserl den I. Band nicht mehr als *Prolegomena zur reinen Logik*, sondern als „Einleitung zu den phänomenologischen Untersuchungen des II. Bandes" vor.
[3] a.a.O., S. 115.
[4] Brief an W. E. Hocking, 25.1.1903.
[5] Einleitung zum II. Band, A 9 (vgl. B₁ 8).

den erstgenannten Paragraphen verweist Husserl im Schlußkapitel der *Prolegomena*.[1] Er führt dort aus, daß für die Logik
nicht der psychologische „Ursprung" der Begriffe relevant sei,
sondern allein, was er — begriffsgeschichtlich aufschlußreich[2] —
in der ersten Auflage ihren „logischen", in einer Randbemerkung
eines seiner Handexemplare der ersten Auflage[3] ihren „erkenntnistheoretischen" und in der zweiten Auflage ihren „phänomenologischen" Ursprung nennt.

Husserls Stellungnahme gegen den Psychologismus basiert
nicht allein auf der kritischen Aufdeckung seiner Vorurteile und
seiner widersinnigen Konsequenzen, sondern ebenfalls und eigentlich „radikal" auf der phänomenologischen Analyse des
Bewußtseins. Diese gipfelt im Aufzeigen der Möglichkeit von
kategorialen Anschauungen, in denen die für die reine Logik
grundlegenden Kategorien zur evidenten Gegebenheit kommen.

Zur Editionsgeschichte[4]

1900

Wie bereits erwähnt, kommt es nach der Drucklegung und
noch vor der allgemeinen Veröffentlichung der *Prolegomena* zu
einem Verlagswechsel. An die Stelle des Verlages Veit & Comp. in
Leipzig tritt der Verlag Max Niemeyer in Halle. Insgesamt
können bei der ersten Auflage der *Prolegomena* drei „Ausgaben"
unterschieden werden, 1. die „sechs broschierten Exemplare",
die, wie ebenfalls bereits ausgeführt, ohne das jetzige Vorwort im
Dezember 1899 an Hallenser Ordinarien verschickt wurden, 2.
eine Anzahl im Juli 1900 versandter (Präsent- und Rezensions-?)

---

[1] B 244.

[2] Zu Husserls Gebrauch der Begriffe Logik und Erkenntnistheorie bzw. -kritik
(auch zum Verständnis des Titels *Logische Untersuchungen*) vgl. den Brief an F.
Brentano, 3.1.1905: „Auf Grund der polemischen Analyse versuche ich im Schlußkapitel eine Idee von der künftig in Selbständigkeit aufzubauenden ‚reinen Logik' zu
entwerfen, die ihrerseits bald enger, bald weiter gefaßt werden kann, je nachdem man
sie entweder wirklich nur als reine Mathematik nur im gleichen Geiste wie diese
(sozusagen bloß technisch) aufbaut, oder mit ihr die eigentlich philosophischen, auf
ihr erkenntniskritisches Verständnis bezüglichen Aufklärungen verbindet. Das Letztere war meine Stellungnahme in den *Logischen Untersuchungen*. Praktischer erscheint
es mir jetzt, reine Logik und Erkenntniskritik zu trennen." Vgl. auch *Prolegomena*, A
224.

[3] Archiv-Signatur K IX 4.

[4] Für die bibliographischen Daten vgl. den Textkritischen Anhang, S. 265 ff.

Exemplare[1], die Veit & Comp. als Verlag angeben, und 3. die im Buchhandel verbreitete Niemeyer-Ausgabe.

1905

W. Pitkin, ein Amerikaner, der sich studienhalber in Europa aufhält, unterbreitet Husserl sein Vorhaben, eine englische Übersetzung der *Logischen Untersuchungen* zu erstellen.[2] Husserl erwägt dazu eine Revision des Textes der ersten Auflage, die er jedoch erst in Angriff nehmen will, wenn der Plan gesichert ist.[3] Ob gewisse Annotationen in Husserls Handexemplaren der *Logischen Untersuchungen* auf dieses Vorhaben zurückzuführen sind, und wie weit Husserl dabei auch an eine Überarbeitung der *Prolegomena* gedacht hat, läßt sich mit den spärlich vorhandenen Dokumenten nicht ausmachen.

„. . . ja, ich wäre sogar geneigt, den Urtext selbst einer sorgfältigen Revision zu unterwerfen und[4] diejenigen Partien, die zu Mißverständnis Anlaß gegeben haben, oder die durch gelegentliche Entgleisungen und Selbstmißverständnisse entstellt sind, bessernd umzugestalten. Die englische Ausgabe mag des Vorzuges genießen, als wirklich verbesserte Neuauflage die Originalausgabe zu übertreffen . . . Eine einfache Übersetzung des Werkes, so wie es ist, könnte ich mit Rücksicht auf einige Stellen nicht genehmigen." — Entwurf eines Briefes an W. Pitkin, 12.2.1905 (?).
„Vielleicht hilft auch die eben in Gang befindliche Veranstaltung einer wesentlich verbesserten englischen Ausgabe meiner *Logischen Untersuchungen*." — Brief an H. Gomperz, 18.2.1905.

Das Projekt scheitert an der Absage mehrerer Verleger, von denen einer anscheinend ein Gutachten bei W. James eingeholt hatte.

„Endlich aber hat der einzige Verleger, auf dessen Entschluß ich große Hoffnung gesetzt habe, das Unternehmen endgültig abgelehnt, und zwar aus dem Grunde, daß allem Voraussehen nach 1000 Exemplare der Übersetzung nicht zu verkaufen wären. In dieser Meinung ist er auch von James unterstützt." — Brief von W. Pitkin an Husserl, 20.8.1905.

---

[1] Solche Exemplare der Veit-Ausgabe gingen, aus dem Briefmaterial zu schließen, u.a. an A. Meinong, P. Natorp und W. Schuppe. Bis anhin konnte nur das an Natorp versandte Exemplar aufgefunden werden. Vgl. den Textkritischen Anhang S. 265 f.

[2] Brief W. Pitkins an Husserl, 8.2.1905.

[3] Entwurf eines Briefes an W. Pitkin, 12.2.1905 (?).

[4] Durchgestrichen: „ihn durch Zusätze sowie durch Kürzungen".

Husserl führt die ablehnende Stellungnahme des von ihm hochgeachteten W. James auf ein Mißverständnis des Antipsychologismus der *Prolegomena* zurück.

„Husserl thinks that James saw only the *Prolegomena*, and that its *anti-Psychologismus* was very *unsympathisch* to James."[1]

„Schließlich ist es für mich kein angenehmes Bewußtsein, daß von mir getane Arbeit von anderen noch einmal getan werden muß, bloß weil die antipsychologistische Flagge, unter der meine *Logischen Untersuchungen* in die Welt gegangen sind, von vielen Psychologen mißverstanden und das Werk für psychologisch irrelevant gehalten wird." — Entwurf eines Briefes an E. Dürr, 21.8.1907.

1909

1909 erscheint eine russische Übersetzung des I. Bandes der *Logischen Untersuchungen.* Im Vorwort bezeichnet der bekannte russische Philosoph S. L. Frank Husserls Position als die eines „idealistischen Objektivismus"[2] und charakterisiert dann die Bedeutung der *Prolegomena* für verschiedene philosophische Strömungen, die offenbar im damaligen Rußland aktuell waren, die kantianische Philosophie, den Empiriokritizismus[3], den Pragmatismus und den kulturphilosophischen Skeptizismus: Husserls Stellungnahme steht in einer zweifachen Beziehung zu Kant, der wie kein anderer einerseits die Unterscheidung zwischen dem psychologischen Ursprung und der logischen Bedeutung der Ideen erarbeitet und andererseits — durch seine widersprüchlichen Analysen — dem Psychologismus Vorschub geleistet hat. Das vom Empiriokritizismus aufgestellte Prinzip der Denkökonomie wird als ein berechtigter teleologischer Grundsatz der Erkenntnispsychologie anerkannt. Insofern jedoch der Anspruch erhoben wird, mit ihm die authentische erkenntnistheo-

---

[1] D. Cairns, *Conversations with Husserl and Fink,* 13.8.1931. — H. Spiegelberg bestreitet die Existenz eines Gutachtens von seiten W. James'. Vgl. „What William James Knew about Edmund Husserl. On the Credibility of Pitkin's Testimony": *Life-World and Consciousness. Essays for Aron Gurwitsch,* ed. by L. E. Embree, Evanston 1972, S. 407–422.

[2] Husserl spricht im Entwurf eines Briefes an W. Pitkin, 12.2.1905, von einem „erkenntniskritischen Objektivismus".

[3] Bereits 1904 berichtet Husserl vom Besuch eines „recht intelligenten und sympatischen Moskauer Privatdozenten (Wiktoroff)", der „an einer kritischen Untersuchung über den Avenarius-Machschen Positivismus" arbeitet. — Brief an J. Daubert, Mai 1904.

retische Analyse ersetzen zu können, wird es mit aller Entschiedenheit zurückgewiesen. Husserls Kritik des skeptischen Relativismus läßt sich auf den erst nach dem Erscheinen der *Logischen Untersuchungen* aufgekommenen Pragmatismus ausdehnen und hat schließlich mit ihrer Verteidigung der wissenschaftlichen Wahrheit „auch einen breiten kulturphilosophischen Sinn". [1]

Von Husserl selber konnte keine Stellungnahme zu dieser ersten Übersetzung der *Prolegomena* aufgefunden werden.

1913

Zweite, umgearbeitete Auflage. Die Umarbeitungen des I. Bandes stellen zum überwiegenden Teil geringfügige stilistische Änderungen und Verdeutlichungen des Gesagten dar. Es werden keine neuen Argumente zum Psychologismusstreit gebracht. Soweit Anpassungen an die mittlerweilen erfolgte Ausgestaltung der Phänomenologie vorgenommen werden, betreffen sie fast ausschließlich die eidetische Phänomenologie, die Betonung der Wesensanalyse in ideierender Intuition [2], die Hervorhebung der noetisch-noematischen Korrelation [3] und die Abhebung der Phänomenologie von der gewöhnlichen Psychologie [4]. Auch die zusätzlichen Verweise auf den II. Band beziehen sich auf die eidetische Thematik. [5] Über die Betonung der noetisch-noematischen Korrelativität hinaus bringt ein einziger Zusatz die transzendentale Problematik zur Geltung, die „wunderbare Affinität", die das Wesen der Objektivitäten zum Wesen des Denkens hat. [6] Alle diese inhaltlichen Weiterentwicklungen erscheinen erst vom VIII. Kapitel an.

Für den Zeitpunkt der Überarbeitung des I. Bandes fehlen genaue Angaben. Ein erster, wiederum abgebrochener Ansatz zur Umarbeitung der *Logischen Untersuchungen* ist auf das Frühjahr

---

[1] Husserl selber bezieht den den Positivismus „im Relativismus überbietenden Pragmatismus" und den kulturphilosophischen bzw. -historischen Skeptizismus zwei Jahre später in seine Kritik mit ein: „Philosophie als strenge Wissenschaft": *Logos*, 1 (1911), S. 289–341 (In Buchform neu hrsg. von W. S z i l a s i, Frankfurt a.M. 1965), vgl. S. 296, 323 ff.

[2] Vgl. A/B 171, A 245/B 244 f., A/B 254.

[3] Vgl. A/B 177, 186 f., 190 f., A 245/B 244.

[4] Vgl. A/B 190, 212.

[5] B 244 f.

[6] B 254.

1911 zu datieren.[1] Nach anderweitigen Angaben zu schließen, dürfte dann die definitive Bearbeitung des I. Bandes zwischen Mitte April und Ende Mai 1913 stattgefunden haben. Nach einer Notiz in einem der Handexemplare der zweiten Auflage[2] war der Satz „um den 1. Juli 1913" abgeschlossen. Auffallend ist, daß keine der Annotationen in Husserls durchschossenen Handexemplar der ersten Auflage in die umgearbeitete Auflage übernommen wurde.[3]

1922 und 1928

Dritte und vierte, bis auf einige Druckfehlerkorrekturen unveränderte Auflagen.

1929

Für die spanische Übersetzung der *Logischen Untersuchungen*, die 1929 dank der Initiative von Ortega y Gasset zustande kam, macht Husserl die Zugrundelegung der zweiten Auflage zur Bedingung, die damit nochmals als letztwilliger Text bestätigt wird.

„Da Sie mir fr‹eundlich(st)› mitteilen, daß für eine wissenschaftlich zuverlässige Übersetzung meiner *Logischen Untersuchungen* gesorgt ist, so will ich meine Zustimmung nicht versagen, vorausgesetzt, daß die neuere Ausgabe (2te oder spätern Auflagen) zu Grunde gelegt wird." — Brief an die Redaktion der *Revista de Occidente*, Madrid, 19.6.1929.

Ortega y Gasset „ist die spanische Übersetzung meiner drei Bände *Logische Untersuchungen* zu danken, die ungeheuer wirken sollen. Und in der Tat, es sind (ich schrieb Dir schon) nicht weniger als viereinhalbtausend Exemplare verkauft (viel mehr als in Deutschland in den beiden ersten Jahrzehnten seit dem Erscheinen 1900)." — Brief an G. Albrecht, 26.11.1934.

1936

Husserl setzt sich erneut für eine englische Übersetzung der „doch immer noch unentbehrlichen *Logische Untersuchungen*" ein.

---

[1] Vorwort zur zweiten Auflage, B XVII; Brief an J. Daubert, 4.3.1911.
[2] Archiv-Signatur K IX 5, S. XVII.
[3] Vgl. den *Textkritischen Anhang*, unten S. 267, sowie oben S. XXXVI.

„Soeben habe ich M. F a r b e r, . . ., geschrieben. Ich habe ihm vor-
geschlagen, die doch immer noch unentbehrlichen *Logischen Untersuchungen* zu übersetzen . . .'' — Brief an D. C a i r n s, 20.8.1936.[1]

Zur Rezensionsgeschichte

In diesem Überblick über die Rezensionen und anderweitige
literarische Bezugnahmen werden nur solche berücksichtigt, zu
denen wiederum Stellungnahmen von Husserls Seite vorliegen.
Es handelt sich ausschließlich um Besprechungen, die zur ersten
Auflage, vor 1913, erschienen sind.

Eine erste Reaktion Husserls auf das literarische Echo der
Logischen Untersuchungen findet sich in einem Brief an seinen
Freund G. A l b r e c h t vom 22.8.1901.

„R i e h l sprach sich fast in noch überschwenglicherer Weise über
den II. Teil aus wie über den ersten. Mehr Gewicht lege ich auf die
Äußerungen S t u m p f s, D i l t h e y s und L i p p s'.''
„M a c h hat in seiner 4. Auflage der Mechanik auf meine Einwen-
dungen (*Logische Untersuchungen I*) (in 2½ Seiten) ausführlich Beziehung genommen und mich sehr respektvoll behandelt.''
„Ich sage Dir noch, daß die Rezensionen des I. Teiles, die bisher
erschienen sind, durchaus zeigen, daß mein Werk als eine wichtige
Erscheinung ästimiert wird. S c h u p p e und N a t o r p haben sich
schon in eigenen Abhandlungen damit auseinandergesetzt . . .''[2]

C. S t u m p f, dem die *Logischen Untersuchungen* gewidmet sind
und der sich seit ihrem Erscheinen „unermüdlich''[3] für Husserls
berufliches Weiterkommen einsetzt, anerkennt in seiner wissenschaftstheoretischen Schrift „Zur Einteilung der Wissenschaften''[4] Husserls Abscheidung einer eigenen, von der Psychologie
verschiedenen Wissenschaft, die dem „Studium der inneren
Struktur der Denkinhalte als solcher'' gewidmet ist, für die er
jedoch den Titel „Eidologie'' und nicht wie Husserl „Reine
Logik'' wählt. Gleichzeitig verwahrt er sich mit dem Verweis auf
seine Abhandlung „Psychologie und Erkenntnistheorie'' von 1891
gegen den von dritter Seite erhobenen Vorwurf des Psychologis-

---

[1] Eine englische Übersetzung erschien schließlich 1970: *Logical Investigations*,
translated by J. N. F i n d l a y, 2 vol., London/New York.
[2] Vgl. die Fortsetzung des Briefes oben S. XIII.
[3] Brief an G. A l b r e c h t, 22.8.1901.
[4] *Abhandlungen der Königlich Preußischen Akademie der Wissenschaften vom Jahre
1906*, Berlin 1907. In Husserls Handexemplar finden sich zahlreiche zustimmende
Randbemerkungen und Unterstreichungen.

mus.[1] Den Kausalgesetzen der Entstehung und Aufeinanderfolge von Urteilsakten stellt S t u m p f die den Sachverhalten immanenten Strukturgesetze gegenüber.[2]

Von W. Dilthey, der um 1904/05 an der Universität Berlin ein Seminar über Husserls *Logische Untersuchungen* gehalten hat,[3] liegt keine direkte Stellungnahme zur Psychologismus-Problematik des I. Bandes vor. Dilthey scheint sich mehr für die im II. Band entwickelte deskriptive Fundierung der Erkenntnistheorie interessiert zu haben.[4]

Th. Lipps, der in den *Prolegomena* als ein Repräsentant des Psychologismus attackiert wurde, sah sich durch Husserls Argumentation zu einer Revision seines Standpunktes veranlaßt. Eine erste einlenkende Stellungnahme findet sich in einem Aufsatz von 1903.[5] Aus einem Brief vom 8.12.1903, in dem Lipps scherzhaft erzählt, er hätte seine Schüler zu einer Streitschrift mit dem Titel „Husserls Psychologismus" angehalten, geht allerdings hervor, daß er nicht verstanden hat, daß nach dem Ausweis der Autonomie der Logik noch immer ein legitimes „psychologisches" Problem bleibt, nämlich das transzendentalphilosophische, wie die objektive Idealität des Logischen zum Erkenntnisbesitz des Denkenden werden kann.

In der Bezugnahme auf Husserls I. Band der *Logischen Untersuchungen* in der vierten Auflage seiner Schrift über *Die Mechanik in ihrer Entwickelung*[6] insistiert E. Mach auf der grundsätzlichen

---

[1] S. 33.

[2] S. 28, 33, 61 ff.

[3] Vgl. W. Schapp, „Erinnerungen an Husserl": *Edmund Husserl 1859–1959: Phaenomenologica* 4, Den Haag 1959, S. 13, sowie den Brief W. Pitkins an Husserl, 9.4.1905.

[4] Vgl. „Studien zur Grundlegung der Geisteswissenschaften" (1905): *Gesammelte Schriften*, Bd. VII, Leipzig/Berlin 1927, S. 10, 14, 39 ff.; ferner E. Husserl, *Phänomenologische Psychologie: Husserliana* IX, S. 5 ff.

[5] „Fortsetzung der ‚Psychologischen Streitpunkte'": *Zeitschrift für Psychologie und Physiologie der Sinnesorgane*, 31 (1903), S. 78. Vgl. dazu den Brief von A. Riehl (8.6.1903) an Husserl: „Mit der Konzession in Lipps' (eines sehr ernsten Forschers) psychologischen Streitpunkten können Sie wohl zufrieden sein ... Wenn die Logik nicht auf Psychologie b e r u h t, d.i. von dieser ihren Methoden abhängig ist — so ist es ganz nebensächlich, ob man sagt, daß sie zur Psychologie g e h ö r t ... Lipps befindet sich eben auf dem Rückzug — und da wollen wir mit ihm nicht um Worte streiten." Zu einer weiteren expliziten Stellungnahme Lipps' schreibt A. Riehl am 15.5.1904: „Sie haben wohl gelesen, was Lipps von Ihnen schreibt: ‚ich meine Husserl einen besonders scharfen und tiefgründigen Denker', und in dem vorhergehenden Satzes erklärt er, von Ihnen gelernt zu haben."

[6] Leipzig 1901, S. 525 ff.

Unterscheidung der psychologischen und der logischen Fragestellung bei der Untersuchung von logischen Prozessen. In seinem
Antwortbrief[1] greift Husserl diese Unterscheidung, die er selber
in den *Prolegomena* speziell in bezug auf die Denkökonomie zu
Wort gebracht hat, nochmals auf und gibt darüber hinaus zu
verstehen, daß sich sein Kapitel über die Denkökonomie ,,vor-
zugsweise gegen die Schule von Avenarius und ganz speziell gegen
Cornelius" richtet. Machs Namen habe er nur miteinbezogen,
weil er anzunehmen gehabt habe, daß seine Schriften der Reduktion der eigentlich erkenntniskritischen Aufklärung auf die er-
kenntnispraktische Problematik Vorschub geleistet hätten.

W. Schuppe bietet in seinem Aufsatz ,,Zum Psychologismus
und zum Normcharakter der Logik. Eine Ergänzung zu Husserl's
,Logischen Untersuchungen'"[2] weniger eine Rezension der *Prolegomena* als eine Präsentation seines eigenen, neokantianischen
Standpunktes ausgehend von Husserls Darlegungen. Er bemerkt
dabei allem Anschein nach nicht, daß die von ihm vorgetragene
Auffassung vom Normcharakter der Logik von Husserl gerade
verworfen wird.

Von P. Natorp stammt die ausführlichste und sorgfältigste
Rezension.[3] Nach einer mehrseitigen Zusammenfassung von
Husserls Argumentation verteidigt Natorp Kant und den ,,heu-
tigen Kritizismus" gegen Husserls Angriffe und gibt der Vermutung Ausdruck, daß sich Husserl bei der Fortführung der
logischen Untersuchungen schließlich auf ähnliche Wege wie die
von Kant begangenen gedrängt sehen werde. In seinem Brief vom
7.9.1901 dankt Husserl für die ,,eingehende und freundliche Rezension". Dabei äußert er sich kurz zu zwei Beanstandungen
Natorps. Die eine bezog sich darauf, daß Husserl nicht ,,dem
Verhältnis, der inneren, erkenntnisgemäßen und also logischen Verbindung" des Objektiven und Subjektiven bzw. des
Idealen und Realen nachfrage, sondern es bei ,,ihrer schroffen
und reinlichen Sonderung" bewenden lasse, so daß ,,ein gerade
logisches Mißbehagen" zurückbleibe.[4] Die andere betraf

---

[1] 18.6.1901, abgedruckt in K. D. Heller, *Ernst Mach*, Wien 1964, S. 61–64.
[2] *Archiv für systematische Philosophie*, 7 (1901), S. 1–22.
[3] ,,Zur Frage der logischen Methode. Mit Beziehung auf Edm. Husserls ,Prolego-
mena zur reinen Logik'": *Kantstudien*, 6 (1901), S. 270–283.
[4] a.a.O., S. 282.

Husserls Anmerkung, daß „ein guter Teil der Neukantianer in
die Sphäre psychologistischer Erkenntnistheorie" gehöre, und
auf die Tatsache, daß er dabei nur Lange anführt.[1] Eine neuer-
liche Anknüpfung an Natorps Rezension findet sich dann 1913
in den Entwürfen zu einer Vorrede bzw. Nachrede zu den
Logische Untersuchungen.[2]

„Das ‚logische Unbehagen' mag sich im II. Bande noch öfters einstellen und wird es sicherlich tun. Es bedarf eben fortschreitend immer
neuer Aufklärungen, bis nach allen Seiten absolute Schärfe und Klarheit erzielt ist und alles einheitlich zusammenstimmt. In der von verschiedenen ausgehenden nach verschiedenen <Seiten?> bohrenden
Arbeit mehrerer und vieler wird die ‚unbehagliche' Einseitigkeit ihre
natürliche Ergänzung finden. — ...
    Sind Laßwitz, Krause, Schneider, Windelband, wohl auch Lieb-
mann u.a. nicht ‚Neukantianer'? Und doch sämtlich Psychologisten
und Relativisten." — Brief Husserls an P. Natorp, 7.9.1901.

Husserls Antwort auf die Polemik in M. Palágyis *Der Streit
der Psychologisten und Formalisten in der modernen Logik*[3] besteht vor allem in Berichtigungen von Palágyis Fehlinterpre-
tationen. Neu ist allein die Konkretisierung seines Verhältnisses
zu Bolzano und Lotze.[4] Die Verarbeitung von Lotzes Interpretation der Platonischen Ideenlehre eröffnete Husserl allererst
das Verständnis der „in ihrer phänomenologischen Naivität zunächst unverständlichen Konzeptionen Bolzanos". Mit „phänomenologischer Naivität" meint Husserl das Fehlen einer fundierten Theorie der Beziehung zwischen den Idealitäten und dem
ihnen korrespondierenden Bewußtsein.

Diese Distanzierung von Bolzano nimmt Husserl in seinen
Entwürfen zu einer Vorrede bzw. Nachrede der zweiten Auflage
ausführlicher auf und dehnt sie auch auf Lotze aus. Soweit
Bolzano und Lotze das Problem der erkenntnistheoretischen
Fundierung der Logik angehen, fassen sie es beide in wider-
sprüchlicher Weise psychologistisch, Bolzano empiristisch und
Lotze anthropologistisch.[5] Die geplante Vorrede bzw. Nachrede

---

[1] a.a.O., S. 280; vgl. A/B 93 (Anm. ***).
[2] „Entwurf einer ‚Vorrede' zu den ‚Logischen Untersuchungen'", a.a.O., S. 111
ff., 214.
[3] Leipzig 1902. — Husserls Antwort in: *Zeitschrift für Psychologie und Physiologie
der Sinnesorgane*, 31 (1903), S. 287–294.
[4] S. 290.
[5] „Entwurf einer ‚Vorrede' zu den ‚Logischen Untersuchungen'", a.a.O., S. 323 ff.

sollte sich mit den „typischen Mißverständnissen" auseinander-
setzen, auf die die *Logischen Untersuchungen* gestoßen sind,[1] d.h.
mit den Vorwürfen des „Rückfalls in den Psychologismus"[2] und
des Platonismus[3] sowie den Mißverständnissen bezüglich der
Entstehungsgeschichte und der historischen Einordnung der *Logischen Untersuchungen*[4].

Husserl führt dabei mehrere Rezensionen an.[5] Mit Namen
erwähnt er jedoch nur die bereits angezeigte von N a t o r p und die
„große und wahrhaft glänzende Abhandlung" „Psychologismus
und Logizismus" von W. W u n d t. W u n d t anerkennt im wesentlichen die Kritik des Psychologismus in den *Prolegomena*. Gegen
was er sich wendet, ist die „logizistische" Konzeption der Psychologie, d.h. eine auf logische Kategorien konstruierte Psychologie,
die er im II. Teil der *Logischen Untersuchungen* zu finden glaubt.[6]
Für die Problematik der *Prolegomena* ist dabei der Vorwurf
interessant, den Husserl in den *Ideen I*[7] zitiert, nach dem sich
Husserls Grundlegung der Logik in Tautologien erschöpft.
W u n d t berührt hier ein „logisches" Argument der Psychologis-

---

[1] Vorwort zur zweiten Auflage, B XVI f.
[2] „Entwurf einer ,Vorrede' zu den ,Logischen Untersuchungen'", a.a.O., S. 115,
329 ff.
[3] S. 118 ff.
[4] S. 124 ff., 323 ff.
[5] L. B u s s e in: *Zeitschrift für Psychologie und Physiologie der Sinnesorgane*, 33
(1903), S. 153–157 („die e i n z i g e vollständige (beide Bände umfassende)" Rezension); A. Ki. in: *Literarisches Centralblatt für Deutschland*, 52 (1901), S. 964–965; P.
N a t o r p, a.a.O.; G.-H. L u q u e t in: *Revue philosophique de la France et de l'étranger*,
51 (1901), S. 414–418; W. W u n d t, „Psychologismus und Logizismus": *Kleine
Schriften*, Bd. I, Leipzig 1910, S. 511–634. Neben diesen Besprechungen und einigen
kleineren Anzeigen findet sich in Husserls Nachlaß auch eine Stellungnahme M.
H e i d e g g e r s: „Neuere Forschungen über Logik": *Literarische Rundschau für das
katholische Deutschland*, 38 (1912), S. 468–472. Heidegger situiert die Psychologismus-
Problematik innerhalb der kantianischen Philosophie und hält die Frage „heute
entschieden zugunsten der transzendental-logischen Auffassung, die seit den siebziger
Jahren von H e r m a n n C o h e n und seiner Schule sowie von W i n d e l b a n d und
R i c k e r t im Grunde vertreten wird". In bezug auf Husserl übernimmt er das Urteil
Natorps (*Kant und die Marburger Schule*, Berlin 1912, S. 6), „daß ihnen (den Mar-
burgern) von Husserls schönen Ausführungen (...), die sie nur freudig begrüßen
konnten, doch nicht gar viel erst zu lernen übrigblieb". Die Bedeutung von „Husserls
tiefbohrenden und äußerst glücklich formulierten Untersuchungen" sieht er jedoch
darin, daß sie „den psychologischen Bann eigentlich gebrochen und die vermerkte
Prinzipienerklärung in Fluß gebracht" haben (S. 467). H e i d e g g e r wiederholt seine
Stellungnahme mit fast denselben Worten in seiner Dissertation: *Die Lehre vom Urteil
im Psychologismus*, Leipzig 1914, S. 1 f.
[6] Vgl. „Entwurf einer ,Vorrede' zu den ,Logischen Untersuchungen'", a.a.O.,
S. 331 ff.
[7] S. 301 (*Husserliana* III).

ten, auf das Husserl selber in den *Prolegomena* nicht eingeht, das jedoch N a t o r p anführt, die Gefahr einer *idem per idem*-Erklärung.[1] Diesem Vorwurf der *idem per idem*-Begründung steht bei Husserl der Einwand der *hýsteron próteron*-Argumentation in der psychologistischen Literatur gegenüber.[2]

In diesem Zusammenhang ist auch noch die Korrespondenz Husserls mit F. B r e n t a n o vor allem in den Jahren 1904–1906 zu erwähnen.[3] Husserl sucht in ihr seinem Lehrer, auf dessen Anfrage hin, die Weiterentwicklung seiner Ideen verständlich zu machen. Zur Diskussion stehen hauptsächlich die Scheidung der Logik in eine Kunstlehre und eine reine Theorie, das Verhältnis der Psychologie zur Logik, die „Realisierung" der logischen Wahrheiten und ihre empiristische Relativierung. Husserl beteuert, daß die *Prolegomena* nicht gegen B r e n t a n o, der ja trotz seiner These von der psychologischen Fundierung der Logik deren Gesetze nie anthropologistisch relativiert hatte, gerichtet sind.

„Im übrigen wenden sich meine *Prolegomena* nicht gegen Sie und Ihre Schüler. *Au fond* glaube ich, bestehen zwischen uns in diesen allgemeinen Fragen keine so großen Differenzen, ich halte nur die Betonung einzelner Scheidungen für wichtig, die Sie glauben entbehren zu können ..." — 27.3.1905.[4]

In der Teilneuauflage der *Psychologie vom empirischen Standpunkt* 1911 verwahrt sich B r e n t a n o in einem Nachtrag gegen den Vorwurf des Psychologismus, der ihm von seiten gewisser Schüler gemacht werde.[5] In einem Brief vom 17.11.1911 schreibt er Husserl, daß dabei nicht an ihn zu denken sei. Husserl fühlte sich dennoch von Brentanos Polemik ebenso betroffen, wie sich wohl B r e n t a n o seinerzeit von Husserls Distanzierung „von den

---

[1] „Über objektive und subjektive Begründung der Erkenntnis", a.a.O., S. 261: „Es kann leicht erscheinen, als erkläre man *idem per idem*, wenn man die Gegenständlichkeit der Erkenntnis begründet durch ein im Inhalte der Erkenntnis schon ursprünglich liegendes Verhältnis; es scheint eine weit gründlichere Erklärung zu sein, die vielmehr auf das Subjekt rekurriert, ..."

[2] A/B 206 ff., vgl. auch A/B 88 f.

[3] Zwei Briefe Brentanos aus dieser Korrespondenz, vom 9.1. und vom 30.4.1905, sind veröffentlicht in F. B r e n t a n o, *Wahrheit und Evidenz*, hrsg. von O. K r a u s, Leipzig 1930, S. 153–161.

[4] Vgl. dagegen den oben, S. XXVII, zitierten Brief an P. N a t o r p, 21, 1. 1897.

[5] *Von der Klassifikation der psychischen Phänomene*, Leipzig 1911, S. 165–167; vgl. *Psychologie vom empirischen Standpunkt*, Bd. II, Leipzig 1925, S. 179–182.

Männern und Werken, denen meine wissenschaftliche Bildung am meisten verdankt," [1] betroffen gefühlt haben muß.

Zu Husserls Weiterentwicklung der Thematik der Prolegomena

Eine erste Phase der Neuinterpretation des Verhältnisses von Psychologie und Logik setzt gleich nach der Publikation der *Logischen Untersuchungen* ein. Sie findet ihren ersten Niederschlag im „Bericht über deutsche Schriften zur Logik in den Jahren 1895–99" (1903). Später kommt sie im programmatischen Essay „Philosophie als strenge Wissenschaft" (1911) zu Wort. Ihre definitive Ausgestaltung erhält sie in den *Ideen I* (1913).

In der Selbstanzeige des I. Bandes[2] und in der Einleitung zum II. Band[3] stellt Husserl im Anschluß an die von Brentano aufgebrachte Unterscheidung genetische und deskriptive Psychologie einander gegenüber. Die genetische Psychologie erklärt psychische Vorkommnisse kausal durch ihre Reduktion auf andere, letztlich physiologische Vorkommnisse.[4] Ihre Methode ist die Induktion. In den *Prolegomena* steht in bezug auf die psychologische Fundierung der Logik ausschließlich diese Art von Psychologie zur Debatte. Die deskriptive Psychologie hat es dagegen auf die Aufklärung der „Gegebenheiten der inneren Erfahrung" nach ihren immanenten Verhältnissen abgesehen. Ihre Methode ist die Intuition.

Bereits 1903 distanziert sich Husserl von der Bezeichnung seiner phänomenologischen Analysen der Erkenntniserlebnisse als deskriptive Psychologie. Der Grund dafür ist, daß die traditionelle deskriptive Psychologie die von ihr untersuchten Erlebnisse und Erlebnisklassen als solche von empirischen Personen, d.h. als objektiv-zeitlich bestimmbare Naturtatsachen faßt, während Husserls rein phänomenologische Analysen jede Hypothese über die psychophysische und physische Abhängigheit der

---

[1] Vorwort der ersten Auflage, A/B VII f.
[2] S. 512 (hier S. 262).
[3] A 8, 18, 21.
[4] Husserl selber beschränkt sich in seinen genetischen Analysen vor den *Logischen Untersuchungen* ausschließlich auf die innerpsychische Genesis. Die Begriffe genetisch und deskriptiv sind im Gegensatz zu genetisch und statisch und zu erklärend und deskriptiv nicht voll korrespondierende Begriffe und schließen sich entsprechend nicht auf der ganzen Linie aus.

psychischen Erlebnisse zusammen mit der existenzialen Setzung der physischen Natur suspendieren.[1]

Der Akzent wandert nun vom genetischen Aspekt der induktiv erklärenden Psychologie zum allgemeineren empirischen Aspekt[2] und von ihrer Thematisierung als einer ,,Wissenschaft von Tatsachen, von *matters of fact*'', die in den *Prolegomena* vorherrscht, auch wenn von der Psychologie als einer Naturwissenschaft die Rede ist, zu ihrer Thematisierung als einer ,,Wissenschaft von Realitäten''[3]. Am ausgeprägtesten erscheint diese Ausweitung der Kritik in ,,Philosophie als strenge Wissenschaft''[4]. Neben den Vorwurf des Psychologismus tritt der des Naturalismus, neben den der Relativierung derjenige der Naturalisierung der Ideen. Der Naturalismus faßt die spezifischen Bestimmungen der psychischen Erlebnisse in Analogie zu den Eigenschaften der Dinge als ,,reale Eigenschaften'', die in ihren Veränderungen kausal determiniert sind durch die Einwirkung der Körperwelt, mit der sie, psychophysisch verbunden, die eine, real-kausal zusammenhängende Natur bilden. Der Doppelbestimmung der empirischen Psychologie als Tatsachen- und als Realwissenschaft stellen die *Ideen I*[5] die Phänomenologie als eidetische oder Wesenswissenschaft und als transzendentale oder Idealwissenschaft gegenüber. Die Bearbeitung der *Prolegomena* für die zweite Auflage beschränkt sich, wie bereits gesagt, fast ausschließlich auf die deutlichere Herausstellung des eidetischen Charakters der reinen Logik gegenüber ihrer Reduktion auf eine Tatsachenwissenschaft.

---

[1] ,,Bericht über deutsche Schriften zur Logik in den Jahren 1895–99. Erster Artikel'': *Archiv für systematische Philosophie*, 9 (1903), S. 114; ,,Dritter Artikel'', a.a.O., S. 397 ff. Vgl. dazu den Brief an W. E. H o c k i n g, 25.1.1903: ,,Bekämpfe ich als ‚Psychologismus' die Begründung der reinen Logik (= Mathesis universalis) und der Erkenntniskritik durch ‚Psychologie', so ist unter ‚Psychologie' die genetische Psychologie, die Psychologie als Naturwissenschaft, verstanden, die metaphysisch und erkenntniskritisch so naiv ist wie die physische Naturwissenschaft. Will man den Begriff der Psychologie weiter fassen, so weit daß von einer Fundierung der Erkenntniskritik durch Psychologie gesprochen werden darf, dann müßte die ganze Sphäre der apriorischen Gesetze als apriorische Psychologie hinzugenommen werden und diese apriorische Psychologie wäre nicht mehr humane und animalische, eben empirische Psychologie; sie enthielte die Gesetze, die für das humane Bewußtsein gelten, weil sie (eben als apriori) für jedes Bewußtsein überhaupt gelten.''
[2] Vgl. die Einleitung zum II. Band, A 8: ,,ein ... deskriptives (nicht etwa ein ⌈genetisch⌉-psychologisches) Verständnis''; B 6: ,,ein deskriptives (nicht etwa ein ⌈empirisch⌉-psychologisches) Verständnis''.
[3] Vgl. *Ideen I*, S. 3 (*Husserliana* III).
[4] a.a.O., besonders S. 294 ff.
[5] S. 3 f., vgl. dazu S. 116 f.

Vom Standpunkt der transzendentalen Phänomenologie wird das Problem des logischen Psychologismus ebenfalls schon in dieser ersten Phase[1] angegangen; breit aufgerollt wird es jedoch erst in den Zwanzigerjahren, in einer kurzen Einführung in den Vorlesungen über *Phänomenologische Psychologie* (1925)[2] und ausführlich in der *Formalen und transzendentalen Logik* (1929), die das Hauptthema der *Prolegomena,* ohne daß sie sich an deren „in einzelnen Punkten verbesserungsbedürftige Darstellungen binden"[3], über viele Paragraphen hin[4] einer eingehenden Revision unterziehen. Husserl selber beurteilt diese Revision als eine „außerordentliche Erweiterung und zugleich Radikalisierung der Widerlegung des logischen Psychologismus"[5].

In der *Formalen und transzendentalen Logik* wird die Doppelseitigkeit der Logik als einer reinen, theoretischen und als einer normativ-praktischen Disziplin, die den Ausgangspunkt und den Leitfaden für die Behandlung des Psychologismus-Problems in den *Prolegomena* bildet, kurz als „Zwitterhaftigkeit der historischen Logik" abgefertigt. Sie erbringt „keine wesentlich neuen Gehalte, sondern nur selbstverständliche subjektive Wendungen"[6]. Das Feld beherrscht in diesem Spätwerk die philosophisch allein für bedeutsam erachtete Doppelseitigkeit der Logik als einer formalen und einer transzendentalen Wissenschaft.

Die formale Logik umgrenzt ein Gebiet von Bedeutungseinheiten, die in ihrem Sinngehalt ebensowenig eine Beziehung zu subjektiven Erlebnissen enthalten, die sie an reale Subjekte binden, wie ihre idealen Gesetzlichkeiten etwas über reale Tatsächlichkeiten aussagen. Implizieren sie auch keine „faktischen Tatsachen", so beziehen sie sich andererseits doch auf „mögliche Tatsachen". Die Logik der Sätze beansprucht Geltung für alle erdenklichen Einzelfälle von Sätzen. In einer analogen Weise sind die idealen Gegenstände auf mögliche Subjekte bezogen, und zwar auf Subjekte mit einer bestimmten apriorischen Struktur.

---

[1] Vgl. „Entwurf einer ‚Vorrede' zu den ‚Logischen Untersuchungen'", a.a.O., S. 115 f.

[2] *Husserliana IX,* S. 20 ff. Vgl. auch die Beilage IV im gleichen Bande, S. 364 ff., aus den Vorlesungen des Wintersemesters 1926/27.

[3] *Formale und transzendentale Logik,* Halle/Saale 1929, S. 136 (*Husserliana XVII*).

[4] Besonders §§ 8–11, 56 f., 62–69, 99 f.

[5] a.a.O., S. 151.

[6] a.a.O., S. 39 ff., vgl. S. 27 f.

So wie die Erfahrung eines Dinges als eines materiellen, vielseitigen Gegenstandes verweist auf ein Subjekt mit einer ganz bestimmten Struktur, nämlich auf ein Subjekt mit einer kinästhetisch motivierten sinnlichen Wahrnehmung, die nach einem bestimmten Stil in Erinnerungen und andere Vergegenwärtigungen übergeführt werden kann, genauso verweisen die Apriori der reinen Logik auf korrelative Apriori psychischer Art. Die transzendentale Logik befaßt sich mit den von den logischen Gegenständlichkeiten wesensmäßig geforderten Bewußtseinserlebnissen, in denen sich diese Gegenständlichkeiten subjektiv gestalten und zur evidenten Gegebenheit kommen. Diese subjektive Fundierung der Logik ist von der objektiven Begründung im Sinn ihrer Kategorien streng zu scheiden.[1]

In der *Formalen und transzendentalen Logik* erfährt das Problem bzw. der Vorwurf des Psychologismus einerseits eine Verallgemeinerung, nämlich von der Psychologisierung der irrealen Bedeutungsgebilde der Logik, d.h. der Reduktion der idealen Gegenstände der Bewußtseinserlebnisse auf diese Erlebnisse selber[2], zur Reduktion aller intentionalen Gegenständlichkeiten, der physischen Dinge nicht weniger als der Ideen, auf die ihnen korrelativen immanenten psychischen Daten. Diese Reduktion wird als die positivistische oder Humesche Variante des Psychologismus charakterisiert.[3] Andererseits erfährt es eine Klärung, indem die Verwechslung der transzendentalen und der realen, psychologisch und psychophysisch apperzipierten Subjektivität in der ichorientierten Philosophie der Neuzeit herausgearbeitet wird. Die Aufklärung der Konstitution der logischen Gegenstände als im Bewußtsein zu evidenter Selbstgegebenheit kommender Idealitäten wie die Ausweisung von objektiv-weltlichen Naturobjekten finden ihr voraussetzungsloses Fundament nicht im psychologisch und psychophysisch apperzipierten Subjekt, das mit der auszuweisenden Natur in einem real-kausalen Konnex steht, sondern allein im transzendentalen Subjekt, von dem jede Konstitution und Apperzeption ihren Ausgang nimmt. Die Ver-

---

[1] *Phänomenologische Psychologie*, S. 22 ff., 37 ff.; *Formale und transzendentale Logik*, S. 154 f., 162, 217 ff. etc.
[2] Vgl. das zweite Vorurteil: *Prolegomena*, A/B 167 ff.
[3] *Formale und transzendentale Logik*, S. 148 f., 151 f.

wechslung der beiden Gegebenheiten des Subjekts ist charakteristisch für die erkenntnistheoretische oder cartesianische
Variante des Psychologismus.[1]

In diesen Zusammenhängen, der Aufdeckung einer Wesens-
beziehung zwischen an sich geltender Objektivität und spezifisch
korrespondierender Subjektivität und der Verallgemeinerung und
Vertiefung des Vorwurfs des Psychologismus, erfährt auch die
traditionelle Transzendentalphilosophie, die in den *Prolegomena*
in die Psychologismus-Kritik miteinbezogen wird — „Transzendentalpsychologie ist eben auch Psychologie."[2] —, eine differen-
ziertere Beurteilung. Bei der kantianischen Erkenntniskritik wird
wiederum wie in den *Prolegomena* die Ablehnung einer empirisch-
psychologischen Begründung begrüßt, vermißt wird jetzt jedoch
die Ausbildung einer apriorischen Psychologie, die ihr als Fundament dienen könnte,[3] sowie die Einbeziehung der formalen Logik,
deren Geltung naiv — „in transzendentaler Naivität" — vorausgesetzt wird, in die im Hinblick auf die Natur und die Naturwissenschaft entwickelte transzendentale Fragestellung.[4]

Ausdrücklich hält Husserl daran fest, daß durch den Rückgang
auf das transzendental konstituierende Bewußtsein „an der
idealen Objektivität der logischen Gebilde wie an der realen Welt
... nichts geändert" wird.[5]

Der Bestand von „Wahrheiten an sich" und auf ihre Weise
auch die Existenz der Welt sind „fraglose Selbstverständlichkei-
ten", die „sicherlich den Rang von Evidenzen" haben.[6] Aber es
sind doch „naive Evidenzen", die sich nur solange ohne Einschränkung behaupten, als die gerade Blickrichtung auf die
entsprechenden Gegenständlichkeiten beibehalten wird. Die in
der transzendentalen Einstellung durchgeführte thematische
Reflexion auf diese Evidenzen und ihre apriorische Struktur
fördert alsbald „eine peinliche und doch unvermeidliche Relativität" zutage.[7] Die Evidenz der logischen Gebilde ist nicht weni-

---

[1] a.a.O., S. 136, 199 ff., 222 ff.
[2] *Prolegomena*, A/B 93, vgl. A/B 123.
[3] *Phänomenologische Psychologie*, S. 41; *Formale und transzendentale Logik*, S. 226
ff., vgl. S. 151.
[4] *Formale und transzendentale Logik*, S. 228 ff.
[5] a.a.O., S. 233.
[6] a.a.O., S. 176, vgl. S. 222.
[7] a.a.O., S. 157, 230, 239.

ger als die der realen Welt und die der immanenten psychischen Erlebnisse eine präsumtive.[1] Die logischen Gesetze sind voll von Idealisierungen, so im Rekurs auf die iterative Unendlichkeit des „Und so weiter" mit ihrem subjektiven Korrelat „man kann immer wieder" — „Es ist eine offenbare Idealisierung, da *de facto* niemand immer wieder kann."[2] — und in den Ansprüchen alles Objektiven, „ein für allemal" und „für jedermann" zu gelten.[3]

Aber diese „aus natürlicher Evidenz stammenden ‚Vorurteile'" dürfen nicht mit den „Vorurteilen im gewöhnlichen schlechten Sinne", die von keiner zeitlich und intersubjektiv immer neu bestätigenden Evidenz getragen werden, verwechselt werden.[4] Sie stellen nicht bloß einen Index oder Leitfaden[5] für die transzendentale Erforschung der sie konstituierenden Bewußtseinserlebnisse dar. Sie bezeichnen schon jeder transzendentalen Einstellung zuvor eine „Regelstruktur"[6] für den Ablauf eben dieser Bewußtseinserlebnisse. Sie fungieren als „regulative Ideen"[7] und sind als solche eine Bedingung der Möglichkeit von Erkenntnis überhaupt.

Neben dem Verhältnis von Psychologie und Logik erfahren auch die im Schlußkapitel der *Prolegomena* vorgelegten Ideen zur reinen Logik und ihren Aufgaben, zusammen mit den parallelen Darlegungen der III. und IV. Untersuchung des II. Bandes, in den späteren Schriften, am eingehendsten wiederum in der *Formalen und transzendentalen Logik*, eine „Klarlegung", die zugleich eine „Ergänzung und kritische Begrenzung"[8] sein soll. Betroffen sind dabei insbesondere die in den *Prolegomena* als erste Aufgabe angeführte Fixierung der reinen Bedeutungskategorien und der rein gegenständlichen Kategorien (§ 67)[9] und die als dritte Aufgabe genannte Ausbildung einer systematischen

---

[1] a.a.O., S. 222, 249 ff.
[2] a.a.O., S. 167.
[3] a.a.O., S. 172 f.
[4] a.a.O., S. 244.
[5] *Phänomenologische Psychologie*, S. 47; *Cartesianische Meditationen: Husserliana I*, S. 87, etc.
[6] *Cartesianische Meditationen*, S. 90.
[7] *Formale und transzendentale Logik*, S. 245, 257, vgl. S. 221.
[8] a.a.O., S. 91.
[9] Vgl. die Rückverweise in *Ideen I*, S. 23, 40; *Phänomenologische Psychologie*, S. 41; *Formale und transzendentale Logik*, S. 73 ff.

Theorien- oder Mannigfaltigkeitslehre (§§ 69 f.).[1] Die Heraus-
arbeitung der rein gegenständlichen oder, wie es jetzt auch heißt,
formal-ontologischen Kategorien erklärt Husserl von den *Ideen I*
an als eine Wiederaufnahme der „alten durch den Kantianismus
und Empirismus so sehr verpönten Idee einer apriorischen Ontologie"[2] in einer neuen, unmetaphysischen Gestalt. Die Weiterentwicklung der Theorienlehre bezieht sich vor allem auf die
Integration der in der *Formalen und transzendentalen Logik* entfalteten Dreischichtung der Logik als Formenlehre der Urteile,
als Konsequenzlehre und als Wahrheitslehre, d.h. die Integration
der die rein deduktiven Theorien übersteigenden sachhaltigen
Aprioris in die *mathesis universalis* und auf die Ergänzung der
analytisch-formalen Ontologie durch eine materiale Ontologie.[3]

Der Haupttext dieses Bandes war bereits im Druck, als am
3. März 1974 der Direktor des Husserl-Archivs und Herausgeber
der *Husserliana*, Professor H e r m a n L e o V a n B r e d a, uner-
wartet und allzufrüh verstarb. Noch kurze Zeit vor seinem Tode
hatte ich die Gelegenheit, ihm diese Einleitung zur Diskussion
und zur Approbation zu unterbreiten, nachdem er mich schon
vorher bei der Textbeurteilung und Textgestaltung mit seinen
reichen historischen und editorischen Erfahrungen und Kennt-
nissen mehrfach beraten und unterstützt hatte. Zu danken habe
ich gleichfalls Professor J. P a t o č k a für die Übersetzung des
„Vorworts des Redaktors der russischen Ausgabe" von 1909,
Herrn G. M a s c h k e für verschiedene Vorarbeiten zur Neuedition der *Prolegomena*, Frau Dr. U. P a n z e r vom Husserl-Archiv
in Köln, die die Herausgabe des II. Bandes besorgt, für die
Zusammenarbeit bei der Lösung gemeinsamer textkritischer
Probleme, Dr. U. B r e d e h o r n vom Universitätsarchiv Marburg
für die Überlassung von Briefen Husserls an N a t o r p, die dem
Husserl-Archiv noch nicht bekannt waren, Dr. E. A v é-L a l l e-
m a n t, Dr. H. H o l z h e y und Professor K. S c h u h m a n n für
wertvolle Ergänzungsvorschläge zu früheren Manuskriptversio-

---

[1] Vgl. die Rückverweise in *Ideen I*, S. 17, 136; *Formale und transzendentale Logik*,
S. 78 ff., 88 ff.
[2] *Formale und transzendentale Logik*, S. 75.
[3] Vgl. a.a.O., S. 89 ff., 134.

nen dieser Einleitung, Herrn E. Baruffol und Herrn R. Parpan
für die Korrektur der Druckproben und schließlich allen Mit-
arbeitern des Husserl-Archivs in Leuven für das freundschaftliche
Arbeitsmilieu.

Elmar Holenstein

LOGISCHE UNTERSUCHUNGEN   [A I]
                                  [B I]

ERSTER BAND

CARL STUMPF

[A III]
[B III]

IN VEREHRUNG UND FREUNDSCHAFT

ZUGEEIGNET

VORWORT

Die logischen Untersuchungen, deren Veröffentlichung ich mit diesen *Prolegomena* beginne, sind aus unabweisbaren Problemen erwachsen, die den Fortgang meiner langjährigen Bemühungen 5 um eine philosophische Klärung der reinen Mathematik immer wieder gehemmt und schließlich unterbrochen haben. Neben den Fragen nach dem Ursprung der mathematischen Grundbegriffe und Grundeinsichten betrafen jene Bemühungen zumal auch die schwierigen Fragen der mathematischen Theorie und Methode. 10 Was nach den Darstellungen der traditionellen oder wie immer reformierten Logik hätte leicht verständlich und durchsichtig erscheinen müssen, nämlich das rationale Wesen der deduktiven Wissenschaft mit ihrer formalen Einheit und symbolischen Methodik, stellte sich mir beim Studium der wirklich gegebenen 15 deduktiven Wissenschaften dunkel und problematisch dar. Je tiefer ich analytisch eindrang, um so mehr kam es mir zum Bewußtsein, daß die Logik unserer Zeit an die aktuelle Wissenschaft nicht hinanreiche, welche aufzuklären sie doch berufen ist.

Besondere Schwierigkeiten bereitete mir die logische Durch-
20 forschung der formalen Arithmetik und Mannigfaltigkeitslehre, dieser über alle Besonderheiten der speziellen Zahlen- und Ausdehnungsformen hinausreichenden Disziplin und Methode. Sie nötigte mich zu Erwägungen von sehr allgemeiner Art, welche sich über die engere mathematische Sphäre erhoben und einer 25 allgemeinen Theorie der formalen deduktiven Systeme zustrebten.
|| Von den Problemreihen, die sich mir dabei aufdrängten, sei hier nur eine bestimmter bezeichnet.

Die offenbare Möglichkeit von Verallgemeinerungen bzw. Abwandlungen der formalen Arithmetik, wodurch sie ohne wesent-
30 liche Änderung ihres theoretischen Charakters und ihrer rechnerischen Methodik über das quantitative Gebiet hinausgeführt

werden kann, mußte die Einsicht erwecken, daß das Quantitative
gar nicht zum allgemeinsten Wesen des Mathematischen oder
„Formalen" und der in ihm gründenden kalkulatorischen Methode gehöre. Als ich dann in der „mathematisierenden Logik"
5 eine in der Tat quantitätslose Mathematik kennenlernte, und
zwar als eine unanfechtbare Disziplin von mathematischer Form
und Methode, welche teils die alten Syllogismen, teils neue,
der Überlieferung fremd gebliebene Schlußformen behandelte,
gestalteten sich mir die wichtigen Probleme nach dem allgemei-
10 nen Wesen des Mathematischen überhaupt, nach den natürlichen
Zusammenhängen oder etwaigen Grenzen zwischen den Systemen
der quantitativen und nichtquantitativen Mathematik, und speziell z. B. nach dem Verhältnis zwischen dem Formalen der
Arithmetik und dem Formalen der Logik. Naturgemäß mußte
15 ich von hier aus weiter fortschreiten zu den fundamentaleren
Fragen nach dem Wesen der Erkenntnisform im Unterschiede
von der Erkenntnismaterie und nach dem Sinn des Unterschiedes zwischen formalen (reinen) und materialen Bestimmungen, Wahrheiten, Gesetzen.
20   Aber noch in einer ganz anderen Richtung fand ich mich in
Probleme der allgemeinen Logik und Erkenntnistheorie verwickelt. Ich war von der herrschenden Überzeugung ausgegangen,
daß es die Psychologie sei, von der, wie die Logik überhaupt, so
die Logik der deduktiven Wissenschaften ihre philosophische
25 Aufklärung erhoffen müsse. Demgemäß nehmen psychologische
Untersuchungen in dem ersten (und allein veröffentlichten) Bande meiner *Philosophie der Arithmetik* einen sehr breiten Raum ein.
Diese psychologische Fundierung wollte ‖ mir in gewissen Zu- $\begin{cases} \text{[A VI} \\ \text{[B VI} \end{cases}$
sammenhängen nie recht genügen. Wo es sich um die Frage nach
30 dem Ursprung der mathematischen Vorstellungen oder um die in
der Tat psychologisch bestimmte Ausgestaltung der praktischen
Methoden handelte, schien mir die Leistung der psychologischen
Analyse klar und lehrreich. Sowie aber ein Übergang von den
psychologischen Zusammenhängen des Denkens zur logischen
35 Einheit des Denkinhaltes (der Einheit der Theorie) vollzogen
wurde, wollte sich keine rechte Kontinuität und Klarheit herausstellen lassen. Um so mehr beunruhigte mich daher auch der
prinzipielle Zweifel, wie sich die Objektivität der Mathematik
und aller Wissenschaft überhaupt mit einer psychologischen Be-

gründung des Logischen vertrage. Da auf solche Weise meine
ganze, von den Überzeugungen der herrschenden Logik getragene
Methode — gegebene Wissenschaft durch psychologische Analysen logisch aufzuklären — ins Schwanken geriet, so sah ich mich
5 in immer steigendem Maße zu allgemeinen kritischen Reflexionen
über das Wesen der Logik und zumal über das Verhältnis zwischen
der Subjektivität des Erkennens und der Objektivität des Erkenntnisinhaltes gedrängt. Von der Logik überall im Stiche ge-
lassen, wo ich von ihr Aufschlüsse in Beziehung auf die bestimm-
10 ten Fragen erhoffte, die ich an sie zu stellen hatte, ward ich
endlich gezwungen, meine philosophisch-mathematischen Untersuchungen ganz zurückzustellen, bis es mir gelungen sei, in den
Grundfragen der Erkenntnistheorie und in dem kritischen Verständnis der Logik als Wissenschaft zu sicherer Klarheit vorzu-
15 dringen.

Wenn ich nun diese, in vieljähriger Arbeit erwachsenen Versuche zur Neubegründung der reinen Logik und Erkenntnistheorie veröffentliche, so tue ich es in der Überzeugung, daß die Selbständigkeit, mit der ich meine Wege von denen
20 der herrschenden logischen Richtung abscheide, mit Rücksicht
auf die ernsten sachlichen Motive, die mich geleitet haben, eine
Mißdeutung nicht erfahren wird. Der Gang meiner Entwicklung
hat es mit sich gebracht, daß ich mich von den | Männern und [A VIII]
Werken, denen meine wissenschaftliche Bildung | am meisten [B VIII]
25 verdankt, in den logischen Grundüberzeugungen weit entfernt
und mich andererseits einer Reihe von Forschern beträchtlich
genähert habe, deren Schriften nach ihrem Werte zu schätzen ich
früher nicht vermocht und die ich daher während meiner Arbeiten nur zu wenig zu Rate gezogen ⌐hatte⌐ [1]. Von einer nach-
30 träglichen Einfügung umfassender literarischer und kritischer
Hinweise auf verwandte Forschungen mußte ich leider absehen.
Was aber die freimütige Kritik anbelangt, die ich an der psychologistischen Logik und Erkenntnistheorie geübt habe, so möchte
ich an das Goethesche Wort erinnern: „Man ist gegen nichts
35 strenger als gegen erst abgelegte Irrtümer.''

Halle, a. ⌐d.⌐ [2] S., 21. Mai 1900. [3]

---

[1] A: ⌐habe⌐.
[2] Zusatz von B.
[3] In A folgt: ⌐Prof. Dr. E. G. Husserl.⌐

VORWORT ZUR ZWEITEN AUFLAGE

Die Frage, in welcher Form ich dieses nun schon seit einer Reihe von Jahren vergriffene Werk zur Neuausgabe bringen solle, hat mir nicht geringe Sorge verursacht. Die *Logischen Unter-*
5 *suchungen* waren für mich ein Werk des Durchbruchs, und somit nicht ein Ende, sondern ein Anfang. Nach Vollendung des Druckes setzte ich die Studien sogleich wieder fort. Ich versuchte mir über Sinn, Methode, philosophische Tragweite der Phänomenologie vollkommenere Rechenschaft zu geben, die angesponne-
10 nen Problemlinien allseitig weiter zu verfolgen, zugleich auch die parallelen Probleme in allen ontischen und phänomenologischen Gebieten aufzusuchen und in Angriff zu nehmen. Begreiflicherweise verschob sich mit der Erweiterung des in Forschung genommenen Horizonts, mit der tieferen Erkenntnis der so ver-
15 wirrend aufeinander bezogenen intentionalen „Modifikationen'', der so vielfältig sich verschlingenden Bewußtseinsstrukturen manche der im ersten Eindringen in das neue Gebiet gewonnenen Auffassungen. Verbliebene Dunkelheiten wurden geklärt, Vieldeutigkeiten entwirrt; | isolierte Bemerkungen, denen ursprüng- [B IX]
20 lich keine besondere Wichtigkeit beigemessen werden konnte, erhielten im Übergang in die großen Zusammenhänge eine grundlegende Bedeutung — kurzum, überall vollzogen sich in der ursprünglichen Forschungssphäre nicht bloß Ergänzungen, sondern Umwertungen, und vom Standpunkt der zugleich erweiterten
25 und vertieften Erkenntnis erschien nun selbst die Anordnung der Darstellungen nicht mehr als eine vollangemessene. In welchem Sinne und Ausmaße sich diese Fortschritte vollzogen und die Forschungskreise erweiterten, zeigt schon das jüngst erschienene erste Buch meiner *Ideen zu einer reinen Phänomenologie*
30 *und phänomenologischen Philosophie,* welches im ersten Bande des *Jahrbuchs für Philosophie und phänomenologische For-*

schung (1913) abgedruckt ist, und die bald erfolgende Veröffentlichung der beiden ausstehenden Bücher wird es noch besser
zeigen.

   Ich hegte ursprünglich die Hoffnung, es würde mir möglich
5 sein, nach Auffindung und Durchforschung der radikalen Problematik der reinen Phänomenologie und phänomenologischen
Philosophie, eine Reihe systematischer Darstellungen zu geben,
die einen Neudruck des alten Werkes entbehrlich machen würden: sofern sein keineswegs preisgegebener Inhalt, gereinigt und
10 sachgemäß verteilt, in ihnen zu angemessener Mitgeltung käme.
In der Ausführung stellte sich ein ernstes Bedenken ein. Bei dem
Umfange und der Schwierigkeit der zwar *in concreto* schon durch-
geführten, aber nun erst literarisch zu vereinheitlichenden, zumeist neu darzustellenden, in schwierigen Punkten wohl auch zu
15 bessernden Untersuchungen mußte die Realisierung dieser Absicht noch viele Jahre in Anspruch nehmen. So entschloß ich mich
zunächst die *Ideen* zu entwerfen. Sie sollten eine allgemeine
und doch inhaltreiche (weil durchaus auf wirklich ausgeführter
Arbeit beruhende) Vorstellung von der neuen Phänomenologie
20 geben: von ihrer Methode, ihrer systematischen Problematik, ihrer
Funktion für die Ermöglichung einer streng wissenschaftlichen
Philosophie, sowie einer rationalen Theoretisierung der empirischen Psychologie. Nachher aber sollten sogleich die *Logischen*
| *Untersuchungen* zur Neuausgabe kommen, und zwar in einer [B X]
25 verbesserten Gestalt, die, dem Standpunkt der *Ideen* nach Möglichkeit angepaßt, dazu verhelfen könne, den Leser in die Art
wirklicher phänomenologischen und erkenntnistheoretischen Arbeit einzuführen. Denn wenn diese Untersuchungen von den
phänomenologisch Interessierten als hilfreich empfunden werden,
30 so liegt es darin, daß sie nicht ein bloßes Programm darbieten
(und gar eins jener hochfliegenden Art, womit die Philosophie so
überreich bedacht ist), sondern Versuche wirklich ausführender
Fundamentalarbeit an den unmittelbar erschauten und ergriffe-
nen Sachen; und daß sie sich selbst da, wo sie kritisch verfahren,
35 nicht in Standpunktserörterungen verlieren, vielmehr den Sachen
selbst und der Arbeit an ihnen das letzte Wort belassen. In der
Wirkung sollten sich die *Ideen* auf diejenige der *Logischen Untersuchungen* stützen: War der Leser durch die letzteren mit einer
Gruppe von Fundamentalfragen in expliziter Untersuchung be-

schäftigt gewesen, so konnten ihm die *Ideen* mit ihrer Art, die
Methode aus letzten Quellen aufzuklären, die Hauptstrukturen
des reinen Bewußtseins vorzuzeichnen und die Arbeitsprobleme
in demselben systematisch aufzuweisen, für ein weiteres und
5 selbständiges Fortschreiten behilflich sein.

Die Ausführung des ersten Stücks meines Planes war relativ
leicht, und wenn auch der unerwartete Umfang der in einem Zuge
entworfenen beiden ersten Bücher der *Ideen* (die für meine Zwecke
wesentlich in Betracht kamen) während des Druckes zur Teilung
10 der Publikation nötigte, so konnte schließlich auch das I. Buch
allein vorläufig genügen. Sehr viel größer war die Schwierigkeit
der Erfüllung meiner zweiten Absicht. Die Unmöglichkeit, das
alte Werk ganz und gar auf das Niveau der *Ideen* zu erheben,
sieht der Kenner ohne weiteres. Das würde ein völliges Neuver-
15 fassen des Werkes — eine Verschiebung *ad kalendas graecas* —
bedeuten. Demgegenüber auf eine Umarbeitung ganz zu ver-
zichten und es bloß mechanisch nachzudrucken, erschien mir aber
angesichts jener die Neuausgabe rechtfertigenden Ziele mehr be-
quem als gewissenhaft. Durfte ich die Leser abermals | durch all [B XI]
20 die Versehen, Schwankungen, Selbstmißverständnisse beirren,
die, mochten sie auch bei der ersten Ausgabe eines solchen Werkes
schwer vermeidlich und entschuldbar sein, ihm ein klares Erfassen des Wesentlichen unnötig erschweren würden?

Es blieb also nur übrig, einen Mittelweg zu versuchen, und
25 dabei freilich mich selbst in gewisser Weise preiszugeben. Denn
es hieß, gewisse zum einheitlichen Stil des Werkes gehörige Unklarheiten und selbst Irrtümer stehen zu lassen. Bestimmend
wurden folgende Maximen für die Umarbeitung:

1. Nichts für den Neudruck zuzulassen, von dem ich nicht
30 völlig überzeugt sein konnte, daß es eines genauen Studiums wür-
dig sei. In dieser Hinsicht durften also auch einzelne Irrtümer
verbleiben, wenn ich sie als eine natürliche Unterstufe für die, ihre
guten Motive umwertende Wahrheit gelten lassen konnte. Ich
durfte mir dabei auch sagen: Leser, welche von den allgemeinen
35 philosophischen Richtungen der Gegenwart herkommen — die
im wesentlichen ja noch dieselben sind, wie in dem Jahrzehnt der
Entstehung dieses Werkes — finden, wie dereinst der Verfasser,
zunächst nur Zugang zu gewissen phänomenologischen bzw. logischen Unterstufen. Erst wenn sie eine sichere Herrschaft über die

phänomenologische Forschungsart gewonnen haben, erkennen sie
die fundamentale Bedeutung gewisser Unterscheidungen, die
ihnen vordem als unbedeutende Nuancen erschienen wären.

2. Alles zu verbessern, was gebessert werden konnte, ohne den
5 Gang und Stil des alten Werkes von Grund aus zu ändern; vor
allem die neuartigen Gedankenmotive, die in demselben zum
Durchbruch kommen, die aber von dem anfangs noch unsicheren
und zaghaften Verfasser in der ersten Auflage bald scharf bezeichnet, bald verwischt wurden, überall zu entschiedenstem Aus-
10 druck zu bringen.

3. Den Leser im Fortgange der Darstellungen allmählich zu
einem relativ steigenden Gesamtniveau der Einsicht zu erheben,
darin der ursprünglichen Eigenart des Werkes folgend. Es ist hier
zu erinnern, daß das Werk eine systematisch verbundene K e t t e
15 v o n U n t e r s u c h u n g e n war, aber nicht eigentlich ein | Buch [B XII]
oder Werk im literarischen Sinne. Es ist darin ein beständiges
Emporsteigen von einem niederen zu einem höheren Niveau, ein
sich Emporarbeiten zu immer neuen logischen und phänomenologischen Einsichten, welche die früher gewonnenen nicht ganz
20 unberührt lassen. Immer neue phänomenologische Schichten treten hervor und bestimmen mit die Auffassungen der früheren.
Dieser Charakter des alten Werkes ließ eine Art der Umarbeitung
als möglich erscheinen, die den Leser in bewußter Weise empor-
leitet, und zwar so, daß in der letzten Untersuchung im wesent-
25 lichen die Stufe der *Ideen* erreicht ist und in ihr die früher mit in
den Kauf genommenen Unklarheiten und Halbheiten einsichtig
geklärt erscheinen.

Im Sinne dieser Maximen bin ich nun vorgegangen und habe
zunächst hinsichtlich der beiden vorläufig ausgegebenen Stücke
30 (der *Prolegomena* und des ersten Teiles des zweiten Bandes) den
Eindruck, daß die angewandten großen Mühen nicht verschwen-
det sind. Ich habe natürlich bald ergänzen und bald streichen,
bald einzelne Sätze, bald ganze Paragraphen und Kapitel neu
schreiben müssen. Der Gedankeninhalt ist dichter und extensiv
35 reicher geworden, der Gesamtumfang des Werkes — spezieller
gesprochen, des zweiten Bandes — ist, trotzdem jede Beigabe
kritischen Füllsels unterlassen wurde, unvermeidlich angewach-
sen, weshalb dieser Band geteilt werden mußte.

Hinsichtlich der einzelnen Untersuchungen und ihrer Neuge-

staltung wäre folgendes zu sagen: Die *Prolegomena zur reinen Logik* sind ihrem wesentlichen Inhalte nach eine bloße Ausarbeitung zweier sich ergänzenden Hallenser Vorlesungsreihen
aus dem Sommer und Herbst 1896. Damit hängt die größere
5 Lebendigkeit der Darstellung zusammen, die der Wirkung förderlich gewesen ist. Die Schrift ist auch gedanklich aus einem Gusse,
und so glaubte ich sie nicht radikal umarbeiten zu dürfen. Andererseits fand ich die Möglichkeit, etwa von der Mitte ab viele
erhebliche Verbesserungen der Darstellung zu vollziehen, Ver-
10 sehen auszumerzen, wichtige Punkte in ein schärferes Licht zu
rücken. Freilich einige z.T. sehr wesentliche Unzulänglichkeiten
— wie der | allzu einseitig nach den *vérités de raison* orientierte [B XI
Begriff der „Wahrheit an sich'' — mußten, als zum einheitlichen
Niveau der Schrift gehörig, erhalten bleiben. Die sechste Unter-
15 suchung (jetzt der zweite Teil des zweiten Bandes) bringt in
dieser Hinsicht die nötigen Aufklärungen.

Den Streit um den Psychologismus mit neuen Kritiken und gar
mit Gegenkritiken zu belasten (die doch nicht das geringste neue
Gedankenmotiv beigebracht hätten), schien mir wenig angemes-
20 sen. Ausdrücklich betonen muß ich die Beziehung dieser im wesentlichen nur erneuerten Schrift vom Jahre 1899* auf eben
diesen Zeitpunkt. Seit ihrem Erscheinen haben einige der Autoren, die ich als Repräsentanten des (logischen) Psychologismus im
Auge hatte, ihre Stellung wesentlich geändert. So ist z.B. Th.
25 Lipps in seinen überaus bedeutsamen und originellen Schriften
seit etwa 1902 keineswegs derselbe als der hier zitierte. Andere
Autoren haben ihre psychologistische Position inzwischen anders
zu begründen gesucht, und auch das ist, da meine Darstellung
darauf keine Rücksicht nimmt, nicht zu übersehen.
30 Was nun den zweiten Band der neuen Ausgabe anbelangt,
so wurde die schwankende, dem wesentlichen Sinn und der Methode der wirklich ausgeführten Untersuchungen so wenig gerecht werdende Einleitung radikal umgearbeitet. Ihre Mängel
fühlte ich sogleich nach dem Erscheinen und habe auch bald
35 Gelegenheit gefunden (in einer Rezension im *Archiv. f. system.
Philos.*, XI. Bd., 1903, S. 397 ff.), gegen meine irreführende Be-

---

* Der Druck der *Prolegomena* (ohne Vorrede) war schon im November 1899 vollendet. Vgl. meine Selbstanzeige in der *Vierteljahrsschr. f. wiss. Philosophie*, 1900,
S. 512f.

zeichnung der Phänomenologie als deskriptive Psychologie Einspruch zu erheben. Einige prinzipielle Hauptpunkte finden dort schon in kurzen Worten eine scharfe Charakteristik. Die in der inneren Erfahrung vollzogene psychologische Deskription er-
5 scheint gleichgestellt der in der äußeren vollzogenen Deskription äußerer Naturvorgänge; sie wird andererseits in Gegensatz gestellt zur phänomenologischen Deskription, in welcher alle transzendierenden Deutungen der immanenten | Gegebenheiten, auch [B XIV] diejenigen als „psychische Tätigkeiten und Zustände" realer Ich,
10 völlig ausgeschlossen bleiben. Die Deskriptionen der Phänomenologie, heißt es da (S. 399), „betreffen nicht Erlebnisse oder Erlebnisklassen von empirischen Personen; denn von Personen, ... von meinen und anderer Erlebnissen weiß sie nichts und vermutet sie nichts; über dergleichen stellt sie keine Fragen, ver-
15 sucht sie keine Bestimmungen, macht sie keine Hypothesen." Die volle reflektive Klarheit, die ich über das Wesen der Phänomenologie in diesen und den folgenden Jahren gewonnen habe, und die allmählich zur systematischen Lehre von den „phänomenologischen Reduktionen" geführt hat (vgl. die *Ideen I*, Ab-
20 schnitt 2), wurde sowohl für die Neubearbeitung der Einleitung, als auch für den Text der ganzen weiterfolgenden Untersuchungen nutzbar gemacht und in dieser Hinsicht das ganze Werk auf eine wesentlich höhere Klarheitsstufe erhoben.
Von den fünf den ersten Teil des zweiten Bandes füllenden
25 Untersuchungen behält die erste — „Ausdruck und Bedeutung" — auch in der neuen Ausgabe ihren „bloß vorbereitenden" Charakter. Sie gibt zu denken, sie lenkt den Blick des phänomenologischen Anfängers auf erste und bereits sehr schwierige Probleme des Bedeutungsbewußtseins, ohne ihnen aber schon voll
30 gerecht zu werden. Die Art, wie sie sich mit den okkasionellen Bedeutungen (zu denen doch, genau besehen, diejenigen aller empirischen Prädikationen gehören) abfindet, ist ein Gewaltstreich — die notgedrungene Konsequenz der unvollkommenen Fassung des Wesens der „Wahrheit an sich" in den *Prolegomena*.
35 Als ein weiterer, erst im Abschluß des Bandes sich verstehender und berichtigender Mangel dieser Untersuchung ist zu erwähnen, daß der Unterschied und Parallelismus von „Noetischem" und „Noematischem" (über dessen fundamentale Rolle in allen Bewußtseinsgebieten erst die *Ideen* vollen Aufschluß geben, der aber

schon in vielen Einzelausführungen der letzten Untersuchungen
des alten Werkes zum Durchbruch gelangt) noch nicht berücksichtigt ist. Daher kommt auch der wesentliche Doppelsinn der
„Bedeutung" als Idee nicht zur Abhebung. Einseitig wird | der [B XV
5 noetische Bedeutungsbegriff betont, während doch in manchen
wichtigen Stellen der noematische vorzüglich in Betracht käme.

Die zweite Untersuchung über „Die ideale Einheit der
Spezies und die modernen Abstraktionstheorien" hatte
in ihrem Stil, aber auch in ihrer Beschränkung eine gewisse Ab-
10 geschlossenheit, die keine durchgreifenden Umgestaltungen, wenn
auch viele einzelne Besserungen, wünschenswert machte. Nach
wie vor bleiben unerörtert die grundwesentlich zu scheidenden
Typen von „Ideen", denen natürlich grundwesentlich zu schei-
dende „Ideationen" entsprechen. Es kommt in dieser Unter-
15 suchung nur darauf an, daß man an einem Typus, etwa repräsentiert durch die Idee „rot", Ideen sehen und sich das Wesen
solchen „Sehens" klarmachen lerne.

Eine sehr durchgreifende Umarbeitung hat die dritte Untersuchung „Zur Lehre von den Ganzen und Teilen" er-
20 fahren, obschon bei ihr keinerlei unbefriedigenden Kompromisse
zu vollziehen, keine nachkommenden Berichtigungen oder Ver-
tiefungen nötig waren. Hier galt es, dem eigenen Sinn der Untersuchung und ihren m.E. wichtigen Ergebnissen zu besserer Wirksamkeit zu verhelfen und vielfache Unvollkommenheiten der
25 Ausführung zu beheben. Ich habe den Eindruck, daß diese Untersuchung allzuwenig gelesen worden ist. Mir selbst bot sie eine
große Hilfe, wie sie ja auch eine wesentliche Voraussetzung für
das volle Verständnis der folgenden Untersuchungen ist.

Ähnlich wie mit der dritten verhält es sich mit der vierten
30 Untersuchung „Über den Unterschied der selbständigen
und unselbständigen Bedeutungen und die Idee der
reinen Grammatik". Mein Standpunkt hat sich auch hier
nicht geändert. Der Text erfuhr neben Besserungen auch manche
inhaltliche Bereicherung, die im voraus auf künftige Publikatio-
35 nen aus meinen logischen Vorlesungen hindeuten.

Tiefeingreifende Umarbeitungen hat die fünfte Untersuchung
„Über intentionale Erlebnisse und ihre ‚Inhalte'" erfahren müssen. In ihr sind kardinale Probleme der Phänomenologie (insbesondere der phänomenologischen Urteilslehre) in An-

griff ge|nommen, in Hinsicht auf welche, ohne daß der Aufbau [B XVI]
und wesentliche Inhalt der Untersuchung geändert werden mußte,
eine erheblich höhere Stufe der Klarheit und Einsicht erzielt werden konnte. Nicht mehr billige ich die Bestreitung des reinen Ich;
5 doch ließ ich die bezüglichen Ausführungen in verkürzter und
formell verbesserter Gestalt stehen, als Substrat interessanter
polemischer Auseinandersetzungen P. Natorps (vgl. dessen
neue *Allgemeine Psychologie*, Band I, 1912). Völlig weggestrichen
habe ich den vielzitierten, wenig klaren und im Zusammenhang
10 völlig entbehrlichen Paragraphen 7, ,,Wechselseitige Abgrenzung
der Psychologie und Naturwissenschaft''. Allzu konservativ war
ich vielleicht nur insofern, als ich den ganz unpassenden Terminus
,,nominale Vorstellung'' beibehielt, wie ich denn überhaupt die
alte Terminologie des Werkes anzutasten mich scheute.
15   Für den zweiten Teil des zweiten Bandes ist die im Druck befindliche Neubearbeitung der sechsten Untersuchung bestimmt,
der in phänomenologischer Beziehung wichtigsten. Bei ihr über-
zeugte ich mich bald, daß ich damit nicht mehr auskomme, den
alten Gehalt, Paragraph für Paragraph der ursprünglichen Dar-
20 stellung folgend, zu verarbeiten. Zwar soll auch ihr Problem-
bestand allein maßgebend bleiben; aber ich bin in Beziehung auf
denselben erheblich weiter gekommen, und auf Kompromisse
möchte ich mich im Sinne meiner ,,Maximen'' hierbei nicht mehr
einlassen. Demgemäß verfuhr ich ganz frei und fügte, um die
25 großen und in der ersten Ausgabe zu unvollkommen behandelten
Themata wissenschaftlich durchzuführen, ganze Reihen neuer
Kapitel ein, die den Umfang dieser Untersuchung in besonderem
Maße anwachsen ließen.
   Wie in den *Prolegomena* bin ich auch im zweiten Bande (mit
30 einer geringen Ausnahme in der vierten Untersuchung) auf die
vielen Kritiken nicht eingegangen, die, wie ich leider konstatieren
muß, fast ausschließlich auf Mißverständnissen des Sinnes meiner Darstellungen beruhen. Für nützlicher habe ich es daher gehalten, in allgemeiner Form die typischen Mißverständnisse
35 meiner philosophischen Bestrebungen und ihrer historischen Ein-
| ordnungen zu besprechen, und zwar am Schlusse des zweiten [B XVII]
Bandes, sozusagen als Nachwort. Der Leser wird gut tun, in diesen Anhang, schon nachdem er die *Prolegomena* gelesen hat,
Einblick zu nehmen, um sich rechtzeitig vor solchen, wie es scheint,
naheliegenden Mißverständnissen zu bewahren.

Dem Werke wird ein ausführlicher, von Herrn cand. phil. Rudolf Clemens mit großer Sorgfalt bearbeiteter Index beigegeben. Überhaupt habe ich für manche freundliche Beihilfe herz-
lich zu danken. In erster Linie Herrn Privatdozenten Dr. Adolf
5 Reinach, der mir vor zwei Jahren, bei den ersten eingehenden
Überlegungen für die Möglichkeiten einer Neubearbeitung, mit
Eifer und Sachkunde zur Seite stand. Die Mühen der Korrektur
sind durch die treue Mitwirkung der Herren Dr. Hans Lipps
und cand. phil. Jean Hering wesentlich erleichtert worden.

10   Göttingen, im Oktober 1913.

E. Husserl.

ERSTER ⌐BAND⌐1   [A 1]
                                             [B 1]

PROLEGOMENA
ZUR REINEN LOGIK

---

1 A: ⌐Teil⌐.

EINLEITUNG

§ 1. *Der Streit um die Definition der Logik und den wesentlichen Inhalt ihrer Lehren*

„Es herrscht ebenso großer Meinungsstreit in betreff der Defi-
5 nition der Logik, wie in der Behandlung dieser Wissenschaft
selbst. Dies war naturgemäß bei einem Gegenstande zu erwarten,
in betreff dessen die meisten Schriftsteller sich derselben Worte
nur bedient haben, um verschiedene Gedanken auszudrücken."*
Seitdem J. St. Mill mit diesen Sätzen seine wertvolle Bearbei-
10 tung der Logik eingeleitet hat, ist manches Jahrzehnt verstrichen,
bedeutende Denker hier wie jenseits des Kanals haben der Logik
ihre besten Kräfte gewidmet und deren Literatur um stets neue
Darstellungen bereichert; aber noch heute mögen diese Sätze als
passende Signatur des Zustandes der logischen Wissenschaft die-
15 nen, noch heute sind wir von einer allseitigen Einigkeit in betreff
der Definition der Logik und des Gehaltes ihrer wesentlichen Lehren weit entfernt. Nicht als ob die Logik der Gegenwart dasselbe
Bild ⌐böte⌐1, wie die Logik um die Mitte des Jahrhunderts. Zumal unter dem Einfluß jenes ausgezeichneten Denkers hat von
20 den drei Hauptrichtungen, die wir in der Logik finden, der psychologischen, der formalen und ⌐der⌐2 metaphysischen, die erst-
genannte in Beziehung auf Zahl und Bedeutung ihrer Vertreter
ein entschiedenes Übergewicht erlangt. Aber die beiden anderen
Richtungen pflanzen sich immer noch fort, die strittigen | Prinzi- [A 4]
25 pienfragen, die | sich in den verschiedenen Definitionen der Logik [B 4]
reflektieren, sind strittig geblieben, und was den Lehrgehalt der

---

* J. St. Mill, *Logik*, Einleitung, § 1 (Übersetzung von Gomperz).

---

1 A: ⌐bieten würde⌐.
2 Fehlt in A.

systematischen Darstellungen anbelangt, so gilt es noch immer
und eher noch in gesteigertem Maße, daß die verschiedenen
Schriftsteller sich derselben Worte nur bedienen, um verschiedene
Gedanken auszudrücken. Und es gilt nicht bloß in Beziehung auf
5 die Darstellungen, welche aus verschiedenen Lagern stammen.
Die Seite, auf welcher wir die größte Regsamkeit finden, die der
psychologischen Logik, zeigt uns Einheit der Überzeugung nur in
Hinsicht auf die Abgrenzung der Disziplin, auf ihre wesentlichen
Ziele und Methoden; aber kaum wird man es als Übertreibung
10 tadeln, wenn wir in Hinsicht auf die vorgetragenen Lehren und
zumal auch in Hinsicht auf die gegensätzlichen Deutungen der
altüberlieferten Formeln und Lehrstücke das Wort vom *bellum
omnium contra omnes* anwenden. Vergeblich wäre der Versuch,
eine Summe sachhaltiger Sätze oder Theorien abzugrenzen, in
15 denen wir den eisernen Bestand der logischen Wissenschaft unserer Epoche und ihr Erbe an die Zukunft sehen könnten.

§ 2. *Notwendigkeit der erneuten Erörterung der Prinzipienfragen*

20   Bei diesem Zustande der Wissenschaft, welcher individuelle
Überzeugung von allgemein verpflichtender Wahrheit zu scheiden nicht gestattet, bleibt der Rückgang auf die Prinzipienfragen
eine Aufgabe, die stets von neuem in Angriff genommen werden
muß. Ganz besonders scheint dies zu gelten von den Fragen, die
25 im Streite der Richtungen und damit auch im Streite um die
richtige Abgrenzung der Logik die bestimmende Rolle spielen.
Allerdings ist das Interesse gerade für diese Fragen in den letzten
Jahrzehnten sichtlich erkaltet. Nach den glänzenden Angriffen
Mills gegen Hamiltons Logik und nach den nicht minder be-
30 rühmten, obschon nicht so fruchtreichen logischen Untersuchungen Trendelenburgs schienen sie ja im ganzen erledigt zu sein.
Als daher mit | dem großen Aufschwung der psychologischen [A 5]
Studien auch die psychologistische Richtung in der Logik ihr
Übergewicht errang, kon|zentrierte sich alle Bemühung bloß auf [B 5]
35 einen allseitigen Ausbau der Disziplin nach Maßgabe der als gültig
angenommenen Prinzipien. Indessen läßt doch eben der Umstand, daß so viele und von bedeutenden Denkern herrührende
Versuche, die Logik in den sicheren Gang einer Wissenschaft zu
bringen, einen durchgreifenden Erfolg vermissen lassen, die Ver-

mutung offen, daß die verfolgten Ziele nicht in dem Maße geklärt
sind, wie es für ⌜eine⌝¹ erfolgreiche Untersuchung nötig wäre.

Die Auffassung von den Zielen einer Wissenschaft findet aber
ihren Ausdruck in der Definition derselben. Es kann natürlich
5 nicht unsere Meinung sein, daß der erfolgreichen Bearbeitung
einer Disziplin eine adäquate Begriffsbestimmung ihres Gebietes
vorausgehen müsse. Die Definitionen einer Wissenschaft spiegeln
die Etappen ihrer Entwicklung wieder, mit der Wissenschaft
schreitet die ihr nachfolgende Erkenntnis der begrifflichen Eigen-
10 art ihrer Gegenstände, der Abgrenzung und Stellung ihres Gebietes fort. Indessen übt der Grad der Angemessenheit der Definitionen bzw. der in ihnen ausgeprägten Auffassungen des Gebietes
auch seine Rückwirkung auf den Gang der Wissenschaft selbst,
und diese Rückwirkung kann je nach der Richtung, in welcher
15 die Definitionen von der Wahrheit abirren, bald von geringerem,
bald von sehr erheblichem Einfluß auf den Entwicklungsgang der
Wissenschaft sein. Das Gebiet einer Wissenschaft ist eine objektiv
geschlossene Einheit; es liegt nicht in unserer Willkür, wo und
wie wir Wahrheitsgebiete abgrenzen. Objektiv gliedert sich das
20 Reich der Wahrheit in Gebiete; nach diesen objektiven Einheiten
müssen sich die Forschungen richten und sich zu Wissenschaften
zusammenordnen. Es gibt eine Wissenschaft von den Zahlen, eine
Wissenschaft von den Raumgebilden, von den animalischen Wesen usw., nicht aber eigene Wissenschaften von den Primzahlen,
25 den Trapezen, den | Löwen oder gar von all dem zusammenge- [A 6]
nommen. Wo nun eine als zusammengehörig sich aufdrängende
Gruppe von Erkenntnissen und Problemen zur Konstituierung
einer Wissenschaft führt, da kann die Unangemessenheit der Abgrenzung bloß darin bestehen, daß der Gebietsbegriff im Hinblick
30 | auf das Gegebene vorerst zu enge gefaßt wird, daß die Verket- [B 6]
tungen begründender Zusammenhänge über das betrachtete Gebiet hinausreichen und sich erst in einem weiteren zu einer systematisch geschlossenen Einheit konzentrieren. Solche Beschränkt-
heit des Horizontes braucht nicht den gedeihlichen Fortschritt
35 der Wissenschaft nachteilig zu beeinflussen. Es mag sein, daß das
theoretische Interesse zunächst seine Befriedigung findet in dem
engeren Kreise, daß die Arbeit, die hier ohne Inanspruchnahme

---

¹ A: ⌜die⌝.

der tieferen und weiteren logischen Verzweigungen getan werden
kann, in Wahrheit das eine ist, was zunächst nottut.

   Ungleich gefährlicher ist aber eine andere Unvollkommenheit
in der Abgrenzung des Gebietes, nämlich die Gebietsvermen-
5 gung, die Vermischung von Heterogenem zu einer vermeintlichen
Gebietseinheit, zumal wenn sie gründet in einer völligen Mißdeutung der Objekte, deren Erforschung das wesentliche Ziel der
intendierten Wissenschaft sein soll. Eine derart unbemerkte
μετάβασις εἰς ἄλλο γένος kann die schädlichsten Wirkungen nach
10 sich ziehen: Fixierung untriftiger Ziele; Befolgung prinzipiell ver-
kehrter, weil mit den wahren Objekten der Disziplin inkommen-
surabler Methoden; Durcheinanderwerfung der logischen Schichten, derart, daß die wahrhaft grundlegenden Sätze und Theorien,
oft in den sonderbarsten Verkleidungen, sich zwischen ganz fremd-
15 artigen Gedankenreihen als scheinbar nebensächliche Momente
oder beiläufige Konsequenzen fortschieben usw. Gerade bei den
philosophischen Wissenschaften sind diese Gefahren beträchtlich,
und darum hat die Frage nach Umfang und Grenzen für die
fruchtbare Fortbildung dieser Wissenschaften eine ungleich größe-
20 re Bedeutung, als bei den so sehr begünstigten Wissenschaften
von | der äußeren Natur, wo der Verlauf unserer Erfahrungen uns [A 7]
Gebietsscheidungen aufdrängt, innerhalb deren wenigstens eine
vorläufige Etablierung erfolgreicher Forschung möglich ist. Speziell in Beziehung auf die Logik hat K a n t das berühmte Wort
25 ausgesprochen, das wir uns hier zu eigen machen: „Es ist nicht
Vermehrung, sondern Verunstaltung der Wissenschaften, wenn
man ihre Grenzen ineinanderlaufen läßt.'' In der Tat hofft die
| folgende Untersuchung es deutlich zu machen, daß die bisherige [B 7]
und zumal die psychologisch fundierte Logik der Gegenwart den
30 eben erörterten Gefahren fast ausnahmslos unterlegen ist, und
daß durch die Mißdeutung der theoretischen Grundlagen und
durch die hieraus erwachsene Gebietsvermengung der Fortschritt
in der logischen Erkenntnis wesentlich gehemmt worden ist.

§ 3. *Die Streitfragen. Der einzuschlagende Weg*

35   Die traditionellen und mit der Abgrenzung der Logik zusammenhängenden Streitfragen sind folgende:

1. Ob die Logik eine theoretische oder eine praktische Disziplin (eine ,,Kunstlehre'') sei.
2. Ob sie eine von anderen Wissenschaften und speziell von der Psychologie oder Metaphysik unabhängige Wissenschaft sei.
5   3. Ob sie eine formale Disziplin sei, oder, wie es gefaßt zu werden pflegt, ob sie ⌈es⌉[1] mit der ,,bloßen Form der Erkenntnis'' zu tun oder auch auf deren ,,Materie'' Rücksicht zu nehmen habe.
4. Ob sie den Charakter einer apriorischen und demonstrativen oder den einer empirischen und induktiven Disziplin habe.
10 Alle diese Streitfragen hängen so innig zusammen, daß die Stellungnahme in der einen, bis zu einem gewissen Grade wenigstens, diejenige in den übrigen mitbedingt oder faktisch beeinflußt. Der Parteien sind eigentlich nur zwei. Die Logik ist eine theoretische, von der Psychologie unabhängige und | zugleich [A 8]
15 eine formale und demonstrative Disziplin — so urteilt die eine. Der anderen gilt sie als eine von der Psychologie abhängige Kunstlehre, womit von selbst ausgeschlossen ist, daß sie den Charakter einer formalen und demonstrativen Disziplin habe im Sinne der für die Gegenseite vorbildlichen Arithmetik.
20 Da wir es nicht eigentlich auf eine Beteiligung an diesen traditionellen Streitigkeiten, vielmehr auf eine Klärung der in ihnen spielenden prinzipiellen Differenzen und letztlich auf eine | Klä- [B 8] rung der wesentlichen Ziele einer reinen Logik abgesehen haben, so wollen wir folgenden Weg einschlagen: Wir nehmen als Aus-
25 gangspunkt die gegenwärtig fast allgemein angenommene Bestimmung der Logik als einer Kunstlehre und fixieren ihren Sinn und ihre Berechtigung. Daran schließt sich naturgemäß die Frage nach den theoretischen Grundlagen dieser Disziplin und im besonderen nach ihrem Verhältnis zur Psychologie. Im wesentlichen
30 deckt sich diese Frage, wenn auch nicht dem Ganzen, so doch einem Hauptteile nach, mit der Kardinalfrage der Erkenntnistheorie, die Objektivität der Erkenntnis betreffend. Das Ergebnis unserer diesbezüglichen Untersuchung ist die Aussonderung einer neuen und rein theoretischen Wissenschaft, welche das wichtigste
35 Fundament für jede Kunstlehre von der wissenschaftlichen Erkenntnis bildet und den Charakter einer apriorischen und rein

---

[1] Fehlt in A.

demonstrativen Wissenschaft besitzt. Sie ist es, die von Kant
und den übrigen Vertretern einer „formalen" oder „reinen" Logik
intendiert, aber nach ihrem Gehalt und Umfang nicht richtig erfaßt und bestimmt worden ist. Als letzter Erfolg dieser Überlegun-
5 gen resultiert eine klar umrissene Idee von dem wesentlichen
Gehalt der strittigen Disziplin, womit von selbst eine klare Position zu den aufgeworfenen Streitfragen gegeben ist.

ERSTES KAPITEL $\begin{cases}\text{[A 9]}\\\text{[B 9]}\end{cases}$

DIE LOGIK ALS NORMATIVE UND SPEZIELL ALS PRAKTISCHE DISZIPLIN

§ 4. *Die theoretische Unvollkommenheit der Einzelwissenschaften*

5   Es ist eine alltägliche Erfahrung, daß die Vorzüglichkeit, mit
der ein Künstler seinen Stoff meistert, und daß das entschiedene
und oft sichere Urteil, mit dem er Werke seiner Kunst abschätzt,
nur ganz ausnahmsweise auf einer theoretischen Erkenntnis der
Gesetze beruht, welche dem Verlauf der praktischen Betätigungen
10 ihre Richtung und Anordnung vorschreiben und zugleich die
wertenden Maßstäbe bestimmen, nach denen die Vollkommenheit
oder Unvollkommenheit des fertigen Werkes abzuschätzen ist. In
der Regel ist der ausübende Künstler nicht derjenige, welcher
über die Prinzipien seiner Kunst die rechte Auskunft zu geben
15 vermag. Er schafft nicht nach Prinzipien und wertet nicht nach
Prinzipien. Schaffend folgt er der inneren Regsamkeit seiner
harmonisch gebildeten Kräfte, und urteilend dem fein ausge-
bildeten künstlerischen Takt und Gefühl. So verhält es sich aber
nicht allein bei den schönen Künsten, an die man zunächst
20 gedacht haben mag, sondern bei den Künsten überhaupt, das
Wort im weitesten Sinne genommen. Es trifft also auch die
Betätigungen des wissenschaftlichen Schaffens und die theoretische Schätzung seiner Ergebnisse, der wissenschaftlichen Begrün-
dungen von Tatsachen, | Gesetzen, Theorien. Selbst der Mathe- [A 10]
25 matiker, | Physiker und Astronom bedarf zur Durchführung auch [B 10]
der bedeutendsten wissenschaftlichen Leistungen nicht der Einsicht in die letzten Gründe seines Tuns, und obschon die gewonnenen Ergebnisse für ihn und andere die Kraft vernünftiger Überzeugung besitzen, so kann er doch nicht den Anspruch erheben,

überall die letzten Prämissen seiner Schlüsse nachgewiesen und die Prinzipien, auf denen die Triftigkeit seiner Methoden beruht, erforscht zu haben. Damit aber hängt der unvollkommene Zustand aller Wissenschaften zusammen. Wir meinen hier nicht die
5 bloße Unvollständigkeit, mit der sie die Wahrheiten ihres Gebietes erforschen, sondern den Mangel an innerer Klarheit und Rationalität, die wir unabhängig von der Ausbreitung der Wissenschaft fordern müssen. In dieser Hinsicht darf auch die Mathematik, die fortgeschrittenste aller Wissenschaften, eine Ausnah-
10 mestellung nicht beanspruchen. Vielfach gilt sie noch als das Ideal aller Wissenschaft überhaupt; aber wie wenig sie dies in Wahrheit ist, lehren die alten und noch immer nicht ⌜endgültig⌝1 erledigten Streitfragen über die Grundlagen der Geometrie, so wie die nach den ⌜berechtigten⌝2 Gründen der Methode des Imagi-
15 nären. Dieselben Forscher, die mit unvergleichlicher Meisterschaft die wundervollen Methoden der Mathematik handhaben und sie um neue bereichern, zeigen sich oft gänzlich unfähig, von der logischen Triftigkeit dieser Methoden und den Grenzen ihrer berechtigten Anwendung ausreichende Rechenschaft zu geben. Ob-
20 schon nun die Wissenschaften trotz dieser Mängel groß geworden sind und uns zu einer früher nie geahnten Herrschaft über die Natur verholfen haben, so können sie uns doch nicht theoretisch Genüge tun. Sie sind nicht kristallklare Theorien, in denen die Funktion aller Begriffe und Sätze völlig begreiflich, alle Voraus-
25 setzungen genau analysiert, und somit das Ganze über jeden theoretischen Zweifel erhaben wäre.

§ 5. *Die theoretische Ergänzung der Einzelwissenschaften durch* {[A 11
Metaphysik und Wissenschaftslehre {[B 11

Um dieses theoretische Ziel zu erreichen, bedarf es, wie ziemlich
30 allgemein anerkannt ist, fürs erste einer Klasse von Untersuchungen, die in das Reich der Metaphysik gehören.
Die Aufgabe derselben ist nämlich, die ungeprüften, meistens sogar unbemerkten und doch so bedeutungsvollen Voraussetzungen metaphysischer Art zu fixieren und zu prüfen, die mindestens

---

1 Zusatz von B.
2 A: ⌜berechtigenden⌝.

allen Wissenschaften, welche auf die reale Wirklichkeit gehen,
zugrunde liegen. Solche Voraussetzungen sind z.B., daß es eine
Außenwelt gibt, welche nach Raum und Zeit ausgebreitet ist,
wobei der Raum den mathematischen Charakter einer dreidimen-
5 sionalen Euklidischen, die Zeit den einer eindimensionalen
orthoiden Mannigfaltigkeit hat; daß alles Werden dem Kausali-
tätsgesetz unterliegt usw. Unpassend genug pflegt man diese
durchaus in den Rahmen der Ersten Philosophie des Aristoteles
gehörigen Voraussetzungen gegenwärtig als erkenntnistheoreti-
10 sche zu bezeichnen.

Diese metaphysische Grundlegung reicht aber nicht aus, um
die gewünschte theoretische Vollendung der Einzelwissenschaften
zu erreichen; sie betrifft ohnehin bloß die Wissenschaften, welche
es mit der realen Wirklichkeit zu tun haben, und das tun doch
15 nicht alle, sicher nicht die rein mathematischen Wissenschaften,
deren Gegenstände Zahlen, Mannigfaltigkeiten u. dgl. sind, die
unabhängig von realem Sein oder Nichtsein als bloße Träger rein
idealer Bestimmungen gedacht sind. Anders verhält es sich mit
einer zweiten Klasse von Untersuchungen, deren theoretische
20 Erledigung ebenfalls ein unerläßliches Postulat unseres Erkennt-
nisstrebens bildet; sie gehen alle Wissenschaften in gleicher Weise
an, weil sie, kurz gesagt, auf das gehen, was Wissenschaften
überhaupt zu Wissenschaften macht. Hierdurch aber ist das
Gebiet einer neuen und, wie sich alsbald zeigen wird, komplexen
25 Disziplin bezeichnet, deren Eigentümliches es | ist, Wissenschaft [B 12]
von | der Wissenschaft zu sein, und die eben darum am prägnan- [A 12]
testen als Wissenschaftslehre zu benennen wäre.

§ 6. *Die Möglichkeit und Berechtigung einer Logik als Wissenschaftslehre*

30 Die Möglichkeit und die Berechtigung einer solchen Disziplin
— als einer zur Idee der Wissenschaft gehörigen normativen und
praktischen Disziplin — kann durch folgende Überlegung begründet werden.

Wissenschaft geht, wie der Name besagt, auf Wissen. Nicht als
35 ob sie selbst eine Summe oder ein Gewebe von Wissensakten wäre.
Objektiven Bestand hat die Wissenschaft nur in ihrer Literatur,
nur in der Form von Schriftwerken hat sie ein eigenes, wenn auch

zu dem Menschen und seinen intellektuellen Betätigungen be-
ziehungsreiches Dasein; in dieser Form pflanzt sie sich durch die
Jahrtausende fort und überdauert die Individuen, Generationen
und Nationen. Sie repräsentiert so eine Summe äußerer Veran-
5 staltungen, die, wie sie aus Wissensakten vieler Einzelner hervorgegangen sind, wieder in eben solche Akte ungezählter Individuen
übergehen können, in einer leicht verständlichen, aber nicht ohne
Weitläufigkeiten exakt zu beschreibenden Weise. Uns genügt hier,
daß die Wissenschaft gewisse nähere Vorbedingungen für die
10 Erzeugung von Wissensakten beistellt bzw. beistellen soll, reale
Möglichkeiten des Wissens, deren Verwirklichung von dem „normalen" bzw. „entsprechend begabten" Menschen unter bekannten „normalen" Verhältnissen als ein erreichbares Ziel seines
Wollens angesehen werden kann. In diesem Sinne also zielt die
15 Wissenschaft auf Wissen.

Im Wissen aber besitzen wir die Wahrheit. Im aktuellen Wissen,
worauf wir uns letztlich zurückgeführt sehen, besitzen wir sie als
Objekt eines richtigen Urteils. Aber dies allein reicht nicht aus;
denn nicht jedes richtige Urteil, jede mit der Wahrheit überein-
20 stimmende Setzung oder Verwerfung eines | Sachverhalts ist ein [B 13]
Wissen vom | Sein oder Nichtsein dieses Sachverhalts. Dazu [A 13]
gehört vielmehr — soll von einem Wissen im engsten und strengsten Sinne die Rede sein — die Evidenz, die lichtvolle Gewißheit,
daß ist, was wir anerkannt, oder nicht ist, was wir verworfen
25 haben; eine Gewißheit, die wir in bekannter Weise scheiden
müssen von der blinden Überzeugung, vom vagen und sei es noch
so fest entschiedenen Meinen, wofern wir nicht an den Klippen
des extremen Skeptizismus scheitern sollen. Bei diesem strengen
Begriffe des Wissens bleibt die gemeinübliche Redeweise aber
30 nicht stehen. Wir sprechen z.B. von einem Wissensakt auch da,
wo mit dem gefällten Urteil zugleich die klare Erinnerung verknüpft ist, daß wir früher ein von Evidenz begleitetes Urteil
identisch desselben Gehaltes gefällt haben, und besonders, wo die
Erinnerung auch einen beweisenden Gedankengang betrifft, aus
35 dem diese Evidenz hervorgewachsen ist und den zugleich mit
dieser Evidenz wiederzuerzeugen wir uns mit Gewißheit zutrauen.
(„Ich weiß, daß der Pythagoräische Lehrsatz ⌜wahr ist⌝[1] — ich

---

[1] A: ⌜besteht⌝.

kann ihn beweisen"; statt des letzteren kann es allerdings auch
heißen: — „aber ich habe den Beweis vergessen.")

So fassen wir überhaupt den Begriff des Wissens in einem
weiteren, aber doch nicht ganz laxen Sinne; wir scheiden ihn ab
5 von dem grundlosen Meinen und beziehen uns hierbei auf irgendwelche „Kennzeichen" für ⌐das Bestehen⌐1 des angenommenen
Sachverhalts bzw. für die Richtigkeit des gefällten Urteils. Das
vollkommenste Kennzeichen der Richtigkeit ist die Evidenz, es
gilt uns als unmittelbares Innewerden der Wahrheit selbst. In
10 der unvergleichlichen Mehrheit der Fälle entbehren wir dieser
absoluten Erkenntnis der Wahrheit, statt ihrer dient uns (man
denke nur an die Funktion des Gedächtnisses in den obigen Beispielen) die Evidenz für die mehr oder minder hohe Wahrscheinlichkeit des Sachverhalts, an welche sich bei entsprechend „er-
15 heblichen" Wahrscheinlichkeitsgraden das fest entschiedene Urteil anzuschließen pflegt. Die Evidenz der Wahrscheinlichkeit
eines Sachver|halts A begründet zwar nicht die Evidenz seiner [A 14]
Wahrheit, | aber sie begründet jene vergleichenden und evidenten [B 14]
Wertschätzungen, vermöge deren wir je nach den positiven oder
20 negativen Wahrscheinlichkeitswerten vernünftige von unvernünf-
tigen, besser begründete von schlechter begründeten Annahmen,
Meinungen, Vermutungen zu scheiden vermögen. Im letzten
Grunde beruht also jede echte und speziell jede wissenschaftliche
Erkenntnis auf Evidenz, und so weit die Evidenz reicht, so weit
25 reicht auch der Begriff des Wissens.

Trotzdem bleibt eine Doppelheit im Begriff des Wissens (oder
was uns als gleichbedeutend gilt: der Erkenntnis) bestehen. Wissen im engsten Sinne des Wortes ist Evidenz davon, daß ein gewisser Sachverhalt ⌐besteht oder nicht besteht⌐2; z.B. daß S P
30 ist oder nicht ist; also ist auch die Evidenz davon, daß ein gewisser Sachverhalt in dem oder jenem Grade wahrscheinlich ist,
in Beziehung darauf, daß er dies ist, ein Wissen im engsten Sinne;
dagegen liegt hier in Beziehung auf ⌐den Bestand⌐3 des Sachverhaltes selbst (und nicht seiner Wahrscheinlichkeit) ein Wissen
35 im weiteren, geänderten Sinne vor. In diesem letzteren spricht

---

1 A: ⌐die Wahrheit⌐.
2 A: ⌐gilt oder nicht gilt⌐.
3 A: ⌐die Geltung⌐.

man, den Wahrscheinlichkeitsgraden entsprechend, von einem
bald größeren, bald geringeren Ausmaß von Wissen, und es gilt
das Wissen im prägnanteren Sinne — die Evidenz davon, daß
$S\,P$ sei — als die absolut feste, ideale Grenze, der sich die Wahr-
5 scheinlichkeiten für das P-Sein des S in ihrer Steigerungsfolge
asymptotisch annähern.[1]

Zum Begriff der Wissenschaft und ihrer Aufgabe gehört nun
aber mehr als bloßes Wissen. Wenn wir innere Wahrnehmungen,
einzeln oder gruppenweise, erleben und als daseiend anerkennen,
10 so haben wir Wissen, aber noch lange nicht Wissenschaft. Und
nicht anders verhält es sich mit zusammenhangslosen Gruppen
von Wissensakten überhaupt. Zwar Mannigfaltigkeit des Wissens,
aber nicht ⌐bloße⌐[2] Mannigfaltigkeit will die Wissenschaft uns
geben. Auch die sachliche Verwandtschaft macht noch nicht die
15 ihr eigentümliche Einheit in der Mannigfaltigkeit des Wissens
aus. Eine Gruppe vereinzelter | chemischer Erkenntnisse würde [A 15
gewiß nicht die Rede von einer chemischen Wissenschaft berech-
|tigen. Offenbar ist mehr erfordert, nämlich s y s t e m a t i s c h e r [B 15
Z u s a m m e n h a n g i m t h e o r e t i s c h e n Sinne, und darin liegt
20 Begründung des Wissens und gehörige Verknüpfung und Ord-
nung in der Folge der Begründungen.

Zum Wesen der Wissenschaft gehört also die Einheit des Begründungszusammenhanges, in dem mit den einzelnen Erkenntnissen auch die Begründungen selbst und mit diesen auch die
25 höheren Komplexionen von Begründungen, die wir Theorien
nennen, eine systematische Einheit erhalten. Ihr Zweck ist es
eben, nicht Wissen schlechthin, sondern Wissen in solchem Ausmaße und in solcher Form zu vermitteln, wie es unseren höchsten
theoretischen Zielen in möglichster Vollkommenheit entspricht.
30 Daß uns die systematische Form als die reinste Verkörperung
der Idee des Wissens erscheint, und daß wir sie praktisch an-
streben, darin äußert sich nicht etwa ein bloß ästhetischer Zug
unserer Natur. Die Wissenschaft will und darf nicht das Feld
eines architektonischen Spiels sein. Die Systematik, die der
35 Wissenschaft eignet, natürlich der echten und rechten Wissenschaft, erfinden wir nicht, sondern sie liegt in den Sachen, wo wir

---

[1] In A schließt der Absatz mit einem Gedankenstrich.
[2] In A nicht gesperrt.

sie einfach vorfinden, entdecken. Die Wissenschaft will das Mittel
sein, unserem Wissen das Reich der Wahrheit, und zwar in größtmöglichem Umfange, zu erobern; aber das Reich der Wahrheit
ist kein ungeordnetes Chaos, es herrscht in ihm Einheit der
5 Gesetzlichkeit; und so muß auch die Erforschung und Darlegung
der Wahrheiten systematisch sein, sie muß deren systematische
Zusammenhänge widerspiegeln und sie zugleich als Stufenleiter
des Fortschrittes benützen, um von dem uns gegebenen oder
bereits gewonnenen Wissen aus in immer höhere Regionen des
10 Wahrheitsreiches eindringen zu können.
   Dieser hilfreichen ⌐Stufenleiter⌐1 kann sie nicht entraten. Die
Evidenz, auf der schließlich alles Wissen beruht, ist nicht eine
natürliche Beigabe, die sich mit der bloßen Vorstellung | der [A 16]
Sachverhalte und ohne jede methodisch-künstlichen Veranstal-
15 tungen | einfindet. Anderenfalls wären die Menschen auch nie [B 16]
darauf verfallen, Wissenschaften aufzubauen. Methodische Um-
ständlichkeiten verlieren ihren Sinn, wo mit der Intention schon
der Erfolg gegeben ist. Wozu die Begründungsverhältnisse erforschen und Beweise konstruieren, wenn man der Wahrheit in
20 unmittelbarem Innewerden teilhaftig wird? Faktisch stellt sich
aber die Evidenz, die den vorgestellten Sachverhalt als ⌐beste-
hend⌐2, bzw. die Absurdität, die ihn als ⌐nicht bestehend⌐3
stempelt (und ähnlich in Hinsicht auf Wahrscheinlichkeit und
Unwahrscheinlichkeit), nur bei einer relativ höchst beschränkten
25 Gruppe primitiver Sachverhalte unmittelbar ein; unzählige wahre
Sätze erfassen wir als Wahrheiten nur dann, wenn sie methodisch
,,begründet'' werden, d.h. in diesen Fällen stellt sich im bloßen
Hinblick auf den Satzgedanken, wenn überhaupt urteilsmäßige
Entscheidung, so doch nicht Evidenz ein; aber es stellt sich, ge-
30 wisse normale Verhältnisse vorausgesetzt, beides zugleich ein,
sowie wir von gewissen Erkenntnissen ausgehen und dann einen
gewissen Gedankenweg zu dem intendierten Satze einschlagen.
Es mag für denselben Satz mannigfaltige Begründungswege
geben, die einen von diesen, die anderen von jenen Erkenntnissen
35 auslaufend; aber charakteristisch und wesentlich ist der Umstand,

---

1 A: ⌐Stufenleitern⌐.
2 A: ⌐Wahrheit⌐.
3 A: ⌐Falschheit⌐.

daß es unendliche Mannigfaltigkeiten von Wahrheiten gibt, die ohne dergleichen methodische Prozeduren nimmermehr in ein Wissen verwandelt werden können.

Und daß es sich so verhält, daß wir Begründungen brauchen,
5 um in der Erkenntnis, im Wissen über das unmittelbar Evidente und darum Triviale hinauszukommen, das macht nicht nur Wissenschaften möglich und nötig, sondern mit den Wissenschaften auch eine Wissenschaftslehre, eine Logik. Verfahren alle Wissenschaften methodisch im Verfolge der Wahrheit,
10 haben sie alle mehr oder minder künstliche Hilfsmittel in Gebrauch, um Wahrheiten bzw. Wahrscheinlichkeiten, die sonst verborgen blieben, zur Erkenntnis zu bringen, und um das Selbstverständ|liche oder bereits Gesicherte als Hebel zu nützen für die [A 17] Erreichung von Entlegenem, nur mittelbar Erreichbarem: dann
15 dürfte doch die | vergleichende Betrachtung dieser methodischen [B 17] Hilfen, in denen die Einsichten und Erfahrungen ungezählter Forschergenerationen aufgespeichert sind, Mittel an die Hand geben, um allgemeine Normen für solche Verfahrungsweisen aufzustellen und desgleichen auch Regeln für die erfindende Kon-
20 struktion derselben je nach den verschiedenen Klassen von Fällen.

§ 7. Fortsetzung. Die drei bedeutsamsten Eigentümlichkeiten der Begründungen

Überlegen wir, um etwas tiefer in die Sache zu dringen, die bedeutsamsten Eigentümlichkeiten dieser merkwürdigen Gedan-
25 kenverläufe, die wir Begründungen nennen.

Sie haben, um auf ein Erstes hinzuweisen, in Beziehung auf ihren Gehalt den Charakter fester Gefüge. Nicht können wir, um zu einer gewissen Erkenntnis, z.B. der des Pythagoräischen Lehrsatzes, zu gelangen, ganz beliebige aus den unmittelbar gegebenen
30 Erkenntnissen zu Ausgangspunkten wählen, und nicht dürfen wir im weiteren Verlaufe beliebige Gedankenglieder einfügen und ausschalten: soll die Evidenz des zu begründenden Satzes wirklich aufleuchten, die Begründung also wahrhaft Begründung sein.

Noch ein Zweites merken wir alsbald. Von vornherein, d.h.
35 vor dem vergleichenden Hinblick auf die Beispiele von Begründungen, die uns von überall her in Fülle zuströmen, möchte es als denkbar erscheinen, daß jede Begründung nach Gehalt und Form

ganz einzigartig sei. Eine Laune der Natur — dies dürften wir
zunächst wohl für einen möglichen Gedanken halten — könnte
unsere geistige Konstitution so eigensinnig gebildet haben, daß
die uns jetzt so vertraute Rede von mannigfachen Begründungs-
5 formen eines jeden Sinnes bar und als Gemeinsames bei der
Vergleichung irgendwelcher Begründungen immer nur das eine
zu konstatieren wäre: Daß eben ein Satz S, der für sich evidenz-
los ist, den Charakter der Evidenz er|hält, wenn er im Zusammen- [A 18]
hang auftritt mit gewissen, ihm ohne jedes rationale Gesetz ein
10 | für allemal zugeordneten Erkenntnissen P_1P_2... Aber so steht [B 18]
die Sache nicht. Nicht hat eine blinde Willkür irgendeinen Haufen
von Wahrheiten $P_1P_2...S$ zusammengerafft und dann den
menschlichen Geist so eingerichtet, daß er an die Erkenntnis der
P_1P_2... unweigerlich (bzw. unter „normalen" Umständen) die
15 Erkenntnis von S anknüpfen muß. In keinem einzigen Falle
verhält es sich so. Nicht Willkür und Zufall herrscht in den Begründungszusammenhängen, sondern Vernunft und Ordnung,
und das heißt: regelndes Gesetz. Kaum bedarf es eines Beispiels
zur Verdeutlichung. Wenn wir in einer mathematischen Aufgabe,
20 die ein gewisses Dreieck ABC betrifft, den Satz anwenden „ein
gleichseitiges Dreieck ist gleichwinklig", so vollziehen wir eine
Begründung, die expliziert lautet: Jedes gleichseitige Dreieck ist
gleichwinklig, das Dreieck ABC ist gleichseitig, also ist es gleichwinklig. Setzen wir daneben die arithmetische Begründung: Jede
25 dekadische Zahl mit gerader Endziffer ist eine gerade Zahl, 364
ist eine dekadische Zahl mit gerader Endziffer, also ist sie eine
gerade Zahl. Wir bemerken sofort, daß diese Begründungen etwas
Gemeinsames haben, eine gleichartige innere Konstitution, die
wir verständlich ausdrücken in der „Schlußform": Jedes A ist B,
30 X ist A, also ist XB. Aber nicht bloß diese zwei Begründungen
haben diese gleiche Form, sondern ungezählte andere. Und noch
mehr. Die Schlußform repräsentiert einen Klassenbegriff, unter
den die unendliche Mannigfaltigkeit von Sätzeverknüpfungen
der in ihr scharf ausgeprägten Konstitution fällt. Zugleich besteht
35 aber das apriorische Gesetz, daß jede vorgebliche Begründung, die ihr gemäß verläuft, auch wirklich eine richtige ist,
wofern sie überhaupt von richtigen Prämissen ausgeht.
Und dies gilt allgemein. Wo immer wir von gegebenen Erkenntnissen begründend aufsteigen zu neuen, da wohnt dem Begrün-

dungswege eine gewisse Form ein, die ihm gemeinsam ist mit
unzähligen anderen Begründungen, und die in gewisser | Bezie- [A 19]
hung steht zu einem allgemeinen Gesetze, das alle diese einzelnen
Begründungen mit einem Schlage zu rechtfertigen ge|stattet. [B 19]
5 Keine Begründung steht, dies ist die höchst merkwürdige Tatsache, isoliert. Keine knüpft Erkenntnisse an Erkenntnisse, ohne
daß, sei es in dem äußerlichen Modus der Verknüpfung, sei es in
diesem und zugleich in dem inneren Bau der einzelnen Sätze, ein
bestimmter Typus ausgeprägt wäre, der, in allgemeine Begriffe
10 gefaßt, sofort zu einem allgemeinen, auf eine Unendlichkeit möglicher Begründungen bezüglichen Gesetze überleitet.

Endlich sei noch ein Drittes als merkwürdig hervorgehoben.
Von vornherein, d.h. vor der Vergleichung der Begründungen
verschiedener Wissenschaften, möchte man den Gedanken
15 für möglich halten, daß die Begründungsformen an Erkenntnisgebiete gebunden seien. Wenn schon nicht überhaupt mit den
Klassen von Objekten die zugehörigen Begründungen wechseln,
so könnte es doch sein, daß sich die Begründungen nach gewissen
sehr allgemeinen Klassenbegriffen, etwa denjenigen, welche die
20 Wissenschaftsgebiete abgrenzen, scharf sondern. Ist es also nicht
so, daß keine Begründungsform existiert, die zwei Wissenschaften
gemeinsam ist, der Mathematik z.B. und der Chemie? Indessen
auch dies ist offenbar nicht der Fall, wie schon das obige Beispiel
lehrt. Keine Wissenschaft, in der nicht Gesetze auf singuläre Fälle
25 übertragen ⌜würden⌝[1], also Schlüsse der uns als Beispiel dienen-
den Form öfter ⌜aufträten⌝[2]. Und dasselbe gilt von vielen Schlußarten sonst. Ja wir werden sagen dürfen, daß alle anderen Schlußarten sich so verallgemeinern, sich so „rein" fassen lassen, daß sie
von jeder wesentlichen Beziehung auf ein konkret beschränktes
30 Erkenntnisgebiet frei werden.

§ 8. *Die Beziehung dieser Eigentümlichkeiten zur Möglichkeit
von Wissenschaft und Wissenschaftslehre*

Diese Eigentümlichkeiten der Begründungen, deren Merkwür-
digkeit uns nicht auffällt, weil wir allzuwenig geneigt sind, | das [A 20]

---

[1] Fehlt in A.
[2] A: ⌜auftreten würden⌝.

Alltägliche zum Problem zu machen, stehen in ersichtlicher | [B 20]
Beziehung zur Möglichkeit einer Wissenschaft und weiterhin einer Wissenschaftslehre.

Daß es Begründungen gibt, reicht in dieser Beziehung nicht
5 hin. Wären sie form- und gesetzlos, bestände nicht ⌐diese⌐[1] fundamentale Wahrheit, daß allen Begründungen eine gewisse
„Form" einwohnt, die nicht dem *hic et nunc* vorliegenden Schlusse
(dem einfachen oder noch so komplizierten) eigentümlich, sondern
für eine ganze Klasse von Schlüssen typisch ist, und daß zugleich
10 die Richtigkeit der Schlüsse dieser ganzen Klasse eben durch ihre
Form verbürgt ist, bestände vielmehr in all dem das Gegenteil —
dann gäbe es keine Wissenschaft. Das Reden von einer Methode,
von einem systematisch geregelten Fortschritt von Erkenntnis zu
Erkenntnis, hätte keinen Sinn mehr, jeder Fortschritt wäre Zu-
15 fall. Da würden einmal zufällig die Sätze $P_1 P_2 \ldots$ in unserem
Bewußtsein zusammentreffen, die dem Satze S die Evidenz zu
verleihen fähig sind, und richtig würde die Evidenz aufleuchten.
Es wäre nicht mehr möglich, aus einer zustande gekommenen
Begründung für die Zukunft das Geringste zu lernen in Beziehung
20 auf neue Begründungen von neuer Materie; denn keine Begründung hätte etwas Vorbildliches für irgendeine andere, keine ver-
körperte in sich einen Typus, und so hätte auch keine Urteils-
gruppe, als Prämissensystem gedacht, etwas Typisches an sich,
das sich uns (ohne begriffliche Hervorhebung, ohne Rekurs auf
25 die explizierte „Schlußform") im neuen Falle und bei Gelegenheit
ganz anderer „Materien" aufdrängen und[2] die Gewinnung einer
neuen Erkenntnis erleichtern könnte. Nach einem Beweis für
einen vorgegebenen Satz forschen, hätte keinen Sinn. Wie sollten
wir dies auch anstellen? Sollten wir alle möglichen Satzgruppen
30 durchprobieren, ob sie als Prämissen für den vorliegenden Satz
brauchbar seien? Der Klügste hätte hier vor dem Dümmsten
nichts voraus, und ⌐es ist fraglich, ob er vor ihm überhaupt noch
etwas Wesentliches voraus hätte⌐[3]. Eine reiche Phantasie, ein | [A 21]
umfassendes Gedächtnis, die Fähigkeit angespannter Aufmerk-

---

[1] A: ⌐die⌐.
[2] In A folgt: ⌐nach den Gesetzen der Ideenassoziation⌐.
[3] A: ⌐es ist überhaupt fraglich, ob er vor ihm noch etwas Wesentliches
voraus hätte⌐.

samkeit und dgl. mehr sind schöne Dinge, aber intellektuelle
Bedeutung gewinnen sie nur bei einem den|kenden Wesen, [B 21]
dessen Begründen und Erfinden unter gesetzlichen Formen steht.
Denn es gilt allgemein, daß in einer beliebigen psychischen
5 Komplexion nicht bloß die Elemente, sondern auch die verknüp-
fenden Formen assoziative bzw. reproduktive Wirksamkeit üben.
So kann sich also die Form unserer theoretischen Gedanken und
Gedankenzusammenhänge als förderlich erweisen. Wie z.B. die
Form gewisser Prämissen den zugehörigen Schlußsatz mit be-
10 sonderer Leichtigkeit hervorspringen läßt, weil uns früher Schlüsse
derselben Form gelungen waren, so kann auch die Form eines zu
beweisenden Satzes gewisse Begründungsformen in Erinnerung
bringen, welche ähnlich geformte Schlußsätze früher ergeben
hatten. Ist es auch nicht klare und eigentliche Erinnerung, so ist
15 es doch ein Analogon davon, gewissermaßen latente Erinnerung,
es ist ,,unbewußte Erregung'' (im Sinne B. Erdmanns); jedenfalls ist es etwas, das sich für das leichtere Gelingen von Beweis-
konstruktionen (und nicht allein in den Gebieten, wo die *argumenta in forma* vorherrschen, wie in der Mathematik) höchst
20 förderlich zeigt. Der geübte Denker findet leichter Beweise als der
ungeübte, und warum dies? Weil sich ihm die Typen der Beweise
durch mannigfache Erfahrung immer tiefer eingegraben haben
und darum für ihn viel leichter wirksam und die Gedankenrich-
tung bestimmend sein müssen. In gewissem Umfang übt das
25 wissenschaftliche Denken beliebiger Gattung für wissenschaft-
liches Denken überhaupt; daneben aber gilt, daß in besonderem
Maß und Umfang das mathematische Denken speziell für Mathe-
matisches, das physikalische speziell für Physikalisches prädispo-
niert usw. Ersteres beruht auf dem Bestande typischer Formen,
30 die allen Wissenschaften gemein sind, letzteres auf dem Bestande
anderer (eventuell als bestimmt gestaltete Komplexionen jener
zu charakterisierenden) Formen, die zu der Besonderheit der ein-
zelnen Wissenschaften ihre besondere Be|ziehung haben. Die [A 22]
Eigenheiten des wissenschaftlichen Taktes, der vorausblickenden
35 Intuition und Divination hängen hiermit zusammen. Wir sprechen
von einem philologischen Takt und Blick, von einem mathemati-
schen usw. | Und wer besitzt ihn? Der durch vieljährige Übung [B 22]
geschulte Philologe bzw. Mathematiker usw. In der allgemeinen
Natur der Gegenstände des jeweiligen Gebietes wurzeln gewisse

Formen sachlicher Zusammenhänge, und diese bestimmen wieder
typische Eigentümlichkeiten der gerade in diesem Gebiete vor-
wiegenden Begründungsformen. Hierin liegt die Basis für die
vorauseilenden wissenschaftlichen Vermutungen. Alle Prüfung,
5 Erfindung und Entdeckung beruht so auf den Gesetzmäßigkeiten
der Form.

Ermöglicht nach all dem die geregelte Form den Bestand
von Wissenschaften, so ermöglicht auf der anderen Seite die
in weitem Umfange bestehende Unabhängigkeit der Form
10 vom Wissensgebiet den Bestand einer Wissenschaftslehre.
Gälte diese Unabhängigkeit nicht, so gäbe es nur einander beige-
ordnete und den einzelnen Wissenschaften einzeln entsprechende
Logiken, aber nicht die allgemeine Logik. In Wahrheit finden wir
aber beides nötig: wissenschaftstheoretische Untersuchungen,
15 welche alle Wissenschaften gleichmäßig betreffen, und zur Ergänzung derselben besondere Untersuchungen, welche die Theorie
und Methode der einzelnen Wissenschaften betreffen und das
diesen Eigentümliche zu erforschen suchen.

So dürfte die Hervorhebung jener Eigentümlichkeiten, die sich
20 bei der vergleichenden Betrachtung der Begründungen ergaben,
nicht nutzlos gewesen sein, auf unsere Disziplin selbst, auf die
Logik im Sinne einer Wissenschaftslehre, einiges Licht zu werfen.

§ 9. *Die methodischen Verfahrungsweisen in den Wissenschaften
teils Begründungen, teils Hilfsverrichtungen für Begründungen*

25   Doch es bedarf noch einiger Ergänzungen, zunächst hinsicht-
lich unserer Beschränkung auf die Begründungen, die | doch den [A 23]
Begriff des methodischen Verfahrens nicht erschöpfen. Den Begründungen kommt aber eine zentrale Bedeutung zu, die unsere
vorläufige Beschränkung rechtfertigen wird.
30 | Man kann nämlich sagen: daß alle wissenschaftlichen Metho- [B 23]
den, die nicht selbst den Charakter von wirklichen Begründungen
(sei es einfachen oder noch so komplizierten) haben, entweder
denkökonomische Abbreviaturen und Surrogate von Begründungen sind, die, nachdem sie selbst durch Begründungen
35 ein für allemal Sinn und Wert empfangen haben, bei ihrer praktischen Verwendung zwar die Leistung, aber nicht den einsichtigen Gedankengehalt von Begründungen in sich schließen; oder

daß sie mehr oder weniger komplizierte Hilfsverrichtungen
darstellen, die zur Vorbereitung, zur Erleichterung, Sicherung
oder Ermöglichung künftiger Begründungen dienen und abermals
keine diesen wissenschaftlichen Grundprozessen gleichwertige und
5 neben ihnen selbständige Bedeutung beanspruchen dürfen.

So ist es z.B., um uns an die zweiterwähnte Methodengruppe
anzuschließen, ein wichtiges Vorerfordernis für die Sicherung von
Begründungen überhaupt, daß die Gedanken in angemessener
Weise zum Ausdruck kommen mittels wohl unterscheidbarer und
10 eindeutiger Zeichen. Die Sprache bietet dem Denker ein in weitem
Umfang anwendbares Zeichensystem zum Ausdruck seiner Gedanken, aber obschon niemand desselben entraten kann, so stellt
es doch ein höchst unvollkommenes Hilfsmittel der strengen
Forschung dar. Die schädlichen Einflüsse der Äquivokationen
15 auf die Triftigkeit der Schlußfolgerungen sind allbekannt. Der
vorsichtige Forscher darf die Sprache also nicht ohne kunst-
mäßige Vorsorgen verwenden, er muß die gebrauchten Termini,
soweit sie ⌜nicht eindeutig sind⌝[1] und scharfer Bedeutung ermangeln, definieren. In der Nominaldefinition sehen wir also
20 ein methodisches Hilfsverfahren zur Sicherung der Begründungen, dieser primär und eigentlich theoretischen Prozeduren.

| Ähnlich verhält es sich mit der Nomenklatur. Kurze und [A 24]
charakteristische Signaturen für wichtigere und häufig wieder-
kehrende Begriffe sind — um nur eines zu erwähnen — überall
25 da unerläßlich, wo diese Begriffe mit dem ursprünglichen Vorrat
von definierten Ausdrücken nur sehr umständlich zum Ausdruck
| kämen; denn umständliche, vielfach ineinander geschachtelte [B 24]
Ausdrücke erschweren die begründenden Operationen oder machen sie sogar unausführbar.

30   Von ähnlichen Gesichtspunkten läßt sich auch die Methode der
Klassifikation betrachten usf.

Beispiele zur ersten Methodengruppe bieten uns die so überaus fruchtbaren algorithmischen Methoden, deren eigentümliche Funktion es ist, uns durch künstliche Anordnungen
35 mechanischer Operationen mit sinnlichen Zeichen einen möglichst großen Teil der eigentlichen deduktiven Geistesarbeit zu
ersparen. Wie Wunderbares diese Methoden auch leisten, sie ge-

---

[1] A: ⌜eindeutiger⌝.

winnen Sinn und Rechtfertigung nur aus dem Wesen des begründenden Denkens. Hierher gehören auch die in wörtlichem Sinne
mechanischen Methoden — man denke an die Apparate für mechanische Integration, an Rechenmaschinen u. dgl. —, ferner die
5 methodischen Verfahrungsweisen zur Feststellung objektiv gültiger Erfahrungsurteile, wie die mannigfaltigen Methoden zur
Bestimmung einer Sternposition, eines elektrischen Widerstandes,
einer trägen Masse, eines Brechungsexponenten, der Konstanten
der Erdschwere usw. Jede solche Methode repräsentiert eine
10 Summe von Vorkehrungen, deren Auswahl und Anordnung durch
einen Begründungszusammenhang bestimmt wird, welcher allgemein nachweist, daß ein so geartetes Verfahren, mag es auch blind
vollzogen sein, notwendigerweise ein objektiv gültiges Einzel-
urteil liefern müsse.
15 Doch genug der Beispiele. Es ist klar: Jeder wirkliche Fortschritt der Erkenntnis vollzieht sich in der Begründung; auf sie
haben daher alle die methodischen Vorkehrungen und Kunstgriffe
Beziehung, von denen über die Begründungen hinaus die Logik
noch handelt. Dieser Beziehung verdanken sie auch | ihren typi- [A 25]
20 schen Charakter, der ja zur Idee der Methode wesentlich gehört.
Um dieses Typischen willen ordnen sie sich übrigens in die Betrachtungen des vorigen Paragraphen ebenfalls mit ein.

§ 10. *Die Ideen Theorie und Wissenschaft als*   [B 25]
Probleme der Wissenschaftslehre

25 Aber noch einer weiteren Ergänzung bedarf es. Natürlich hat
⌈es⌉[1] die Wissenschaftslehre, so wie sie sich uns hier ergeben hat,
nicht bloß mit der Erforschung der Formen und Gesetzmäßigkeiten einzelner Begründungen (und der ihnen zugeordneten
Hilfsverrichtungen) zu tun. Einzelne Begründungen finden wir ja
30 auch außerhalb der Wissenschaft, und somit ist klar, daß einzelne
Begründungen — und ebenso zusammengeraffte Haufen von Begründungen — noch keine Wissenschaft ausmachen. Dazu gehört, wie wir uns oben ausdrückten, eine gewisse Einheit des
Begründungszusammenhanges, eine gewisse Einheit in der Stu-
35 fenfolge von Begründungen; und diese Einheitsform hat selbst

---

[1] Fehlt in A.

ihre hohe teleologische Bedeutung für die Erreichung des ober-
sten Erkenntniszieles, dem alle Wissenschaft zustrebt: uns in der
Erforschung der Wahrheit — d.h. aber nicht in der Erforschung
einzelner Wahrheiten, sondern des Reiches der Wahrheit bzw. der
5 natürlichen Provinzen, in die es sich gliedert — nach Möglichkeit
zu fördern.

Die Aufgabe der Wissenschaftslehre wird es also auch sein, von
den Wissenschaften als so und so gearteten systematischen Einheiten zu handeln, m.a.W. von dem, was sie der
10 Form nach als Wissenschaften charakterisiert, was ihre wechselseitige Begrenzung, was ihre innere Gliederung in Gebiete, in
relativ geschlossene Theorien bestimmt, welches ihre wesentlich
verschiedenen Arten oder Formen sind, u. dgl.

Man kann diese systematischen Gewebe von Begründungen
15 ebenfalls dem Begriff der Methode unterordnen und somit der
Wissenschaftslehre nicht bloß die Aufgabe zuweisen, von den
Wissensmethoden zu handeln, die in den Wissenschaften auf|- [A 26]
treten, sondern auch von denjenigen, welche selbst Wissenschaften heißen. Nicht allein gültige und ungültige Begründungen,
20 sondern auch gültige und ungültige Theorien und Wissenschaften
zu scheiden, fällt ihr zu. Die Aufgabe, die ihr damit zugewiesen
wird, ist | von der früheren offenbar nicht unabhängig, sie setzt [B 26]
in beträchtlichem Umfange deren vorgängige Lösung voraus;
denn die Erforschung der Wissenschaften als systematischer Ein-
25 heiten ist nicht denkbar ohne die vorgängige Erforschung der
Begründungen. Jedenfalls liegen beide im Begriffe einer Wissenschaft von der Wissenschaft als solcher.

§ 11. *Die Logik oder Wissenschaftslehre als normative Disziplin und als Kunstlehre*

30   Nach dem, was wir bisher erörtert haben, ergibt sich die Logik
— in dem hier fraglichen Sinne einer Wissenschaftslehre — als
eine normative Disziplin. Wissenschaften sind Geistesschöp-
fungen, die nach einem gewissen Ziele gerichtet und darum auch
diesem Ziele gemäß zu beurteilen sind. Und dasselbe gilt von den
35 Theorien, Begründungen und allem überhaupt, was wir Methode
nennen. Ob eine Wissenschaft in Wahrheit Wissenschaft, eine
Methode in Wahrheit Methode ist, das hängt davon ab, ob sie

dem Ziele gemäß ist, dem sie zustrebt. Was den wahrhaften, den gültigen Wissenschaften als solchen zukommt, m.a.W. was die Idee der Wissenschaft konstituiert, will die Logik erforschen, damit wir daran messen können, ob die empirisch vorliegenden
5 Wissenschaften ihrer Idee entsprechen, oder inwieweit sie sich ihr nähern, und worin sie gegen sie verstoßen. Dadurch bekundet sich die Logik als normative Wissenschaft und scheidet von sich ab die vergleichende Betrachtungsweise der historischen Wissenschaft, welche die Wissenschaften als konkrete Kulturerzeugnisse
10 der jeweiligen Epochen nach ihren typischen Eigentümlichkeiten und Gemeinsamkeiten zu erfassen und aus den Zeitverhältnissen zu erklären versucht. Denn das ist das Wesen der normativen Wissenschaft, daß sie allgemeine Sätze | begründet, [A 27] in welchen mit Beziehung auf ein normierendes Grundmaß — z.B.
15 eine Idee oder einen obersten Zweck — bestimmte Merkmale angegeben sind, deren Besitz die Angemessenheit an das Maß verbürgt oder umgekehrt eine unerläßliche Bedingung für diese Angemessenheit | beistellt; desgleichen auch verwandte Sätze, in [B 27] welchen der Fall der Unangemessenheit berücksichtigt oder das
20 Nichtvorhandensein solcher Sachlagen ausgesprochen ist. Nicht als ob sie allgemeine Kennzeichen zu geben brauchte, die besagen, wie ein Objekt überhaupt beschaffen sein soll, um der Grundnorm zu entsprechen; so wenig die Therapie Universalsymptome angibt, so wenig gibt irgendeine normative Disziplin Universalkri-
25 terien. Was uns im besonderen die Wissenschaftslehre gibt und allein geben kann, sind Spezialkriterien. Indem sie feststellt, daß im Hinblick auf das oberste Ziel der Wissenschaften und auf die faktische Konstitution des menschlichen Geistes, und was sonst noch in Betracht kommen mag, die und die Methoden, etwa
30 $M_1 M_2 \ldots$, erwachsen, spricht sie Sätze der Form aus: Jede Gruppe von Geistesbetätigungen der Arten $\alpha\beta \ldots$, die in der Komplexionsform M_1 (bzw. $M_2 \ldots$) sich abwickeln, liefert einen Fall richtiger Methode; oder was gleichwertig ist: Jedes (angeblich) methodische Verfahren der Form M_1 (bzw. $M_2 \ldots$) ist ein
35 richtiges. Gelänge es, alle an sich möglichen und gültigen Sätze dieser und verwandter Art wirklich aufzustellen, dann allerdings enthielte die normative Disziplin die messende Regel für jede angebliche Methode überhaupt, aber auch dann nur in Form von Spezialkriterien.

Wo die Grundnorm ein Zweck ist oder Zweck werden kann,
geht aus der normativen Disziplin durch eine naheliegende Erweiterung ihrer Aufgabe eine Kunstlehre hervor. So auch hier.
Stellt sich die Wissenschaftslehre die weitergehende Aufgabe, die
5 unserer Macht unterliegenden Bedingungen zu erforschen, von
denen die Realisierung gültiger Methoden abhängt, und Regeln
aufzustellen, wie wir in der methodischen Überlistung der Wahr-
heit verfahren, wie wir Wissenschaften triftig | abgrenzen und [A 28]
aufbauen, wie wir im besonderen die mannigfachen in ihnen
10 förderlichen Methoden erfinden oder anwenden, und wie wir uns
in allen diesen Beziehungen vor Fehlern hüten sollen: so wird sie
zur Kunstlehre von der Wissenschaft. Offenbar schließt
diese die normative Wissenschaftslehre ⌜ganz⌝1 in sich, und es
ist daher vermöge ihres unzweifelhaften Wertes durchaus an-| [B 28]
15 gemessen, wenn man den Begriff der Logik entsprechend erweitert
und sie im Sinne dieser Kunstlehre definiert.

§ 12. *Hierhergehörige* ⌜*Definitionen*⌝2 *der Logik*

Die Definition der Logik als einer Kunstlehre ist von alters her
sehr beliebt, doch lassen die näheren Bestimmungen in der Regel
20 zu wünschen übrig. Definitionen wie Kunstlehre des Urteilens,
des Schließens, der Erkenntnis, des Denkens (*l'art de penser*) sind
mißdeutlich und jedenfalls zu enge. Begrenzen wir z.B. in der
letzterwähnten und noch heute gebrauchten Definition die vage
Bedeutung des Terminus „denken" auf den Begriff des richtigen
25 Urteils, so lautet die Definition: Kunstlehre vom richtigen Urteil.
Daß diese Definition aber zu enge ist, geht nun daraus hervor,
daß aus ihr der Zweck der wissenschaftlichen Erkenntnis nicht
ableitbar ist. Sagt man: der Zweck des Denkens werde ⌜voll-
kommen⌝3 erst in der Wissenschaft erfüllt, so ist dies unzweifel-
30 haft richtig; aber es ist damit auch zugegeben, daß eigentlich
nicht das Denken bzw. die Erkenntnis, der Zweck der fraglichen
Kunstlehre ist, sondern dasjenige, dem das Denken selbst Mittel ist.

---

1 A: ⌜voll und ganz⌝.
2 A: ⌜Definition⌝. Die Veränderung in B entspricht dem Wortlaut des
Titels im Inhaltsverzeichnis von A sowie den „Berichtigungen" zu A.
3 A: ⌜voll und ganz⌝.

Ähnlichen Bedenken unterliegen die übrigen Definitionen. Sie unterliegen auch dem neuerdings wieder von Bergmann erhobenen Einwande, daß wir in der Kunstlehre einer Tätigkeit — z.B. des Malens, des Singens, des Reitens — vor allem erwarten
5 müßten, „daß sie zeige, was man tun müsse, damit die betreffende Tätigkeit richtig vollzogen werde, z.B. wie man beim Malen den Pinsel fassen und führen, beim Singen die Brust, die Kehle und den Mund gebrauchen, beim Reiten | den Zügel anziehen und [A 29] nachlassen und mit den Schenkeln drücken müsse". So kämen
10 in den Bereich der Logik ihr ganz fremdartige Lehren.*

| Näher der Wahrheit steht sicherlich Schleiermachers De- [B 29] finition der Logik als Kunstlehre von der wissenschaftlichen Erkenntnis. Denn selbstverständlich wird man in der so begrenzten Disziplin nur die Besonderheit der wissenschaftlichen Erkenntnis
15 zu berücksichtigen und, was sie fördern kann, zu erforschen haben; während die entfernteren Vorbedingungen, welche das Zustandekommen von Erkenntnis überhaupt begünstigen, der Pädagogik, der Hygiene usw. überlassen bleiben. Indessen kommt in Schleiermachers Definition nicht ganz deutlich zum Ausdruck,
20 daß es dieser Kunstlehre auch obliege, die Regeln aufzustellen, denen gemäß Wissenschaften abzugrenzen und aufzubauen sind, während umgekehrt dieser Zweck den der wissenschaftlichen Erkenntnis einschließt. Vortreffliche Gedanken zur Umgrenzung unserer Disziplin findet man in Bolzanos *Wissen-*
25 *schaftslehre*, aber mehr in den kritischen Voruntersuchungen als in der Definition, die er selbst bevorzugt. Diese lautet befremdlich genug: die Wissenschaftslehre (oder Logik) sei „diejenige Wissenschaft, welche uns anweise, wie wir ⌜die⌝1 Wissenschaften in zweckmäßigen Lehrbüchern darstellen sollen".**

---

* Bergmann, *Die Grundprobleme der Logik*², 1895, S. 7f. — Vgl. auch Dr. B. Bolzanos *Wissenschaftslehre* (Sulzbach 1837), I, S. 24. „Gehört z.B. die Frage, ob Koriander ein Mittel zur Stärkung des Gedächtnisses sei, in die Logik? Und doch müßte sie es, wäre die Logik eine *ars rationis formandae* im ganzen Umfange der Worte."
** Bolzano, a. a. O. I, S. 7. Allerdings ist der IV. Bd. der *Wissenschaftslehre* speziell der Aufgabe gewidmet, welche die Definition ausspricht. Aber es mutet sonderbar an, daß die unvergleichlich wichtigeren Disziplinen, welche die drei ersten Bände behandeln, bloß als Hilfsmittel einer Kunstlehre von den wissenschaftlichen Lehrbüchern dargestellt sein sollen. Natürlich beruht auch die Größe dieses noch lange nicht genug geschätzten, ja fast gar nicht benutzten Werkes auf den Forschungen dieser ⌜ersten⌝2 Bände.

---

1 Fehlt in A.
2 A: ⌜ersteren⌝.

ZWEITES KAPITEL

THEORETISCHE DISZIPLINEN
ALS FUNDAMENTE NORMATIVER

§ 13. *Der Streit um den praktischen Charakter der Logik*

5 Aus unseren letzten Betrachtungen ist die Berechtigung einer
Logik als Kunstlehre als so selbstverständlich hervorgegangen,
daß es verwunderlich erscheinen muß, wie in diesem Punkte ein
Streit je hat bestehen können. Eine praktisch gerichtete Logik ist
ein unabweisbares Postulat aller Wissenschaften, und dem ent-
10 spricht es auch, daß die Logik historisch aus praktischen Motiven
des Wissenschaftsbetriebes erwachsen ist. Dies geschah bekanntlich in jenen denkwürdigen Zeiten, als die neu aufkeimende
griechische Wissenschaft in Gefahr geriet, den Angriffen der
Skeptiker und Subjektivisten zu unterliegen, und alles weitere
15 Gedeihen der Wissenschaft davon abhing, objektive Wahrheits-
kriterien zu finden, welche den täuschenden Schein der sophisti-
schen Dialektik zu zerstören ⌐vermochten⌐1.
    Wenn man gleichwohl, zumal in neuerer Zeit unter Kants
Einflusse, der Logik den Charakter einer Kunstlehre wiederholt
20 aberkannt hat, während man dieser Charakterisierung auf der
anderen Seite fortgesetzt Wert beimaß, so kann sich der Streit
doch nicht um die bloße Frage gedreht haben, ob es möglich sei,
der Logik praktische Ziele zu setzen und sie darnach als eine
Kunstlehre zu fassen. Hat doch Kant selber von einer ange-
25 wandten Logik gesprochen, welcher die Regelung des Verstandes-
gebrauchs ,,unter den zufälligen Bedingungen des Subjekts, die

---

1 A: ⌐vermöchten⌐.

diesen Gebrauch hindern und befördern können",* obliege, und
von welcher wir auch lernen können, „was den richtigen Ver-
standesgebrauch befördert, die Hilfsmittel desselben | oder die [A 31]
Heilungs|mittel von logischen Fehlern oder Irrtümern".** Wenn [B 31]
5 er sie auch nicht eigentlich als Wissenschaft gelten lassen will,
wie die reine Logik,*** wenn er sogar meint, daß sie „eigentlich
nicht Logik heißen sollte",**** so wird es doch jedermann frei-
stehen, das Ziel der Logik so weit zu stecken, daß sie die angewandte, also praktische***** mit umfaßt. Allenfalls mag man
10 darüber streiten — und dies ist auch ausreichend geschehen —,
ob für die Förderung der menschlichen Erkenntnis durch eine
Logik als praktische Wissenschaftslehre ein erheblicher Gewinn
zu erhoffen sei; ob man sich z.B. von einer Erweiterung der alten
Logik, die nur zur Prüfung gegebener Erkenntnisse dienen könne,
15 um eine *ars inventiva*, eine „Logik der Entdeckung" wirklich so
große Umwälzungen und Fortschritte versprechen dürfe, wie
Leibniz dies bekanntlich geglaubt hat, u. dgl. Aber dieser Streit
betrifft keine prinzipiell bedeutsamen Punkte, und er entscheidet
sich durch die klare Maxime, daß schon eine mäßige Wahrschein-
20 lichkeit für eine künftige Förderung der Wissenschaften die Bearbeitung einer ‖ dahin abzielenden normativen Disziplin recht- [A 32]
fertige; davon abgesehen, daß die abgeleiteten Regeln an sich [B 32]
eine wertvolle Bereicherung der Erkenntnis darstellen.

Die eigentliche und prinzipiell wichtige Streitfrage, die leider

---

* *Kritik d. r. V.*, Einleitung zur transz. Logik I, letzter Absatz.
** Kants *Logik*, Einleitung II. (*WW*, Hartensteinsche Ausgabe 1867, VIII.
S. 18.)
*** *Kritik d. r. V.*, a. a. O. (*WW*, III. S. 83.)
**** *Logik*, a. a. O.
***** Wenn Kant in einer allgemeinen Logik mit einem praktischen Teil eine *con-
tradictio in adjecto* sieht und darum die Einteilung der Logik in theoretische und praktische verwirft (*Logik*, Einleitung II. sub 3), so hindert uns dies gar nicht, das, was er
angewandte Logik nennt, als praktische zu schätzen. Eine „praktische Logik" setzt,
wenn der Ausdruck in seiner gemeinen Bedeutung genommen wird, keineswegs notwendig voraus „die Kenntnis einer gewissen Art von Gegenständen, worauf sie angewendet wird", aber wohl die eines Geistes, der im Streben nach Erkenntnis durch sie
gefördert werden soll. In doppelter Richtung kann Anwendung statthaben: Mit Hilfe
logischer Regeln können wir Nutzen ziehen für ein besonderes Erkenntnisgebiet —
dies gehört zur besonderen Wissenschaft und der sich ihr anschließenden Methodologie. Andererseits ist es aber auch denkbar, daß wir mit Hilfe der idealen, von der
Besonderheit des menschlichen Geistes unabhängigen Gesetze der reinen Logik (falls
es dergleichen gibt) praktische Regeln ableiten, die auf die besondere Natur des
Menschen (*in specie*) Rücksicht nehmen. Dann hätten wir eine allgemeine und doch
praktische Logik.

von keiner Seite klar präzisiert worden ist, liegt in ganz anderer Richtung; sie geht dahin, ob denn die Definition der Logik als Kunstlehre ihren wesentlichen Charakter treffe. Es fragt sich m.a.W., ob es nur der praktische Gesichtspunkt ⌐sei¬[1],
5 welcher das Recht der Logik als einer eigenen wissenschaftlichen Disziplin begründe, während vom theoretischen Standpunkte aus all das, was die Logik an Erkenntnissen sammle, einerseits in rein theoretischen Sätzen bestehe, die in sonst bekannten theoretischen Wissenschaften, hauptsächlich aber in der Psychologie,
10 ihr ursprüngliches Heimatsrecht beanspruchen müssen, und andererseits in Regeln, die auf diese theoretischen Sätze gegründet sind.

In der Tat liegt wohl auch das Wesentliche[2] der Auffassung Kants nicht darin, daß er den praktischen Charakter der Logik
15 bestreitet, sondern daß er eine gewisse Begrenzung bzw. Einschränkung der Logik für möglich und in erkenntnistheoretischer Hinsicht für fundamental hält, wonach sie als eine völlig unabhängige, im Vergleich mit den anderweitig bekannten Wissenschaften neue, und zwar rein theoretische Wissenschaft dasteht,
20 welcher nach Art der Mathematik jeder Gedanke an eine mögliche Anwendung äußerlich bleibt, und welche der Mathematik auch darin gleicht, daß sie eine apriorische und rein demonstrative Disziplin ist.

Die Einschränkung der Logik auf ihren theoretischen Wissens-
25 gehalt führt nach der vorherrschenden Form der gegnerischen Lehre auf psychologische, evtl. auch grammatische und andere Sätze; also auf kleine Ausschnitte aus anderweitig abgegrenzten und dazu empirischen Wissenschaften; nach Kant stoßen wir vielmehr noch auf ein in sich geschlossenes, selbständiges und dazu
30 apriorisches Gebiet theoretischer Wahrheit, auf die reine Logik.
‖ Man sieht, daß in diesen Lehren noch andere bedeutsame Gegensätze mitspielen, nämlich ob die Logik als apriorische oder empirische, unabhängige oder abhängige, demonstrative oder nichtdemonstrative Wissenschaft zu gelten habe. Scheiden wir
35 diese, als unseren nächsten Interessen fernliegend, ab, so bleibt nur die oben hingestellte Streitfrage übrig; wir abstrahieren auf

[A 33
[B 33

---

[1] A: ⌐ist¬.
[2] In A folgt: ⌐in¬.

der einen Seite die Behauptung, daß jeder als Kunstlehre ge-
faßten Logik eine eigene theoretische Wissenschaft, eine „reine"
Logik zugrunde liege, während die Gegenseite alle theoretischen
Lehren, die in der logischen Kunstlehre zu konstatieren sind, in
5 anderweitig bekannte theoretische Wissenschaften glaubt einordnen zu können.

Den letzteren Standpunkt hat schon Beneke mit Lebhaftig-
keit vertreten;* klar umschrieben hat ihn J. St. Mill, dessen
Logik auch in dieser Hinsicht sehr einflußreich geworden ist.**
10 Auf demselben Boden steht auch das führende Werk der neueren
logischen Bewegung in Deutschland, die Logik Sigwarts. Scharf
und entschieden spricht sie es aus: „Die oberste Aufgabe der
Logik und diejenige, die ihr eigentliches Wesen ausmacht, [ist es,]
Kunstlehre zu sein."***
15   Auf dem anderen Standpunkte finden wir neben Kant insbesondere Herbart, dazu eine große Zahl ihrer Schüler.

Wie wohl sich übrigens in dieser Beziehung der extremste
Empirismus mit der Kantschen Auffassung verträgt, ersieht
man aus Bains Logik, die zwar als Kunstlehre aufgebaut ist,
20 aber eine Logik als eigene theoretische und abstrakte Wissen|schaft [A 34]
— und | sogar als eine Wissenschaft nach Art der Mathematik — [B 34]
ausdrücklich anerkennt und zugleich in sich zu fassen beansprucht. Zwar ruht diese theoretische Disziplin nach Bain auf
der Psychologie; sie geht also nicht, wie Kant es will, allen
25 anderen Wissenschaften als eine absolut unabhängige Wissenschaft voraus; aber sie ist doch eine eigene Wissenschaft, sie ist
nicht wie bei Mill eine bloße Zusammenordnung psychologischer Kapitel, geboten durch die Absicht auf eine praktische
Regelung der Erkenntnis.****
30   In den mannigfachen Bearbeitungen, welche die Logik in die-

---

* Die Überzeugung vom wesentlich praktischen Charakter der Logik will Beneke
schon in den Titeln seiner Darstellungen der Logik — Lehrbuch der Logik als Kunstlehre des Denkens, 1832; System der Logik als Kunstlehre des Denkens, 1842 — andeuten. In sachlicher Beziehung vgl. im System das Vorwort, die Einleitung und zumal
die Polemik gegen Herbart, I, S. 21f.
** Mehr noch als Mills logisches Hauptwerk kommt für die Diskussion der hierhergehörigen Frage die Streitschrift gegen Hamilton in Betracht. Es folgen weiter
unten die erforderlichen Zitationen.
*** Sigwart, Logik⌐3⌐1, S. 10.
**** Vgl. Bain, Logic, I (1879), § 50, S. 34f.

---

1 In A wird die 2. Auflage zitiert.

sem Jahrhundert erfahren hat, kommt der hier in Rede stehende
Differenzpunkt kaum je zu deutlicher Hervorhebung und sorg-
samer Überlegung. Mit Rücksicht darauf, daß sich die praktische
Behandlung der Logik mit beiden Standpunkten wohl verträgt
5 und in der Regel auch von beiden Seiten als nützlich zugestanden
worden ist, erschien manchen der ganze Streit um den (wesentlich)
praktischen oder theoretischen Charakter der Logik als bedeu-
tungslos. Sie hatten sich den Unterschied der Standpunkte eben
nie klargemacht.

10   Unsere Zwecke erfordern es nicht, auf die Streitigkeiten der älteren
Logiker — ob die Logik eine Kunst sei oder eine Wissenschaft oder
beides oder keines von beiden; und wieder ob sie im zweiten Falle eine
praktische oder spekulative Wissenschaft sei oder beides zugleich —
kritisch einzugehen. Sir William Hamilton urteilt über sie und
15 damit zugleich über den Wert der Fragen wie folgt: „*The controversy
... is perhaps one of the most futile in the history of speculation. In so far
as Logic is concerned, the decision of the question is not of the very smallest
import. It was not in consequence of any diversity of opinion in regard to
the scope and nature of this doctrine, that philosophers disputed by what
20 name it should be called. The controversy was, in fact, only about what was
properly an art, and what was properly a science; and as men attached one
meaning or another to these terms, so did they affirm Logic | to be an art,* [B 35]
or a science, | or both, or neither." * Doch ist zu bemerken, daß Hamil- [A 35]
ton selbst über Gehalt und Wert der in Rede stehenden Unterschei-
25 dungen und Kontroversen nicht sehr tief geforscht hat. Bestände eine
angemessene Übereinstimmung in bezug auf die Behandlungsweise
der Logik und den Inhalt der ihr beizurechnenden Lehren, dann wäre
die Frage, ob und wie die Begriffe *art* und *science* zu ihrer Definition
gehören, von geringerer Bedeutung, obschon lange noch nicht eine
30 Frage der bloßen Etikettierung. Aber der Streit um die Definitionen
ist (wie wir bereits ausgeführt haben) in Wahrheit ein Streit um die
Wissenschaft selbst, und zwar nicht um die fertige, sondern um die
werdende und vorläufig nur prätendierte Wissenschaft, bei der noch
die Probleme, die Methoden, die Lehren, kurz alles und jedes zweifel-
35 haft ist. Schon zu Hamiltons Zeiten und lange vor ihm waren die
Differenzen in Ansehung des wesentlichen Gehalts, des Umfangs und
der Behandlungsweise der Logik sehr erheblich. Man vergleiche nur
Hamiltons, Bolzanos, Mills und Benekes Werke. Und wie sind
die Differenzen seitdem erst gewachsen. Stellen wir Erdmann und
40 Drobisch, Wundt und Bergmann, Schuppe und Brentano,
Sigwart und Überweg zusammen — ist das alles eine Wissenschaft

---

* Sir William Hamilton, *Lectures on Logic*,[3] vol. I (*Lect. on Metaphysics and Logic*, vol. III), 1884, p. 9–10.

und nicht bloß ein Name? Fast möchte man so entscheiden, wenn nicht
umfassendere Gruppen von Themen da und dort gemeinsam wären,
obschon freilich in Hinsicht auf den Inhalt der Lehren und selbst der
Fragestellungen sich auch nicht zwei dieser Logiker erträglich ver-
5 ständigen. Hält man nun damit zusammen, was wir in der Einleitung
betont haben — daß die Definitionen nur die Überzeugungen ausprä-
gen, die man über die wesentlichen Aufgaben und den methodischen
Charakter der Logik besitzt, und daß hierauf bezügliche Vorurteile
und Irrtümer bei einer so zurückgebliebenen Wissenschaft dazu bei-
10 tragen können, die Forschung von vornherein auf falsche Bahnen zu
lenken — so wird man Hamilton sicherlich nicht zustimmen können,
wenn er sagt: ,,*the decision of the question is not of the very smallest
import''*.

Nicht wenig hat zur Verwirrung der Umstand beigetragen, daß
15 auch von seiten ausgezeichneter Vorkämpfer für die Eigenberech-
tigung einer reinen Logik, wie Drobisch und Berg|mann, [A 36]
der | normative Charakter dieser Disziplin als etwas ihrem Be- [B 36]
griffe wesentlich Zugehöriges hingestellt wurde. Die Gegenseite
fand hierin eine offenbare Inkonsequenz, ja einen Widerspruch.
20 Liegt nicht im Begriffe der Normierung die Beziehung auf einen
leitenden Zweck und ihm zugeordnete Tätigkeiten? Besagt also
normative Wissenschaft nicht genau dasselbe wie Kunstlehre?
Die Art, wie Drobisch seine Bestimmungen einführt und
faßt, kann nur zur Bestätigung dienen. In seiner noch immer
25 wertvollen Logik lesen wir: ,,Das Denken kann in doppelter Beziehung Gegenstand einer wissenschaftlichen Untersuchung werden: einmal nämlich, sofern es eine Tätigkeit des Geistes ist, nach
deren Bedingungen und Gesetzen geforscht werden kann; sodann
aber, sofern es als Werkzeug zur Erwerbung mittelbarer Erkennt-
30 nis, das nicht nur einen richtigen, sondern auch einen fehlerhaften
Gebrauch zuläßt, im ersteren Falle zu wahren, im anderen zu
falschen Ergebnissen führt. Es gibt daher sowohl Naturgesetze
des Denkens als Normalgesetze für dasselbe, Vorschriften
(Normen), nach denen es sich zu richten hat, um zu wahren
35 Ergebnissen zu führen. Die Erforschung der Naturgesetze des
Denkens ist eine Aufgabe der Psychologie, die Feststellung seiner
Normalgesetze aber die Aufgabe der Logik.''* Und zum Überfluß lesen wir in der beigegebenen Erläuterung: ,,Normalgesetze

---

* Drobisch, *Neue Darstellung der Logik*⁴, § 2, S. 3.

regulieren eine Tätigkeit immer einem gewissen Zwecke gemäß.''

Von gegnerischer Seite wird man sagen: Hier ist kein Wort, das nicht Beneke oder Mill unterschreiben und zu eigenen Gunsten verwerten könnte. Gesteht man aber die Identität der Begriffe
5 ,,normative Disziplin'' und ,,Kunstlehre'' zu, so ist es auch selbstverständlich, daß, wie bei Kunstlehren überhaupt, nicht die sachliche Zusammengehörigkeit, sondern der leitende Zweck das Band ist, welches die logischen Wahr|heiten zu einer Disziplin einigt. [A 37] | Dann aber ist es sichtlich verkehrt, der Logik so enge Grenzen [B 37]
10 zu ziehen, wie es die traditionelle aristotelische Logik — denn darauf kommt ja wohl die ,,reine'' Logik hinaus — tut. Es ist widersinnig, der Logik einen Zweck zu setzen und dann gleichwohl Klassen von Normen und normativen Untersuchungen, die zu diesem Zwecke gehören, von der Logik auszuschließen. Die
15 Vertreter der reinen Logik stehen eben noch unter dem Banne der Tradition; der verwunderliche Zauber, den der hohle Formelkram der scholastischen Logik durch Jahrtausende geübt hat, ist in ihnen noch übermächtig.

Dies die Kette naheliegender Einwände, ganz dazu angetan,
20 das moderne Interesse von einer genaueren Erwägung der sachlichen Motive abzulenken, welche bei großen und selbständigen Denkern zugunsten einer reinen Logik als eigener Wissenschaft gesprochen haben, und welche auch jetzt noch auf ernste Prüfung Anspruch erheben könnten. Der treffliche Drobisch mag sich
25 mit seiner Bestimmung vergriffen haben; aber das beweist nicht, daß seine Position, sowie die seines Meisters Herbart und endlich diejenige des ersten Anregers, Kant,* im wesentlichen eine falsche war. Es schließt nicht einmal aus, daß hinter der unvollkommenen Bestimmung selbst ein wertvoller Gedanke stecke,

---

* Kant selbst, obschon er den psychologischen Gesetzen, die besagen, ,,wie der Verstand ist und denkt'', die logischen Gesetze gegenüberstellt, als ,,notwendige Regeln'', die besagen, ,,wie er im Denken verfahren sollte'' (vgl. die Vorlesungen über Logik, *WW*, Hart. Ausgabe, VIII, S. 14), hatte letztlich doch wohl nicht die Absicht, die Logik als eine normative (in dem Sinne einer die Angemessenheit an gesteckte Zwecke abmessenden) Disziplin zu fassen. Entschieden weist darauf hin seine Koordinierung der Logik und Ästhetik nach den beiden ,,Grundquellen des Gemüts'', diese als die (sc. rationale) ,,Wissenschaft von den Regeln der Sinnlichkeit überhaupt'', jene als die ⌜korrelative⌝1 ,,Wissenschaft der Verstandesregeln überhaupt''. Wie die Ästhetik in diesem Kantschen Sinne, so kann auch seine Logik nicht als eine nach Zwecken regelnde Disziplin gelten wollen. (Vgl. *Kritik d. r. V.*, Einleitung zur transzendentalen Logik, I. Schluß des zweiten Absatzes.)

---

1 A: ⌜korrelate⌝.

der nur nicht zu begrifflich | klarer Ausprägung gekommen ist. [A 38]
Achten wir doch auf die bei den Vertretern einer reinen Logik
so beliebte Zu|sammenstellung der Logik und der reinen Mathe- [B 38]
matik. Auch die mathematischen Disziplinen begründen Kunst-
5 lehren. Der Arithmetik entspricht die praktische Rechenkunst,
der Geometrie die Feldmeßkunst. Wieder schließen sich, obschon
in etwas anderer Weise, an die theoretischen abstrakten Naturwissenschaften Technologien, an die Physik die physikalischen,
an die Chemie die chemischen Technologien. Mit Rücksicht dar-
10 auf liegt die Vermutung nahe, es sei der eigentliche Sinn der
prätendierten reinen Logik, eine abstrakte theoretische Disziplin zu sein, die in analoger Weise wie in den bezeichneten Fällen
eine Technologie begründe, eben die Logik im gemeinen, praktischen Sinne. Und wie nun überhaupt bei Kunstlehren mitunter
15 vorzugsweise eine, mitunter aber mehrere theoretische Disziplinen
den Unterbau für die Ableitung ihrer Normen beistellen, so
könnte auch die Logik im Sinne der Kunstlehre von einer Mehrheit solcher Disziplinen abhängen, also in jener reinen Logik bloß
das eine, wenn auch vielleicht das hauptsächlichste, Fundament
20 besitzen. Würde sich dann überdies zeigen, daß die im prägnanten
Sinne logischen Gesetze und Formen einem theoretisch abge-
schlossenen Kreis abstrakter Wahrheit angehören, der auf keine
Weise in die bislang abgegrenzten theoretischen Disziplinen einzuordnen und somit selbst als die fragliche reine Logik in An-
25 spruch zu nehmen sei: dann würde sich die weitere Vermutung
aufdrängen, daß Unvollkommenheiten der Begriffsbestimmung
dieser Disziplin, sowie die Unfähigkeit, sie in ihrer Reinheit darzustellen und ihr Verhältnis zur Logik als Kunstlehre klarzulegen,
die Vermengung mit dieser Kunstlehre begünstigt und den Streit,
30 ob die Logik wesentlich als theoretische oder praktische Disziplin
abgegrenzt werden solle, ermöglicht habe. Während die eine
Partei auf jene rein theoretischen und im prägnanten Sinne
logischen Sätze hinblickte, hielt sich die andere an die angreif-
baren Definitionen der prätendierten theoretischen Wissen-
35 schaft und an ihre tatsächliche Durchführung.
| Der Einwand aber, es handle sich hier um eine Restitution [A 39]
der scholastisch-aristotelischen Logik, über deren Geringwertig-
keit | die Geschichte ihr Urteil gesprochen habe, soll uns nicht [B 39]
beunruhigen. Vielleicht, daß sich noch herausstellt, daß die frag-

liche Disziplin keineswegs von so geringem Umfange und so arm
an tiefliegenden Problemen sei, wie man ihr damit vorwirft. Vielleicht, daß die alte Logik nur eine höchst unvollständige und
getrübte Realisierung der Idee jener reinen Logik war, aber
5 immerhin als erster Anfang und Angriff tüchtig und achtenswert.
Es ist ja auch fraglich, ob die Verachtung der traditionellen Logik
nicht eine ungerechtfertigte Nachwirkung der Stimmungen der
Renaissance ist, deren Motive uns heute nicht mehr berühren
können. Begreiflicherweise richtete sich der historisch berechtigte,
10 aber in der Sache oft unverständige Kampf gegen die scholastische Wissenschaft vor allem gegen die Logik als der zu ihr zugehörigen Methodenlehre. Aber daß die formale Logik in den Händen der Scholastik (zumal in der Periode der Entartung) den
Charakter einer falschen Methodik annahm, beweist vielleicht
15 nur: daß es an einem rechten philosophischen Verständnis der
logischen Theorie (soweit sie schon entwickelt war) fehlte, daß
darum die praktische Nutzung derselben irrige Wege einschlug,
und daß ihr methodische Leistungen zugemutet wurden, denen
sie ihrem Wesen nach nicht gewachsen ist. So beweist ja auch die
20 Zahlenmystik nichts gegen die Arithmetik. Es ist bekannt, daß
die logische Polemik der Renaissance sachlich hohl und ergebnis-
los war; in ihr sprach sich Leidenschaft, nicht Einsicht aus. Wie
sollten wir uns von ihren verächtlichen Urteilen noch leiten lassen?
Ein theoretisch schöpferischer Geist wie Leibniz, bei dem sich
25 der überschwengliche Reformationsdrang der Renaissance mit
der wissenschaftlichen Nüchternheit der Neuzeit paarte, wollte
von dem antischolastischen Kesseltreiben jedenfalls nichts wissen.
Mit warmen Worten nahm er sich der geschmähten aristotelischen
Logik an, so sehr sie gerade ihm als der Erweiterung und Besse-
30 rung bedürftig erschien. Jedenfalls können wir die Vor|würfe, daß [A 40]
die reine Logik auf eine Erneuerung des „hohlen scholastischen
Formelkrams" hinauslaufe, so lange auf sich beruhen lassen, als
wir über Sinn und Gehalt der fraglichen Disziplin beziehungsweise
über die Berechtigung | der uns aufgedrängten Vermutungen nicht [B 40]
35 ins klare gekommen sind.
      Wir wollen, diese Vermutungen zu prüfen, nicht etwa darauf
ausgehen, alle Argumente, die für die eine oder andere Auffassung
der Logik historisch aufgetreten sind, zu sammeln und einer kritischen Analyse zu unterziehen. Dies wäre nicht der Weg, dem

alten Streit ein neues Interesse abzugewinnen; aber die prinzipiellen Gegensätze, die in ihm nicht zur reinlichen Scheidung gelang-
ten, haben ihr eigenes, über die empirischen Bedingtheiten der
Streitenden erhabenes Interesse, und dem wollen wir nachgehen.

5   § 14. *Der Begriff der normativen Wissenschaft.*
          Das Grundmaß oder Prinzip, das ihr Einheit gibt

Wir beginnen mit der Fixierung eines Satzes, der für die weitere
Untersuchung von entscheidender Wichtigkeit ist, nämlich daß
jede normative und desgleichen jede praktische Disziplin auf einer
10 oder mehreren theoretischen Disziplinen beruht, sofern ihre Regeln einen von dem Gedanken der Normierung (des Sollens) ab-
trennbaren theoretischen Gehalt besitzen müssen, dessen wissenschaftliche Erforschung eben jenen theoretischen Disziplinen ob-
liegt.
15   Erwägen wir, um dies klarzustellen, zunächst den Begriff der
normativen Wissenschaft in seinem Verhältnis zu dem der theoretischen. Die Gesetze der ersteren besagen, so heißt es gewöhnlich, was sein soll, obschon es vielleicht nicht ist und unter den
gegebenen Umständen nicht sein kann; die Gesetze der letzteren
20 hingegen besagen schlechthin, was ist. Es wird sich nun fragen,
was mit dem Seinsollen gegenüber dem schlichten Sein gemeint ist.
    Zu enge ist offenbar der ursprüngliche Sinn des Sollens, welcher
Beziehung hat zu einem gewissen Wünschen oder Wollen, | zu [A 41]
25 einer Forderung oder einem Befehl, z.B.: Du sollst mir ge|hor- [B 41]
chen; X soll zu mir kommen. Wie wir in einem weiteren Sinn von
einer Forderung sprechen, wobei niemand da ist, der fordert, und
evtl. auch niemand, der aufgefordert ist, so sprechen wir auch oft
von einem Sollen, unabhängig von irgend jemandes Wünschen
30 oder Wollen. Sagen wir: ,,Ein Krieger soll tapfer sein'', so heißt
das nicht, daß wir oder jemand sonst dies wünschen oder wollen,
befehlen oder fordern. Eher könnte man die Meinung dahin fassen,
daß allgemein, d.h. in Beziehung auf jeden Krieger, ein entsprechendes Wünschen und Fordern Berechtigung habe; obschon
35 auch dies nicht ganz zutrifft, da es doch nicht geradezu nötig ist,
daß hier solch eine Bewertung eines Wunsches oder einer Forderung wirklich Platz greife. ,,Ein Krieger soll tapfer sein'', das heißt

vielmehr: nur ein tapferer Krieger ist ein „guter" Krieger, und
darin liegt, da die Prädikate gut und schlecht den Umfang des
Begriffs Krieger unter sich teilen, daß ein nicht tapferer ein
„schlechter" Krieger ist. Weil dieses Werturteil gilt, hat nun
5 jedermann recht, der von einem Krieger fordert, daß er tapfer
sei; aus demselben Grunde ist, daß er es sei, auch wünschenswert,
lobenswert usw. Ebenso in anderen Beispielen. „Ein Mensch soll
Nächstenliebe üben", d.h. wer dies unterläßt, ist nicht mehr ein
„guter" und damit *eo ipso* ein (in dieser Hinsicht) „schlechter"
10 Mensch. „Ein Drama soll nicht in Episoden zerfallen" — sonst
ist es kein „gutes" Drama, kein „rechtes" Kunstwerk. In allen
diesen Fällen machen wir also unsere positive Wertschätzung, die
Zuerkennung eines positiven Wertprädikates, abhängig von einer
zu erfüllenden Bedingung, deren Nichterfüllung das entsprechen-
15 de negative Prädikat nach sich zieht. Überhaupt dürfen wir als
gleich, zum mindesten als äquivalent setzen ⌜die⌝1 Formen: „Ein
A soll B sein" und „Ein A, welches nicht B ist, ist ein schlechtes
A", oder „Nur ein A, welches B ist, ist ein gutes A".

Der Terminus „gut" dient uns hier natürlich im weitesten
20 Sinne des irgendwie Wertvollen; er ist in den konkreten, unter
| unsere Formel gehörigen Sätzen jeweilig in dem besonderen [A 42]
Sinne | der Werthaltungen zu verstehen, die ihnen zugrunde [B 42]
liegen, z.B. als Nützliches, Schönes, Sittliches u. dgl. Es gibt so
vielfältige Arten der Rede vom Sollen, als es verschiedene Arten
25 von Werthaltungen, also Arten von — wirklichen oder vermeintlichen — Werten gibt.

Die negativen Aussagen des Sollens sind nicht als Negationen
der entsprechenden affirmativen zu deuten; wie ja auch im gewöhnlichen Sinne die Leugnung einer Forderung nicht den Wert
30 eines Verbotes hat. Ein Krieger soll nicht feige sein, das heißt
nicht, es sei falsch, daß ein Krieger feige sein soll, sondern: es sei
ein feiger Krieger auch ein schlechter. Es sind also die Formen
äquivalent: „Ein A soll nicht B sein" und „Ein A, welches B ist,
ist allgemein ein schlechtes A", oder „Nur ein A, welches nicht
35 B ist, ist ein gutes A".

Daß sich Sollen und Nichtsollen ausschließen, ist eine formal —
logische Konsequenz der interpretierenden Aussagen, und dassel-

---

1 A: ⌜den⌝.

be gilt von dem Satze, daß Urteile über ein Sollen keine Behauptung über ein entsprechendes Sein einschließen.

Die soeben klargelegten Urteile normativer Form sind offenbar nicht die einzigen, die man als solche wird gelten lassen, mag
5 auch im Ausdruck das Wörtchen ⌐„soll"⌐¹ keine Verwendung finden. Unwesentlich ist es, daß wir statt „A soll (bzw. soll nicht) B sein", auch sagen können „A muß (bzw. darf nicht) B sein". Sachhaltiger ist der Hinweis auf die beiden neuen Formen „A muß nicht B sein" und „A darf B sein", welche die kontradikto-
10 rischen Gegensätze zu den obigen darstellen. Es ist also „muß nicht" die Negation von „soll" oder — was gleich gilt — von „muß"; „darf" die Negation von „soll nicht" oder — was gleich gilt — von „darf nicht"; wie man aus den interpretierenden Werturteilen leicht ersieht: „Ein A muß nicht B sein" = „Ein A,
15 das nicht B ist, ist darum noch kein schlechtes A". „Ein A darf B sein" = „Ein A, das B ist, ist darum noch kein schlechtes A".

Aber noch andere Sätze werden wir hierher rechnen müssen.
| Z.B.: „Damit ein A ein gutes sei, genügt es (be|ziehungsweise genügt es nicht), daß es B sei." Während die vorigen Sätze irgend- ⎰[A 43]
⎱[B 43]
20 welche notwendigen Bedingungen für die Zuerkennung oder Aberkennung der positiven oder negativen Wertprädikate betreffen, handelt es sich in den jetzt vorliegenden um hinreichende Bedingungen. Andere Sätze wiederum wollen zugleich notwendige und hinreichende Bedingungen aussagen.

25 Damit dürften die wesentlichen Formen allgemeiner normativer Sätze erschöpft sein; ihnen entsprechen natürlich auch Formen partikulärer und individueller Werturteile, die der Analyse nichts Bedeutsames hinzufügen, und von denen jedenfalls die letzteren für unsere Zwecke auch nicht in Betracht kommen; sie haben
30 allezeit eine nähere oder fernere Beziehung zu gewissen normativen Allgemeinheiten und können in abstrakten, normativen Disziplinen nur in Anlehnung an die sie regelnden Allgemeinheiten als Beispiele auftreten. Solche Disziplinen halten sich überhaupt jenseits aller individuellen Existenz, ihre Allgemeinheiten
35 sind „rein begrifflicher" Art, sie haben den Charakter von Gesetzen im echten Sinne des Wortes.

Wir ersehen aus diesen Analysen, daß jeder normative Satz

---

¹ A: ⌐Sollen⌐.

eine gewisse Art der Werthaltung (Billigung, Schätzung) voraussetzt, durch welche der Begriff eines in bestimmtem Sinne „Guten'' (Werten) bzw. „Schlechten'' (Unwerten) hinsichtlich einer gewissen Klasse von Objekten erwächst; ihr gemäß zerfallen
5 darnach diese Objekte in gute und schlechte. Um das normative Urteil „Ein Krieger soll tapfer sein'' fällen zu können, muß ich irgendeinen Begriff von „guten'' Kriegern haben, und dieser Begriff kann nicht in einer willkürlichen Nominaldefinition gründen, sondern nur in einer allgemeinen Werthaltung, die nach diesen
10 oder jenen Beschaffenheiten die Krieger bald als gute, bald als schlechte zu schätzen gestattet. Ob diese Schätzung eine in irgendwelchem Sinne „objektiv gültige'' ist oder nicht, ob überhaupt ein Unterschied zwischen subjektiv und objektiv „Gutem'' zu machen ist, kommt hier bei der bloßen Fest|stellung des Sinnes [B 44]
15 der Sollenssätze | nicht in Betracht. Es genügt, ⌐daß für wert [A 44] gehalten, daß eine Intention vollzogen wird des Inhalts, daß etwas wert oder gut sei⌐1.

Ist umgekehrt auf Grund einer gewissen allgemeinen Werthaltung ein Paar von Wertprädikaten für die zugehörige Klasse
20 festgelegt, dann ist auch die Möglichkeit normativer Urteile gegeben; alle Formen normativer Sätze erhalten ihren bestimmten Sinn. Jedes konstitutive Merkmal B des „guten'' A liefert z.B. einen Satz der Form: „Ein A soll B sein''; ein mit B unverträgliches Merkmal B' einen Satz: „Ein A darf nicht (soll nicht) B'
25 sein'' usw.

Was endlich den Begriff des normativen Urteils anbelangt, so können wir ihn nach unseren Analysen folgendermaßen beschreiben: Mit Beziehung auf eine zugrunde liegende ⌐allgemeine⌐2 Werthaltung und den hierdurch bestimmten Inhalt
30 des zugehörigen Paares von Wertprädikaten heißt jeder Satz ein normativer, der irgendwelche notwendige oder hinreichende, oder notwendige und hinreichende Bedingungen für den Besitz eines solchen Prädikates ausspricht. Haben wir einmal einen Unterschied zwischen „gut'' und „schlecht'' in bestimmtem Sinne, also
35 auch in bestimmter Sphäre wertschätzend gewonnen, dann sind

---

1 A: ⌐daß für wert gehalten wird, als ob etwas wirklich wert oder gut sei⌐.
2 Zusatz von B.

wir naturgemäß an der Entscheidung interessiert, unter welchen
Umständen, durch welche innere oder äußere Beschaffenheiten
das Gutsein bzw. Schlechtsein in diesem Sinne verbürgt oder
nicht verbürgt ist; welche Beschaffenheiten nicht fehlen dürfen,
5 um einem Objekte der Sphäre den Wert des Guten noch geben
zu können usf.

    Wo wir von gut und schlecht sprechen, da pflegen wir auch in
vergleichender Wertschätzung Unterschiede des Besseren und
Besten bzw. des Schlechteren und Schlechtesten zu voll-
10 ziehen. Ist die Lust das Gute, so ist von zwei Lüsten die inten-
sivere und wieder die länger andauernde die bessere. Gilt uns die
Erkenntnis als das Gute, so gilt uns noch nicht jede Erkenntnis
als „gleich gut". Die Gesetzeserkenntnis werten wir höher als
die Erkenntnis singulärer Tatsachen; die Erkenntnis allgemeine-
15 rer | Gesetze — z.B. „Jede Gleichung | n^{ten} Grades hat n Wurzeln" $\left.\begin{array}{l}\text{[B 45]}\\\text{[A 45]}\end{array}\right.$
— höher als die Erkenntnis ihnen untergeordneter Spezialgesetze
— „Jede Gleichung 4ten Grades hat 4 Wurzeln". So erheben sich
also in Beziehung auf die relativen Wertprädikate ähnliche normative Fragen wie in Beziehung auf die absoluten. Ist der kon-
20 stitutive Inhalt des als gut — beziehungsweise schlecht — zu Be-
wertenden fixiert, so fragt es sich, was in vergleichender Wertung
konstitutiv als besser oder schlechter zu gelten habe; des weiteren
dann, welches die näheren und ferneren, notwendigen und hinreichenden Bedingungen für die relativen Prädikate sind, die den
25 Inhalt des Besseren — beziehungsweise Schlechteren — und
schließlich des relativ Besten konstitutiv bestimmen. Die konstitutiven Inhalte der positiven und relativen Wertprädikate
sind sozusagen die messenden Einheiten, nach denen wir Objekte
der bezüglichen Sphäre abmessen.

30   Die Gesamtheit dieser Normen bildet offenbar eine durch die
fundamentale Werthaltung bestimmte, in sich geschlossene Gruppe. Der normative Satz, welcher an die Objekte der Sphäre die
allgemeine Forderung stellt, daß sie den konstitutiven Merkmalen
des positiven Wertprädikates in größtmöglichem Ausmaße ge-
35 nügen sollen, hat in jeder Gruppe zusammengehöriger Normen
eine ausgezeichnete Stellung und kann als die Grundnorm
bezeichnet werden. Diese Rolle spielt z.B. der kategorische Im-
perativ in der Gruppe normativer Sätze, welche Kants Ethik
ausmachen; ebenso das Prinzip vom „größtmöglichen Glück der
größtmöglichen Anzahl" in der Ethik der Utilitarier.

Die Grundnorm ist das Korrelat der Definition des im fraglichen Sinne „Guten" und „Besseren"; sie gibt an, nach welchem
Grundmaße (Grundwerte) alle Normierung zu vollziehen
ist, und stellt somit im eigentlichen Sinne nicht einen normativen
5 Satz dar. Das Verhältnis der Grundnorm zu den eigentlich normierenden Sätzen ist analog demjenigen zwischen den sogenann-
ten Definitionen der Zahlenreihe und den — immer | auf sie [B 46]
rückbezogenen — Lehrsätzen über numerische Verhältnisse in
der | Arithmetik. Man könnte auch hier die Grundnorm als [A 46]
10 „Definition" des maßgebenden Begriffes vom Guten — z.B. des
sittlich Guten — bezeichnen; womit freilich der gewöhnliche
logische Begriff der Definition verlassen wäre.

Stellen wir uns das Ziel,[1] mit Beziehung auf eine derartige
„Definition", also mit Beziehung auf eine fundamentale allge-
15 meine Wertung, die Gesamtheit zusammengehöriger normativer
Sätze wissenschaftlich zu erforschen, so erwächst die Idee einer
normativen Disziplin. Jede solche Disziplin ist also eindeutig charakterisiert durch ihre Grundnorm bzw. durch die
Definition dessen, was in ihr als das „Gute" gelten soll. Gilt uns
20 z.B. die Erzeugung und Erhaltung, Mehrung und Steigerung von
Lust als das Gute, so werden wir fragen, welche Objekte erregen
die Lust, bzw. unter welchen subjektiven und objektiven Umständen tun sie es; und überhaupt, welches sind die notwendigen
und hinreichenden Bedingungen für den Eintritt der Lust, für
25 ihre Erhaltung, Mehrung usw. Diese Fragen als Zielpunkte für
eine wissenschaftliche Disziplin genommen, ergeben eine Hedo-
nik; es ist die normative Ethik im Sinne der Hedoniker. Die
Wertung der Lusterregung liefert hier die die Einheit der Disziplin bestimmende und sie von jeder anderen normativen Disziplin
30 unterscheidende Grundnorm. Und so hat eine jede ihre eigene
Grundnorm, und diese stellt jeweils das einsmachende Prinzip der
normativen Disziplin dar. In den theoretischen Disziplinen
entfällt hingegen diese zentrale Beziehung aller Forschungen auf
eine fundamentale Werthaltung als Quelle eines herrschenden
35 Interesses der Normierung; die Einheit ihrer Forschungen und
die Zusammenordnung ihrer Erkenntnisse wird ausschließlich

---

[1] Das Komma fehlt in A und B. Es findet sich jedoch in der 3. Auflage,
1922, entsprechend den *Corrigenda* in Husserls Handexemplar von B.

durch das theoretische Interesse bestimmt, welches gerichtet ist
auf die Erforschung des sachlich (d.i. theoretisch, vermöge der
inneren Gesetzlichkeit der Sachen) Zusammengehörigen und
daher in seiner Zusammengehörigkeit auch zusammen zu Er-
5 forschenden.

§ 15. *Normative Disziplin und Kunstlehre* [A 47] [B 47]

Das normative Interesse beherrscht uns naturgemäß besonders
bei realen Objekten als Objekten praktischer Wertungen;
daher die unverkennbare Neigung, den Begriff der normativen
10 Disziplin mit dem der praktischen Disziplin, der Kunstlehre,
zu identifizieren. Man sieht aber leicht, daß diese Identifizierung
nicht zu Recht bestehen kann. Für Schopenhauer, welcher
in Konsequenz seiner Lehre vom angeborenen Charakter alles
praktische Moralisieren grundsätzlich verwirft, gibt es keine Ethik
15 im Sinne einer Kunstlehre, wohl aber eine Ethik als normative
Wissenschaft, die er ja selbst bearbeitet. Denn keineswegs läßt
er auch die moralischen Wertunterscheidungen fallen. — Die
Kunstlehre stellt jenen besonderen Fall der normativen Disziplin
dar, in welchem die Grundnorm in der Erreichung eines allge-
20 meinen praktischen Zweckes besteht. Offenbar schließt so jede
Kunstlehre eine normative, aber selbst nicht praktische Disziplin
ganz in sich. Denn ihre Aufgabe setzt die Lösung der engeren
voraus, zunächst, abgesehen von allem auf die praktische Erreichung Bezüglichen, die Normen zu fixieren, nach welchen die
25 Angemessenheit an den allgemeinen Begriff des zu realisierenden
Zieles, an das Haben der die bezügliche Klasse von Werten
chrakterisierenden Merkmale beurteilt werden kann. Umgekehrt
erweitert sich jede normative Disziplin, in welcher sich die fundamentale Werthaltung in eine entsprechende Zwecksetzung ver-
30 wandelt, zu einer Kunstlehre.

§ 16. *Theoretische Disziplinen als Fundamente normativer*

Es ist nun leicht einzusehen, daß jede normative und *a fortiori*
jede praktische Disziplin eine oder mehrere theoretische Disziplinen als Fundamente voraussetzt, in dem Sinne nämlich, daß
35 sie einen von aller Normierung ablösbaren theoretischen Gehalt

besitzen muß, der als solcher in irgendwelchen, sei es schon ab-
gegrenzten oder noch zu kon|stituierenden, theoretischen Wissen- [A 48
schaften seinen natürlichen Standort hat.

   | Die Grundnorm (bzw. der Grundwert, der letzte Zweck) be- [B 48
5 stimmt, wie wir sahen, die Einheit der Disziplin; sie ist es auch,
die in alle normativen Sätze derselben den Gedanken der Normierung hineinträgt. Aber neben diesem gemeinsamen Gedanken
der Abmessung an der Grundnorm besitzen diese Sätze einen
eigenen, den einen vom anderen unterscheidenden theoretischen
10 Gehalt. Ein jeder drückt den Gedanken einer abmessenden Beziehung zwischen Norm und Normiertem aus; aber diese Beziehung selbst charakterisiert sich — wenn wir von dem wertschätzenden Interesse absehen — objektiv als eine Beziehung
zwischen Bedingung und Bedingtem, die in dem betreffenden
15 normativen Satze als bestehend oder nicht bestehend hingestellt
ist. So schließt z.B. jeder normative Satz der Form „Ein A soll B
sein" den theoretischen Satz ein „Nur ein A, welches B ist, hat
die Beschaffenheiten C", wobei wir durch C den konstitutiven
Inhalt des maßgebenden Prädikates „gut" andeuten (z.B. die
20 Lust, die Erkenntnis, kurz das durch die fundamentale Werthaltung im gegebenen Kreise eben als gut Ausgezeichnete). Der
neue Satz ist ein rein theoretischer, er enthält nichts mehr von
dem Gedanken der Normierung. Und umgekehrt, gilt irgendein
Satz dieser letzteren Form und erwächst als ein Neues die Wert-
25 haltung eines C als solchen, die eine normierende Beziehung zu
ihm erwünscht sein läßt, so nimmt der theoretische Satz die
normative Form an: ⌜„Nur ein A, welches B ist, ist ein gutes"⌝[1],
d.h. ⌜„Ein A soll B sein"⌝[1]. Darum können auch selbst in theoretischen Gedankenzusammenhängen normative Sätze auftreten:
30 das theoretische Interesse legt in solchen Zusammenhängen Wert
auf den Bestand eines Sachverhaltes der Art M (etwa auf den
Bestand der Gleichseitigkeit eines zu bestimmenden Dreiecks)
und mißt daran anderweitige Sachverhalte (z.B. die Gleichwink-
ligkeit: Soll das Dreieck gleichseitig sein, so muß es gleich-
35 winklig sein), nur daß diese Wendung in den theoretischen
Wissenschaften | etwas Vorübergehendes und Sekundäres ist, da [A 49
die letzte Intention hier auf den eigenen, theoretischen Zusam-

---

[1] Die Anführungszeichen fehlen in A.

menhang der Sachen geht; bleibende Ergebnisse | werden daher [B 49]
nicht in normative Form gefaßt, sondern in die Formen des
objektiven Zusammenhanges, hier in die des generellen Satzes.

Es ist nun klar, daß die theoretischen Beziehungen, die nach
5 dem Erörterten in den Sätzen der normativen Wissenschaften
stecken, ihren logischen Ort haben müssen in gewissen theoretischen Wissenschaften. Soll die normative Wissenschaft also ihren
Namen verdienen, soll sie die Beziehungen der zu normierenden
Sachverhalte zur Grundnorm wissenschaftlich erforschen, dann
10 muß sie den theoretischen Kerngehalt dieser Beziehungen studieren und daher in die Sphären der betreffenden theoretischen
Wissenschaften eintreten. Mit anderen Worten: Jede normative
Disziplin verlangt die Erkenntnis gewisser nicht normativer
Wahrheiten; diese aber entnimmt sie gewissen theoretischen
15 Wissenschaften oder gewinnt sie durch Anwendung der aus ihnen
entnommenen Sätze auf die durch das normative Interesse bestimmten Konstellationen von Fällen. Dies gilt natürlich auch
für den spezielleren Fall der Kunstlehre und offenbar noch in
erweitertem Maße. Es treten die theoretischen Erkenntnisse hin-
20 zu, welche die Grundlage für eine fruchtbare Realisierung der
Zwecke und Mittel bieten müssen.

Noch eines sei im Interesse des Folgenden bemerkt. Natürlich
können diese theoretischen Wissenschaften in verschiedenem
Ausmaße Anteil haben an der wissenschaftlichen Begründung
25 und Ausgestaltung der bezüglichen normativen Disziplin; auch
kann ihre Bedeutung für sie eine größere oder geringere sein. Es
kann sich zeigen, daß zur Befriedigung der Interessen einer normativen Disziplin die Erkenntnis gewisser Klassen von theoretischen Zusammenhängen in erster Linie erforderlich, und
30 daß somit die Ausbildung und Heranziehung des theoretischen
Wissensgebietes, dem sie angehören, für die Ermöglichung der
normativen Disziplin geradezu entscheidend ist. Andererseits
kann es aber auch sein, daß für den Aufbau dieser Disziplin | ge- [A 50]
wisse Klassen theoretischer Erkenntnisse zwar nützlich und evtl.
35 sehr wichtig, aber doch nur von sekundärer Bedeutung sind, so-
fern | ihr Wegfall den Bereich dieser Disziplin einschränken, je- [B 50]
doch nicht ganz aufheben würde. Man denke beispielsweise an
das Verhältnis zwischen bloß normativer und praktischer Ethik.*

---

* Vgl. oben § 15, S. 47.

Alle die Sätze, welche auf die Ermöglichung der praktischen
Realisierung Bezug haben, berühren nicht den Kreis der bloßen
Normen ethischer Wertung. Fallen diese Normen weg bzw. die
ihnen zugrunde liegenden theoretischen Erkenntnisse, so gibt es
5 keine Ethik überhaupt; entfallen jene ersteren Sätze, so gibt es
nur keine Möglichkeit ethischer Praxis bzw. keine Möglichkeit
einer Kunstlehre vom sittlichen Handeln.

Mit Beziehung auf derartige Unterschiede soll nun die Rede
von den wesentlichen theoretischen Fundamenten einer nor-
10 mativen Wissenschaft verstanden werden. Wir meinen damit die
für ihren Aufbau schlechterdings wesentlichen theoretischen
Wissenschaften, eventuell aber auch die bezüglichen Gruppen
theoretischer Sätze, welche für die Ermöglichung der normativen
Disziplin von entscheidender Bedeutung sind.

DRITTES KAPITEL

DER PSYCHOLOGISMUS, SEINE ARGUMENTE UND SEINE STELLUNGNAHME ZU DEN ÜBLICHEN GEGENARGUMENTEN

5 § 17. *Die Streitfrage, ob die wesentlichen theoretischen Fundamente der normativen Logik in der Psychologie liegen*

Machen wir von den allgemeinen Feststellungen des letzten Kapitels Anwendung auf die Logik als normative Disziplin, so erhebt sich als Erstes und Wichtigstes die Frage: Welche theore-
10 tischen Wissenschaften liefern die wesentlichen Fundamente der Wissenschaftslehre? Und daran fügen wir sogleich die weitere ‖ Frage: Ist es richtig, daß die theoretischen Wahrheiten, die wir im Rahmen der traditionellen und neueren Logik behandelt finden, und vor allem die zu ihrem wesentlichen Fundament
15 gehörigen, ihre theoretische Stelle innerhalb der bereits ab-gegrenzten und selbständig entwickelten Wissenschaften be-sitzen?

$\left.\begin{array}{l} \text{[A 51]} \\ \text{[B 51]} \end{array}\right\}$

Hier stoßen wir auf die Streitfrage nach dem Verhältnis zwi-schen Psychologie und Logik; denn auf die angeregten Fragen
20 hat eine, gerade in unserer Zeit herrschende Richtung die Ant-wort fertig zur Hand: Die wesentlichen theoretischen Fundamen-te liegen in der Psychologie; in deren Gebiet gehören ihrem theo-retischen Gehalt nach die Sätze, die der Logik ihr charakteristi-sches Gepräge geben. Die Logik verhält sich zur Psychologie wie
25 irgendein Zweig der chemischen Technologie zur Chemie, wie die Feldmeßkunst zur Geometrie u. dgl. Zur Abgrenzung einer neuen theoretischen Wissenschaft, zumal einer solchen, die in einem engeren und prägnanteren Sinne den Namen Logik verdienen sollte, besteht für diese Richtung kein Anlaß. Ja nicht selten

spricht man so, als gäbe die Psychologie das alleinige und ausreichende theoretische Fundament für die logische Kunstlehre.
So lesen wir in Mills Streitschrift gegen Hamilton: „Die
Logik ist nicht eine von der Psychologie gesonderte und mit ihr
5 koordinierte Wissenschaft. Sofern sie überhaupt Wissenschaft
ist, ist sie ein Teil oder Zweig der Psychologie, sich von ihr einerseits unterscheidend wie der Teil vom Ganzen und andererseits
wie die Kunst von der Wissenschaft. Ihre theoretischen Grundlagen verdankt sie ⌜sämtlich⌝¹ der Psychologie, und sie schließt
10 soviel von dieser Wissenschaft ein, als nötig ist, die Regeln der
Kunst zu begründen."* Nach Lipps scheint es sogar, als wäre
die Logik der Psychologie als ein bloßer Bestandteil einzuordnen;
denn er sagt: „Eben daß die Logik eine Sonderdisziplin der
Psychologie ist, scheidet beide genügend deutlich voneinander."**

15   § 18. *Die Beweisführung der Psychologisten**** $\begin{cases} [\text{A } 5\text{:} \\ [\text{B } 5\text{:} \end{cases}$

  Fragen wir nach der Berechtigung derartiger Ansichten, so
bietet sich uns eine höchst plausible Argumentation dar, die
jeden weiteren Streit von vornherein abzuschneiden scheint. Wie
immer man die logische Kunstlehre definieren mag — ob als
20 Kunstlehre vom Denken, Urteilen, Schließen, Erkennen, Beweisen, Wissen, von den Verstandesrichtungen beim Verfolge der
Wahrheit, bei der Schätzung von Beweisgründen usf. — immer
finden wir psychische Tätigkeiten oder Produkte als die Objekte
praktischer Regelung bezeichnet. Und wie nun überhaupt kunst-
25 mäßige Bearbeitung eines Stoffes die Erkenntnis seiner Beschaffenheiten voraussetzt, so wird es sich auch hier, wo es sich speziell
um einen psychologischen Stoff handelt, verhalten. Die wissenschaftliche Erforschung der Regeln, nach denen er zu bearbeiten
ist, wird selbstverständlich auf die wissenschaftliche Erforschung
30 dieser Beschaffenheiten zurückführen: das theoretische Fundament für den Aufbau einer logischen Kunstlehre liefert also die

---

* J. St. Mill, *An Examination of Sir William Hamilton's Philosophy*⁵, S. 461 f.
** Lipps, *Grundzüge der Logik* (1893), § 3.
*** Ich gebrauche die Ausdrücke Psychologist, Psychologismus u. dgl. ohne jede
abschätzende „Färbung", ähnlich wie Stumpf in seiner Schrift „Psychologie und
Erkenntnistheorie".

---

¹ A: ⌜gänzlich⌝.

Psychologie, und näher die Psychologie der Erkenntnis.*
Dies bestätigt auch jeder Blick auf den Gehalt der logischen
Literatur. Wovon ist da beständig die Rede? Von Begriffen,
Urteilen, Schlüssen, Deduktionen, Induktionen, Definitionen,
5 Klassifikationen usw. — alles Psychologie, nur ausgewählt und
geordnet nach den normativen und praktischen Gesichtspunkten.
Man möge der reinen Logik noch so enge Grenzen ziehen, das
Psychologische wird man nicht fernhalten können. Es steckt
schon in den Begriffen, welche für die logischen Gesetze konstitu-
10 tiv sind, wie z.B. Wahrheit und Falschheit, Bejahung und Verneinung, Allgemeinheit und Besonderheit, Grund und Folge, u.dgl.

§ 19. *Die gewöhnlichen Argumente der Gegenpartei* $\begin{cases} \text{[A 53]} \\ \text{[B 53]} \end{cases}$
und ihre psychologistische Lösung

Merkwürdig genug glaubt man von der Gegenseite die scharfe
15 Trennung beider Disziplinen gerade in Hinblick auf den normativen Charakter der Logik begründen zu können. Die Psychologie,
sagt man, betrachtet das Denken, wie es ist, die Logik, wie es sein
soll. Die erstere hat es mit den Naturgesetzen, die letztere mit den
Normalgesetzen des Denkens zu tun. So heißt es in Jäsches
20 Bearbeitung der Kantschen Vorlesungen über Logik:** „Einige
Logiker setzen zwar in der Logik psychologische Prinzipien
voraus. Dergleichen Prinzipien aber in die Logik zu bringen, ist
ebenso ungereimt, als Moral vom Leben herzunehmen. Nehmen
wir die Prinzipien aus der Psychologie, d.h. aus den Beobachtun-
25 gen über unseren Verstand, so würden wir bloß sehen, wie das
Denken vor sich geht, und wie es ist unter den mancherlei subjektiven Hindernissen und Bedingungen; dieses würde aber nur
zur Erkenntnis bloß zufälliger Gesetze führen. In der Logik
ist aber die Frage nicht nach zufälligen, sondern nach not-
30 wendigen Regeln — nicht, wie wir denken, sondern, wie wir
denken sollen. Die Regeln der Logik müssen daher nicht vom
zufälligen, sondern vom notwendigen Vernunftgebrauche

---

* „Die Logik ist eine psychologische Disziplin, so gewiß das Erkennen nur in der
Psyche vorkommt und das Denken, das sich in ihm vollendet, ein psychisches Ge-
schehen ist" (Lipps, a. a. O.).
** Einleitung, I, Begriff der Logik. *Kants Werke*, ed. Hartenstein, 1867, VIII,
S. 14.

hergenommen sein, den man ohne alle Psychologie bei sich findet. Wir wollen in der Logik nicht wissen: wie der Verstand ist und denkt, und wie er bisher im Denken verfahren ist, sondern: wie er im Denken verfahren sollte. Sie soll uns den richtigen, d.h. den
5 mit sich selbst übereinstimmenden Gebrauch des Verstandes lehren.'' Eine ähnliche Position nimmt Herbart ein, indem er gegen die Logik seiner Zeit und ,,die psychologisch sein sollenden Erzählungen vom Verstande und der Vernunft, mit denen sie anhebt'', einwendet, es sei dies ein ‖ Fehler gerade so arg, wie der
10 einer Sittenlehre, welche mit der Naturgeschichte der menschlichen Neigungen, Triebe und Schwachheiten beginnen wollte, und indem er zur Begründung des Unterschiedes auf den normativen Charakter der Logik, wie Ethik hinweist.*

$\begin{cases} [\text{A } 54 \\ [\text{B } 54 \end{cases}$

Derartige Argumentationen setzen die psychologistischen Lo-
15 giker in keinerlei Verlegenheit. Sie antworten: der notwendige Verstandesgebrauch ist eben auch ein Verstandesgebrauch und gehört mit dem Verstande selbst in die Psychologie. Das Denken, wie es sein soll, ist ein bloßer Spezialfall des Denkens, wie es ist. Gewiß hat die Psychologie die Naturgesetze des Denkens zu er-
20 forschen, also die Gesetze für alle Urteile überhaupt, ob richtige oder falsche; aber ungereimt wäre es, diesen Satz so zu interpretieren, als gehörten nur solche Gesetze in die Psychologie, welche sich in umfassendster Allgemeinheit auf alle Urteile überhaupt beziehen, während Spezialgesetze des Urteilens, wie die
25 Gesetze des richtigen Urteilens, aus ihrem Bereich ausgeschlossen werden müßten.** Oder ist die Meinung eine andere? Will man leugnen, daß die Normalgesetze des Denkens den Charakter solcher psychologischen Spezialgesetze haben? Aber auch dies geht nicht an. Normalgesetze des Denkens wollen, heißt es, nur
30 angeben, wie man zu verfahren habe, vorausgesetzt, daß man richtig denken will. ,,Wir denken richtig, im materialen Sinne, wenn wir die Dinge denken, wie sie sind. Aber die Dinge sind so oder so, sicher und unzweifelhaft, dies heißt in unserem Munde, wir können sie der Natur unseres Geistes zufolge nicht
35 anders als eben auf diese Weise denken. Denn es braucht ja nicht wiederholt zu werden, was oft genug gesagt worden ist, daß selbst-

---

* Herbart, *Psychologie als Wissenschaft*, II, § 119. (Originalausgabe, II, S. 173.)
** Vgl. z.B. Mill, *An Examination*[5], S. 459 f.

verständlich kein Ding, so wie es ist, abgesehen von der Art, wie
wir es denken müssen, von uns gedacht werden oder Gegenstand
unseres Erkennens sein kann, daß also, wer seine ‖ Gedanken $\begin{cases}\text{[A 55]}\\ \text{[B 55]}\end{cases}$
von den Dingen mit den Dingen selbst vergleicht, in der Tat nur
5 sein zufälliges, von Gewohnheit, Tradition, Neigung und Ab-
neigung beeinflußtes Denken an demjenigen Denken messen kann,
das von ⌐solchen⌐1 Einflüssen frei, keiner Stimme gehorcht, als
der der eigenen Gesetzmäßigkeit.''
   ,,Dann sind aber die Regeln, nach denen man verfahren muß,
10 um richtig zu denken, nichts anderes als Regeln, nach denen man
verfahren muß, um so zu denken, wie es die Eigenart des Denkens,
seine besondere Gesetzmäßigkeit, verlangt, kürzer ausgedrückt,
sie sind identisch mit den Naturgesetzen des Denkens selbst. Die
Logik ist Physik des Denkens oder sie ist überhaupt nichts.''*
15   Vielleicht sagt man von antipsychologistischer Seite:** Allerdings gehören die verschiedenen Gattungen von Vorstellungen,
Urteilen, Schlüssen usw. als psychische Phänomene und Dispositionen auch in die Psychologie hinein; aber die Psychologie
hat in Ansehung derselben eine verschiedene Aufgabe wie die
20 Logik. Beide erforschen die Gesetze dieser Betätigungen; aber
,,Gesetz'' bedeutet für beide etwas total Verschiedenes. Die Aufgabe der Psychologie ist es, den realen Zusammenhang der Be-
wußtseinsvorgänge untereinander, sowie mit den zugehörigen
psychischen Dispositionen und den ⌐korrespondierenden⌐2 Vor-
25 gängen im körperlichen Organismus gesetzlich zu erforschen. Gesetz bedeutet hier eine zusammenfassende Formel für notwendige
und ausnahmslose Verknüpfung in Koexistenz und Sukzession.
Der Zusammenhang ist ein kausaler. Ganz anders geartet ist die
Aufgabe der Logik. Nicht nach kausalen Ursprüngen und Folgen
30 der intellektuellen Betätigungen fragt sie, sondern nach ihrem
Wahrheitsgehalt; sie fragt, wie solche Betätigungen beschaffen

___

   * Lipps, ,,Die Aufgabe der Erkenntnistheorie'', *Philos. Monatshefte*, XVI (1880),
S. 530 f.
   ** Vgl. z.B. Hamiltons *Lectures*, III, S. 78 (zitiert von Mill, a. a. O., S. 460);
Drobisch, *Neue Darstellung der Logik*4, § 2 (cf. das Zitat oben S. 36). ⌐Vgl. hier
auch⌐3 B. Erdmann, *Logik*, I, S. 18.

___

   1 A: ⌐seinen⌐.
   2 A: ⌐korrelaten⌐.
   3 Zusatz von B.

sein und verlaufen sollen, damit die resultierenden ‖ Urteile $\begin{cases} \text{[A 56} \\ \text{[B 56} \end{cases}$
wahr seien. Richtige Urteile und falsche, einsichtige und blinde,
kommen und gehen nach Naturgesetzen, sie haben ihre kausalen
Antezedenzien und Konsequenzen wie alle psychischen Phäno-
5 mene; den Logiker aber interessieren nicht diese natürlichen Zusammenhänge, sondern er sucht ideale, die er nicht immer, ja nur
ausnahmsweise im faktischen Verlaufe des Denkens verwirklicht
findet. Nicht eine Physik, sondern eine Ethik des Denkens ist
sein Ziel. Mit Recht betont daher Sigwart: In der psycholo-
10 gischen Betrachtung des Denkens hat „der Gegensatz von wahr
und falsch ebensowenig eine Rolle ... wie der Gegensatz von gut
und böse im menschlichen Handeln ein psychologischer ist".*
    Mit solchen Halbheiten — so werden die Psychologisten ant-
worten — können wir uns nicht zufrieden geben. Gewiß hat die
15 Logik eine ganz andere Aufgabe als die Psychologie, wer wird
dies auch leugnen? Sie ist eben Technologie der Erkenntnis; aber
wie könnte sie dann von der Frage nach den kausalen Zusammenhängen absehen, wie könnte sie nach idealen Zusammenhängen
suchen, ohne die natürlichen zu studieren? „Als ob nicht jedes
20 Sollen auf ein Sein sich gründen, jede Ethik sich zugleich als
Physik ausweisen müßte."** „Die Frage, was man tun solle, ist
immer zurückführbar auf die Frage, was man tun müsse, wenn
ein bestimmtes Ziel erreicht werden solle; und diese Frage wiederum ist gleichbedeutend mit der Frage, wie das Ziel tatsächlich
25 erreicht werde."*** Daß für die Psychologie im Unterschied
zur Logik der Gegensatz von wahr und falsch nicht in Betracht
komme, „kann nicht heißen, daß die Psychologie diese beiden
voneinander verschiedenen psychischen Tatbestände als gleich
ausgebe, sondern | nur, daß sie beide in gleicher Weise ver- [A 57]
30 | ständlich mache".**** In theoretischer Beziehung verhält sich [B 57]
also die Logik zur Psychologie wie der Teil zum Ganzen. Ihr
Hauptziel ist es zumal, Sätze der Form herzustellen: Gerade so
und nicht anders müssen sich — allgemein oder unter bestimmt

---

    * Logik, I², S. 10. Freilich bewegt sich (wie wir im VII. Kapitel sehen werden)
Sigwarts eigene Behandlungsweise der Logik durchaus in psychologistischer Richtung.
    ** Lipps, „Die Aufgabe der Erkenntnistheorie", a. a. O., S. 529.
    *** Lipps, Grundzüge der Logik, § 1.
    **** Lipps, a. a. O., § 3, S. 2.

charakterisierten Umständen — die intellektuellen Betätigungen
formen, anordnen und zusammenschließen, damit die resultierenden Urteile den Charakter der Evidenz, der Erkenntnis im
prägnanten Sinne des Wortes erlangen. Die kausale Beziehung
5 ist hier greifbar. Der psychologische Charakter der Evidenz ist
ein kausaler Erfolg gewisser Antezedenzien. Wie beschaffener?
Dies zu erforschen ist eben die Aufgabe.*

Nicht besser glückt es dem folgenden und oft wiederholten
Argument, die psychologistische Partei ins Schwanken zu bringen:
10 Die Logik, sagt man, kann auf der Psychologie ebensowenig
ruhen, wie auf irgendeiner anderen Wissenschaft; denn eine jede
ist Wissenschaft nur durch Harmonie mit den Regeln der Logik,
sie setzt die Gültigkeit dieser Regeln schon voraus. Es wäre darnach ein Zirkel, Logik allererst auf Psychologie gründen zu
15 wollen.**

Man wird von der Gegenseite antworten: Daß diese Argumentation nicht richtig sein kann, erhellt schon daraus, daß aus ihr
die Unmöglichkeit der Logik überhaupt folgen würde. Da die
Logik als Wissenschaft selbst logisch verfahren muß, so verfiele
20 sie ja demselben Zirkel; die Triftigkeit der Regeln, die sie voraussetzt, müßte sie zugleich begründen.

‖ Aber sehen wir näher zu, worin der[1] Zirkel eigentlich bestehen $\begin{cases} \text{[A 58]} \\ \text{[B 58]} \end{cases}$
soll. Darin, daß die Psychologie die logischen Gesetze als gültig
voraussetze? Aber man achte auf die Äquivokation im Begriff
25 der Voraussetzung. Eine Wissenschaft setzt die Gültigkeit gewisser Regeln voraus, das kann heißen: sie sind Prämissen für ihre
Begründungen; es kann aber auch heißen: sie sind Regeln, denen
gemäß die Wissenschaft verfahren muß, um überhaupt Wissenschaft zu sein. Beides wirft das Argument zusammen; nach
30 logischen Regeln schließen und aus ihnen schließen, gilt ihm

---

* Dieser Gesichtspunkt tritt mit steigender Deutlichkeit in den Werken von Mill,
Sigwart, Wundt, Höfler-Meinong hervor. Vgl. darüber die Zitate und Kritiken
im VIII. Kap., § 49 f.
** Vgl. Lotzes *Logik*[2], § 332, S. 543–44. Natorp, „Über objektive und subjektive Begründung der Erkenntnis", *Philos. Monatshefte*, XXIII, S. 264. Erdmanns
Logik, 1, S. 18. Vgl. dagegen Stumpf, „Psychologie und Erkenntnistheorie", S. 5.
(*Abhandlungen der k. bayer. Akad. d. Wiss.*, I. Kl., XIX. Bd., II. Abt., S. 469. Daß
bei Stumpf von Erkenntnistheorie, nicht von Logik die Rede ist, macht offenbar
keinen wesentlichen Unterschied.)

---

[1] In A folgt: ⌐urgierte⌐.

als dasselbe; denn nur, wenn aus ihnen geschlossen würde, bestände der Zirkel. Aber wie so mancher Künstler schöne Werke
schafft, ohne von Ästhetik das Geringste zu wissen, so kann ein
Forscher Beweise aufbauen, ohne je auf die Logik zu rekurrieren;
5 also können logische Gesetze nicht deren Prämissen gewesen sein.
Und was von einzelnen Beweisen gilt, das gilt auch von ganzen
Wissenschaften.

§ 20. *Eine Lücke in der Beweisführung der Psychologisten*

Unleugbar erscheinen die Antipsychologisten mit diesen und
10 verwandten Argumentationen im Nachteil. Nicht wenigen gilt der
Streit für zweifellos entschieden, sie halten die Entgegnungen der
psychologistischen Partei für durchaus schlagend. Immerhin
möchte hier eines die philosophische Verwunderung reizen, nämlich der Umstand, daß überhaupt ein Streit bestand und noch
15 fortbesteht, und daß dieselben Argumentationen immer wieder
vorgebracht und deren Widerlegungen nicht als bindend anerkannt wurden. Läge wirklich alles plan und klar, wie die psychologistische Richtung versichert, dann wäre diese Sachlage nicht
recht verständlich, zumal doch vorurteilslose, ernste und scharf-
20 sinnige Denker auch auf der Gegenseite stehen. Ob nicht die
Wahrheit wieder einmal in der rechten Mitte liegt, ob nicht jede
der Parteien ein gutes Stück der Wahrheit erkannt hat und sich
nur unfähig zeigte, es in begrifflicher Schärfe abzugrenzen und
eben als bloßes Stück der ganzen zu begreifen? ‖ Ob nicht doch $\{$ [A 59
25 in den Argumenten der Antipsychologisten — ⌐bei manchen Un- [B 59
richtigkeiten oder Unklarheiten im einzelnen, welche die Handhaben zu den Widerlegungen darboten⌐1 — ein ungelöster Rest
übrig bleibt, ob ihnen nicht doch eine wahre Kraft innewohnt, die
sich bei vorurteilsloser Erwägung immer wieder aufdrängt? Ich
30 für meinen Teil möchte diese Frage bejahen; es will mir sogar
scheinen, daß der wichtigere Teil der Wahrheit auf antipsychologistischer Seite liegt, nur daß die entscheidenden Gedanken
nicht gehörig herausgearbeitet und durch mancherlei Untriftig-
keiten getrübt sind.

---

1 A: ⌐bei mancher Unrichtigkeit im Einzelnen, welche durch die Widerlegungen unzweifelhaft zutage tritt⌐.

Kehren wir zu der oben aufgeworfenen Frage nach den wesentlichen theoretischen Fundamenten der normativen Logik zurück.
Ist sie durch die Argumentation der Psychologisten wirklich erledigt? Hier ⌜bemerken⌝1 wir sofort einen schwachen Punkt. Er-
5 wiesen ist durch das Argument nur das eine, daß die Psychologie
an der Fundierung der Logik mitbeteiligt ist, nicht aber, daß
sie an ihr allein oder auch nur vorzugsweise beteiligt ist, nicht,
daß sie ihr das wesentliche Fundament in dem von uns (§ 16)
definierten Sinn beistellt. Die Möglichkeit bleibt offen, daß eine
10 andere Wissenschaft und vielleicht in ungleich bedeutsamerer
Weise zu ihrer Fundierung beitrüge. Und hier mag die Stelle sein
für jene ,,reine Logik'', welche nach der anderen Partei ihr von
aller Psychologie unabhängiges Dasein führen soll, als eine natürlich begrenzte, in sich geschlossene Wissenschaft. Wir gestehen
15 gerne zu, es entspricht, was von den Kantianern und Herbartia-
nern unter diesem Titel bearbeitet worden ist, nicht ganz dem
Charakter, der ihr nach der angeregten Vermutung eignen müßte.
Ist doch bei ihnen allerwege die Rede von normativen Gesetzen
des Denkens, im besonderen der Begriffsbildung, der Urteilsbil-
20 dung usw.; Beweis genug, möchte man sagen, daß der Stoff weder
ein theoretischer, noch ein der Psychologie fremder ist. Aber dieses
Bedenken verlöre seine Kraft, wenn sich bei näherer Untersuchung
die Vermutung bestätigte, die sich uns oben (§ 13, S. 38) auf-
drängte, nämlich, daß jene Schulen zwar in der Definition | und [A 60]
25 im Aufbau | der intendierten Disziplin nicht glücklich ⌜waren⌝2, [B 60]
aber ihr doch insofern nahe kamen, als sie eine Fülle theoretisch
zusammengehöriger Wahrheiten in der traditionellen Logik be-
merkten, die sich weder in die Psychologie, noch in andere Einzelwissenschaften einreihen und somit ein eigenes Reich der Wahr-
30 heit ahnen ließen. Und waren es gerade diejenigen Wahrheiten,
auf welche alle logische Regelung letztlich bezogen ist, und an
welche man daher, wo von logischen Wahrheiten die Rede war,
vorzugsweise denken mußte, dann konnte man leicht dazu kommen, in ihnen das Wesentliche der ganzen Logik zu sehen und
35 ihre theoretische Einheit mit dem Namen ,,reine Logik'' zu benennen. Daß hiermit die wahre Sachlage gekennzeichnet ist, hoffe
ich in der Tat nachweisen zu können.

---

1 A: ⌜merken⌝.
2 Fehlt in A.

VIERTES KAPITEL

EMPIRISTISCHE KONSEQUENZEN DES PSYCHOLOGISMUS

§ 21. *Kennzeichnung zweier empiristischer Konsequenzen des*
5   *psychologistischen Standpunktes und deren Widerlegung*

Stellen wir uns für den Augenblick auf den Boden der psychologistischen Logik, nehmen wir also an, es lägen die wesentlichen
theoretischen Fundamente der logischen Vorschriften in der Psychologie. Wie immer diese Disziplin nun definiert werden mag
10 — ob als Wissenschaft von den psychischen Phänomenen oder
als Wissenschaft von den Tatsachen des Bewußtseins, von den
Tatsachen der inneren Erfahrung, von den Erlebnissen in ihrer
Abhängigkeit von erlebenden Individuen oder wie immer sonst —
darin besteht allseitige Einigkeit, daß die Psychologie eine Tat- ⎰[A 61
15 sachenwissenschaft ist und somit eine ‖ Wissenschaft als Erfah- ⎱[B 61
rung. Wir werden auch nicht auf Widerspruch stoßen, wenn wir
hinzufügen, daß die Psychologie bislang noch echter und somit
exakter Gesetze ermangelt, und daß die Sätze, die sie selbst mit
dem Namen von Gesetzen ehrt, zwar sehr wertvolle, aber doch
20 nur vage* Verallgemeinerungen der Erfahrung sind, Aussagen
über ungefähre Regelmäßigkeiten der Koexistenz oder Sukzession,
die gar nicht den Anspruch erheben, mit unfehlbarer, eindeutiger
Bestimmtheit festzustellen, was unter exakt umschriebenen Verhältnissen zusammen bestehen oder erfolgen müsse. Man betrach-

---

* Ich gebrauche den Terminus v a g e als Gegensatz zu e x a k t. Keineswegs soll
durch ihn irgendwelche Geringschätzung der Psychologie ausgedrückt sein, der etwas
am Zeuge flicken zu wollen, mir gänzlich fernliegt. Auch die Naturwissenschaft hat in
manchen, zumal den konkreten Disziplinen, vage „Gesetze". So sind die meteorolo-
gischen Gesetze vage und doch von großem Werte.

te z.B. die Gesetze der Ideenassoziation, welchen die Assoziationspsychologie die Stellung und Bedeutung von psychologischen
Grundgesetzen einräumen wollte. Sowie man sich die Mühe nimmt,
ihren empirisch berechtigten Sinn angemessen zu formulieren,
5 verlieren sie auch sofort den prätendierten Gesetzescharakter.
Dies vorausgesetzt, ergeben sich für die psychologistischen Logiker recht bedenkliche Konsequenzen:

Erstens. In vagen theoretischen Grundlagen können nur vage
Regeln gründen. Entbehren die psychologischen Gesetze der Ex-
10 aktheit, so muß dasselbe von den logischen Vorschriften gelten.
Nun ist es unzweifelhaft, daß manche dieser Vorschriften allerdings mit empirischen Vagheiten behaftet sind. Aber gerade die
im prägnanten Sinne sogenannten logischen Gesetze, von denen
wir früher erkannt haben, daß sie als Gesetze der Begründungen
15 den eigentlichen Kern aller Logik ausmachen: die logischen
„Prinzipien", die Gesetze der Syllogistik, die Gesetze der mannigfachen sonstigen Schlußarten, wie der Gleichheitsschluß, der
Bernoullische Schluß von n auf $n + 1$, die Prinzipien der $\left\{\begin{array}{l}\text{[A 62]}\\\text{[B 62]}\end{array}\right.$
Wahrscheinlichkeitsschlüsse usw., sind von | absoluter | Exakt-
20 heit; jede Interpretation, die ihnen empirische Unbestimmtheiten
unterlegen, ihre Geltung von vagen „Umständen" abhängig
machen wollte, würde ihren wahren Sinn von Grund auf ändern.
Sie sind offenbar echte Gesetze und nicht „bloß empirische", d.i.
ungefähre Regeln.

25   Ist, wie Lotze meinte, die reine Mathematik nur ein selbständig entwickelter Zweig der Logik, so gehört auch die unerschöpf-
liche Fülle rein mathematischer Gesetze in die eben bezeichnete
Sphäre exakter logischer Gesetze. Auch in allen weiteren Einwänden möge mit dieser Sphäre auch die des rein Mathematischen
30 im Auge behalten werden.

Zweitens. Würde jemand, um dem ersten Einwande zu entgehen, die durchgängige Inexaktheit der psychologischen Gesetze
leugnen und die Normen der soeben ausgezeichneten Klasse auf
vermeintlich exakte Naturgesetze des Denkens gründen wollen,
35 so wäre noch nicht viel gewonnen.

Kein Naturgesetz ist ⌈a priori erkennbar, ist selbst einsichtig
begründbar⌉1. Der einzige Weg, ein solches Gesetz zu begründen

---

1 A: ⌈a priori, d.h. einsichtig erkennbar⌉.

und zu rechtfertigen, ist die Induktion aus einzelnen Tatsachen der Erfahrung. Die Induktion begründet aber nicht die Geltung des Gesetzes, sondern nur die mehr oder minder hohe Wahrscheinlichkeit dieser Geltung; einsichtig gerechtfertigt ist die
5 Wahrscheinlichkeit und nicht das Gesetz. Folglich müßten auch die logischen Gesetze, und zwar ausnahmslos, den Rang bloßer Wahrscheinlichkeiten haben. Demgegenüber scheint nichts offenkundiger, als daß die „rein logischen" Gesetze insgesamt *a priori* gültig sind. Nicht durch Induktion, sondern durch apodiktische
10 Evidenz finden sie Begründung und Rechtfertigung. Einsichtig gerechtfertigt sind nicht bloße Wahrscheinlichkeiten ihrer Geltung, sondern ihre Geltung oder Wahrheit selbst.

Der Satz vom Widerspruch besagt nicht, es sei zu vermuten, daß von zwei kontradiktorischen Urteilen eines wahr und eines
15 falsch sei; der *modus Barbara* besagt nicht, es sei, wenn zwei Sätze der Form: „Alle A sind B" und „alle B sind C" wahr sind, zu vermuten, daß ein zugehöriger Satz der ‖ Form: „Alle A sind C" wahr sei. Und so überall, auch im Gebiete der rein mathematischen Sätze. Andernfalls müßten wir ja die Möglichkeit
20 offen halten, daß sich die Vermutung bei Erweiterung unseres allzeit nur begrenzten Erfahrungskreises nicht bestätigte. Vielleicht sind unsere logischen Gesetze dann nur „Annäherungen" an die wahrhaft gültigen, uns aber unerreichbaren Denkgesetze. Solche Möglichkeiten werden bei den Naturgesetzen ernstlich und
25 mit Recht erwogen. Obschon das Gravitationsgesetz durch die umfassendsten Induktionen und Verifikationen empfohlen ist, faßt es heutzutage doch kein Naturforscher als absolut gültiges Gesetz auf. Man probiert es gelegentlich mit neuen Gravitationsformeln, man wies z.B. nach, daß Webers Grundgesetz der
30 elektrischen Erscheinungen ganz wohl auch als Grundgesetz der Schwere fungieren könnte. Der unterscheidende Faktor der beiderseitigen Formeln bedingt eben Unterschiede in den berechneten Werten, welche die Sphäre der unvermeidlichen Beobachtungsfehler nicht überschreiten. Derartiger Faktoren sind aber
35 unendlich viele denkbar; daher wissen wir *a priori*, daß unendlich viele Gesetze dasselbe leisten können und leisten müssen, wie das (nur durch besondere Einfachheit empfohlene) Gravitationsgesetz Newtons; wir wissen, daß schon die Suche nach dem einzig wahren Gesetz bei der nie und nimmer zu beseitigenden Unge-

[A 63
[B 63

nauigkeit der Beobachtungen töricht wäre. Dies ist die Sachlage in den exakten Tatsachenwissenschaften. Keineswegs aber in der Logik. Was dort berechtigte Möglichkeit ist, verkehrt sich hier zu offener Absurdität. Wir haben ja Einsicht nicht in die bloße
5 Wahrscheinlichkeit, sondern in die Wahrheit der logischen Gesetze. Wir sehen die Prinzipien der Syllogistik, der Bernoullischen Induktion, der Wahrscheinlichkeitsschlüsse, der allgemeinen Arithmetik u. dgl. ein, d.h. wir erfassen in ihnen die Warhheit selbst; somit verliert die Rede von Ungenauigkeitssphären, von
10 bloßen Annäherungen u. dgl. ihren möglichen Sinn. Ist aber, was die psychologische Begründung der Logik als Konsequenz verlangt, absurd, so ist sie selbst absurd.

|| Gegen die Wahrheit selbst, die wir einsichtig erfassen, kann $\left\{\begin{array}{l}\text{[A 64]}\\\text{[B 64]}\end{array}\right.$
auch die stärkste psychologistische Argumentation nicht auf-
15 kommen; Wahrscheinlichkeit kann nicht gegen Wahrheit, Vermutung nicht gegen Einsicht streiten. Mag sich, wer in der Sphäre allgemeiner Erwägungen stecken bleibt, durch die psychologistischen Argumente täuschen lassen. Der bloße Hinblick auf irgendeines der logischen Gesetze, auf seine eigentliche Meinung und die
20 Einsichtigkeit, mit der es als Wahrheit an sich erfaßt wird, müßte der Täuschung ein Ende machen.

Wie klingt doch plausibel, was die so naheliegende ⌜psychologistische⌝1 Reflexion uns aufdrängen will: Die logischen Gesetze sind Gesetze für Begründungen. Begründungen — was sind sie
25 anderes denn eigenartige Gedankenverläufe des Menschen, in welchen unter gewissen normalen Verhältnissen die als Endglieder auftretenden Urteile mit dem Charakter der notwendigen Folge behaftet erscheinen. Dieser Charakter ist selbst ein psychischer, eine gewisse Art des Zumuteseins und nichts weiter. Und ⌜all⌝2
30 diese psychischen Phänomene stehen selbstverständlich nicht isoliert, sie sind einzelne Fäden des vielverschlungenen Gewebes von psychischen Phänomenen, psychischen Dispositionen und organischen Prozessen, die wir menschliches Leben nennen. Wie sollte unter diesen Umständen anderes resultieren als empirische All-
35 gemeinheiten? Wo gäbe die Psychologie auch mehr?

Wir antworten: Gewiß gibt die Psychologie nicht mehr. Eben

---

1 A: ⌜psychologische⌝.
2 A: ⌜alle⌝.

darum kann sie auch nicht jene apodiktisch evidenten und somit
überempirischen und absolut exakten Gesetze geben, welche den
Kern aller Logik ausmachen.

§ 22. *Die Denkgesetze als vermeintliche Naturgesetze, welche in*
5   *isolierter Wirksamkeit das vernünftige Denken kausieren*

Hier ist auch der Ort, zu einer verbreiteten Auffassung der logischen Gesetze Stellung zu nehmen, welche das richtige Denken
durch seine Angemessenheit an gewisse (wie immer zu formulierende) Denkgesetze bestimmt, zugleich aber geneigt ist, ‖ sich
10 diese Angemessenheit in folgender Weise psychologistisch zu
interpretieren: nämlich, wie ihr die Denkgesetze als die N a t u r -
g e s e t z e gelten, welche die Eigenart unseres Geistes als eines
denkenden charakterisieren, so soll das Wesen der das richtige
Denken definierenden Angemessenheit in der reinen, durch keine
15 anderweitigen psychischen Einflüsse (wie Gewohnheit, Neigung,
Tradition) getrübten Wirksamkeit dieser Denkgesetze liegen.*

Von den bedenklichen Konsequenzen dieser Lehre sei hier eine
ausgeführt. Denkgesetze als Kausalgesetze, nach denen die Erkenntnisse ⌐im seelischen Zusammenhang⌐1 werden, könnten nur
20 in Form von ⌐Wahrscheinlichkeit⌐2 gegeben sein. Demgemäß
dürfte keine Behauptung als eine richtige mit Gewißheit beurteilt
werden; denn Wahrscheinlichkeiten als Grundmaße aller Richtigkeit müssen jeder Erkenntnis den Stempel der bloßen Wahrscheinlichkeit aufprägen. So ständen wir vor dem extremsten
25 Probabilismus. Auch die Behauptung, daß alles Wissen ein bloß
wahrscheinliches ⌐sei⌐3, wäre nur wahrscheinlich gültig; diese
neue Behauptung abermals und so *in infinitum*. Da jede folgende
Stufe den Wahrscheinlichkeitsgrad der nächstvorhergehenden in
etwas herabdrückt, so müßten wir um den Wert aller Erkenntnis
30 ernstlich besorgt sein. Hoffentlich trifft es sich aber glücklich
genug, daß die Wahrscheinlichkeitsgrade dieser unendlichen

[A 65
[B 65

---

* Vgl. z.B. die S. 55 oben zitierten Sätze aus L i p p s' Aufsatz über die Aufgabe der
Erkenntnistheorie.

---

1 Zusatz von B.
2 A: ⌐Wahrscheinlichkeiten⌐.
3 A: ⌐ist⌐.

Reihen allzeit den Charakter Cantorscher „Fundamentalreihen" haben, und zwar so, daß der endgültige Grenzwert für die Wahrscheinlichkeit der jeweilig zu beurteilenden Erkenntnis eine ⌐reelle Zahl⌐1 ist > 0. Natürlich entgeht man diesen ⌐skeptischen⌐2
5 Unzuträglichkeiten, wenn man die Denkgesetze als einsichtig gegebene gelten läßt. Aber wie sollten wir von Kausalgesetzen Einsicht haben?

Und angenommen, es bestände diese Schwierigkeit nicht, dann dürfen wir doch fragen: Wo ist in aller Welt der Nachweis ge-
10 führt, daß aus der reinen Wirksamkeit dieser Gesetze ‖ (oder welcher Gesetze auch sonst) die richtigen Denkakte entspringen?
$\left.\begin{array}{l} \text{[A 66]} \\ \text{[B 66]} \end{array}\right\}$

Wo sind die ⌐deskriptiven und⌐3 genetischen Analysen, die uns berechtigen, die Denkphänomene aus zwei Klassen von Naturgesetzen zu erklären, von welchen die einen ausschließlich den
15 Gang solcher Kausationen bestimmen, die das logische Denken hervorgehen lassen, während für das alogische Denken auch die anderen mitbestimmend sind? Ist die Bemessung eines Denkens ⌐nach den logischen Gesetzen⌐4 etwa gleichbedeutend mit dem Nachweis seiner kausalen Entstehung nach eben diesen Gesetzen
20 als Naturgesetzen?

Es scheint, daß hier einige naheliegende Verwechslungen den psychologistischen Irrtümern den Weg geebnet haben. Zunächst verwechselt man die logischen Gesetze mit den Urteilen⌐, im Sinne von Urteilsakten⌐5, in denen sie möglicherweise erkannt
25 werden, also die Gesetze als „Urteilsinhalte" mit den Urteilen selbst. Die letzteren sind reale Vorkommnisse, die ihre Ursachen und Wirkungen haben. Insbesondere wirken die Urteile gesetzlichen Inhalts des öfteren als Denkmotive, welche den Gang unserer Denkerlebnisse so bestimmen, wie es eben jene
30 Inhalte, die Denkgesetze, vorschreiben. In solchen Fällen ist die reale Anordnung und Verknüpfung unserer Denkerlebnisse dem, was in der leitenden gesetzlichen Erkenntnis allgemein gedacht ist, angemessen; sie ist ein konkreter Einzelfall zu dem allgemei-

---

1 A: ⌐reelle absolute Zahl⌐. Die Veränderung in B entspricht den „Berichtigungen" zu A.
2 Zusatz von B.
3 Zusatz von B.
4 A: ⌐durch die logischen Gesetze⌐.
5 A: ⌐(Urteilsakten)⌐.

nen des Gesetzes. Verwechselt man aber das Gesetz mit dem Urteilen, Erkennen des Gesetzes, das Ideale mit dem Realen, so erscheint das Gesetz als eine bestimmende Macht unseres
Denkverlaufs. In wohl begreiflicher Leichtigkeit reiht sich dann
5 eine zweite Verwechslung an, nämlich zwischen dem Gesetz
als Glied der Kausation und dem Gesetz als der Regel
der Kausation. Es ist uns ja auch sonst die mythische Rede
von den Naturgesetzen als waltenden Mächten des natürlichen
Geschehens nicht fremd — als ob die Regeln ursächlicher Zu-
10 sammenhänge selbst wieder als Ursachen, somit als Glieder eben
solcher Zusammenhänge sinnvoll fungieren könnten. Die ernst-
hafte Vermengung so wesentlich verschie‖dener Dinge war in
unserem Falle durch die vordem bereits begangene Vermengung
zwischen Gesetz und Gesetzeserkenntnis offenbar begünstigt. Die
15 logischen Gesetze erschienen ja bereits als treibende Motoren im
Denken. Sie regieren, dachte man sich, den Denkverlauf kausal —
also sind sie Kausalgesetze des Denkens, sie drücken aus, wie wir
der Natur unseres Geistes zufolge denken müssen, sie kennzeichnen den menschlichen Geist als einen (im prägnanten Sinne)
20 denkenden. Denken wir gelegentlich anders als diese Gesetze es
verlangen, so „denken" wir, eigentlich gesprochen, überhaupt
nicht, wir urteilen nicht, wie es die Naturgesetze des Denkens
oder wie es die Eigenart unseres Geistes als eines denkenden fordert, sondern wie es andere Gesetze, und zwar wiederum
25 kausal, bestimmen, wir folgen trübenden Einflüssen der Gewohnheit, Leidenschaft u. dgl.

Natürlich können auch andere Motive zu dieser selben Auffassung gedrängt haben. Die Erfahrungstatsache, daß die in gewisser
Sphäre normal Disponierten, z.B. die wissenschaftlichen Forscher
30 in ihren Gebieten, logisch richtig zu urteilen pflegen, scheint die
natürliche Erklärung zu fordern, daß die logischen Gesetze, nach
denen die Richtigkeit des Denkens bemessen wird, zugleich in der
Weise von Kausalgesetzen den Gang des jeweiligen Denkens bestimmen, während die vereinzelten Abweichungen von der Norm
35 leicht auf Rechnung jener trübenden Einflüsse aus anderen psychologischen Quellen zu setzen ⌜wären⌝[1].

Demgegenüber genügt es, folgende Erwägung anzustellen. Wir

---

[1] A: ⌜waren⌝.

fingieren einen Idealmenschen, in dem alles Denken so vonstatten geht, wie es die logischen Gesetze fordern. Natürlich
muß die Tatsache, daß es so vonstatten geht, ihren erklärenden
Grund haben in gewissen psychologischen Gesetzen, welche den
5 Verlauf der psychischen Erlebnisse dieses Wesens von gewissen
ersten ,,Kollokationen" aus in einer gewissen Weise regeln. Ich
frage nun: Wären diese Naturgesetze und jene logischen Gesetze
unter den gemachten Annahmen iden‖tisch? Die Antwort muß
offenbar verneinend ausfallen. Kausalgesetze, nach welchen das
10 Denken so ablaufen muß, wie es nach den idealen Normen der
Logik gerechtfertigt werden könnte, und diese Normen selbst
— das ist doch keineswegs dasselbe. Ein Wesen ist so konstituiert,
daß es in keinem einheitlichen Gedankenzuge widersprechende
Urteile fällen, oder daß es keinen Schluß vollziehen kann, der
15 gegen die syllogistischen Modi verstieße — darin liegt durchaus
nicht, daß der Satz vom Widerspruch, der *modus Barbara* u. dgl.
Naturgesetze ⌐seien⌐1, die solche Konstitution zu erklären ver-
möchten. Das Beispiel der Rechenmaschine macht den Unterschied völlig klar. Die Anordnung und Verknüpfung der hervor-
20 springenden Ziffern wird naturgesetzlich so geregelt, wie es die
arithmetischen Sätze für ihre Bedeutungen fordern. Aber niemand
wird, um den Gang der Maschine physikalisch zu erklären, statt
der mechanischen die arithmetischen Gesetze heranziehen. Die
Maschine ist freilich keine denkende, sie versteht sich selbst nicht
25 und nicht die Bedeutung ihrer Leistungen; aber könnte nicht
unsere Denkmaschine sonst in ähnlicher Weise funktionieren, nur
daß der reale Gang des einen Denkens durch die in einem anderen
Denken hervortretende Einsicht in die logische Gesetzlichkeit
allzeit als richtig anerkannt werden müßte? Dieses andere Denken
30 könnte ebensogut zu der Leistung derselben wie anderer Denk-
maschinen gehören, aber ideale Bewertung und kausale Erklärung blieben immer noch heterogen. Man vergesse auch nicht die
,,ersten Kollokationen", die für die kausale Erklärung unerläßlich,
für die ideale Wertung aber sinnlos sind.
35 Die psychologistischen Logiker verkennen die grundwesent-
lichen und ewig unüberbrückbaren Unterschiede zwischen Ideal-

[A 68]
[B 68]

---

1 A: ⌐sind⌐.

gesetz und Realgesetz, zwischen normierender Regelung und
kausaler Regelung, zwischen logischer und realer Notwendigkeit,
zwischen logischem ⌐Grund⌐[1] und Realgrund. Keine denkbare
Abstufung vermag zwischen Idealem und Realem Vermittlungen
5 herzustellen. Es ist kennzeichnend für den Tiefstand der ‖ ⌐rein
logischen⌐[2] Einsichten in unserer Zeit, wenn ein Forscher vom
Range Sigwarts gerade mit Beziehung auf die auch oben er-
wogene Fiktion eines intellektuell idealen Wesens glaubt annehmen zu dürfen, daß für ein solches „die logische Notwendigkeit
10 zugleich eine reale wäre, die wirkliches Denken hervorbringt",
oder wenn er zur Erklärung des Begriffes „logischer Grund" den
Begriff des Denkzwanges benützt.* Wieder, wenn[3] Wundt**
im Satz vom Grunde „das Grundgesetz der Abhängigkeit unserer
Denkakte voneinander" erblickt, usw. Daß es sich in diesen
15 Beziehungen wirklich um logische Grundirrtümer handelt, wird
der Lauf der weiteren Untersuchungen hoffentlich auch dem
Voreingenommenen zu voller Gewißheit bringen.

§ 23. *Eine dritte Konsequenz des Psychologismus
und ihre Widerlegung*

20   Drittens.*** Hätten die logischen Gesetze ihre Erkenntnis-
quelle in psychologischen Tatsächlichkeiten, wären sie z.B., wie
die Gegenseite gewöhnlich lehrt, normative Wendungen psychologischer Tatsachen, so müßten sie selbst einen psychologischen
Gehalt besitzen und zwar in doppeltem Sinne: sie müßten Gesetze
25 für Psychisches sein und zugleich die Existenz von Psychischem
voraussetzen bzw. einschließen. Dies ist nachweislich falsch. Kein
logisches Gesetz impliziert ein „*matter of fact*", auch nicht die
Existenz von Vorstellungen oder Urteilen oder sonstigen Erkennt-
nisphänomenen. Kein logisches Gesetz ist — nach seinem echten
30 Sinne — ein Gesetz für Tatsächlichkeiten des psychischen Lebens,

---

* Sigwarts *Logik*, I ⌐3, S. 259 f.⌐ [4]
** Wundts *Logik*, I², S. 573.
*** Vgl. oben § 21, S. 60 ff.

---

[1] Fehlt in A.
[2] A: ⌐rein-logischen⌐.
[3] In A folgt: ⌐ein⌐.
[4] In A wird die 2. Auflage zitiert: ⌐S. 252 u. 253.⌐

also weder für Vorstellungen (d.i. Erlebnisse des Vorstellens), noch
für Urteile (d.i. Erlebnisse des Urteilens), noch für sonstige psychische Erlebnisse.

Die meisten Psychologisten stehen zu sehr unter dem Einflusse $\left.\begin{array}{c}\text{[A 70]} \\ \text{[B 70]}\end{array}\right.$
5 ihres allgemeinen Vorurteils, als daß sie daran ‖ dächten, es an
den bestimmt vorliegenden Gesetzen der Logik zu verifizieren.
Müssen diese Gesetze aus allgemeinen Gründen psychologisch
sein, wozu im einzelnen nachweisen, daß sie es wirklich sind?
Man beachtet nicht, daß ein konsequenter Psychologismus zu
10 Interpretationen der logischen Gesetze nötigen würde, welche
ihrem wahren Sinn von Grund aus fremd wären. Man übersieht,
daß die natürlich verstandenen Gesetze weder der Begründung
noch dem Inhalt nach Psychologisches (also Tatsächlichenkeiten
des Seelenlebens) voraussetzen und jedenfalls nicht mehr als die
15 Gesetze der reinen Mathematik.

Wäre der Psychologismus auf richtigem Wege, so müßten wir
in der Lehre von den Schlüssen durchaus nur Regeln folgender
Art erwarten: Erfahrungsgemäß knüpft sich ein mit dem Charakter apodiktisch notwendiger Folge versehener Schlußsatz der
20 Form S unter den Umständen U an Prämissen der Form P. Um
also „richtig" zu schließen, das heißt Urteile dieses auszeichnenden Charakters beim Schließen zu gewinnen, hat man demgemäß
zu verfahren und für die Realisierung der Umstände U und der
bezüglichen Prämissen zu sorgen. Psychische Tatsächlichkeiten
25 erschienen hier als das Geregelte, und zugleich wäre die Existenz
solcher Tatsächlichkeiten, wie in der Begründung der Regeln
vorausgesetzt, so in ihrem Inhalt mit eingeschlossen. Aber kein
einziges Schlußgesetz entspricht diesem Typus. Was besagt z.B.
der *modus Barbara*? Doch nichts anderes als dies: ⌐„Allgemein
30 gilt für beliebige Klassentermini A, B, C, daß, wenn alle AB und
alle BC sind, auch alle AC sind"⌐1. Wieder sagt der „*modus
ponens*" unverkürzt ausgesprochen: „Es ist ein für beliebige
Sätze A, B gültiges Gesetz, daß, wenn A gilt und überdies gilt,
daß, wenn A so B gilt, dann auch B gilt". So wenig diese und alle
35 ähnlichen Gesetze empirisch sind, so wenig sind sie auch psychologisch. Allerdings werden sie in der traditionellen Logik in Absicht auf die Normierung der Urteilstätigkeiten aufgestellt. Aber

---

1 Die Anführungszeichen fehlen in A.

ist die Existenz eines einzigen aktuellen Urteils oder ‖ eines $\left\{\begin{array}{l}\text{[A 7}\\\text{[B 7}\end{array}\right.$
sonstigen psychischen Phänomens in ihnen mitbehauptet? Ist
jemand dieser Meinung, so verlangen wir den Beweis. Was in
einem Satze als mitbehauptet liegt, muß sich durch eine gültige
5 Schlußweise aus ihm ableiten lassen. Aber wo sind die Schlußformen, die aus einem reinen Gesetz eine Tatsache abzuleiten
gestatten?

Man wird nicht einwenden, daß in aller Welt die Rede von
logischen Gesetzen nicht hätte aufkommen können, wenn wir nie
10 Vorstellungen und Urteile im aktuellen Erlebnis gehabt und die
betreffenden logischen Grundbegriffe aus ihnen abstrahiert hätten; oder gar, daß in jedem Verstehen und Behaupten des Gesetzes die Existenz von Vorstellungen und Urteilen impliziert,
also daraus wieder zu erschließen sei. Denn kaum braucht gesagt
15 zu werden, daß hier die Folge nicht aus dem Gesetz, sondern aus
dem Verstehen und Behaupten des Gesetzes gezogen ist, daß
dieselbe Folge aus jeder beliebigen Behauptung zu ziehen wäre,
und daß psychologische Voraussetzungen oder Ingredienzien der
Behauptung eines Gesetzes nicht mit logischen Momenten
20 seines Inhaltes vermengt werden dürfen.

„Empirische Gesetze" haben *eo ipso* einen Tatsachengehalt.
Als unechte Gesetze sagen sie, roh gesprochen, nur aus, daß unter
gewissen Umständen erfahrungsmäßig gewisse Koexistenzen oder
Sukzessionen einzutreten pflegen, oder je nach Umständen mit
25 größerer oder geringerer Wahrscheinlichkeit zu erwarten sind.
Darin liegt, daß solche Umstände, solche Koexistenzen oder
Sukzessionen tatsächlich vorkommen. Aber auch die strengen Gesetze der Erfahrungswissenschaften sind nicht ohne Tatsachengehalt. Sie sind nicht bloß Gesetze über Tatsachen, sie
30 implizieren auch die Existenz von Tatsachen.

Doch es bedarf hier größerer Genauigkeit. Die exakten Gesetze
in ihrer normalen Formulierung haben freilich den Charakter
reiner Gesetze, sie schließen keinerlei Existenzialgehalt in sich.
Aber denken wir an die Begründungen, aus denen sie die wissen- $\left\{\begin{array}{l}\text{[A 7}\\\text{[B 7}\end{array}\right.$
35 schaftliche Rechtfertigung schöpfen, so ist ‖ es sofort klar, daß
sie als die reinen Gesetze der normalen Formulierung nicht gerechtfertigt sein können. Wahrhaft begründet ist nicht das Gravitationsgesetz, wie es die Astronomie ausspricht, sondern nur
ein Satz der Form: Nach Maßgabe unserer bisherigen Erkennt-

nisse ist es eine theoretisch begründete Wahrscheinlichkeit höchster Dignität, daß für den Bereich der mit den gegenwärtigen
Hilfsmitteln erreichbaren Erfahrung der Satz Newtons gilt
oder überhaupt eines aus der unendlichen Mannigfaltigkeit mathe
5 matisch denkbarer Gesetze, welche von Newtons Gesetz nur
innerhalb der Sphäre unvermeidlicher Beobachtungsfehler differieren können. Diese Wahrheit ist mit Tatsächlichkeitsgehalt
reichlich beschwert, sie selbst ist also nichts weniger als ein Gesetz
im echten Sinne des Wortes. Sie schließt offenbar auch mehrere
10 Begriffe vager Umgrenzung ein.

Und so sind alle Gesetze der exakten Wissenschaften über Tatsachen zwar echte Gesetze, aber, erkenntnistheoretisch betrachtet, nur idealisierende Fiktionen — obschon Fiktionen *cum fundamento in re*. Sie erfüllen die Aufgabe, theoretische Wissenschaften
15 als der Wirklichkeit nächstangepaßte Ideale zu ermöglichen, also
das höchste theoretische Ziel aller wissenschaftlichen Tatsachenforschung, das Ideal der erklärenden Theorie, der Einheit aus
Gesetzlichkeit, insoweit zu realisieren, als es nach Maßgabe der
unüberbrückbaren Schranken der menschlichen Erkenntnis mög
20 lich ist. An Stelle der absoluten Erkenntnis, die uns versagt ist,
arbeiten wir uns durch einsichtiges Denken aus dem Gebiet empirischer Einzelheiten und Allgemeinheiten zunächst jene sozusagen
apodiktischen Wahrscheinlichkeiten heraus, in denen alles erreichbare Wissen betreffs der Wirklichkeit beschlossen ist. Diese redu
25 zieren wir dann auf gewisse exakte Gedanken von echtem Gesetzescharakter, und so gelingt uns der Aufbau formell vollkommener Systeme erklärender Theorien. Aber diese Systeme (wie z.B
die theoretische Mechanik, die theoretische Akustik, theoretische
Optik, theoretische Astronomie u. dgl.) können sachlich nur gel ⎰[A 73]
30 ten als ‖ ideale Möglichkeiten *cum fundamento in re*, welche un ⎱[B 73]
endlich viele andere Möglichkeiten nicht ausschließen, aber dafür
in bestimmte Grenzen einschließen. — Doch dies geht uns hier
nicht weiter an und noch weniger die Erörterung der erkenntnispraktischen Funktionen dieser idealen Theorien, nämlich ihrer
35 Leistungen zur erfolgreichen Vorausbestimmung der künftigen
und Rekonstruktion der vergangenen Tatsachen und ihrer technischen Leistungen für die praktische Naturbeherrschung. Wir
gehen also wieder zu unserem Falle über.

Ist echte Gesetzlichkeit, wie soeben gezeigt wurde, ein bloßes

Ideal im Gebiete der Tatsachenerkenntnis, so findet sie sich dagegen realisiert im Gebiete der „rein begrifflichen" Erkenntnis. In diese Sphäre gehören unsere rein logischen Gesetze, wie auch die Gesetze der *Mathesis pura*. Ihren „Ursprung", genauer ge-
5 sprochen, ihre rechtfertigende Begründung, nehmen sie nicht aus der Induktion; so führen sie auch nicht den existenzialen Gehalt mit sich, der allen Wahrscheinlichkeiten als solchen, auch den höchsten und wertvollsten, anhaftet. Was sie besagen, gilt voll und ganz; einsichtig begründet sind sie selbst in ihrer absoluten
10 Exaktheit, und nicht an ihrer Statt gewisse Wahrscheinlichkeitsbehauptungen mit ersichtlich vagen Bestandstücken. Das jeweilige Gesetz erscheint nicht als eine von unzähligen theoretischen Möglichkeiten einer gewissen, obschon sachlich abgegrenzten Sphäre. Es ist die eine und alleinige Wahrheit, die jede andersartige Möglichkeit ausschließt und sich als einsichtig erkannte
15 artige Möglichkeit ausschließt und sich als einsichtig erkannte Gesetzlichkeit von allen Tatsachen dem Inhalt wie der Begründung nach rein erhält.

Man sieht aus diesen Betrachtungen, wie innig die beiden Hälften der psychologistischen Konsequenz — nämlich daß die logi-
20 schen Gesetze nicht bloß existenziale Behauptungen über psychische Tatsächlichkeiten mit sich führen, sondern daß sie auch Gesetze für solche Tatsächlichkeiten sein müßten — zusammenhängen. Die Widerlegung der ersten Hälfte ergab sich uns zunächst. Die der anderen erscheint darin mitbe|schlossen | nach $\left\{\begin{array}{l}\text{[A 7}\cdot \\ \text{[B 7}\cdot\end{array}\right.$
25 folgendem Argument: Wie jedes Gesetz, das der Erfahrung und Induktion aus Einzeltatsachen entstammt, ein Gesetz für Tatsachen ist, so ist umgekehrt jedes Gesetz für Tatsachen ein Gesetz aus Erfahrung und Induktion; und folglich sind von ihm, wie oben nachgewiesen, Behauptungen existenzialen Gehalts unabtrennbar.
30 Selbstverständlich dürfen wir hier unter Tatsachengesetzen nicht auch die allgemeinen Aussagen befassen, welche rein begriffliche Sätze — d.i. Sätze, die sich als allgemeingültige Beziehungen auf Grund reiner Begriffe darstellen — auf Tatsächlichkeiten übertragen. Ist 3 > 2, so sind auch 3 Bücher jenes Tisches
35 mehr als 2 Bücher jenes Schrankes. Und so allgemein für beliebige Dinge. Der reine Zahlensatz spricht aber nicht von Dingen, sondern von Zahlen ⌜in reiner Allgemeinheit⌝[1] — die Zahl 3 ist

---

[1] Fehlt in A.

größer als die Zahl 2 — und Anwendung kann er nicht bloß
finden auf individuelle, sondern auch auf „allgemeine" Gegenstände, z.B. auf Farben- und Tonspezies, auf Arten geometrischer
Gebilde ⌐und dergleichen unzeitliche Allgemeinheiten⌐1.

5   Wird dies alles zugestanden, so ist es natürlich ausgeschlossen,
daß die logischen Gesetze ⌐(in ihrer Reinheit genommen)⌐2 Gesetze psychischer Betätigungen oder Produkte sind.

§ 24. *Fortsetzung*

Vielleicht wird mancher unserer Konsequenz zu entgehen
10 suchen, indem er einwendet: Nicht jedes Gesetz für Tatsachen
entspringt aus Erfahrung und Induktion. Man muß hier vielmehr
unterscheiden: Jede Gesetzeserkenntnis beruht auf Erfahrung,
aber nicht jede erwächst aus ihr in der Weise der Induktion, also
in jenem wohlbekannten logischen Prozeß, der von singulären
15 Tatsachen oder empirischen Allgemeinheiten niedriger Stufe zu
den gesetzlichen Allgemeinheiten hinleitet. So sind im besonderen
die logischen Gesetze erfahrungsmäßige, aber nicht induktive
Gesetze. In der psychologischen E r f a h r u n g abstrahieren wir
die logischen Grundbegriffe und die mit ihnen gegebenen rein
20 begrifflichen Verhältnisse. Was wir im | einzelnen | Fall vorfinden,
erkennen wir mit einem Schlage als allgemeingültig, weil nur in
den abstrahierten Inhalten gründend. So verschafft uns die Erfahrung ein unmittelbares Bewußtsein der Gesetzlichkeit unseres
Geistes. Und wie wir hier der Induktion nicht bedürfen, so ist auch
25 das Ergebnis nicht mit ihren Unvollkommenheiten behaftet, es
hat nicht den bloßen Charakter der Wahrscheinlichkeit, sondern
den apodiktischer Gewißheit, es ist nicht von vager, sondern von
exakter Begrenzung, es schließt auch in keiner Weise Behauptungen existenzialen Gehalts ein.

30   Indessen, was man hier einwendet, kann nicht genügen. Niemand wird bezweifeln, daß die E r k e n n t n i s der logischen Gesetze, als psychischer Akt, die Einzelerfahrung voraussetzt, daß
sie ihre Grundlage hat in der konkreten Anschauung. Aber man
vermenge nicht psychologische „Voraussetzungen" und
35 „Grundlagen" der Gesetzeserkenntnis mit logischen Vor-

[B 75]
[A 75]

---

¹ A: ⌐u. dgl.⌐.
² A: ⌐(wesentlich)⌐.

aussetzungen, Gründen, Prämissen des Gesetzes; und demgemäß auch nicht die psychologische Abhängigkeit (z.B. in der
Entstehung) mit der logischen Begründung und Rechtfertigung.
Die letztere folgt einsichtig dem objektiven Verhältnis von Grund
5 und Folge, während sich die erstere auf die psychischen Zusammenhänge in der Koexistenz und Sukzession bezieht. Niemand kann ernstlich behaupten, daß die etwa vor Augen stehenden konkreten Einzelfälle, auf „Grund" welcher die Einsicht in
das Gesetz zustande kommt, die Funktion von logischen Gründen,
10 von Prämissen haben, als ob aus dem Dasein des Einzelnen die
Folge statthätte auf die Allgemeinheit des Gesetzes. Die intuitive
Erfassung des Gesetzes mag psychologisch zwei Schritte verlangen: den Hinblick auf die Einzelheiten der Anschauung und die
darauf bezogene gesetzliche Einsicht. Aber logisch ist nur eines
15 da. Der Inhalt der Einsicht ist nicht Folgerung aus der Einzelheit.
  Alle Erkenntnis „fängt mit der Erfahrung an", aber sie
„entspringt" darum nicht schon aus der Erfahrung. Was wir
behaupten, ist dies, daß jedes Gesetz für Tatsachen aus | der [A 76]
Er|fahrung entspringt, und darin liegt eben, daß es nur durch [B 76]
20 Induktion aus einzelnen Erfahrungen zu begründen ist. Gibt es
einsichtig erkannte Gesetze, so können sie also nicht (unmittelbar)
Gesetze für Tatsachen sein. ⌜Wo immer bisher unmittelbare Einsichtigkeit von Tatsachengesetzen angenommen wurde⌝1, da stellte sich heraus, daß man entweder echte Tatsachengesetze, d.h.
25 Gesetze der Koexistenz und Sukzession, vermengt hat mit idealen
Gesetzen, denen die Beziehung auf zeitlich Bestimmtes an sich
fremd ist; oder daß man den lebhaften Überzeugungsdrang, den
die wohlvertrauten empirischen Allgemeinheiten mit sich führen,
mit der Einsichtigkeit, die wir nur im Gebiete des rein Begriff-
30 lichen erleben, verwechselte.
  Kann ein Argument dieser Art auch nicht entscheidend wirken,
so kann es immerhin die Kraft anderweitiger Argumente verstärken. Noch ein solches sei hier angefügt.
  Schwerlich wird jemand leugnen, daß alle rein logischen Geset-
35 ze ein und desselben Charakters sind; können wir von einigen
zeigen, ⌜daß es unmöglich sei, sie als Gesetze über Tatsachen auf-

---

1 A: ⌜Ich will es nicht geradezu als absurd hinstellen, daß ein Gesetz
für Tatsachen unmittelbar einsichtig erkannt sei; aber ich leugne, daß es
je vorkomme. Wo immer dergleichen bisher angenommen wurde⌝.

zufassen[1], so wird dasselbe von allen gelten müssen. Nun finden sich unter den Gesetzen auch solche, die sich auf Wahrheiten überhaupt beziehen, in denen also Wahrheiten die geregelten „Gegenstände" sind. Z.B. für jede Wahrheit A gilt, daß ihr kon-
5 tradiktorisches Gegenteil keine Wahrheit ist. Für jedes Paar Wahrheiten A, B gilt, daß auch ihre konjunktiven und disjunktiven Verknüpfungen* Wahrheiten sind. Stehen drei Wahrheiten A, B, C in dem Verhältnis, daß A Grund ist für B, B Grund für C, so ist auch A Grund für C u. dgl. Es ist aber absurd, Gesetze, die
10 für Wahrheiten als solche gelten, als Gesetze für Tatsachen zu be- [A 77] zeichnen. Keine | Wahrheit ist eine Tatsache, d.i. ein zeitlich Bestimmtes. Eine Wahrheit kann freilich die Bedeutung haben, daß ein Ding ist, | ein Zustand besteht, eine Veränderung von statten [B 77] geht u. dgl. Aber die Wahrheit selbst ist über alle Zeitlichkeit
15 erhaben, d.h. es hat keinen Sinn, ihr zeitliches Sein, Entstehen oder Vergehen zuzuschreiben. Am klarsten tritt die Absurdität für die Wahrheitsgesetze selbst hervor. Als Realgesetze wären sie Regeln der Koexistenz und Sukzession von Tatsachen, spezieller von Wahrheiten, und zu diesen Tatsachen, die sie regeln, müßten
20 sie selbst, nämlich als Wahrheiten, gehören. Da schriebe ein Gesetz gewissen Tatsachen, genannt Wahrheiten, Kommen und Gehen vor, und unter diesen Tatsachen sollte sich nun, als eine neben anderen, das Gesetz selbst finden. Das Gesetz entstände und verginge nach dem Gesetz — ein offenbarer Widersinn. Und
25 ähnlich, wenn wir das Wahrheitsgesetz als Koexistenzgesetz deuten wollten, als zeitlich Einzelnes und doch als allgemeine Regel für alles und jedes zeitlich Seiende maßgebend. Derartige Absurditäten** sind unausweichlich, wenn man den fundamentalen Unterschied zwischen idealen und realen Objekten und dement-
30 sprechend den Unterschied zwischen Ideal- und Realgesetzen nicht beachtet oder nicht in rechtem Sinne versteht; immer wieder werden wir sehen, daß dieser Unterschied für die Streitfragen zwischen psychologistischer und reiner Logik entscheidend ist.

---

* Ich verstehe darunter den Sinn der Sätze „A und B", d. h. beides gilt, bzw. „A oder B", d. h. eines von beiden gilt — worin nicht liegt, daß nur eines gilt.
** Man vgl. dazu die systematischen Ausführungen des VII. Kap. d. ⌜W.⌝[2] über den skeptisch-relativistischen Widersinn jeder Auffassung, welche die logischen Gesetze von Tatsachen abhängig macht.

---

[1] A: ⌜daß ihre Auffassung als Gesetze über Tatsachen unmöglich sei⌝.
[2] A: ⌜S.⌝.

FÜNFTES KAPITEL

DIE PSYCHOLOGISCHEN INTERPRETATIONEN DER LOGISCHEN GRUNDSÄTZE

§ 25. *Der Satz vom Widerspruch in der* ⌜*psychologistischen*⌝[1]
5   *Interpretation Mills und Spencers*

Wir haben oben bemerkt, daß eine konsequent durchgeführte
Auffassung der logischen Gesetze als Gesetze über psychische
Tatsachen zu wesentlichen Mißdeutungen derselben führen müßte. Aber in diesen, wie in allen anderen Punkten hat die herrschen-
10 de Logik die Konsequenz in der Regel gescheut. Fast würde ich
sagen, der Psychologismus lebe nur durch Inkonsequenz, wer ihn
folgerichtig zu Ende denke, habe ihn schon aufgegeben, wenn
nicht der extreme Empirismus ein merkwürdiges Beispiel dafür
liefern würde, wie viel stärker eingewurzelte Vorurteile sein
können, als die klarsten Zeugnisse der Einsicht. In unerschrocke-
15 ner Folgerichtigkeit zieht er die härtesten Konsequenzen, aber
nur, um sie auf sich zu nehmen und zu einer, freilich wider-
spruchsvollen Theorie zusammenzubinden. Was wir gegen die
bestrittene logische Position geltend gemacht haben — daß die
logischen Wahrheiten statt *a priori* gewährleisteter und absolut
20 exakter Gesetze rein begrifflicher Art, vielmehr durch Erfahrung
und Induktion begründete, mehr oder minder vage Wahrscheinlichkeiten sein müßten, gewisse Tatsächlichkeiten menschlichen
Seelenlebens betreffend — dies ist (wenn wir etwa von der Betonung der Vagheit absehen) gerade die ausdrückliche Lehre des
25 Empirismus. Es kann nicht unsere Aufgabe sein, diese erkenntnistheoretische Richtung einer erschöpfenden Kritik zu unterwerfen.

---

[1] Im Inhaltsverzeichnis von A: ⌜psychologischen⌝.

Ein besonderes Interesse bieten für uns aber die psychologischen
Interpretationen der logischen Gesetze, die in dieser Schule ‖ auf-
getreten sind, und die auch über ihre Grenzen hinaus blendenden
Schein verbreitet haben.*

5   Bekanntlich lehrt J. St. Mill**, das *principium contradictionis*
sei „eine unserer frühesten und naheliegendsten Verallgemeinerungen aus der Erfahrung". Seine ursprüngliche Grundlage findet
er darin, „daß Glaube und Unglaube zwei verschiedene Geistes-
zustände sind", die einander ausschließen. Dies erkennen wir
10 — so fährt er wörtlich fort — aus den einfachsten Beobachtungen
unseres eigenen Geistes. Und richten wir unsere Beobachtung
nach außen, so finden wir auch hier, daß Licht und Dunkel, Schall
und Stille, Gleichheit und Ungleichheit, Vorangehen und Nach-
folgen, Aufeinanderfolge und Gleichzeitigkeit, kurz jedes positive
15 Phänomen und seine Verneinung (*negative*) unterschiedene Phänomene sind, im Verhältnis eines zugespitzten Gegensatzes, und
⌐das⌐1 eine immer dort abwesend, wo ⌐das⌐1 andere anwesend ist.
„Ich betrachte", sagt er, „das fragliche Axiom als eine Verallgemeinerung aus all diesen Tatsachen."
20 Wo es sich um die prinzipiellen Fundamente seiner empiristischen Vorurteile handelt, ist der sonst so scharfsinnige Mill
wie von allen Göttern verlassen. Und so macht hier nur eines
Schwierigkeit: zu begreifen, wie eine solche Lehre überzeugen
konnte. Auffällig ist zunächst die offenbare Inkorrektheit der
25 Behauptung, es sei das Prinzip, daß zwei kontradiktorische Sätze
nicht zusammen wahr sind und sich in diesem Sinne ausschließen,
eine Verallgemeinerung der angeführten „Tatsachen", daß
Licht und Dunkel, Schall und Stille u. dgl. sich ausschließen,
welche doch alles eher sind als kontradiktorische Sätze. Es ist
30 überhaupt nicht recht verständlich, wie Mill den Zusammenhang dieser ⌐angeblichen⌐2 Erfahrungstatsachen mit ‖ dem logischen Gesetz herstellen will. Vergeblich erhofft man die Aufklärung von den parallelen Ausführungen Mills in der Streit-

{[A79]
{[B 79]

{[A 80]
{[B 80]

---

* Eine allgemein gehaltene Erörterung der prinzipiellen Hauptgebrechen des Em-
pirimus, so weit geführt, als wir dadurch eine Förderung unserer idealistischen Intentionen in der Logik erhoffen dürfen, bietet der Anhang zu diesem und dem nächsten
Paragraphen, S. 84 ff.
** Mill, *Logik*, Buch II, Kap. VII, § 4 (Gomperz1, I, S. 298).

---

1 A: ⌐die⌐.
2 Zusatz von B.

schrift gegen Hamilton. Hier zitiert er mit Beifall das ,,absolut
konstante Gesetz", welches der gleichgesinnte Spencer dem
logischen Prinzip unterlegt hat, nämlich ,,*that the appearance of
any positive mode of consciousness cannot occur without excluding*
5 *a correlative negative mode; and that the negative mode cannot occur*
without excluding the correlative positive mode". Aber wer sieht
nicht, daß dieser Satz eine pure Tautologie darstellt, da doch der
wechselseitige Ausschluß zur Definition der korrelativen Termini ,,positives und negatives Phänomen" gehört? Im Gegenteil
10 ist aber der Satz vom Widerspruch nichts weniger als eine Tautologie. Es liegt nicht in der Definition kontradiktorischer Sätze,
daß sie sich ausschließen, und tun sie es auch vermöge des genannten Prinzips, so gilt doch nicht das Umgekehrte: nicht jedes
Paar sich ausschließender Sätze ist ein Paar kontradiktorischer
15 — Beweis genug, daß unser Prinzip nicht zusammengeworfen
werden darf mit jener Tautologie. Und als Tautologie will es ja
auch Mill nicht verstanden wissen, da es nach ihm allererst durch
Induktion aus der Erfahrung entspringen soll.

   Jedenfalls besser als die so wenig verständlichen Beziehungen
20 auf ⌜Inkoexistenzen⌝1 der äußeren Erfahrung mögen andere
Äußerungen Mills dazu dienen, uns den empirischen Sinn des
Prinzips klarzulegen, zumal diejenigen, welche die Frage diskutieren, ob die drei logischen Grundprinzipien als ,,*inherent neces-*
sities of thought", als ,,*an original part of our mental constitution*",
25 als ,,*laws of our thoughts by the native structure of the mind*" gelten
dürfen, oder ob sie Denkgesetze nur sind ,,*because we perceive*
them to be universally true of observed phenomena" — was Mill
übrigens nicht positiv entscheiden möchte. Da lesen wir in Be-
ziehung auf diese Gesetze: ,,*They* || *may or may not be capable of* ⎰[A 81
30 *alteration by experience, but the conditions of our existence deny to* ⎱[B 81
us the experience which would be required to alter them. Any
assertion, therefore, which conflicts with one of these laws — any
proposition, for instance, which asserts a contradiction, though it
were on a subject wholly removed from the sphere of our experience,

---

* Mill, *An Examination*5, ch. XXI, S. 491. Es ist wohl ein Versehen, wenn Spencer statt auf den Satz vom Widerspruch auf den des ausgeschlossenen Dritten rekurriert.

---

1 A: ⌜die Inkoexistenzen⌝.

is to us unbelievable. The belief in such a proposition is, in the
*present constitution of nature, impossible as a mental fact.''**

Wir entnehmen daraus, daß die Inkonsistenz, die im Satze vom
Widerspruch ausgedrückt wird, nämlich das Nichtzusammen-
5 wahrsein kontradiktorischer Sätze, von Mill als Unverträglichkeit solcher Sätze in unserem *belief* gedeutet wird. Mit anderen
Worten: dem Nichtzusammenwahrsein der Sätze wird
substituiert die reale Unverträglichkeit der entsprechenden
Urteilsakte. Dies harmoniert auch mit der wiederholten Be-
10 hauptung Mills, daß Glaubensakte die einzigen Objekte seien,
die man im eigentlichen Sinne als wahr und falsch bezeichnen
könne. Zwei kontradiktorisch entgegengesetzte Glaubensakte können nicht koexistieren — so müßte das
Prinzip verstanden werden.

15 § 26. *Mills psychologische Interpretation des Prinzips ergibt kein*
Gesetz, sondern einen völlig vagen und wissenschaftlich nicht
geprüften Erfahrungssatz

Hier regen sich nun allerlei Bedenken. Zunächst ist der Ausspruch des Prinzips sicher unvollständig. Unter welchen Um-
20 ständen, so wird man fragen müssen, können die entgegen-
gesetzten Glaubensakte nicht koexistieren? In verschiedenen Individuen können, wie allbekannt, entgegengesetzte Urteile sehr
wohl koexistieren. Wir werden also, zugleich den Sinn der realen
Koexistenz auseinanderlegend, genauer sagen || müssen: In dem- [A 82]
25 selben Individuum, oder noch besser, in demselben Bewußtsein, [B 82]
können während einer noch so kleinen Zeitstrecke kontradiktorische Glaubensakte nicht andauern. Aber ist dies wirklich ein
Gesetz? Dürfen wir es wirklich mit unbeschränkter Allgemeinheit aussprechen? Wo sind die psychologischen Induktionen, die
30 zu seiner Annahme berechtigen? Sollte es nicht Menschen gegeben haben und noch geben, die gelegentlich, z.B. durch Trug-
schlüsse verwirrt, Entgegengesetztes zu gleicher Zeit für wahr
hielten? Hat man wissenschaftliche Forschungen darüber ange-

---

* Mill, *An Examination*, S. 491. Vgl. auch S. 487: „*It is the generalization of a*
mental act, which is of continual occurrence, and which cannot be dispensed with in
reasoning''.

stellt, ob dergleichen nicht unter den Irrsinnigen und vielleicht sogar bei nackten Widersprüchen vorkomme? Wie steht es mit den Zuständen der Hypnose, des Fieberdeliriums usw.? Gilt das Gesetz auch für Tiere?

5   Vielleicht begrenzt der Empirist, um diesen Einwänden zu entgehen, sein „Gesetz" durch passende Zusätze, z.B. daß es nur für normale und im Zustande normaler Denkverfassung befindliche Individuen der Spezies *homo* Geltung beanspruche. Aber es genügt, die verfängliche Frage nach der genaueren Bestimmung 10 der Begriffe „normales Individuum" und „normale Denkverfassung" aufzuwerfen, und wir erkennen, wie kompliziert und wie inexakt der Inhalt des Gesetzes geworden ist, mit dem wir es nun zu tun haben.

Es ist nicht nötig diese Betrachtungen weiter fortzusetzen (ob-15 schon z.B. das im Gesetz auftretende Zeitverhältnis einigen Anhalt bieten würde): sie sind ja mehr als ausreichend, um die erstaunliche Konsequenz zu begründen, daß unser wohlvertrautes *principium contradictionis*, welches man allzeit für ein evidentes, absolut exaktes und ausnahmslos gültiges Gesetz gehalten hatte, 20 in Wahrheit das Muster eines grob ungenauen und unwissenschaftlichen Satzes ist, welcher erst nach mancherlei Korrekturen, die seinen scheinbar exakten Gehalt in einen recht vagen umwandeln, zum Range einer plausiblen Vermutung erhoben werden kann. So muß es sich freilich verhalten, wenn der Empirismus darin im 25 Rechte ist, daß die Unverträglichkeit, von der das Prinzip spricht, als ‖ reale Inkoexistenz von kontradiktorischen Urteilsakten, also das Prinzip selbst als eine empirisch-psychologische Allgemeinheit zu deuten sei. Und der Empirismus Millscher Observanz denkt nicht einmal daran, jenen grob ungenauen Satz, der aus der 30 psychologischen Deutung zunächst hervorgeht, wissenschaftlich zu begrenzen und zu begründen; er nimmt ihn, so wie er sich gibt, so ungenau, wie es bei „einer der frühesten und nächstliegenden Verallgemeinerungen aus der Erfahrung", d.h. bei einer rohen Verallgemeinerung der vorwissenschaftlichen Empirie nur 35 irgend zu erwarten ist. Gerade da, wo es sich um die letzten Fundamente aller Wissenschaft handelt, soll es bei dieser naiven Empirie mit ihrem blinden Assoziationsmechanismus sein Bewenden haben. Überzeugungen, die ohne alle Einsicht aus psychologischen Mechanismen erwachsen, die keine bessere Recht-

[A 8:
[B 8:

fertigung haben als allverbreitete Vorurteile, die vermöge ihres
Ursprungs einer haltbaren oder festen Begrenzung ermangeln,
und die, wenn sie sozusagen beim Wort genommen werden, nachweislich Falsches einschließen — sollen die letzten Gründe für die
5 Rechtfertigung aller im strengsten Wortsinne wissenschaftlichen
Erkenntnis darstellen.

Doch dies haben wir hier nicht weiter zu verfolgen. Wichtig ist
es aber, auf den Grundirrtum der gegnerischen Lehre mit der
Frage zurückzugehen, ob denn jener empirische und wie immer
10 zu formulierende Satz über Glaubensakte wirklich der Satz ist,
von dem in der Logik Gebrauch gemacht wird. Er sagt: Unter
gewissen subjektiven (leider nicht näher erforschten und komplett
angebbaren) Umständen X können in demselben Bewußtsein
zwei ⌐wie⌐1 Ja und Nein entgegengesetzte Glaubensakte nicht
15 zusammen bestehen. Ist das wirklich gemeint, wenn die Logiker
sagen: ,,Zwei kontradiktorische Sätze sind nicht beide wahr''?
Wir brauchen nur auf die Fälle hinzublicken, wo wir uns dieses
Gesetzes zur Regelung der Urteilstätigkeiten bedienen, und wir
erkennen, daß seine Meinung eine ganz andere ist. In seiner
20 normativen Wendung besagt es offenbar dies und nichts anderes:
Welche Paare entgegengesetzter Glaubensakte heraus|gegriffen [A 84]
| werden mögen — ob nun demselben Individuum angehörig oder [B 84]
auf verschiedene verteilt; ob in demselben Zeitabschnitt koexistierend oder durch irgendwelche Zeitabschnitte getrennt — es
25 gilt in absoluter Strenge und Ausnahmslosigkeit, daß die Glieder
des jeweiligen Paares nicht beide richtig, d.i. wahrheitsgemäß
sind. Ich denke, man wird an der Gültigkeit dieser Norm selbst
auf empiristischer Seite nicht zweifeln können. Jedenfalls hat es
die Logik da, wo sie von den Denkgesetzen spricht, nur mit dem
30 zweiten, logischen Gesetze zu tun und nicht mit jenem vagen,
dem Inhalt nach total verschiedenen und bisher noch nicht einmal formulierten ,,Gesetz'' der Psychologie.

---

1 A: ⌐als⌐.

ANHANG ZU DEN BEIDEN LETZTEN PARAGRAPHEN

Über einige prinzipielle Gebrechen des Empirismus

Bei der innigen Verschwisterung zwischen Empirismus und Psychologismus dürfte eine kleine Abschweifung gerechtfertigt erscheinen,
5 welche die Grundirrtümer des Empirismus bloßlegt. Der extreme
Empirismus als eine Theorie der Erkenntnis ist nicht minder absurd
als der extreme Skeptizismus. Er hebt die Möglichkeit einer
vernünftigen Rechtfertigung der mittelbaren Erkenntnis
auf, und damit hebt er seine eigene Möglichkeit als einer
10 wissenschaftlich begründeten Theorie auf.* Er gibt zu, daß es mittelbare, aus Begründungszusammenhängen erwachsende Erkenntnisse
gibt, er leugnet auch nicht Prinzipien der Begründung. Er gesteht die
Möglichkeit einer Logik nicht bloß zu, sondern er baut sie auch selbst
auf. Beruht aber jede Begründung auf Prinzipien, denen gemäß sie
15 verläuft, und kann ihre höchste Rechtfertigung nur durch Rekurs auf
diese Prinzipien vollzogen werden, dann führte es entweder auf einen
Zirkel oder ⌐auf⌐¹ einen unendlichen Regreß, wenn die Begrün-   ⎰[A 8
dungs‖prinzipien selbst immer wieder der Begründung bedürften. Das   ⎱[B 8
erstere: wenn die Begründungsprinzipien, die zur Rechtfertigung der
20 Begründungsprinzipien gehören, identisch sind mit diesen selbst. Das
letztere: wenn die einen und die anderen immer wieder verschieden
sind. Also ist es evident, daß die Forderung einer prinzipiellen Rechtfertigung für jede mittelbare Erkenntnis nur dann einen möglichen
Sinn haben kann, wenn wir fähig sind, gewisse letzte Prinzipien einsichtig und unmittelbar zu erkennen, auf welchen alle Begründung im
25 letzten Grunde beruht. Alle rechtfertigenden Prinzipien möglicher Begründungen müssen sich sonach deduktiv zurückführen lassen auf
gewisse letzte, unmittelbar evidente Prinzipien, und zwar so, daß die
Prinzipien dieser Deduktion selbst sämtlich unter diesen Prinzipien
vorkommen müssen.
30 Der extreme Empirismus aber, indem er im Grunde nur den empirischen Einzelurteilen volles Vertrauen schenkt (und ein gänzlich
unkritisches, da er die Schwierigkeiten nicht beachtet, welche gerade
diese Einzelurteile in so reichem Maße betreffen), verzichtet *eo ipso*
35 auf die Möglichkeit einer vernünftigen Rechtfertigung der mittelbaren
Erkenntnis. Anstatt die letzten Prinzipien, von denen die Rechtfertigung der mittelbaren Erkenntnis abhängt, als unmittelbare Einsichten

---

* Nach dem prägnanten Begriff von Skeptizismus, den wir im Kap. VII, S. 112 entwickeln, ist also der Empirismus als skeptische Theorie charakterisiert. Sehr treffend wendet Windelband auf ihn das Kantsche Wort vom „hoffnungslosen Versuch" an — er sei nämlich der hoffnungslose Versuch, „durch eine empirische Theorie dasjenige zu begründen, was selbst die Voraussetzung jeder Theorie bildet" (*Präludien*¹, S. 261).

---

¹ Fehlt in A.

und damit als gegebene Wahrheiten anzuerkennen, glaubt er ein
Mehreres leisten zu können, wenn er sie aus Erfahrung und Induktion
ableitet, also mittelbar rechtfertigt. Fragt man nach den Prinzipien
dieser Ableitung, nach dem, was sie rechtfertigt, so antwortet der
5 Empirismus, da ihm der Hinweis auf unmittelbar einsichtige allgemeine Prinzipien verschlossen ist, vielmehr durch Hinweis auf die
naive, unkritische Alltagserfahrung. Und für diese selbst glaubt er eine
höhere Dignität gewinnen zu können, indem er sie in Humescher
Art psychologisch erklärt. Er übersieht also, daß, wenn es keine ein-
10 sichtige Rechtfertigung von mittelbaren Annahmen überhaupt gibt,
also keine Rechtfertigung nach unmittelbar evidenten allgemeinen
Prinzipien, an denen die bezüglichen Begründungen fortlaufen, auch
die ganze psychologische Theorie, die ganze auf mittelbarer Erkenntnis beruhende Lehre des Empirismus selbst jeder vernünftigen Recht-
15 fertigung entbehrte, daß sie also eine willkürliche Annahme wäre,
nicht besser als das nächste Vorurteil.

Es ist sonderbar, daß der Empirismus einer Theorie, die mit solchen
Widersinnigkeiten beschwert ist, mehr Vertrauen schenkt als ‖ den
fundamentalen Trivialitäten der Logik und Arithmetik. Als echter [A 86] [B 86]
20 Psychologismus zeigt er überall die Neigung, die psychologische Entstehung gewisser allgemeiner Urteile aus der Erfahrung, wohl vermöge
dieser vermeintlichen ,,Natürlichkeit'', mit einer Rechtfertigung derselben zu verwechseln.

Es ist bemerkenswert, daß die Partie nicht etwa besser steht für
25 den gemäßigten Empirismus Humes, welcher die Sphäre der reinen
Logik und Mathematik (bei allem auch sie verwirrenden Psychologismus) als *a priori* gerechtfertigte festzuhalten versucht und nur die
Tatsachenwissenschaften empiristisch preisgibt. Auch dieser erkenntnistheoretische Standpunkt erweist sich als unhaltbar, ja als wider-
30 sinnig; dies zeigt ein ähnlicher Einwand, wie derjenige, welchen wir
oben gegen den extremen Empirismus gerichtet haben. Mittelbare
Tatsachenurteile — so können wir den Sinn der Humeschen Theorie
kurz ausdrücken — lassen, und zwar ganz allgemein, keine vernünftige Rechtfertigung, sondern nur eine psychologische
35 Erklärung zu. Man braucht bloß die Frage aufzuwerfen, wie es denn
mit der vernünftigen Rechtfertigung der psychologischen Urteile steht
(über Gewohnheit, Ideenassoziation u. dgl.), auf welche sich diese
Theorie selbst stützt, und der Tatsachenschlüsse, die sie selbst verwendet — und man erkennt den evidenten Widerstreit zwischen dem
40 Sinn des Satzes, den die Theorie beweisen, und dem Sinn der Herlei-
tungen, die sie dazu verwenden will. Die psychologischen Prämissen
der Theorie sind selbst mittelbare Tatsachenurteile, ermangeln also
im Sinne der zu beweisenden These jeder vernünftigen Rechtfertigung.
Mit anderen Worten: die Richtigkeit der Theorie setzt die Unvernünf-
45 tigkeit ihrer Prämissen, die Richtigkeit der Prämissen die Unvernünf-
tigkeit der Theorie (bzw. These) voraus. (Auch Humes Lehre ist
danach in dem prägnanten, im Kapitel VII zu definierenden Sinne eine
skeptische.)

§ 27. *Analoge Einwände gegen die übrigen psychologischen Interpretationen des logischen Prinzips. Äquivokationen als Quellen der Täuschung*

Es ist leicht einzusehen, daß Einwände der Art, wie wir sie in
5 den letzten Paragraphen erhoben haben, jedwede psychologische
Mißdeutung der sog. Denkgesetze und aller ‖ von ihnen abhängi-
gen Gesetze betreffen müssen. Es würde nichts helfen, wenn man
unserer Forderung nach Begrenzung und Begründung mit der
Berufung auf das „Selbstvertrauen der Vernunft" oder auf die
10 ihnen im logischen Denken anhaftende Evidenz ausweichen wollte. Die Einsichtigkeit der l o g i s c h e n Gesetze steht fest. Aber
sowie man ihren Gedankengehalt als einen psychologischen versteht, hat man ihren originären Sinn, an den die Einsichtigkeit
geknüpft war, total geändert. Aus exakten Gesetzen sind, wie wir
15 sahen, empirisch vage Allgemeinheiten geworden, die, bei gehöri-
ger Beachtung ihrer Unbestimmtheitssphäre, Gültigkeit haben
mögen, aber von aller Evidenz weit entfernt sind. Dem natürlichen Zuge ihres Denkens folgend, aber ohne sich dessen klar bewußt zu sein, verstehen zweifellos auch die psychologischen Er-
20 kenntnistheoretiker alle die hierhergehörigen Gesetze z u n ä c h s t
— nämlich bevor ihre philosophische Interpretationskunst zu
spielen beginnt — in dem objektiven Sinne. Dann aber verfallen
sie in den Irrtum, die auf diesen eigentlichen Sinn bezogene Evidenz, welche ihnen die absolute Gültigkeit der Gesetze verbürgte,
25 auch für jene wesentlich geänderten Deutungen in Anspruch zu
nehmen, die sie bei nachträglicher Reflexion den Gesetzesformeln
glauben unterlegen zu dürfen. Hat in aller Welt die Rede von der
Einsicht, in der wir der Wahrheit selbst innewerden, irgendwo
Berechtigung, so gewiß bei dem Satze, daß von zwei kontradikto-
30 rischen Sätzen nicht beide wahr sind; und wieder: müssen wir
dieser Rede die Berechtigung irgendwo versagen, so gewiß bei
jeder psychologisierenden Umdeutung desselben Satzes (oder
seiner Äquivalente), z.B. „daß Bejahung und Verneinung im
Denken sich ausschließen", daß „gleichzeitig in ⌜einem⌝1 Be-
35 wußtsein als widersprechend erkannte Urteile nebeneinander

---

1 In A nicht gesperrt, jedoch großgeschrieben.

nicht bestehen können",* daß an einen ‖ expliziten Widerspruch
{ [A 88]
[B 88] }
zu glauben, für uns unmöglich sei,** daß niemand annehmen
könne, es sei etwas und sei zugleich nicht, und dergleichen.

Verweilen wir, um keine Unklarheit übrig zu lassen, bei der
5 Erwägung dieser schillernden Fassungen. Bei näherer Betrachtung merkt man sogleich den beirrenden Einfluß mitspielen-
der Äquivokationen, infolge deren das echte Gesetz oder
irgendwelche ihm äquivalente normative Wendungen mit psychologischen Behauptungen verwechselt wurden. So bei der er-
10 sten Fassung. Im Denken schließen sich Bejahung und Verneinung aus. Der Terminus Denken, der in weiterem Sinne alle
intellektiven Betätigungen befaßt, wird im Sprachgebrauch vieler
Logiker mit Vorliebe in Beziehung auf das vernünftige, „logische" Denken, also in Beziehung auf das richtige Urteilen ge-
15 braucht. Daß sich im richtigen Urteilen Ja und Nein ausschließen, ist evident, aber damit ist auch ein mit dem logischen
Gesetz äquivalenter, nichts weniger als psychologischer Satz ausgesprochen. Er besagt, daß kein Urteilen ein richtiges wäre, in
welchem derselbe Sachverhalt zugleich bejaht und verneint wür-
20 de; aber mitnichten sagt er irgend etwas darüber, ob — gleichgültig ob in ⌈einem⌉[1] Bewußtsein oder in mehreren — kontradiktorische Urteilsakte *realiter* koexistieren können oder nicht.***

Zugleich ist so die zweite Formulierung (daß gleichzeitig in
⌈einem⌉[1] Bewußtsein als widersprechend erkannte Urteile ne-
25 beneinander nicht bestehen können) ausgeschlossen, es sei denn,
daß man das „Bewußtsein" als „Bewußtsein überhaupt", als
überzeitliches Normalbewußtsein interpretiert. Natürlich kann
{ [A 89]
[B 89] }
aber ein primitives logisches Prinzip nicht den Begriff des ‖ Normalen voraussetzen, der ohne Rückbeziehung auf dieses Prinzip

---

* Fassungen von Heymans (*Die Gesetze und Elemente des wissenschaftlichen Denkens*, I ¹,§ 19 u. f. Verwandt mit der zweiten Fassung ist diejenige Sigwarts, *Logik*,
I², S. 419, „daß es unmöglich ist, mit Bewußtsein denselben Satz zugleich zu bejahen
und zu verneinen".
** Vgl. den Schluß des Zitats aus Mills Schrift gegen Hamilton oben S. 81 (Text).
Ebenso heißt es a. a. O., S. 484 f. unten: „*two assertions, one of which denies what the
other affirms, cannot be thought together*", wo das „*thought*" gleich darauf als „*believed*"
interpretiert wird.
*** Auch Höfler und Meinong unterläuft das Versehen, dem logischen Prinzip
den Gedanken der Inkoexistenz zu unterschieben (*Logik*, 1890, S. 133).

---

[1] In A nicht gesperrt, jedoch großgeschrieben.

gar nicht zu fassen wäre. Übrigens ist es klar, daß der so ver-
standene Satz, wofern man sich jeder metaphysischen Hyposta-
sierung enthält, eine äquivalente Umschreibung des logischen
Prinzips darstellt und mit aller Psychologie nichts zu tun hat.

5   Eine ähnliche Äquivokation wie in der ersten spielt in der
dritten und vierten Formulierung. Niemand k a n n an einen
Widerspruch glauben, niemand k a n n annehmen, daß dasselbe
sei und nicht sei — niemand Vernünftiger, wie selbstverständlich
ergänzt werden muß. Für jeden, der richtig urteilen will, und für
10 niemand sonst besteht diese Unmöglichkeit. Sie drückt also
keinen psychologischen Zwang aus, sondern die Einsicht, ⌐daß
entgegengesetzte Sätze nicht zusammen wahr sind bzw. ihnen
entsprechende Sachverhalte nicht zusammen bestehen können⌐1
und daß somit, wer den Anspruch erhebt, richtig zu urteilen, das
15 heißt, das Wahre als wahr, das Flasche als falsch gelten zu lassen,
so urteilen muß, wie dieses Gesetz es vorschreibt. Im faktischen
Urteilen mag es anders kommen; kein psychologisches Gesetz
zwingt den Urteilenden unter das Joch der logischen Gesetze.
Wieder haben wir es also mit einer äquivalenten Wendung des
20 logischen Gesetzes zu tun, der nichts ferner liegt als der Gedanke
an eine psychologische[2] Gesetzlichkeit der Urteilsphänomene.
Eben dieser Gedanke macht andererseits aber den wesentlichen
Gehalt der psychologischen Deutung aus. Sie resultiert, wenn das
Nichtkönnen eben als Inkoexistenz der Urteilsakte anstatt als
25 Inkompatibilität der entsprechenden Sätze (als ihr gesetzliches
Nichtzusammenwahrsein) gefaßt wird.

Der Satz: kein ,,Vernünftiger'' oder auch nur ,,Zurechnungs-
fähiger'' k a n n an einen Widerspruch glauben, läßt noch eine
andere Interpretation zu. Wir nennen den einen Vernünftigen,
30 dem wir die habituelle Disposition zutrauen, ,,bei normaler
Denkverfassung'' ,,in seinem Kreise'' richtig zu urteilen. Wer die
habituelle Befähigung besitzt, in normaler Denkverfassung zum
mindesten das ,,Selbstverständliche'', ,,auf der Hand ‖ Liegende''   [A 90
nicht zu verfehlen, gilt uns in dem hier fraglichen Sinne als ,,zu-   [B 90
35 rechnungsfähig''. Natürlich zählen wir die Vermeidung expliziter
Widersprüche in den — übrigens recht vagen — Bereich dieses

---

[1] A: ⌐daß entgegengesetzte Sachverhalte nicht zusammen wahr sind⌐.
[2] In A folgt: ⌐, also kausale⌐.

Selbstverständlichen. Ist diese Subsumtion vollzogen, so ist der Satz: kein Zurechnungsfähiger (oder gar Vernünftiger) kann Widersprüche für wahr halten, nichts mehr als eine triviale Übertragung des Allgemeinen auf den Einzelfall. Natürlich würden wir
5 niemanden zurechnungsfähig n e n n e n, der sich anders verhielte. Von einem psychologischen Gesetz ist also wiederum keine Rede.

Doch wir sind mit den möglichen Interpretationen nicht zu Ende. Eine arge Zweideutigkeit des Wortes U n m ö g l i c h k e i t, nach der es nicht bloß die o b j e k t i v g e s e t z l i c h e U n v e r e i n -
10 b a r k e i t, sondern auch ein s u b j e k t i v e s U n v e r m ö g e n, Vereinigung zustande zu bringen, bedeuten kann, trägt nicht wenig zur Begünstigung psychologistischer Tendenzen bei. Daß Widersprüche zusammen bestehen, k a n n i c h n i c h t g l a u b e n — ich mag mich noch so sehr bemühen, der Versuch scheitert an
15 dem gefühlten und unüberwindlichen Widerstand. Dieses Nichtglaubenkönnen, so möchte man argumentieren, ist ein evidentes Erlebnis, ich sehe also ein, daß der Glaube an Widersprechendes für mich, also auch für jedes Wesen, das ich mir analog denken muß, eine Unmöglichkeit ist; ich habe damit eine evidente Ein-
20 sicht in eine psychologische Gesetzlichkeit, die eben im Satze vom Widerspruch ausgedrückt ist.

Wir antworten, nur auf den neuen Irrtum der Argumentation Rücksicht nehmend, folgendes: Erfahrungsmäßig mißlingt, wo wir uns urteilend entschieden haben, jedweder Versuch, die Über-
25 zeugung, von der wir eben erfüllt sind, aufzugeben und den gegenteiligen Sachverhalt anzunehmen; es sei denn, daß neue Denkmotive auftauchen, nachträgliche Zweifel, ältere und mit der gegenwärtigen unverträgliche Überzeugungen, oft nur ein dunkles „Gefühl" feindlich aufstrebender Gedankenmassen. Der ver-
30 gebliche Versuch, der gefühlte Widerstand u. dgl., das sind individuelle Erlebnisse, beschränkt auf Person ‖ und Zeit, gebunden an gewisse, exakt gar nicht bestimmbare Umstände. Wie sollten sie also Evidenz begründen für ein allgemeines, Person und Zeit transzendierendes G e s e t z? Man verwechsle nicht die asserto-
35 rische Evidenz für das Dasein des einzelnen Erlebnisses mit der apodiktischen Evidenz für den Bestand eines allgemeinen Gesetzes. Kann die Evidenz für das Dasein jenes als Unfähigkeit gedeuteten Gefühls uns die Einsicht gewähren, daß, was wir soeben faktisch nicht zustande bringen, uns auch für immer und gesetz-

[A 91]
[B 91]

lich versagt sei? Man beachte die Unbestimmbarkeit der wesentlich mitspielenden Umstände. Tatsächlich irren wir in dieser
Hinsicht oft genug, obschon wir uns, von ⌐dem Bestand eines
Sachverhalts⌐1 *A* fest überzeugt, so leicht zu dem Ausspruch
5 versteigen: Es ist undenkbar, daß jemand *non-A* urteile. In
gleichem Sinne können wir nun auch sagen: Es ist undenkbar,
daß jemand den Satz des Widerspruches — von dem wir ja die
festeste Überzeugung haben — nicht annehme; und wieder:
Niemand bringt es fertig, zwei kontradiktorische ⌐Sätze⌐2 zu-
10 gleich für wahr zu halten. Es mag sein, daß hierfür ein aus viel-
fältiger Erprobung an Beispielen erwachsenes und eventuell recht
lebhaftes Erfahrungsurteil spricht; aber die Evidenz, daß es sich
allgemein und notwendig so verhalte, besitzen wir nicht.

Die wahre Sachlage können wir so beschreiben: Apodik-
15 tische Evidenz, d.i. Einsicht im prägnanten Sinne des Wortes,
haben wir bezüglich des Nichtzusammenwahrseins kontradiktorischer Sätze ⌐bzw. für das Nichtzusammenbestehen der ent-
gegengesetzten Sachverhalte⌐3. Das Gesetz dieser Unverträglichkeit ist das echte Prinzip vom Widerspruche. Die apodiktische
20 Evidenz erstreckt sich dann auch auf eine psychologische Nutz-
anwendung; wir haben auch die Einsicht, daß zwei Urteile
von kontradiktorischem Gehalt nicht in der Weise koexistieren
können, daß sie beide nur urteilsmäßig fassen, was in fundierenden Anschauungen wirklich gegeben ist. Allgemeiner haben wir
die Einsicht, daß nicht bloß assertorisch, sondern auch apodik-
25 tisch evidente Urteile von kontradiktorischem Gehalt ⌐weder in
einem Be|wußtsein, noch auf verschiedene Bewußtseine | ver-
teilt⌐4 koexistieren können. Mit alledem ist ja nur gesagt, daß
Sachverhalte, die als kontradiktorische objektiv unverträglich
sind, faktisch auch von niemandem in dem Kreise seiner An-
30 schauung und seiner Einsicht als koexistierend vorgefunden
werden können — was keineswegs ausschließt, daß sie für koexistierend gehalten werden. Dagegen fehlt uns apodiktische
Evidenz in Beziehung auf kontradiktorische Urteile überhaupt;

{[B 92
{[A 92

---

1 A: ⌐einem Sachverhalt⌐.
2 A: ⌐Sachverhalte⌐.
3 Zusatz von B.
4 In A zwischen Gedankenstriche gesetzt.

nur besitzen wir innerhalb praktisch bekannter und für praktische Zwecke genügend begrenzter Klassen von Fällen ein erfahrungsmäßiges Wissen, daß sich in diesen Fällen kontradiktorische Urteilsakte tatsächlich ausschließen.

5 § 28. *Die vermeintliche Doppelseitigkeit des Prinzips vom Widerspruch, wonach es zugleich als Naturgesetz des Denkens und als Normalgesetz seiner logischen Regelung zu fassen sei*

In unserer psychologisch interessierten Zeit haben sich nur wenige Logiker von den psychologischen Mißdeutungen der lo-
10 gischen Prinzipien ganz frei zu halten gewußt;[1] auch solche nicht, die selbst gegen eine psychologische Fundierung der Logik Partei ergriffen haben, oder die aus anderen Gründen den Vorwurf des Psychologismus empfindlich ablehnen würden. Bedenkt man, daß, was nicht psychologisch ist, auch nicht psychologischer Auf-
15 klärung zugänglich ist, daß also jeder noch so wohlgemeinte Versuch, durch psychologische Forschungen auf das Wesen der „Denkgesetze" ein Licht zu werfen, deren psychologische Umdeutung voraussetzt, so wird man alle deutschen Logiker der von Sigwart angebahnten Richtung hierher zählen müssen, mögen
20 sie auch der ausdrücklichen Formulierung oder Kennzeichnung dieser Gesetze als psychologischer ferngeblieben sein und sie wie immer den sonstigen Gesetzen der Psychologie gegenübergestellt haben. Findet man die gedanklichen Verschiebungen nicht in den gewählten Gesetzesformeln ausgeprägt, dann um so sicherer in
25 den begleitenden Erläuterungen oder in dem Zusammenhang der jeweiligen Darstellungen.

|| Besonders bemerkenswert erscheinen uns die Versuche, dem $\left\{\begin{matrix} \text{[A 93]} \\ \text{[B 93]} \end{matrix}\right.$
Satze vom Widerspruch eine Doppelstellung zu verschaffen, der zufolge er einerseits als Naturgesetz eine bestimmende
30 Macht unseres tatsächlichen Urteilens, andererseits als Normalgesetz das Fundament aller logischen Regeln bilden soll. In besonders ansprechender Weise vertritt diese Auffassung F. A. Lange in den *Logischen Studien*, einer geistvollen Schrift, die im übrigen ein Beitrag nicht zur Förderung einer psychologisti-
35 schen Logik im Stile Mills, sondern „zur Neubegründung der

---

[3] In A folgt: ⌜darunter⌝.

formalen Logik" sein will. Freilich, wenn man sich diese Neubegründung näher ansieht und liest, daß die Wahrheiten der
Logik sich wie die der Mathematik aus der Raumanschauung
ableiten,* daß die einfachen Grundlagen dieser Wissenschaften,
5 „da sie die strenge Richtigkeit aller Erkenntnis überhaupt verbürgen", „die Grundlagen unserer intellektuellen Organisation
sind", und daß also „die Gesetzmäßigkeit, die wir an ihnen be-
wundern, aus uns selbst stammt ... aus der unbewußten
Grundlage unserer selbst"** — so wird man kaum umhin können,
10 die Langesche Stellung wieder als einen Psychologismus zu
klassifizieren, nur von einem anderen Genus, unter welches auch
Kants formaler Idealismus — im Sinne der vorherrschenden
Interpretation desselben — und die sonstigen Spezies der Lehre
von den angeborenen Erkenntnisvermögen oder „Erkenntnis-
15 quellen" gehören.***

∥ Langes hierhergehörige Ausführungen lauten: „Der Satz des ⎰[A 94
Widerspruchs ist der Punkt, in welchem sich die Naturgesetze des ⎱[B 94
Denkens mit den Normalgesetzen berühren. Jene psychologischen
Bedingungen unserer Vorstellungsbildung, welche durch ihre unabän-
20 derliche Tätigkeit im natürlichen, von keiner Regel geleiteten Denken
sowohl Wahrheit als Irrtum in ewig sprudelnder Fülle hervorbringen,
werden ergänzt, beschränkt und in ihrer Wirkung zu einem bestimmten Ziele geleitet durch die Tatsache, daß wir Entgegengesetztes in
unserem Denken nicht vereinigen können, sobald es gleichsam zur
25 Deckung gebracht wird. Der menschliche Geist nimmt die größten
Widersprüche in sich auf, solange er das Entgegengesetzte in verschiedene Gedankenkreise einhegen und so auseinanderhalten kann; allein
wenn dieselbe Aussage sich unmittelbar mit ihrem Gegenteil auf denselben Gegenstand bezieht, so hört diese Fähigkeit der Vereinigung
30 auf; es entsteht völlige Unsicherheit, oder eine der beiden Behaup-

---

* F. A. Lange, *Logische Studien. Ein Beitrag zur Neubegründung der formalen
Logik und Erkenntnistheorie*, 1877, S. 130.
** A. a. O. S. 148.
*** Daß Kants Erkenntnistheorie Seiten hat, die über diesen Psychologismus der
Seelenvermögen als Erkenntnisquellen hinausstreben und in der Tat auch hinausreichen, ist allbekannt. Hier genügt es, daß sie auch stark hervortretende Seiten hat,
die in den Psychologismus hineinreichen, was lebhafte Polemik gegen andere Formen
psychologistischer Erkenntnisbegründung natürlich nicht ausschließt. Übrigens gehört nicht bloß Lange, sondern ein guter Teil der ⌈kantianisierenden Philosophen⌉ 1
in die Sphäre psychologistischer Erkenntnistheorie, wie wenig sie es auch Wort haben
wollen. Transzendentalpsychologie ist eben auch Psychologie.

---

1 A: ⌈Neukantianer⌉.

tungen muß weichen. Psychologisch kann freilich diese Vernichtung des Widersprechenden vorübergehend sein, insofern die unmittelbare Deckung der Widersprüche vorübergehend ist. Was in verschiedenen Denkgebieten tief eingewurzelt ist, kann nicht so ohne weiteres zer-
5 stört werden, wenn man durch bloße Folgerungen zeigt, daß es widersprechend ist. Auf dem Punkte freilich, wo man die Konsequenzen des einen und des anderen Satzes unmittelbar zur Deckung bringt, bleibt die Wirkung nicht aus, allein sie schlägt nicht immer durch die ganze Reihe der Folgerungen hindurch bis in den Sitz der ursprünglichen
10 Widersprüche. Zweifel an der Bündigkeit der Schlußreihe, an der Identität des Gegenstandes der Folgerung schützen den Irrtum häufig; aber auch wenn er für den Augenblick zerstört wird, bildet er sich aus dem gewohnten Kreise der Vorstellungsverbindungen wieder neu und behauptet sich, wenn er nicht endlich durch wiederholte Schläge zum
15 Weichen gebracht wird.

Trotz dieser Zähigkeit des Irrtums muß gleichwohl das psychologische Gesetz der Unvereinbarkeit unmittelbarer Widersprüche im Denken mit der Zeit eine große Wirkung ausüben. Es ist die scharfe Schneide, mittels welcher im Fortgang der Erfahrung allmählich die
20 unhaltbaren Vorstellungsverbindungen vernichtet werden, während die besser haltbaren fortdauern. Es ist das vernichtende Prinzip im [A 95] natürlichen Fortschritt des menschlichen Denkens, welches, ‖gleich [B 95] dem Fortschritt der Organismen, darauf beruht, daß immer neue Verbindungen von Vorstellungen erzeugt werden, von denen beständig
25 die große Masse wieder vernichtet wird, während die besseren überleben und weiter wirken.

Dieses psychologische Gesetz des Widerspruches ... ist unmittelbar durch unsere Organisation gegeben und wirkt vor aller Erfahrung als Bedingung aller Erfahrung. Seine Wirksamkeit ist eine ob-
30 jektive, und es braucht nicht erst zum Bewußtsein gebracht zu werden, um tätig zu sein.

Sollen wir nun aber dasselbe Gesetz als Grundlage der Logik auffassen, sollen wir es als Normalgesetz alles Denkens anerkennen, wie es als Naturgesetz auch ohne unsere Anerkennung wirksam ist,
35 dann allerdings bedürfen wir hier so gut, wie bei allen anderen Axiomen der typischen Anschauung, um uns zu überzeugen."*

,,Was ist hier das Wesentliche für die Logik, wenn wir alle psychologischen Zutaten weglassen? Nichts als die Tatsache der beständigen Aufhebung des Widersprechenden. Es ist auf dem Boden der An-
40 schauung im Schema ein bloßer Pleonasmus, wenn man sagt, daß der Widerspruch nicht bestehen kann; als ob hinter dem Grunde des Notwendigen noch einmal eine Notwendigkeit steckte. Die Tatsache ist, daß er nicht besteht, daß jedes Urteil, welches die Grenze des Begriffs überschreitet, sofort durch ein entgegengesetztes und fester
45 begründetes Urteil aufgehoben wird. Diese tatsächliche Aufhebung ist

---

* a. a. O., S. 27 f.

aber für die Logik der letzte Grund aller Regeln. Psychologisch betrachtet kann man sie auch wieder als notwendig bezeichnen, indem
man sie als einen Spezialfall eines allgemeineren Naturgesetzes ansieht; damit hat aber die Logik nichts zu schaffen, welche vielmehr
5 hier mitsamt ihrem Grundgesetze des Widerspruchs erst ihren Ursprung nimmt."*

   Diese Lehren F. A. Langes haben insbesondere auf Kroman**
und Heymans*** sichtliche Wirkungen geübt. Dem Letzteren verdanken wir einen systematischen Versuch, die Erkenntnistheorie mit
10 ‖ möglichster Konsequenz auf psychologischer Basis aufzuführen. Als
ein nahezu reinliches Gedankenexperiment muß es uns besonders will-
kommen sein, und wir werden bald Gelegenheit finden, darauf nähere
Rücksicht zu nehmen. — Ähnliche Auffassungen finden wir auch von
Liebmann**** ausgesprochen und zu unserer Überraschung inmitten
15 einer Betrachtung, welche, durchaus zutreffend, der logischen Notwendigkeit „absolute Gültigkeit für jedes vernünftig denkende Wesen"
beimißt, „gleichviel ob dessen sonstige Konstitution mit der unsrigen
zusammenstimme oder nicht".

$\begin{cases} \text{[A 96} \\ \text{[B 96} \end{cases}$

   Was wir gegen diese Lehren einzuwenden haben, ist nach dem
20 Obigen klar. Wir leugnen nicht die psychologischen Tatsachen,
von denen in Langes so eindringlicher Darstellung die Rede
ist; aber wir vermissen alles, was es rechtfertigen könnte, hier
von einem Naturgesetz zu sprechen. Vergleicht man die verschiedenen gelegentlichen Formulierungen des vermeintlichen
25 Gesetzes mit den Tatsachen, so erweisen sie sich als sehr nach-
lässige Ausdrücke derselben. Hätte Lange den Versuch einer
begrifflich genauen Beschreibung und Umgrenzung der uns wohlvertrauten Erfahrungen unternommen, so hätte ihm nicht entgehen können, daß sie keineswegs als Einzelfälle eines Gesetzes
30 in dem exakten Sinne gelten können, der bei den logischen Prinzipien in Frage kommt. In der Tat reduziert sich, was man uns
als „Naturgesetz vom Widerspruch" darbietet, auf eine rohe
empirische Allgemeinheit, die als solche mit einer des Genaueren
überhaupt nicht fixierbaren Unbestimmtheitssphäre behaftet ist.
35 Es bezieht sich überdies nur auf die normalen psychischen
Individuen; denn wie sich psychisch Abnorme verhalten, darüber

---

* a. a. O., S. 49.
** K. Kroman, *Unsere Naturerkenntnis*, übers. von Fischer-Benzon, Kopen-
hagen 1883.
*** G. Heymans, *Die Gesetze und Elemente des wissenschaftlichen Denkens*[1], 2
Bde., Leipzig 1890 und 1894.
**** O. Liebmann, *Gedanken und Tatsachen*, 1. Heft (1882) S. 25–27.

kann die hier[1] zu Rate gezogene Alltagserfahrung des Normalen
nichts aussagen. Kurz, wir vermissen die streng wissenschaftliche
Haltung, die bei aller Benützung vorwissenschaftlicher Erfahrungsurteile zu wissenschaftlichen Zwecken unbedingt geboten ist.
5 Wir erheben den entschiedensten Einspruch gegen die Vermeng-
ung jener | vagen empirischen All|gemeinheit mit dem absolut
exakten und rein begrifflichen Gesetze, das allein in der Logik
seine Stelle hat; wir halten es geradezu für widersinnig, das eine
mit dem anderen zu identifizieren, oder aus dem einen das andere
10 herzuleiten, oder auch beide zu dem vermeintlich zweiseitigen
Gesetz vom Widerspruch zusammenzuschweißen. Nur die Un-
achtsamkeit auf den schlichten Bedeutungsgehalt des logischen
Gesetzes ließ es übersehen, daß dieses zur tatsächlichen Aufhe-
15 bung des Widersprechenden im Denken weder direkt noch indirekt die mindeste Beziehung hat. Diese tatsächliche Aufhebung
betrifft offenbar nur die Urteilserlebnisse eines und desselben
Individuums in einem und demselben Zeitpunkt und Akt; es betrifft nicht Bejahung und Verneinung verteilt auf verschiedene
Individuen oder auf verschiedene Zeiten und Akte. Für das Tat-
20 sächliche, das hier in Frage ist, kommen dergleichen Unterscheidungen wesentlich in Betracht, das logische Gesetz wird durch sie
überhaupt nicht berührt. Es spricht eben nicht von dem Kampfe
kontradiktorischer Urteile, dieser zeitlichen, real so und so bestimmten Akte, sondern von der gesetzlichen Unverträglichkeit
25 unzeitlicher, idealer Einheiten, die wir kontradiktorische Sätze
nennen. Die Wahrheit, daß ⌜von⌝[2] einem Paar solcher Sätze
nicht beide wahr sind, enthält nicht den Schatten einer empirischen Behauptung über irgendein Bewußtsein und seine Urteilsakte. Ich denke, man muß sich dies nur einmal ernstlich klarge-
30 macht haben, um die Untriftigkeit der kritisierten Auffassung
einzusehen.

[B 97]
[A 97]

§ 29. *Fortsetzung. Sigwarts Lehre*

Auf Seiten der hier bestrittenen Lehre vom doppelten Charakter der logischen Grundsätze finden wir schon vor Lange her-

---

[1] In A folgt: ⌜allein⌝.
[2] A: ⌜in⌝.

vorragende Denker, nach einer gelegentlichen Bemerkung selbst
Bergmann, der sonst wenig Neigung zeigt, dem Psychologis-
mus Konzessionen zu machen;* vor allem aber Sigwart, | dessen [A 98
weit|reichender Einfluß auf die neuere Logik die genauere Er- [B 98
5 wägung seiner bezüglichen Ausführungen rechtfertigt.

„In keinem anderen Sinne", meint dieser bedeutende Logiker,
„tritt das Prinzip des Widerspruchs . . . als Normalgesetz auf, als
in welchem es ein Naturgesetz war und einfach die Bedeutung der
Verneinung feststellte; aber während es als Naturgesetz nur sagt,
10 daß es unmöglich ist, mit Bewußtsein in irgendeinem Moment zu
sagen, A ist b und A ist nicht b, wird es jetzt als Normalgesetz auf
den gesamten Umkreis konstanter Begriffe angewendet, über
welchen sich die Einheit des Bewußtseins überhaupt erstreckt;
unter dieser Voraussetzung begründet es das gewöhnlich soge-
15 nannte *principium contradictionis*, das jetzt aber kein Seiten-
stück zum Prinzip der Identität (im Sinne der Formel A ist A)
bildet, sondern dieses, d.h. die absolute Konstanz der Begriffe
selbst wieder als erfüllt voraussetzt."**

Ebenso heißt es in paralleler Ausführung in Beziehung auf den
20 (als Prinzip der Übereinstimmung interpretierten) Satz der Identität: „Der Unterschied, ob das Prinzip der Übereinstimmung als
Naturgesetz oder Normalgesetz betrachtet wird, liegt . . . nicht
in seiner eigenen Natur, sondern in den Voraussetzungen, auf die
es angewendet wird; im ersten Falle wird es angewendet auf das
25 eben dem Bewußtsein Gegenwärtige; im zweiten auf den idealen
Zustand einer durchgängigen ⌐veränderlichen⌐1 Gegenwart des
gesamten geordneten Vorstellungsinhalts für ein Bewußtsein,
der empirisch niemals vollständig erfüllt sein kann."***

Nun unsere Bedenken. Wie kann ein Satz, der (als Satz vom
30 Widerspruch) „die Bedeutung der Verneinung feststellt", den
Charakter eines Naturgesetzes haben? Natürlich meint Sigwart
nicht, daß der Satz in der Weise einer Nominaldefinition den
Sinn des Wortes Verneinung angibt. Nur daß || er im Sinne der
Verneinung gründet, ⌐daß er auseinanderlegt, was zur Bedeutung

{[A 9
{[B 9

---

* Bergmann, *Reine Logik*, S. 20 (Schlußworte des § 2).
** Sigwart, *Logik*, I², S. 385 (§ 45, 5).
*** a. a. O., S. 383 (§ 45, 2).

---

¹ A: ⌐unveränderlichen⌐.

des Begriffes Verneinung gehört[1], mit anderen Worten, nur daß durch ein Aufgeben des Satzes auch die Bedeutung des Wortes Verneinung aufgegeben wäre, kann Sigwart im Auge haben. Eben dies kann aber nimmermehr den Gedankengehalt eines
5 Naturgesetzes ausmachen, zumal auch nicht desjenigen, das Sigwart in den anschließenden Worten so formuliert: Es sei unmöglich mit Bewußtsein in irgendeinem Moment zu sagen, A ist b und A ist nicht b. Sätze, die in Begriffen gründen (und[2] nicht das, was in Begriffen gründet, auf Tatsachen bloß übertragen),
10 können nichts darüber aussagen, was wir mit Bewußtsein in irgendeinem Moment tun oder nicht tun können; sind sie, wie Sigwart an anderen Stellen lehrt, überzeitlich, so können sie keinen wesentlichen Inhalt haben, der Zeitliches, also Tatsächliches betrifft. Jedes Hineinziehen von Tatsachen in Sätze dieser
15 Art hebt ihren eigentlichen Sinn unvermeidlich auf. Demgemäß ist es klar, daß jenes Naturgesetz, das von Zeitlichem, und das Normalgesetz (das echte Prinzip vom Widerspruch), das von Unzeitlichem spricht, durchaus heterogen sind, und daß es sich also nicht um ein Gesetz handeln kann, das in demselben Sinne
20 nur in verschiedener Funktion oder Anwendungssphäre auftritt. Übrigens müßte doch, wenn die Gegenansicht richtig wäre, eine allgemeine Formel angebbar sein, welche jenes Gesetz über Tatsachen und dieses Gesetz über ideale Objekte gleichmäßig befaßte. Wer hier ein Gesetz lehrt, muß über eine
25 begrifflich bestimmte Fassung verfügen. Begreiflicherweise ist aber die Frage nach dieser einheitlichen Fassung eine vergebliche.

Wiederum habe ich folgendes Bedenken. Das Normalgesetz soll die absolute Konstanz der Begriffe als erfüllt voraussetzen? Dann würde das Gesetz also nur Geltung unter der Voraussetzung
30 haben, daß die Ausdrücke allzeit in identischer Bedeutung gebraucht werden, und wo diese Voraussetzung nicht erfüllt ist, verlöre es auch seine Geltung. Dies kann nicht die ernstliche Überzeugung des ausgezeichneten ‖ Logikers sein. Natürlich setzt die empirische Anwendung des Gesetzes voraus, daß die Be-
35 griffe bzw. Sätze, welche als Bedeutungen unserer Ausdrücke

[A 100]
[B 100]

---

1 A: ⌐was zur Bedeutung des Begriffes Verneinung gehört, auseinanderlegt⌐.
2 In A folgt: ⌐auch⌐.

fungieren, wirklich dieselben sind, so wie der ideale Umfang des
Gesetzes auf alle möglichen Sätzepaare entgegengesetzter Qualität, aber identischer Materie geht. Aber natürlich ist dies
keine Voraussetzung der Geltung, als ob diese eine hypotheti-
5 sche wäre, sondern die Voraussetzung möglicher Anwendung
auf vorgegebene Einzelfälle. So wie es die Voraussetzung der
Anwendung eines Zahlengesetzes ist, daß uns gegebenenfalls eben
Zahlen vorliegen, und zwar Zahlen von solcher Bestimmtheit, wie
es sie ausdrücklich bezeichnet, so ist es Voraussetzung des logi-
10 schen Gesetzes, daß uns Sätze vorliegen, und zwar verlangt es
ausdrücklich Sätze identischer Materie.

Auch die Beziehung auf ⌜das von Sigwart geschilderte⌝1
Bewußtsein überhaupt* kann ich nicht recht förderlich finden.
In einem ⌜solchen Bewußtsein⌝2 würden alle Begriffe (genauer
15 alle Ausdrücke) in absolut identischer Bedeutung gebraucht sein,
es gäbe keine fließenden Bedeutungen, keine Äquivokationen und
Quaternionen. Aber in sich haben die logischen Gesetze keine
wesentliche Beziehung auf dieses Ideal, das wir uns um ihretwillen
vielmehr erst bilden. Der beständige Rekurs auf das Idealbewußt-
20 sein erregt das unbehagliche Gefühl, als ob die logischen Gesetze
in Strenge eigentlich nur für ⌜fiktive⌝3 Idealfälle Geltung besäßen,
statt für die empirisch vorkommenden Einzelfälle. In welchem
Sinne rein logische Sätze identische Begriffe „voraussetzen",
haben wir eben erörtert. Sind begriffliche Vorstellungen fließend,
25 d.h. ändert sich bei Wiederkehr „desselben" Ausdrucks „der"
begriffliche Gehalt der Vorstellung, so haben wir im logischen
Sinne nicht mehr denselben, sondern einen zweiten Begriff, und
so bei jeder weiteren Änderung einen neuen. Aber jeder einzelne
für sich ist eine überempirische Einheit und fällt unter die auf
30 seine jeweilige Form ‖ bezüglichen logischen Wahrheiten. ⌜Wie⌝4 {[A 10
der Fluß der empirischen Farbeninhalte und die Unvollkommen- {[B 10
heit der qualitativen Identifizierung nicht die Unterschiede der

---

* Vgl. auch a. a. O., S. 419 (§ 48, 4).

---

1 A: ⌜ein ideales⌝.
2 A: ⌜idealen Denken⌝.
3 A: ⌜diese fiktiven⌝.
4 A: ⌜So wie⌝.

Farben als Qualitätenspezies tangiert, ⌜wie⌝[1] die eine Spezies
ein ideal Identisches ist gegenüber der Mannigfaltigkeit möglicher
Einzelfälle (die selbst nicht Farben sind, sondern eben Fälle
einer Farbe), so ⌜verhält es sich auch mit⌝[2] den identischen
5 Bedeutungen oder Begriffen in Beziehung auf die begrifflichen
Vorstellungen, deren „Inhalte" sie sind. Die Fähigkeit, ideierend
im Einzelnen das Allgemeine, in der empirischen Vorstellung den
Begriff ⌜schauend⌝[3] zu erfassen und uns im wiederholten Vorstellen der Identität der begrifflichen Intention zu versichern, ist
10 die Voraussetzung für die Möglichkeit der Erkenntnis[4]. Und wie
wir ein Begriffliches im Akte der Ideation ⌜schauend⌝[3] erfassen
— als die eine Spezies, deren Einheit gegenüber der Mannigfaltigkeit tatsächlicher oder als tatsächlich vorgestellter Einzelfälle wir
einsichtig zu vertreten vermögen — so können wir auch die
15 Evidenz der logischen Gesetze gewinnen, welche sich auf diese,
bald so oder so geformten Begriffe beziehen. Zu den „Begriffen"
in diesem Sinne von idealen Einheiten gehören nun auch die
„Sätze", von denen das *principium contradictionis* spricht, und
so überhaupt die Bedeutungen der Buchstabenzeichen, die in den
20 formelhaften Ausdrücken der logischen Sätze benutzt werden.
Wo immer wir Akte begrifflichen Vorstellens vollziehen, da haben
wir auch Begriffe; die Vorstellungen haben ihre „Inhalte", ihre
idealen Bedeutungen, deren wir uns abstraktiv, in ideierender
Abstraktion bemächtigen können; und damit haben wir auch
25 überall die Möglichkeit der Anwendung der logischen Gesetze
gegeben. Die Geltung dieser Gesetze ist aber schlechthin un-
begrenzt, sie hängt nicht davon ab, ob wir und wer immer begriffliche Vorstellungen faktisch zu vollziehen und sie mit dem Bewußtsein identischer Intention festzuhalten, bzw. zu wiederholen
30 vermag.

---

¹ A: ⌜so wie⌝.
² A: ⌜gilt dasselbe von⌝.
³ Zusatz von B.
⁴ In A folgt: ⌜, des Denkens⌝.

SECHSTES KAPITEL

DIE SYLLOGISTIK IN PSYCHOLOGISTISCHER BELEUCHTUNG. SCHLUSSFORMELN UND CHEMISCHE FORMELN

5   § 30. *Versuche zur psychologischen Interpretation der syllogistischen Sätze*

Wir haben in den Ausführungen des letzten Kapitels vorzugsweise den Satz des Widerspruchs zugrunde gelegt, weil gerade bei diesem, wie bei den Grundsätzen überhaupt, die Versuchung zur
10 psychologistischen Auffassung sehr groß ist. Die Gedankenmotive, die zu ihr hindrängen, haben in der Tat einen starken Anstrich von Selbstverständlichkeit. Überdies läßt man sich auf die spezielle Durchführung der empiristischen Doktrin bei den Schlußgesetzen seltener ein; vermöge ihrer Reduktibilität auf die
15 Grundsätze glaubt man bei ihnen jeder weiteren Bemühung enthoben zu sein. Sind diese Axiome psychologische Gesetze, und sind die syllogistischen Gesetze rein deduktive Konsequenzen der Axiome, dann müssen auch die syllogistischen Gesetze als psychologische gelten. Man sollte nun meinen, daß jeder Fehl-
20 schluß eine entscheidende Gegeninstanz abgeben müsse, und daß also aus dieser Deduktion vielmehr ein Argument gegen die Möglichkeit jeder psychologischen Deutung der Axiome zu entnehmen sei. Man sollte ferner meinen, daß die nötige Sorgsamkeit in der gedanklichen und sprachlichen Fixierung des prätendierten
25 psychologischen Gehalts der Axiome den Empiristen überzeugen müßte, daß sie in solcher Interpretation auch nicht den kleinsten Beitrag zum Beweise der Schlußformeln leisten können, und daß, wo immer solch ein Beweis statthat, die Ausgangspunkte ebenso wie die Endpunkte den Charakter von Gesetzen haben, die von

dem, was in der Psychologie Gesetz ‖ heißt, *toto coelo* verschieden $\begin{cases} \text{[A 103]} \\ \text{[B 103]} \end{cases}$
sind. Aber selbst die klarsten Widerlegungen scheitern an der
Überzeugungsfreudigkeit der psychologistischen Lehre. G. Heymans, welcher diese Lehre neuerdings ausführlich entwickelt
5 hat, nimmt an der Existenz von Fehlschlüssen so wenig Anstoß,
daß er in der Möglichkeit, einen Fehlschluß nachzuweisen, sogar
eine Bestätigung der psychologischen Auffassung sieht; denn
dieser Nachweis bestehe nicht darin, denjenigen, der noch nicht
nach dem Satze des Widerspruchs denke, eines Besseren zu be-
10 lehren, sondern darin, den im Fehlschluß unvermerkt begangenen
Widerspruch aufzuzeigen. Man möchte hier fragen, ob unbemerkte Widersprüche nicht auch Widersprüche sind, und ob das
logische Prinzip nur die Unvereinbarkeit bemerkter Widersprüche
aussage, während es bei unbemerkten zulasse, daß sie zusammen
15 wahr seien. Es ist wieder klar — man denke nur an den Unterschied der psychologischen und logischen Unvereinbarkeit — daß
wir uns in der trüben Sphäre der schon besprochenen Äquivokationen herumtreiben.

Wollte man noch sagen, die Rede von ,,unvermerkten'' Wider-
20 sprüchen, die der Fehlschluß enthalte, sei eine uneigentliche; erst
im Verlaufe des widerlegenden Gedankenganges trete der Widerspruch als Neues auf, er stelle sich als Folge der irrigen Schlußweise ein und daran knüpfte sich (immer psychologisch verstanden) die weitere Folge, daß wir uns nun auch genötigt sehen, diese
25 Schlußweise als irrig zu verwerfen — so wäre uns wenig gedient.
Die eine Gedankenbewegung hat diesen, eine andere wieder einen
anderen Erfolg. Kein psychologisches Gesetz bindet die ,,Wider-
legung'' an den Fehlschluß. Jedenfalls tritt er in unzähligen
Fällen ohne sie auf und behauptet sich in der Überzeugung. Wie
30 kommt also gerade die eine Gedankenbewegung, die sich nur
unter gewissen psychischen Umständen an den Trugschluß anknüpft, zu dem Rechte, ihm einen Widerspruch schlechthin zu-
zuschieben, und ihm nicht bloß die ,,Gültigkeit'' unter diesen
Umständen, sondern die objektive, absolute Gültigkeit abzu- $\begin{cases} \text{[A 104]} \\ \text{[B 104]} \end{cases}$
35 streiten? Genau ebenso ‖ verhält es sich natürlich bei den ,,richti-
gen'' Schlußformen in Beziehung auf ihre rechtfertigende Begründung durch die logischen Axiome. Wie kommt der begrün-
dende Gedankengang, der nur unter gewissen psychischen Umständen eintritt, zu dem Anspruch, die bezügliche Schlußform als

schlechthin gültige auszuzeichnen? Für derartige Fragen hat
die psychologistische Lehre keine annehmbare Antwort; es fehlt
ihr hier wie überall die Möglichkeit, den objektiven Gültigkeits-
anspruch der logischen Wahrheiten, und damit auch ihre Funk-
5 tion als absolute Normen des richtigen und falschen Urteilens,
zum Verständnis zu bringen. Wie oft ist dieser Einwand erhoben,
wie oft ist bemerkt worden, daß die Identifikation von logischem
und psychologischem Gesetz auch jeden Unterschied zwischen
richtigem und irrigem Denken aufhöbe, da die irrigen Urteils-
10 weisen nicht minder nach psychologischen Gesetzen erfolgen als
die richtigen. Oder sollten wir, etwa auf Grund einer willkürlichen
Konvention, die Ergebnisse gewisser Gesetzlichkeiten als richtig,
diejenigen anderer als irrig bezeichnen? Was antwortet der Empirist auf solche Einwände? ,,Allerdings strebt das auf Wahrheit
15 gerichtete Denken darnach, widerspruchslose Gedankenverbindungen zu erzeugen; aber der Wert dieser widerspruchslosen
Gedankenverbindungen liegt doch eben wieder in dem Umstande,
daß tatsächlich nur das Widerspruchslose bejaht werden kann,
daß also der Satz des Widerspruchs ein Naturgesetz des Denkens
20 ist.''* Ein sonderbares Streben, wird man sagen, das dem Denken
hier zugemutet wird, ein Streben nach widerspruchslosen Gedankenverbindungen, während es andere als widerspruchslose
Verbindungen überhaupt nicht gibt und nicht geben kann — so
zum mindesten, wenn das ,,Naturgesetz'' wirklich besteht, von
25 dem hier die Rede ist. Oder ist es ein besseres Argument, wenn $\left\{\begin{matrix} [\text{A} \\ [\text{B} \end{matrix}\right.$
man sagt: ,,Wir haben keinen einzigen ‖ Grund, die Verbindung
zweier sich widersprechender Urteile als ,,unrichtig'' zu verurtei-
len, wenn nicht eben diesen, daß wir instinktiv und unmittelbar
die Unmöglichkeit empfinden, die beiderseitigen Urteile gleich-
30 zeitig zu bejahen. Man versuche es nun, unabhängig von dieser
Tatsache zu beweisen, daß nur das Widerspruchslose bejaht
werden darf: man wird immer wieder, um den Beweis führen
zu können, das zu Beweisende voraussetzen müssen'' (a.a.O.,
S. 69f.). Man erkennt ohne weiteres die Wirksamkeit der oben
35 analysierten Äquivokationen: die Einsicht in das logische Gesetz,

---

* Heymans a. a. O., I¹, S. 70. So sagte ja auch F. A. Lange (vgl. den letzten
Absatz des längeren Zitates aus den *Log. Studien*, oben S. 95), die tatsächliche
Aufhebung des Widersprechenden in unseren Urteilen sei der letzte Grund der logi-
schen Regeln.

daß kontradiktorische Sätze nicht zusammen wahr sind, wird identifiziert mit der instinktiven und vermeintlich unmittelbaren „Empfindung" der psychologischen Unfähigkeit, kontradiktorische Urteilsakte gleichzeitig zu vollziehen. Evidenz und blinde
5 Überzeugung, exakte und empirische Allgemeinheit, logische Unverträglichkeit der Sachverhalte und psychologische Unverträglichkeit der Glaubensakte, also Nicht-zusammen-wahrsein-können und Nicht-zugleich-glauben-können fließen in eins zusammen.

§ 31. *Schlußformeln und chemische Formeln*

10   Die Lehre, daß die Schlußformeln „empirische Gesetze des Denkens" ausdrücken, versucht H e y m a n s durch den Vergleich mit den chemischen Formeln plausibler zu machen. „Genau so, wie in der chemischen Formel $2H_2 + O_2 = 2H_2O$ nur die allgemeine Tatsache zum Ausdruck kommt, daß zwei Volumen Wasser-
15 stoff mit einem Volumen Sauerstoff sich unter geeigneten Umständen zu zwei Volumen Wasser verbinden, — genau so sagt die logische Formel

$$MaX + MaY = YiX + XiY$$

nur aus, daß zwei allgemein bejahende Urteile mit gemeinschaft-
20 lichem Subjektbegriff unter geeigneten Umständen im Bewußtsein zwei neue partikulär bejahende Urteile erzeugen, in denen die Prädikatbegriffe der ursprünglichen Urteile als Prädikat- und Subjektbegriff auftreten. Warum in diesem Falle ‖ eine Erzeugung neuer Urteile stattfindet, dagegen etwa bei der Kombination
25 $MeX + MeY$ nicht, davon wissen wir zurzeit noch nichts. Von der unerschütterlichen Notwendigkeit aber, welche diese Verhältnisse beherrscht, und welche, wenn die Prämissen zugegeben sind, uns zwingt, auch die Schlußfolgerung für wahr zu halten, möge man sich durch Wiederholung der ... Experimente über-
30 zeugen."* Diese E x p e r i m e n t e sind natürlich „unter Ausschließung aller störenden Einflüsse" anzustellen und bestehen darin, „daß man die betreffenden Prämissenurteile möglichst klar sich vergegenwärtigt, dann den Mechanismus des Denkens wirken lassen und die Erzeugung oder Nichterzeugung eines

$\left\{\begin{array}{l}\text{[A 106]} \\ \text{[B 106]}\end{array}\right.$

---

* H e y m a n s, a. a. O., S. 62 f.

neuen Urteils abwarten muß". Kommt aber ein neues Urteil
wirklich zustande, dann muß man scharf zusehen, ob vielleicht
außer Anfangs- und Endpunkt des Prozesses noch einzelne Zwi-
schenstadien ins Bewußtsein treten und diese in möglichster Ge-
5 nauigkeit und Vollständigkeit notieren.*

Was uns bei dieser Auffassung überrascht, ist die Behauptung,
daß bei den von Logikern ausgeschlossenen Kombinationen keine
Erzeugung neuer Urteile statthabe. In Beziehung auf jeden Fehlschluß, z.B. der Form

10 $$XeM + MeY = XeY$$

wird man doch sagen müssen, daß allgemein zwei Urteile der
Formen XeM und MeY „unter geeigneten Umständen" im
Bewußtsein ein neues Urteil ergeben. Die Analogie mit den
chemischen Formeln paßt hier genau so recht und schlecht wie
15 in den anderen Fällen. Natürlich ist darauf nicht die Entgegnung
zulässig, daß die „Umstände" in dem einen und anderen Falle
ungleich seien. Psychologisch sind sie alle von gleichem Interesse
und die zugehörigen empirischen Sätze von gleichem Wert. Warum machen wir also diesen fundamentalen Unterschied zwischen $\{$[A 10
20 den beiden Klassen von ‖ Formeln? Würde man uns diese ⎰[B 10
Frage vorlegen, so würden wir natürlich antworten: Weil wir in
Beziehung auf die einen zur Einsicht gekommen sind, daß,
was sie ausdrücken, Wahrheiten, und in Beziehung auf die
anderen, daß es Falschheiten sind. Diese Antwort kann aber der
25 Empirist nicht geben. Unter Voraussetzung der von ihm angenommenen Interpretationen sind ja die den Fehlschlüssen entsprechenden empirischen Sätze in gleicher Weise gültig, wie die
den übrigen Schlüssen entsprechenden.

Der Empirist beruft sich auf die Erfahrung der „unerschütter-
30 lichen Notwendigkeit", welche, „wenn die Prämissen gegeben sind, uns zwingt, auch die Schlußfolgerung für wahr zu
halten". Aber alle Schlüsse, ob logisch gerechtfertigt oder nicht,
vollziehen sich mit psychologischer Notwendigkeit, und auch der
(allerdings nur unter Umständen) fühlbare Zwang ist überall der-
35 selbe. Wer einen begangenen Fehlschluß allen kritischen Einwänden zum Trotze immerfort aufrechthält, fühlt die „uner-

---

* a. a. O., S. 56 f.

schütterliche Notwendigkeit", den Zwang des Nichtanderskön-
nens — er fühlt ihn genau so wie derjenige, der richtig schließt
und auf der erkannten Richtigkeit bestehen bleibt. Wie alles Urteilen, so ist eben auch das Schließen nicht Sache der Willkür.
5 Diese gefühlte Unerschütterlichkeit ist so wenig ein Zeugnis für
⌜wirkliche⌝1 Unerschütterlichkeit, daß sie vermöge neuer Urteils-
motive, und zwar selbst im Falle richtiger und als richtig erkannter Schlüsse, weichen mag. Sie darf man also nicht vermengen
mit der echten, logischen Notwendigkeit, die zu jedem richtigen
10 Schlusse gehört, und die nichts anderes besagt und besagen darf,
als wie die einsichtig zu erkennende (obschon nicht von jedem
Urteilenden wirklich erkannte) ideal-gesetzliche Geltung des
Schlusses. Die Gesetzlichkeit der Geltung als solche tritt allerdings erst hervor in der einsichtigen Erfassung des Schlußgesetzes;
15 im Vergleich mit ihr erscheint die Einsichtigkeit des *hic et nunc*
vollzogenen Schlusses als Einsicht in die n o t w e n d i g e G e l t u n g
des Einzelfalles, d.i. in die Geltung desselben auf Grund des
Gesetzes.
   ‖ Der Empirist meint, wir wüßten „zurzeit noch nichts" dar- [A 108]
20 über, warum die in der Logik verworfenen Prämissenkombina- [B 108]
tionen „kein Ergebnis lieferten". Also von einem künftigen Fortschritt der Erkenntnis erhofft er reichere Belehrung? Man sollte
denken, h i e r wüßten wir alles, was sich überhaupt wissen läßt;
haben wir doch die E i n s i c h t, daß jede überhaupt mögliche
25 (d.h. in den Rahmen der syllogistischen Kombinationen fallende)
Form von Schlußsätzen in Verknüpfung mit den fraglichen Prä-
missenkombinationen ein falsches Schlußgesetz liefern würde;
man sollte denken, daß in diesen Fällen auch für einen unendlich
vollkommenen Intellekt ein Mehr an Wissen schlechterdings nicht
30 möglich wäre.
   An diese und ähnliche Einwände würde sich noch ein anders-
artiger knüpfen lassen, der, obschon nicht minder kräftig, für
unsere Zwecke minder wichtig erscheint. Es ist nämlich unzweifelhaft, daß die Analogie mit den chemischen Formeln nicht
35 eben weit reicht, ich meine nicht so weit, daß wir Anlaß fänden,
neben den logischen Gesetzen die mit ihnen verwechselten psychologischen pathetisch zu nehmen. Im Falle der Chemie kennen

---

1 A: ⌜wahrhafte⌝.

wir die „Umstände", unter denen die formelhaft ausgedrückten
Synthesen erfolgen, sie sind in erheblichem Maße exakt bestimm-
bar, und eben darum rechnen wir die chemischen Formeln zu den
wertvollsten Induktionen der Naturwissenschaft. Im Falle der
5 Psychologie hingegen bedeutet die uns erreichbare Kenntnis der
Umstände so wenig, daß wir schließlich nicht weiter kommen als
zu sagen: daß es eben öfter vorkommt, daß Menschen den logischen Gesetzen konform schließen, wobei gewisse exakt nicht zu
umgrenzende Umstände, eine gewisse „Anspannung der Auf-
10 merksamkeit", eine gewisse „geistige Frische", eine gewisse „Vor-
bildung" u. dgl. begünstigende Bedingungen für das Zustandekommen eines logischen Schlußaktes sind. Die Umstände oder
Bedingungen im strengen Sinne, unter denen der schließende
Urteilsakt mit ⌈kausaler⌉1 Notwendigkeit hervorgeht, sind uns
15 ganz verborgen. Bei der gegebenen Sachlage ist es auch wohl be-
greiflich, warum es bisher keinem Psy|chologen eingefallen ist, [A 10
| die den mannigfaltigen Schlußformeln zuzuordnenden und durch [B 10
jene vagen Umstände charakterisierten Allgemeinheiten in der
Psychologie einzelweise aufzuführen und mit dem Titel „Denk-
20 gesetze" zu ehren.

Nach alledem werden wir wohl auch Heymans' interessanten
(und in vielen hier nicht berührten Einzelheiten anregenden)
Versuch einer „Erkenntnistheorie, die man auch Chemie der Urteile nennen könnte"* und die „nichts weiter sei, als eine Psy-
25 chologie des Denkens"**, zu den im Kantschen Sinne hoffnungslosen rechnen dürfen. In der Ablehnung der psychologistischen Interpretationen werden wir jedenfalls nicht schwanken können. Die Schlußformeln haben nicht den ihnen unter-
legten empirischen Gehalt; ihre wahre Bedeutung tritt am klar-
30 sten hervor, wenn wir sie in äquivalenten idealen Unverträglichkeiten aussprechen. Z.B.: Es gilt allgemein, daß nicht zwei
Sätze der Formen „alle M sind X" und „kein P ist M" wahr
sind, ohne daß auch ein Satz der Form „einige X sind nicht P"
wahr wäre. Und so in jedem Falle. Von einem Bewußtsein, von
35 Urteilsakten und Umständen des Urteilens u. dgl. ist hier keine

---

* Heymans, a. a. O., S. 30.
** a. a. O., S. 10.

---

1 Zusatz von B.

Rede. Hält man sich den wahren Gehalt der Schlußgesetze vor
Augen, dann verschwindet auch der irrige Schein, als ob die
experimentelle Erzeugung des einsichtigen Urteils, in dem wir
das Schlußgesetz anerkennen, eine experimentelle Begründung
5 des Schlußgesetzes selbst bedeuten oder einleiten könnte.

SIEBENTES KAPITEL

DER PSYCHOLOGISMUS ALS
SKEPTISCHER RELATIVISMUS

§ 32. *Die idealen Bedingungen für die Möglichkeit einer Theorie*
5 *überhaupt. Der strenge Begriff des Skeptizismus*

Der schwerste Vorwurf, den man gegen eine Theorie, und zumal gegen eine Theorie der Logik, erheben kann, besteht darin,
daß sie gegen die evidenten Bedingungen der Möglichkeit einer Theorie überhaupt verstoße. Eine Theorie auf-
10 stellen und in ihrem Inhalt, sei es ausdrücklich oder einschließlich,
den Sätzen widerstreiten, welche den Sinn und Rechtsanspruch
aller Theorie überhaupt begründen — das ist nicht bloß falsch,
sondern von Grund aus verkehrt.
In doppelter Hinsicht kann man hier von evidenten ,,Bedin-
15 gungen der Möglichkeit'' jeder Theorie überhaupt sprechen. Fürs
erste in subjektiver Hinsicht. Hier handelt es sich um die
apriorischen Bedingungen, von denen die Möglichkeit der unmittelbaren und mittelbaren Erkenntnis* und somit die Möglichkeit der vernünftigen Rechtfertigung jeder Theorie ab-
20 hängig ist. Die Theorie als Erkenntnisbegründung ist selbst eine
Erkenntnis und hängt ihrer Möglichkeit nach von gewissen Bedingungen ab, die rein begrifflich in der Erkenntnis und ihrem
Verhältnis zum erkennenden Subjekt gründen. Z.B.: Im Begriff
der Erkenntnis im strengen Sinne liegt es, ein Urteil zu sein, das
25 nicht bloß den Anspruch erhebt, die Wahrheit zu treffen, sondern
auch der Berechtigung dieses Anspruches gewiß ist und diese

---

* Ich bitte zu beachten, daß der Terminus Erkenntnis in diesem Werke nicht in
der viel gebräuchlichen Einschränkung auf Reales verstanden wird.

Berechtigung auch wirklich besitzt. Wäre ‖ der Urteilende aber $\left\{\begin{array}{l}\text{[A 111]}\\\text{[B 111]}\end{array}\right.$
nie und nirgends in der Lage, diejenige Auszeichnung, welche die
Rechtfertigung des Urteils ausmacht, in sich zu erleben und als
solche zu erfassen, fehlte ihm bei allen Urteilen die Evidenz, die
5 sie von blinden Vorurteilen unterscheidet, und die ihm die lichtvolle Gewißheit gibt, nicht bloß für wahr zu halten, sondern die
Wahrheit selbst zu ⌜haben⌝1 — so wäre bei ihm von einer vernünftigen Aufstellung und Begründung der Erkenntnis, es wäre
von Theorie und Wissenschaft keine Rede. Also verstößt eine
10 Theorie gegen die subjektiven Bedingungen ihrer Möglichkeit als
Theorie überhaupt, wenn sie, diesem Beispiel gemäß, jeden Vorzug des evidenten gegenüber dem blinden Urteil leugnet; sie hebt
dadurch das auf, was sie selbst von einer willkürlichen, rechtlosen
Behauptung unterscheidet.
15 Man sieht, daß unter subjektiven Bedingungen der Möglichkeit
hier nicht etwa zu verstehen sind reale Bedingungen, die im einzelnen Urteilssubjekt oder in der wechselnden Spezies urteilender
Wesen (z.B. der menschlichen) wurzeln, sondern ideale Bedingungen, die in der Form der Subjektivität überhaupt und in deren
20 Beziehung zur Erkenntnis wurzeln. Zur Unterscheidung wollen
wir von ihnen als von noetischen Bedingungen sprechen.
In objektiver Hinsicht betrifft die Rede von Bedingungen
der Möglichkeit jeder Theorie nicht die Theorie als subjektive
Einheit von Erkenntnissen, sondern Theorie als eine objek-
25 tive, durch Verhältnisse von Grund und Folge verknüpfte Einheit von Wahrheiten bzw. Sätzen. Die Bedingungen sind
hier all die Gesetze, welche rein im Begriffe der Theorie
gründen — spezieller gesprochen, die rein im Begriffe der
Wahrheit, des Satzes, des Gegenstandes, der Beschaffenheit, der
30 Beziehung u. dgl., kurz in den Begriffen gründen, welche den
Begriff der theoretischen Einheit wesentlich konstituieren. Die Leugnung dieser Gesetze ist also gleichbedeutend
(äquivalent) mit der Behauptung, all die fraglichen Termini:
Theorie, Wahrheit, Gegenstand, Beschaffenheit usw. entbehrten $\left\{\begin{array}{l}\text{[A 112]}\\\text{[B 112]}\end{array}\right.$
35 ‖ eines konsistenten Sinnes. Eine Theorie hebt sich in dieser
objektiv-logischen Hinsicht auf, wenn sie in ihrem Inhalt gegen

---

1 A: ⌜halten⌝.

die Gesetze verstößt, ohne welche Theorie überhaupt keinen „vernünftigen" (konsistenten) Sinn hätte.

Ihre logischen Verstöße können in den Voraussetzungen, in den Formen der theoretischen Verbindung, endlich 5 auch in der erwiesenen These selbst liegen. Am schroffsten ist die Verletzung der logischen Bedingungen offenbar dann, wenn es zum Sinne der theoretischen These gehört, diese Gesetze zu leugnen, von welchen die vernünftige Möglichkeit jeder These und jeder Begründung einer These überhaupt abhängig 10 ist. Und ähnliches gilt auch für die noetischen Bedingungen und die gegen sie verstoßenden Theorien. Wir unterscheiden also (natürlich nicht in klassifikatorischer Absicht): falsche, absurde, logisch und noetisch absurde und endlich skeptische Theorien; unter dem letzteren Titel alle Theorien befassend, deren 15 Thesen entweder ausdrücklich besagen oder analytisch in sich schließen, daß die logischen oder noetischen Bedingungen für die Möglichkeit einer Theorie überhaupt falsch sind.

Hiermit ist für den Terminus Skeptizismus ein scharfer Begriff und zugleich eine klare Sonderung in logischen und 20 noetischen Skeptizismus gewonnen. Ihm entsprechen beispielsweise die antiken Formen des Skeptizismus mit Thesen der Art wie: Es gibt keine Wahrheit, es gibt keine Erkenntnis und Erkenntnisbegründung u. dgl. Auch der Empirismus, der gemäßigte nicht minder als der extreme, ist nach unseren früheren 25 Ausführungen* ein Beispiel, das unserem prägnanten Begriffe entspricht. Daß es zum Begriff der skeptischen Theorie gehört, widersinnig zu sein, ist aus der Definition ohne weiteres klar.

§ 33. *Skeptizismus in metaphysischem Sinne*

Gewöhnlich wird der Terminus Skeptizismus einigermaßen 30 vage gebraucht. Sehen wir von seinem populären Sinn ab, so
|| nennt man skeptisch jedwede philosophischen Theorien, welche $\left\{\begin{array}{l}\text{[A 113}\\\text{[B 113}\end{array}\right.$
aus prinzipiellen Gründen eine erhebliche Einschränkung der menschlichen Erkenntnis dartun wollen, zumal wenn durch sie umfassende Sphären des realen Seins oder besonders wertgehal- 35 tene Wissenschaften (z.B. Metaphysik, Naturwissenschaft, Ethik

---

* Vgl. Kapitel V, Anhang zu den §§ 25 und 26, S. 84 ff.

als rationale Disziplinen) aus dem Gebiete möglicher Erkenntnis verbannt werden.

Unter diesen unechten Formen des Skeptizismus pflegt hauptsächlich die eine mit dem hier definierten, eigentlich erkenntnis-
5 theoretischen Skeptizismus vermengt zu werden, bei welcher es sich um die Beschränkung der Erkenntnis auf psychisches Dasein und die Leugnung der Existenz oder Erkennbarkeit von „Dingen an sich" handelt. Derartige Theorien sind aber offenbar m e t a - physische; sie haben an sich mit dem eigentlichen Skeptizismus
10 nichts zu tun, ihre These ist von allem logischen und noetischen Widersinn frei, ihr Rechtsanspruch ist nur eine Frage der Argumente und Beweise. Vermengungen und echt skeptische Wendungen erwuchsen erst unter dem paralogistischen Einfluß naheliegender Äquivokationen oder anderweitig geförderter skep-
15 tischer Grundüberzeugungen. Faßt z.B. ein metaphysischer Skeptiker seine Überzeugung in die Form: „Es gibt keine o b j e k t i v e Erkenntnis" (sc. keine Erkenntnis von Dingen an sich); oder: „Alle Erkenntnis ist s u b j e k t i v" (sc. alle Tatsachen-Erkenntnis ist bloße Erkenntnis von Bewußtseinstatsachen), so ist die Ver-
20 lockung groß, der Zweideutigkeit der Ausdrucksweise Subjektiv-Objektiv nachzugeben und für den ursprünglichen, dem eingenommenen Standpunkte angemessenen Sinn einen noetisch-skeptischen unterzulegen. Aus dem Satze: „Alle Erkenntnis ist subjektiv" wird nun die total neue Behauptung: „Alle Erkenntnis als
25 Bewußtseinserscheinung untersteht den ⌜Gesetzen menschlichen Bewußtseins⌝[1]; was wir Formen und Gesetze der Erkenntnis nennen, sind nichts weiter als „Funktionsformen des Bewußtseins" bzw. Gesetzmäßigkeiten dieser Funktionsformen — psychologische Gesetze." Wie nun (in dieser unrechtmäßigen Weise)
30 der meta‖physische Subjektivismus den erkenntnistheoretischen empfiehlt, so scheint auch in umgekehrter Richtung der letztere (wo er als für sich einleuchtend angenommen wird) ein kräftiges Argument für den ersteren abzugeben. Man schließt etwa: „Die logischen Gesetze, als Gesetze für unsere Erkenntnisfunktionen,
35 ermangeln der „realen Bedeutung"; jedenfalls könnten wir nie und nirgends wissen, ob sie mit den etwaigen Dingen an sich harmonieren, die Annahme eines „Präformationssystems" wäre

{[A 114]
{[B 114]

---

[1] A: ⌜Bewußtseinsgesetzen⌝.

völlig willkürlich. Ist schon die Vergleichung der einzelnen Erkenntnis mit ihrem Gegenstande (zur Konstatierung der *ad-
aequatio rei et intellectus*) durch den Begriff des Dinges an sich
ausgeschlossen, so erst recht die Vergleichung der subjektiven
5 Gesetzmäßigkeiten unserer Bewußtseinsfunktionen mit dem objektiven Sein der Dinge und ihren Gesetzen. Also wenn es Dinge
an sich gibt, können wir von ihnen schlechterdings nichts wissen."
    Metaphysische Fragen gehen uns hier nicht an, wir erwähnten
sie nur, um gleich von vornherein der Vermengung zwischen meta-
10 physischem und logisch-noetischem Skeptizismus zu begegnen.

§ 34. *Der Begriff Relativismus und seine Besonderungen*

    Für die Zwecke einer Kritik des Psychologismus müssen wir
noch den Begriff des (auch in der besprochenen metaphysischen
Theorie auftretenden) S u b j e k t i v i s m u s oder R e l a t i v i s m u s
15 erörtern. Ein ursprünglicher Begriff ist umschrieben durch die
P r o t a g o r e i s c h e Formel: ,,Aller Dinge Maß ist der Mensch",
sofern wir sie in dem Sinne interpretieren: Aller Wahrheit Maß
ist der individuelle Mensch. Wahr ist für einen jeden, was i h m
als wahr erscheint, für den einen dieses, für den anderen das
20 Entgegengesetzte, falls es ihm ebenso erscheint. Wir können hier
also auch die Formel wählen: Alle Wahrheit (und Erkenntnis)
ist relativ — relativ zu dem zufällig urteilenden S u b j e k t.
Nehmen wir hingegen statt des Subjektes die zufällige S p e z i e s
urteilender Wesen als den Be‖ziehungspunkt der Relation, so
25 erwächst eine neue Form des Relativismus. Aller menschlichen
Wahrheit Maß ist also der Mensch a l s s o l c h e r. Jedes Urteil,
das im S p e z i f i s c h e n des Menschen, in den es konstituierenden
Gesetzen wurzelt, ist — für uns Menschen — wahr. Sofern diese
Urteile zur Form der allgemein menschlichen Subjektivität (des
30 menschlichen ,,Bewußtseins überhaupt") gehören, spricht man
auch hier von Subjektivismus (von dem Subjekt als letzter Er-
kenntnisquelle u. dgl.). Besser wählt man den Terminus R e l a -
t i v i s m u s und unterscheidet den i n d i v i d u e l l e n und s p e z i -
f i s c h e n Relativismus; die einschränkende Beziehung auf die
35 menschliche Spezies bestimmt den letzteren dann als A n t h r o -
p o l o g i s m u s. — Wir wenden uns nun zur Kritik, deren sorg-
samste Ausführung durch unsere Interessen geboten ist.

[A 1
[B 1

§ 35. *Kritik des individuellen Relativismus*

Der individuelle Relativismus ist ein so offenkundiger und, fast möchte ich sagen, frecher Skeptizismus, daß er, wenn überhaupt je, so gewiß nicht in neueren Zeiten ernstlich vertreten worden
5 ist. Die Lehre ist, sowie aufgestellt, schon widerlegt — aber freilich nur für den, welcher die Objektivität alles Logischen einsieht. Den Subjektivisten, wie den ausdrücklichen Skeptiker überhaupt, kann man nicht überzeugen, wenn ihm nun einmal die Disposition mangelt einzusehen, daß Sätze, wie der vom Wider-
10 spruch, im bloßen Sinn der Wahrheit gründen, und daß ihnen gemäß die Rede von einer subjektiven Wahrheit, die für den einen diese, für den andern die entgegengesetzte sei, eben als widersinnige gelten müsse. Man wird ihn auch nicht durch den gewöhnlichen Einwand überzeugen, daß er durch die Aufstellung
15 seiner Theorie den Anspruch erhebe, andere zu überzeugen, daß er also die Objektivität der Wahrheit voraussetze, die er *in thesi* leugne. Er wird natürlich antworten: Mit meiner Theorie spreche ich meinen Standpunkt aus, der für mich wahr ist und für niemand sonst wahr zu sein braucht. Selbst die Tatsache seines sub-
20 jektiven Meinens ‖ wird er als bloß für sein eigenes Ich, nicht aber als an sich wahre behaupten.* Aber nicht auf die Möglichkeit, den Subjektivisten persönlich zu überzeugen und zum Eingeständnis seines Irrtums zu bringen, sondern auf die, ihn objektiv gültig zu widerlegen, kommt es an. Widerlegung setzt aber als ihre Hebel
25 gewisse einsichtige und damit allgemeingültige Überzeugungen voraus. Als solche dienen uns Normaldisponierten jene trivialen Einsichten, an welchen jeder Skeptizismus scheitern muß, sofern wir durch sie erkennen, daß seine Lehren im eigentlichsten und strengsten Sinne widersinnig sind: Der Inhalt ihrer Behauptun-
30 gen leugnet das, was überhaupt zum Sinn oder Inhalt jeder Behauptung gehört und somit von keiner Behauptung sinngemäß abtrennbar ist.

[A 116]
[B 116]

---

* Darin müßten ihm diejenigen recht geben, welche zwischen bloß subjektiven und objektiven Wahrheiten glauben scheiden zu dürfen, indem sie den Wahrnehmungsurteilen über die eigenen Bewußtseinserlebnisse den Charakter der Objektivität abstreiten: als ob das Für-mich-sein des Bewußtseinsinhalts nicht als solches zugleich ein An-sich-sein wäre; als ob die Subjektivität im psychologischen mit der Objektivität im logischen Sinne stritte!

§ 36. *Kritik des spezifischen Relativismus und im besonderen des Anthropologismus*

Können wir bei dem Subjektivismus zweifeln, ob er je in vollem Ernste vertreten worden sei, so neigt im Gegenteil die neuere und 5 neueste Philosophie dem spezifischen Relativismus und näher dem Anthropologismus in einem Maße zu, daß wir nur ausnahmsweise einem Denker begegnen, der sich von den Irrtümern dieser Lehre ganz rein zu erhalten wußte. Und doch ist auch sie eine skeptische in der oben fixierten Bedeutung des Wortes, also 10 mit den größtmöglichen Absurditäten behaftet, die bei einer Theorie überhaupt denkbar sind; auch bei ihr finden wir, nur wenig verhüllt, einen evidenten Widerspruch zwischen dem Sinn ihrer These und dem, was von keiner These als solcher sinngemäß abtrennbar ist. Es ist nicht schwierig, dies im einzelnen nachzu-
15 weisen.

|| 1. Der spezifische Relativismus stellt die Behauptung auf: $\begin{cases} \text{[A 1} \\ \text{[B 1} \end{cases}$ Wahr ist für jede Spezies urteilender Wesen, was nach ihrer Konstitution, nach ihren Denkgesetzen als wahr zu gelten habe. Diese Lehre ist widersinnig. Denn es liegt in ihrem Sinne, daß 20 derselbe Urteilsinhalt (Satz) für den einen, nämlich für ein Subjekt der Spezies *homo*, wahr, für einen anderen, nämlich für ein Subjekt einer anders konstituierten Spezies, falsch sein kann. Aber derselbe Urteilsinhalt kann nicht beides, wahr und falsch, sein. Dies liegt in dem bloßen Sinne der Worte wahr und falsch. 25 Gebraucht der Relativist diese Worte mit ihrem zugehörigen Sinn, so sagt seine These, was ihrem eigenen Sinn zuwider ist.

Die Ausflucht, es sei der Wortlaut des herangezogenen Satzes vom Widerspruch, durch den wir den Sinn der Worte wahr und falsch entfalteten, unvollständig, es sei in ihm eben von mensch-
30 lich wahr und menschlich falsch die Rede, ist offenbar nichtig. Ähnlich könnte ja auch der gemeine Subjektivismus sagen, die Rede von wahr und falsch sei ungenau, gemeint sei „für das einzelne Subjekt wahr bzw. falsch". Und natürlich wird man ihm antworten: Das evident gültige Gesetz kann nicht meinen, was 35 offenbar widersinnig ist; und widersinnig ist in der Tat die Rede von einer Wahrheit für den oder jenen. Widersinnig ist die offengehaltene Möglichkeit, daß derselbe Urteilsinhalt (wir sagen

in gefährlicher ⌐Äquivokation⌐1: dasselbe Urteil) je nach dem
Urteilenden beides, wahr und falsch, sei. Entsprechend wird nun
auch die Antwort für den spezifischen Relativismus lauten:
„Wahrheit für die oder jene Spezies", z.B. für die menschliche,
5 das ist — so wie es hier gemeint ist — eine widersinnige Rede.
Man kann sie allerdings auch in gutem Sinne gebrauchen; aber
dann meint sie etwas total Verschiedenes, nämlich den Umkreis
von Wahrheiten, die dem Menschen als solchem zugänglich, erkennbar sind. Was wahr ist, ist absolut, ist „an sich" wahr; die
10 Wahrheit ist identisch eine, ob sie Menschen oder Unmenschen,
Engel oder Götter urteilend erfassen. Von der Wahrheit in dieser
idealen Einheit ‖ gegenüber der realen Mannigfaltigkeit von
Rassen, Individuen und Erlebnissen sprechen die logischen Gesetze und sprechen wir alle, wenn wir nicht etwa relativistisch
15 verwirrt sind.

{ [A 118]
{ [B 118]

   2. Mit Rücksicht darauf, daß, was die Grundsätze vom Widerspruch und vom ausgeschlossenen Dritten besagen, zum bloßen
Sinn der Worte wahr und falsch gehört, ließe sich der Einwand
auch so fassen: Sagt der Relativist, es könnte auch Wesen geben,
20 welche an diese Grundsätze nicht gebunden sind (und diese Behauptung ist, wie leicht zu sehen, mit der oben formulierten relativistischen äquivalent), so meint er e n t w e d e r, es könnten in
den Urteilen dieser Wesen Sätze und Wahrheiten auftreten, welche den Grundsätzen nicht gemäß sind; o d e r er meint, der
25 Verlauf des Urteilens sei bei ihnen durch diese Grundsätze nicht
p s y c h o l o g i s c h geregelt. Was das letztere anbelangt, so finden
wir darin gar nichts Absonderliches, denn wir selbst sind solche
Wesen. (Man erinnere sich an unsere Einwände gegen die psychologistischen Interpretationen der logischen Gesetze.) Was aber
30 das erstere anbelangt, so würden wir einfach erwidern: Entweder
es verstehen jene Wesen die Worte wahr und falsch in unserem
Sinn; dann ist keine vernünftige Rede davon, daß die Grundsätze
nicht gelten: sie gehören ja zu dem bloßen Sinn dieser Worte,
und zwar wie wir ⌐sie⌐2 verstehen. Wir würden in aller Welt
35 nichts wahr oder falsch n e n n e n, was ihnen widerstritte. Oder
sie gebrauchen die Worte wahr und falsch in einem anderen

---

1 A: ⌐Laxheit⌐.
2 A: ⌐ihn⌐.

Sinne, und dann ist der ganze Streit ein Wortstreit. Nennen sie
z.B. Bäume, was wir Sätze nennen, dann gelten die Aussagen, in
die wir Grundsätze fassen, natürlich nicht; aber sie verlieren dann
ja auch den Sinn, in dem wir sie behaupten. Somit kommt der
5 Relativismus darauf hinaus, daß er den Sinn des Wortes Wahrheit total ändert, aber doch Anspruch erhebt, von Wahrheit in
dem Sinne zu sprechen, der durch die logischen Grundsätze festgelegt ist, und den wir alle, wo von Wahrheit die Rede ist, aus-   ⌈[A 1
schließlich meinen. ‖ In einem Sinne gibt es nur eine Wahrheit,   {
10 in äquivokem Sinne aber natürlich so viel „Wahrheiten", als man   ⌊[B 1
Äquivokationen zu schaffen liebt.

3. Die Konstitution der Spezies ist eine Tatsache; aus Tatsachen
lassen sich immer wieder nur Tatsachen ableiten. Die Wahrheit
relativistisch auf die Konstitution der Spezies gründen, das heißt
15 also ihr den Charakter der Tatsache geben. Dies ist aber widersinnig. Jede Tatsache ist individuell, also zeitlich bestimmt. Bei
der Wahrheit gibt die Rede von zeitlicher Bestimmtheit nur Sinn
mit Beziehung auf eine durch sie gesetzte Tatsache (falls sie eben
Tatsachenwahrheit ist), nicht aber mit Beziehung auf ⌈sie⌉[1]
20 selbst. Wahrheiten als Ursachen oder Wirkungen zu denken, ist
absurd. Wir haben davon schon gesprochen. Wollte man sich
darauf stützen, daß doch wie jedes Urteil auch das wahre aus der
Konstitution des urteilenden Wesens auf Grund der zugehörigen
Naturgesetze erwachse, so würden wir entgegnen: Man vermenge
25 nicht das Urteil als Urteilsinhalt, d.i. als die ideale Einheit, mit
dem einzelnen realen Urteilsakt. Die erstere ist gemeint, wo wir
von dem Urteil „2×2 ist 4" sprechen, welches dasselbe ist,
wer immer es fällt. Man vermenge auch nicht das wahre Urteil,
als den richtigen, wahrheitsgemäßen Urteilsakt, mit der Wahr-
30 heit dieses Urteils oder mit dem wahren Urteilsinhalt. Mein
Urteilen, daß $2 \times 2 = 4$ ist, ist sicherlich kausal bestimmt, nicht
aber die Wahrheit: $2 \times 2 = 4$.

4. Hat (im Sinne des Anthropologismus) alle Wahrheit ihre
ausschließliche Quelle in der allgemein menschlichen Konstitu-
35 tion, so gilt, daß wenn keine solche Konstitution bestände, auch
keine Wahrheit bestände. Die Thesis dieser hypothetischen Behauptung ist widersinnig; denn der Satz „es besteht keine Wahr-

---

[1] A: ⌈sich⌉.

heit" ist dem Sinne nach gleichwertig mit dem Satze „es besteht
die Wahrheit, daß keine Wahrheit besteht". Die Widersinnigkeit
der Thesis verlangt eine Widersinnigkeit der Hypothesis. Als
Leugnung eines gültigen Satzes von tatsächlichem Gehalt kann
5 sie aber wohl falsch, niemals aber wider‖sinnig sein. In der Tat
ist es noch niemandem beigefallen, ⌐die⌐[1] bekannten geologischen
und physikalischen Theorien, welche dem Menschengeschlechte
in der Zeitlichkeit Anfang und Ende setzen, als absurd zu
verwerfen. Folglich trifft der Vorwurf des Widersinns die ganze
10 hypothetische Behauptung, da sie an eine dem Sinne nach ein-
stimmige („logisch mögliche") Voraussetzung eine widersinnige
(„logisch unmögliche") Folge knüpft. Derselbe Vorwurf trifft
dann den Anthropologismus und überträgt sich natürlich *mutatis
mutandis* auf die allgemeinere Form des Relativismus.

15   5. Nach dem Relativismus könnte sich auf Grund der Konstitution einer Spezies die für sie gültige „Wahrheit" ergeben, daß
solch eine Konstitution gar nicht existiere. Sollen wir also sagen,
sie existiere in Wirklichkeit nicht, oder sie existiere, aber nur für
uns Menschen? Wenn nun alle Menschen und alle Spezies urtei-
20 lender Wesen bis auf die eben vorausgesetzte vergingen? Wir
bewegen uns offenbar in Widersinnigkeiten. Der Gedanke, daß die
Nichtexistenz einer spezifischen Konstitution ihren Grund habe
in dieser selben Konstitution, ist der klare Widerspruch; die
wahrheitgründende, also existierende Konstitution soll neben
25 anderen Wahrheiten die ihrer eigenen Nichtexistenz begründen.
— Die Absurdität ist nicht viel kleiner, wenn wir Existenz mit
Nichtexistenz vertauschen und dementsprechend an Stelle jener
fingierten, aber vom relativistischen Standpunkte aus möglichen
Spezies, die menschliche zugrunde legen. Zwar jener Widerspruch,
30 nicht aber der übrige mit ihm verwobene Widersinn verschwindet.
Die Relativität der Wahrheit besagt, daß, was wir Wahrheit
nennen, abhängig sei von der Konstitution der Spezies *homo* und
den sie regierenden Gesetzen. Die Abhängigkeit will und kann nur
als kausale verstanden sein. Also müßte die Wahrheit, daß diese
35 Konstitution und diese Gesetze bestehen, ihre reale Erklärung
daraus schöpfen, daß sie bestehen, wobei die Prinzipien, nach
denen die Erklärung verliefe, mit eben diesen Gesetzen identisch

---

[1] A: ⌐den⌐.

⎱[A 120]
⎰[B 120]

wären — nichts als Widersinn. Die Konstitution wäre *causa* ‖ *sui* $\begin{cases}\text{[A 1}\\\text{[B 1}\end{cases}$
auf Grund von Gesetzen, die sich auf Grund von sich selbst kau-
sieren würden usw.

6. Die Relativität der Wahrheit zieht die Relativität der Welt-
5 existenz nach sich. Denn die Welt ist nichts anderes als die gesamte gegenständliche Einheit, welche dem idealen System aller
Tatsachenwahrheit entspricht und von ihm ⌐untrennbar⌐[1] ist.
Man kann nicht die Wahrheit subjektivieren und ihren Gegenstand ⌐(der nur ist, wenn die Wahrheit besteht)⌐[2] als absolut
10 (an sich) seiend gelten lassen. Es gäbe also keine Welt an sich,
sondern nur eine Welt für uns oder für irgendeine andere ⌐zu-
fällige⌐[3] Spezies von Wesen. Das wird nun manchem trefflich
passen; aber bedenklich mag er wohl werden, wenn wir darauf
aufmerksam machen, daß zur Welt auch das Ich und seine Be-
15 wußtseinsinhalte gehören. Auch das „Ich bin" und „Ich erlebe
dies und jenes" wäre eventuell falsch; gesetzt nämlich, daß ich
so konstituiert wäre, diese Sätze auf Grund meiner spezifischen
Konstitution verneinen zu müssen. Und es gäbe nicht bloß für
diesen oder jenen, sondern schlechthin keine Welt, wenn keine
20 ⌐in der Welt faktische⌐[3] Spezies urteilender Wesen so glücklich
konstituiert wäre, eine Welt (und darunter sich selbst) anerkennen zu müssen. Halten wir uns an die einzigen Spezies, die wir
tatsächlich kennen, die animalischen, so bedingte eine Änderung
ihrer Konstitution eine Änderung der Welt, wobei freilich, nach
25 allgemein angenommenen Lehren, die animalischen Spezies Ent-
wicklungsprodukte der Welt sein sollen. So treiben wir ein artiges
Spiel: Aus der Welt entwickelt sich der Mensch, aus dem Menschen die Welt; Gott schafft den Menschen, und der Mensch
schafft Gott.
30   Der wesentliche Kern dieses Einwandes besteht darin, daß der
Relativismus auch in evidentem Widerstreit ist mit der Evidenz
des unmittelbar anschaulichen Daseins, d.i. mit der Evidenz der
„inneren Wahrnehmung" in dem berechtigten, dann aber auch
nicht entbehrlichen Sinne. Die Evidenz der auf Anschauung be-
ruhenden Urteile wird mit Recht bestritten, sofern sie intentional

---

¹ A: ⌐unabtrennbar⌐.
² A: ⌐(der nur in und vermöge der Wahrheit ist)⌐.
³ Zusatz von B.

über den Gehalt des faktischen Be|wußt|seinsdatums hinausgehen. ⎰[A 122]
Wirklich evident sind sie aber, wo ihre Intention auf ihn selbst ⎱[B 122]
geht, in ihm, wie er ist, die Erfüllung findet. Dagegen streitet
nicht die Vagheit aller dieser Urteile (man denke nur an die für
5 kein unmittelbares Anschauungsurteil aufhebbare Vagheit der
Zeitbestimmung und evtl. auch Ortsbestimmung).

§ 37. *Allgemeine Bemerkung.*
Der Begriff Relativismus in erweitertem Sinne

Die beiden Formen des Relativismus sind Spezialitäten des
10 Relativismus in einem gewissen weitesten Sinn des Wortes, als
einer Lehre, welche die rein logischen Prinzipien irgendwie aus
Tatsachen ableitet. Tatsachen sind „zufällig", sie könnten ebensogut auch nicht sein, sie könnten anders sein. Also andere Tatsachen, andere logische Gesetze; auch diese wären also zufällig,
15 sie wären nur r e l a t i v zu den sie begründenden Tatsachen. Demgegenüber will ich nicht bloß auf die apodiktische Evidenz der
logischen Gesetze hinweisen, und was wir sonst in den früheren
Kapiteln geltend gemacht haben, sondern auch auf einen anderen,
hier bedeutsameren Punkt.* Ich verstehe, wie man schon aus dem
20 Bisherigen entnimmt, unter rein logischen Gesetzen alle die Idealgesetze, welche rein im Sinne (im „Wesen", „Inhalt") der Begriffe
Wahrheit, Satz, Gegenstand, Beschaffenheit, Beziehung, Verknüpfung, Gesetz, Tatsache usw. gründen. Allgemeiner gesprochen, sie gründen rein im Sinne d e r Begriffe, welche zum Erbgut
25 a l l e r Wissenschaft gehören, weil sie die Kategorien von Bau-
steinen darstellen, aus welchen die Wissenschaft als solche, ihrem
Begriffe nach, konstituiert ist. Gesetze dieser Art darf keine theoretische Behauptung, keine Begründung und Theorie verletzen;
nicht bloß weil sie sonst falsch wäre — dies wäre sie auch durch
30 Widerstreit gegen eine beliebige Wahrheit — sondern weil sie ⎰[B 123]
in sich widersinnig wäre. Z.B. eine Behauptung, deren In|halt | ⎱[A 123]
gegen Prinzipien streitet, die i m S i n n e der Wahrheit als solcher
gründen, „hebt sich selbst auf". Denn behaupten ist aussagen,
daß der und jener Inhalt in Wahrheit sei. Eine Begründung, die
35 inhaltlich gegen die Prinzipien streitet, die i m S i n n e der Be-

---

* Vgl. den einleitenden § 32 dieses Kapitels, S. 110 ff.

ziehung von Grund und Folge gründen, hebt sich selbst auf. Denn begründen heißt wieder aussagen, daß diese oder jene Beziehung von Grund und Folge bestehe usw. Eine Behauptung „hebt sich selbst auf", sie ist „logisch widersinnig", das heißt, ihr
5 besonderer Inhalt (Sinn, Bedeutung) widerspricht dem, was die ihm zugehörigen Bedeutungskategorien allgemein fordern, was in ihrer allgemeinen Bedeutung allgemein gegründet ist. Es ist nun klar, daß in diesem prägnanten Sinne jede Theorie logisch widersinnig ist, welche die logischen Prinzipien aus irgendwelchen
10 Tatsachen ableitet. Dergleichen streitet mit dem allgemeinen Sinn der Begriffe „logisches Prinzip" und „Tatsache"; oder um genauer und allgemeiner zu sprechen: der Begriffe „Wahrheit, die in dem bloßen Inhalt von Begriffen gründet" und „Wahrheit über individuelles Dasein". Man sieht auch leicht, daß die Ein-
15 wände gegen die oben diskutierten relativistischen Theorien der Hauptsache nach auch den Relativismus im allgemeinsten Sinne beträfen.

§ 38. *Der Psychologismus in allen seinen Formen ein Relativismus*

20   Den Relativismus haben wir bekämpft, den Psychologismus haben wir natürlich gemeint. In der Tat ist der Psychologismus in allen seinen Abarten und individuellen Ausgestaltungen nichts anderes als Relativismus, nur nicht immer erkannter und ausdrücklich zugestandener. Es ist dabei ganz gleich, ob er sich auf
25 „Transzendentalpsychologie" stützt und als formaler Idealismus die Objektivität der Erkenntnis zu retten glaubt, oder ob er sich auf empirische Psychologie stützt und den Relativismus als unvermeidliches Fatum auf sich nimmt.
‖ Jede Lehre, welche die rein logischen Gesetze entweder nach $\begin{cases} \text{[A 12} \\ \text{[B 12} \end{cases}$
30 Art der Empiristen als empirisch-psychologische Gesetze faßt oder sie nach Art der Aprioristen mehr oder minder mythisch zurückführt auf gewisse „ursprüngliche Formen" oder „Funktionsweisen" des (menschlichen) Verstandes, auf das „Bewußtsein überhaupt" als (menschliche) „Gattungsvernunft", auf die
35 „psychophysische Konstitution" des Menschen, auf den „*intellectus ipse*", der als angeborene (allgemein menschliche) Anlage dem faktischen Denken und aller Erfahrung vorhergeht, u. dgl. — ist

eo ipso relativistisch, und zwar von der Art des spezifischen Relativismus. Alle Einwände, die wir gegen ihn erhoben haben, treffen
auch sie. Selbstverständlich muß man aber die zum Teil schillernden Schlagwörter des Apriorismus, z.B. Verstand, Vernunft, Be-
5 wußtsein, in jenem natürlichen Sinne nehmen, der ⌐ihnen¬1 eine
wesentliche Beziehung zur menschlichen Spezies verleiht. Es ist
der Fluch der hierhergehörigen Theorien, daß sie ihnen bald diese
reale und bald eine ideale Bedeutung unterlegen und so ein un-
erträgliches Gewirr teils richtiger, teils falscher Sätze ineinander-
10 flechten. Jedenfalls dürfen wir die aprioristischen Theorien, soweit sie relativistischen Motiven Raum gönnen, auch dem Relativismus zurechnen. Allerdings, wenn ein Teil der kantianisieren-
den Forscher einige logische Grundsätze als Prinzipien „analytischer Urteile" aus dem Spiel läßt, so beschränkt sich auch ihr
15 Relativismus (sc. auf das Gebiet der mathematischen und Naturerkenntnis); aber den skeptischen Absurditäten entgehen sie dadurch nicht. Bleiben sie doch in dem engeren Kreise dabei, die
Wahrheit aus dem allgemeinen Menschlichen, also das Ideale aus
dem Realen, spezieller: die Notwendigkeit der Gesetze aus der
20 Zufälligkeit von Tatsachen herzuleiten.

Doch hier interessiert uns noch mehr die extremere und konse-
quentere Form des Psychologismus, die von solcher Einschränkung nichts weiß. Ihr gehören die Hauptvertreter der englischen
empiristischen, sowie der neueren deutschen Logik an, also For-
25 scher wie Mill, Bain, Wundt, Sigwart, Erdmann ‖ und
Lipps. Auf alle hiergehörigen Werke kritische Rücksicht zu
nehmen, ist weder möglich noch wünschenswert. Doch darf ich,
den reformatorischen Zielen dieser Prolegomena zu genügen, nicht
die führenden Werke der modernen deutschen Logik übergehen,
30 vor allem nicht Sigwarts bedeutendes Werk, das wie kein
zweites die logische Bewegung der letzten Jahrzehnte in die Bahn
des Psychologismus gelenkt hat.

[A 125]
[B 125]

§ 39. *Der Anthropologismus in Sigwarts Logik*

Vereinzelte Ausführungen von psychologistischem Klang und
35 Charakter finden wir als vorübergehende Mißverständnisse auch

---

1 A: ⌐ihr¬.

bei Denkern, welche in ihren logischen Arbeiten eine bewußt antipsychologistische Richtung vertreten. Anders bei Sigwart. Der
Psychologismus ist bei ihm nicht eine unwesentliche und abfäll-
bare Beimischung, sondern die systematisch herrschende Grund-
5 auffassung. Ausdrücklich leugnet er gleich eingangs seines Werkes,
,,daß die Normen der Logik (die Normen, also nicht bloß die
technischen Regeln der Methodenlehre, sondern auch die rein
logischen Sätze, der Satz des Widerspruches, des Grundes usw.)
erkannt werden können anders, als auf Grundlage des Studiums
10 der natürlichen Kräfte und Funktionsformen, welche durch jene
Normen geregelt werden sollen."* Und dem entspricht auch die
ganze Behandlungsweise der Disziplin. Sie zerfällt nach Sigwart
in einen analytischen, einen gesetzgebenden und einen technischen Teil. Sehen wir von dem letzten, uns hier nicht interessieren-
15 den ab, so hat der analytische Teil ,,das Wesen der Funktion zu
erforschen, für welche die Regeln gesucht werden sollen". Auf
ihn baut sich der gesetzgebende Teil, der die ,,Bedingungen
und Gesetze ihres normalen Vollzuges"** aufzustellen hat. Die
,,Forderung, daß unser Denken notwendig und allgemein gültig
20 sei", ergibt, ,,an die nach allen ihren Bedingungen und Faktoren
erkannte | Funktion des Urteils" | gehalten, ,,bestimmte Normen,
welchen das Urteilen genügen muß". Und zwar konzentrieren sie
sich in zwei Punkten: ,,Erstens, daß die Elemente des Urteils
durchgängig bestimmt, d.h. begrifflich fixiert sind; und zweitens,
25 daß der Urteilsakt selbst auf notwendige Weise aus seinen Voraussetzungen hervorgehe. Damit fällt in diesen Teil die Lehre von
den Begriffen und Schlüssen als Inbegriff normativer Gesetze für
die Bildung vollkommener Urteile."*** Mit anderen Worten, in
diesen Teil gehören alle rein logischen Prinzipien und Lehrsätze
30 (soweit sie überhaupt in den Gesichtskreis der traditionellen, wie
der Sigwartschen Logik fallen), und darnach haben sie für
Sigwart in der Tat eine psychologische Fundierung.

Hiermit stimmt auch die Einzelausführung. Nirgends werden
die rein logischen Sätze und Theorien und die objektiven Elemen-
35 te, aus denen sie sich konstituieren, aus dem Flusse erkenntnis-

{[A 12
{[B 12

---

* Sigwart, Logik, I², S. 22.
** a. a. O., § 4, S. 16.
*** a. a. O., S. 20 f.

psychologischer und erkenntnis-praktischer Forschung ausgelöst.
Immer wieder ist von unserem Denken und seinen Funktionen gerade dort die Rede, wo es gilt, im Gegensatz zu den psychologischen Zufälligkeiten, die logische Notwendigkeit und ihre
5 ideale Gesetzmäßigkeit zu charakterisieren. Reine Grundsätze,
wie der vom Widerspruch, vom Grunde, werden wiederholt als
,,Funktionsgesetze" oder als ,,fundamentale Bewegungsformen unseres Denkens"* u. dgl. bezeichnet. Beispielsweise lesen wir: ,,So gewiß die Verneinung in einer über das
10 Seiende hinausgreifenden Bewegung des Denkens wurzelt, welche
auch das Unvereinbare aneinander mißt, so gewiß kann Aristoteles mit seinem Prinzip nur die Natur unseres Denkens
treffen wollen."** ,,Die absolute Gültigkeit des Prinzips des
Widerspruchs und infolge davon der Sätze, welche eine *contra-*
15 *dictio in adjecto* verneinen", ruht, so finden wir an einer anderen
Stelle, ,,auf dem unmittelbaren Bewußtsein, daß ‖ wir immer
dasselbe tun und tun werden, wenn wir verneinen ..."*** Ähnliches gilt nach Sigwart für den Satz der Identität (als ,,Prinzip
der Übereinstimmung") und jedenfalls auch für alle rein begriff-
20 lichen und spezieller rein logischen Sätze.**** Wir hören Äußerungen wie die folgende: ,,Leugnet man ... die Möglichkeit, etwas
zu erkennen, wie es an sich ist; ist das Seiende nur einer der
Gedanken, die wir produzieren: so gilt doch das, daß wir eben
denjenigen Vorstellungen die Objektivität beilegen, die wir mit
25 dem Bewußtsein der Notwendigkeit produzieren, und daß, sobald
wir etwas als seiend setzen, wir eben damit behaupten, daß alle
anderen, wenn auch nur hypothetisch angenommenen, denkenden Wesen von derselben Natur wie wir es mit derselben
Notwendigkeit produzieren müßten."*****
30   Dieselbe anthropologistische Tendenz zieht sich durch alle
Ausführungen, welche sich auf die logischen Grundbegriffe und

[A 127]
[B 127]

---

* a. a. O., S. 184. Vgl. auch den ganzen Zusammenhang S. 184 f.
** a. a. O., S. 253.
*** a. a. O., S. 386.
**** Vgl. a. a. O., S. 411: ,,Diese Sätze müßten *a priori* gewiß sein, in dem Sinne, daß
wir in ihnen nur einer konstanten und unabweislichen Funktion unseres
Denkens bewußt würden ..." Ich darf diese Stelle zitieren, obschon sie im Zusammenhang nicht unmittelbar auf die logischen Grundsätze bezogen ist. Dazu berechtigt der gesamte Sinn der Ausführungen (sub 2, § 48) und der ausdrücklich vergleichende Hinweis auf den Satz vom Widerspruch auf derselben zitierten Seite.
***** a. a. O., S. 7 f.

zunächst auf den Begriff der Wahrheit beziehen. Es ist z.B.
nach Sigwart „eine Fiktion ... als könne ein Urteil wahr sein,
abgesehen davon, daß irgendeine Intelligenz dieses Urteil denkt".
So kann doch nur sprechen, wer die Wahrheit psychologistisch
5 umdeutet. Nach Sigwart wäre es also auch eine Fiktion, von
Wahrheiten zu sprechen, die an sich gelten und doch von niemand
erkannt sind, z.B. von solchen, welche die menschliche Erkenntnisfähigkeit überschreiten. Zum mindesten der Atheist dürfte so
nicht sprechen, der an übermenschliche Intelligenzen nicht glaubt,
10 und wir selbst erst nach dem Beweise für die Existenz solcher
Intelligenzen. Das Urteil, das ‖ die Gravitationsformel ausdrückt,
wäre ⌜vor⌝[1] Newton nicht wahr gewesen. Und so wäre es, genau
besehen, eigentlich widerspruchsvoll und überhaupt falsch:
Offenbar gehört ja die unbedingte Geltung für alle Zeit mit zur
15 Intention seiner Behauptung.

⎰[A 12
⎱[B 12

Ein näheres Eingehen auf die mannigfachen Ausführungen
Sigwarts über den Begriff der Wahrheit würde größere Um-
ständlichkeit erfordern, die wir uns hier versagen müssen. Es
würde jedenfalls bestätigen, daß wir die oben zitierte Stelle in der
20 Tat beim Wort nehmen dürfen. Für Sigwart löst sich die
Wahrheit in Bewußtseinserlebnisse auf, und somit ist trotz aller
Rede von einer objektiven Wahrheit die echte Objektivität derselben, die in ihrer überempirischen Idealität ruht, aufgegeben.
Die Erlebnisse sind reale Einzelheiten, zeitlich bestimmt, werdend
25 und vergehend. Die Wahrheit aber ist „ewig" oder besser: sie ist
eine Idee, und als solche überzeitlich. Es hat keinen Sinn, ihr eine
Stelle in der Zeit oder eine, sei es auch durch alle Zeiten sich hin-
durcherstreckende Dauer anzuweisen. Allerdings sagt man auch
von der Wahrheit, daß sie uns gelegentlich „zum Bewußtsein
30 komme" und so von uns „erfaßt", „erlebt" werde. Aber von
Erfassen, Erleben und Bewußtwerden ist hier, in Beziehung auf
dieses ideelle Sein, in ganz anderem Sinne die Rede, als in Beziehung auf das empirische, d.i. das individuell vereinzelte Sein.
Die Wahrheit „erfassen" wir nicht wie einen empirischen Inhalt,
35 der im Flusse psychischer Erlebnisse auftaucht und wieder verschwindet; sie ist nicht Phänomen unter Phänomenen, sondern
sie ist Erlebnis in jenem total geänderten Sinn, in dem ein Allge-

---

[1] In A gesperrt.

meines, eine Idee ein Erlebnis ist. Bewußtsein haben wir von ihr,
so wie wir von einer Spezies, z.B. von „dem" Rot, im allgemeinen
Bewußtsein haben.

Ein Rotes haben wir vor Augen. Aber das Rote ist nicht die
5 Spezies Rot. Das Konkretum hat die Spezies auch nicht als
(„psychologischen", „metaphysischen") Teil in sich. Der Teil,
dies unselbständige Rotmoment, ist wie das konkrete ‖ Ganze $\begin{cases}\text{[A 129]}\\ \text{[B 129]}\end{cases}$
ein Individuelles, ein Hier und Jetzt, mit und in ihm bestehend
und vergehend, in verschiedenen roten Objekten gleich, nicht
10 identisch. Die Röte aber ist eine ideale Einheit, bei der die Rede
von Entstehen und Vergehen widersinnig ist. Jener Teil ist nicht
Röte, sondern ein Einzelfall von Röte. Und wie die Gegenstände
verschieden sind, die allgemeinen verschieden von den einzelnen,
so auch die Akte der Erfassung. Es ist etwas total Verschiedenes,
15 im Hinblick auf das anschauliche Konkretum die empfundene
Röte, diesen hier und jetzt seienden Einzelzug zu meinen[1], und
wieder die Spezies Röte zu meinen (wie in der Aussage: die Röte
ist eine Farbe). Und so, wie wir, auf das Konkret-Einzelne hin-
blickend, doch nicht dieses, sondern das Allgemeine, die Idee
20 meinen, so gewinnen wir im Hinblick auf mehrere Akte solcher
Ideation die evidente Erkenntnis von der Identität dieser idealen,
in den einzelnen Akten gemeinten Einheiten. Und es ist Identität
im echten und strengsten Sinne: es ist dieselbe Spezies, oder
es sind Spezies derselben Gattung u. dgl.
25 So ist nun auch die Wahrheit eine Idee, wir erleben sie wie jede
andere Idee in einem Akte auf Anschauung gegründeter Ideation
(es ist dies hier natürlich der Akt der Einsicht) und gewinnen auch
von ihrer identischen Einheit gegenüber einer verstreuten Mannigfaltigkeit von konkreten Einzelfällen (d.i. hier von evidenten
30 Urteilsakten) in der Vergleichung Evidenz. Und wie das Sein oder
Gelten von Allgemeinheiten auch sonst den Wert von idealen
Möglichkeiten besitzt — nämlich in Hinsicht auf das mögliche
Sein von empirischen Einzelheiten, die unter jene Allgemeinheiten
fallen — so sehen wir dasselbe auch hier: die Aussagen „die
35 Wahrheit gilt" und „es sind denkende Wesen möglich, welche
Urteile des bezüglichen Bedeutungsgehaltes einsehen", sind von
gleichem Werte. Gibt es keine intelligenten Wesen, sind sie durch

---

[1] In A folgt: ⌜(wie in der psychologischen Analyse)⌝.

die Naturordnung ausgeschlossen, also real unmöglich — oder
gibt es für gewisse Wahrheits|klassen keine Wesen, die ihrer [A 130]
Erkenntnis fähig sind — dann | bleiben diese idealen Mög- [B 130]
lichkeiten ohne erfüllende Wirklichkeit; das Erfassen, Erkennen,
5 Bewußtwerden der Wahrheit (bzw. gewisser Wahrheitsklassen)
ist dann nie und nirgend realisiert. Aber jede Wahrheit an sich
bleibt, was sie ist, sie behält ihr ideales Sein. Sie ist nicht „irgendwo im Leeren", sondern ist eine Geltungseinheit im unzeitlichen
Reiche der Ideen. Sie gehört zum Bereich des absolut Geltenden,
10 in den wir zunächst all das einordnen, von dessen Geltung wir
Einsicht haben oder zum mindesten begründete Vermutung,
und zu dem wir weiterhin auch den für unser Vorstellen vagen
Kreis des indirekt und unbestimmt als geltend Vermuteten rechnen, also dessen, was gilt, während wir es noch nicht erkannt haben
15 und vielleicht niemals erkennen werden.

In diesen Beziehungen dringt Sigwart, wie mir scheinen will,
zu einer klaren Position nicht durch. Die Objektivität der Wahrheit möchte er retten und sie in dem subjektivistischen Phäno-
menalismus nicht untersinken lassen. Fragen wir aber nach dem
20 Wege, auf dem Sigwarts psychologische Erkenntnistheorie zur
Objektivität der Wahrheit glaubt durchdringen zu können, so
stoßen wir auf Äußerungen wie die folgende: „Die Gewißheit, daß
es bei einem Urteile bleibt, daß die Synthese unwiderruflich ist,
daß ich immer dasselbe sagen werde* — diese Gewißheit kann
25 nur dann vorhanden sein, wenn erkannt ist, daß die Gewißhcit
nicht auf momentanen und mit der Zeit wechselnden psychologischen Motiven ruht, sondern auf etwas, was jedes-
mal, wenn ich denke, unabänderlich dasselbe und von
allem Wechsel unberührt ist; und dies ist einerseits mein Selbst-
30 bewußtsein selbst, die Gewißheit Ich bin und denke, die
Gewißheit Ich bin Ich, derselbe, der jetzt denkt und früher ge-
dacht hat, der dieses | und jenes denkt; und andererseits das, [A 131]
worüber ich urteile, | das Gedachte selbst nach seinem [B 131]
gleichbleibenden, von mir in seiner Identität aner-

---

* Kann ich das je mit Sicherheit behaupten? Die Unwiderruflichkeit betrifft nicht
das Faktische, sondern das Ideale. Nicht „die Gewißheit des Urteils ist eine unverän-
derliche" (wie es bei Sigwart kurz vorher heißt), sondern eben die Gültigkeit bzw.
Wahrheit.

kannten Inhalt, der ganz unabhängig von den individuellen
Zuständen des Denkenden ist."*

Ein konsequent relativistischer Psychologismus wird hier natürlich antworten: Nicht bloß das von Individuum zu Indivi-
5 duum Wechselnde, sondern auch das in allen Konstante, also der
überall gleichbleibende Inhalt und die ihn beherrschenden konstanten Funktionsgesetze sind psychologische Tatsachen. Gibt
es solche allen Menschen wesentlich gemeinsamen Züge und Gesetze, so machen sie das Spezifische der menschlichen Natur aus.
10 Demnach hat alle Wahrheit als Allgemeingültigkeit Beziehung
zur menschlichen Spezies, oder allgemeiner, zur jeweiligen Spezies
denkender Wesen. Andere Spezies — andere Denkgesetze, andere
Wahrheiten.

⌐Wir⌐1 unsererseits würden nun aber sagen: Allgemeingleich-
15 heit nach Inhalt und konstanten Funktionsgesetzen (als Naturgesetzen für die Erzeugung des allgemeingleichen Inhalts) macht
keine echte Allgemeingültigkeit, die vielmehr in der Idealität
ruht. Sind alle Wesen einer Gattung ihrer Konstitution nach zu
gleichen Urteilen genötigt, so stimmen sie miteinander empirisch
20 überein; aber im idealen Sinne der über alles Empirische erhabe-
nen Logik können sie dabei doch statt einstimmig vielmehr widersinnig urteilen. Die Wahrheit durch Beziehung auf die Gemein-
samkeit der Natur bestimmen, heißt ihren Begriff aufgeben.
Hätte die Wahrheit eine wesentliche Beziehung zu denkenden
25 Intelligenzen, ihren geistigen Funktionen und Bewegungsformen,
so entstände und verginge sie mit ihnen, und wenn nicht mit den
Einzelnen, so mit den Spezies. Wie die echte Objektivität der
Wahrheit wäre auch die des Seins dahin, selbst die des subjektiven
Seins, bzw. des Seins der Subjekte. Wie wenn z.B. die denkenden
30 Wesen insgesamt unfähig wären, ihr eigenes Sein als wahrhaft
seiend | zu setzen? Dann wären sie und wären auch nicht. Wahr- [A 132]
heit | und Sein sind beide im gleichen Sinne „Kategorien" und [B 132]
offenbar korrelativ. Man kann nicht Wahrheit relativieren und
an der Objektivität des Seins festhalten. Freilich setzt die Rela-
35 tivierung der Wahrheit doch wieder ein objektives Sein als Beziehungspunkt voraus — darin liegt ja der relativistische Widerspruch.

---

* a. a. O., § 39, 2, S. 310.

---

1 In A gesperrt.

In Harmonie mit Sigwarts sonstigem Psychologismus finden
wir seine Lehre vom Allgemeinen, die hierher gehört, da die
Idealität der Wahrheit durchaus die Idealität des Allgemeinen,
des Begrifflichen voraussetzt. Gelegentlich lesen wir die scherz-
5 hafte Äußerung, „das Allgemeine ⌐als solches [existiere] nur⌐1 in
unserem Kopfe",* und in ernsthafter Ausführung, das „begrifflich Vorgestellte" sei „ein rein inneres, ... von nichts als von der
inneren Kraft unseres Denkens abhängiges".** Unzweifelhaft
kann man dergleichen von unserem begrifflichen Vorstellen sagen,
10 als einem subjektiven Akt von dem und dem psychologischen
Gehalt. Aber das „Was" dieses Vorstellens, der Begriff, kann in
keinem Sinne als reelles Stück des psychologischen Gehalts gefaßt werden, als ein Hier und Jetzt mit dem Akte kommend und
verschwindend. Es kann im Denken gemeint, aber nicht im
15 Denken erzeugt sein.

Dieselbe Relativierung wie bei dem Wahrheitsbegriff vollzieht
Sigwart konsequenterweise auch bei den mit jenem so nahe
zusammenhängenden Begriffen Grund und Notwendigkeit.
„Ein logischer Grund, den wir nicht kennen, ist strenge genom-
20 men, ein Widerspruch, denn er wird erst ein logischer Grund dadurch, daß wir ihn kennen."*** Die Aussage, daß die mathematischen Lehrsätze ihren Grund haben in den mathematischen
Axiomen, beträfe also „streng genommen" eine Sachlage von
menschlich-psychologischem Inhalt. Dürften wir noch behaupten,
25 daß sie gilt, ob überhaupt jemand ist, gewesen ist und sein wird,
der sie erkennt? Die gewöhnliche ‖ Rede, welche solchen Verhältnissen zwischen Grund und Folge Objektivität verleiht, indem
sie von ihrer Entdeckung spricht, wäre danach eine verkehrte.

⌐[A 1⌐
⌐[B 1⌐

So sehr sich Sigwart bemüht, die wesentlich unterschiedenen
30 Begriffe des Grundes zu sondern, und so viel Scharfsinn er darin
bekundet (wie wir dies bei einem so bedeutenden Forscher nicht
anders erwarten können), die psychologistische Richtung seines

---

* ⌐a. a. O., S. 103, Anm.⌐2
** a. a. O., § 45, 9, S. 388.
*** a. a. O., § 32, 2, S. 248.

---

1 A: ⌐sei⌐. Die Veränderung in B entspricht dem zitierten Original und
den „Berichtigungen" zu A.
2 Zusatz von B entsprechend den „Berichtigungen" zu A.

Denkens hindert ihn doch, die wesentlichste Scheidung zu vollziehen, welche eben die scharfe Sonderung zwischen Idealem und
Realem voraussetzt. Wenn er den „logischen Grund" oder
„Grund der Wahrheit" dem „psychologischen Grund der Gewiß-
5 heit" gegenüberstellt, so findet er ihn doch nur in einer gewissen
Allgemeingleichheit des Vorgestellten, „weil nur dieses, nicht die
individuelle Stimmung usw. ein für alle Gemeinsames sein kann";
wogegen wir unsere obigen Bedenken nicht zu wiederholen
brauchen.

10   Die fundamentale Sonderung zwischen Grund der Wahrheit,
der das rein Logische, und Grund des Urteils, der das normativ
Logische angeht, müssen wir bei Sigwart vermissen. Auf der einen
Seite hat eine Wahrheit (nicht das Urteil, sondern die ideale Geltungseinheit) einen Grund, das heißt hier, in äquivalenter Redeweise,
15 es gibt einen theoretischen Beweis, der sie auf ihre (objektiven, theoretischen) Gründe zurückführt. Einzig und allein auf diesen Sinn bezieht sich der Satz vom Grunde. Und für diesen Begriff des Grundes
gilt es durchaus nicht, daß jedes Urteil einen Grund habe, geschweige
denn, daß jedes einen solchen „*implicite* mitbehaupte". Jedes letzte
20 Begründungsprinzip, also jedes echte Axiom, ist in diesem Sinne
grundlos, wie in entgegengesetzter Richtung auch jedes Tatsachenurteil. Nur die Wahrscheinlichkeit einer Tatsache kann begründet sein,
nicht sie selbst bzw. das Tatsachenurteil. Auf der anderen Seite meint
der Ausdruck „Grund des Urteils" — wofern wir absehen von den
25 psychologischen „Gründen", d. i. Ursachen der Urteilsfällung und
speziell auch von den inhaltlichen Motiven derselben* — nichts anderes
als | logisches | Recht des Urteils. In diesem Sinne „bean-
sprucht" jedes Urteil allerdings sein Recht (obschon es nicht unbedenklich wäre zu sagen, daß es „*implicite* mitbehauptet" würde). Das
30 heißt: an jedes ist die Forderung zu stellen, daß es als wahr behaupte,
was wahr sei; und als Techniker der Erkenntnis, als Logiker im gewöhnlichen Sinne, müssen wir an das Urteil auch mit Beziehung auf
die weitergehende Erkenntnisbewegung mancherlei Forderungen stellen. Sind sie nicht erfüllt, so tadeln wir das Urteil als logisch unvoll-
35 kommen, als „unbegründet"; letzteres allerdings mit einer gewissen
Überspannung des gemeinen Wortsinns.

[A 134]
[B 134]

    Ähnliche Bedenken erregen uns Sigwarts Ausführungen über
Notwendigkeit. Wir lesen: „Aller logischen Notwendigkeit [muß]
doch zuletzt ein seiendes denkendes Subjekt, dessen Natur es
40 ist, so zu denken, vorausgesetzt werden, solange wir verständlich

---

* Vgl. Sigwarts treffliche Sonderung zwischen Veranlassung der Verknüpfung
und Grund der Entscheidung, a. a. O., S. 250.

reden wollen."* Oder man verfolge die Ausführungen über den
Unterschied der assertorischen und apodiktischen Urteile, den
Sigwart für einen unwesentlichen erachtet, „sofern in jedem
mit vollkommenem Bewußtsein ausgesprochenen Urteil die Not-
5 wendigkeit, es auszusprechen, mitbehauptet werde".** Die total
verschiedenen Begriffe von Notwendigkeit ermangeln bei Sigwart der wechselseitigen Absonderung. Die subjektive Notwendigkeit, d.h. der subjektive Zwang der Überzeugung, welcher
jedem Urteil anhaftet (oder vielmehr bei jedem Urteil dann her-
10 vortritt, wenn wir, von ihm noch durchdrungen, sein Gegenteil
zu vollziehen suchen), wird nicht klar unterschieden von den ganz
anderen Notwendigkeitsbegriffen, zumal von der apodiktischen
Notwendigkeit, als dem eigenartigen Bewußtsein, in dem sich das
einsichtige Erfassen eines Gesetzes oder eines Gesetzmäßigen
15 konstituiert. Dieser letztere (eigentlich zwiefache) Begriff von
Notwendigkeit fehlt bei Sigwart im Grunde genommen ganz.
Zugleich übersieht er die fundamentale Äquivokation, welche es
gestattet, nicht bloß das apodiktische Notwendigkeitsbewußt-
sein, sondern sein objektives Korre|lat — nämlich | das
20 Gesetz, bzw. das Gelten gemäß dem Gesetze, von dem wir in
jenem Bewußtsein Einsicht haben — als notwendig zu bezeichnen. So erst gewinnen ja die Ausdrücke „es ist eine Notwendigkeit" und „es ist ein Gesetz" ihre objektive Gleichwertigkeit, und
desgleichen die Ausdrücke „es ist notwendig", daß *SP* sei, und
25 „es ist nach Gesetzen begründet", daß *SP* sei.

    Und natürlich ist es dieser letzte rein objektive und ideale
Begriff, der allen apodiktischen Urteilen im objektiven Sinne der
reinen Logik zugrunde liegt; er allein beherrscht und konstituiert
alle theoretische Einheit, er bestimmt die Bedeutung des hypo-
30 thetischen Zusammenhanges als einer objektiv-idealen Wahr-
heitsform von Sätzen, er bindet den Schlußsatz als „notwendige"
(ideal-gesetzliche) Folge an die Prämissen.

    Wie wenig Sigwart diesen Unterschieden gerecht wird, wie
sehr er im Psychologismus befangen ist, das zeigen zumal seine
35 Auseinandersetzungen über Leibnizens fundamentale Scheidung in „*vérités de raison et celles de fait*". Die „Notwendigkeit"

[A 1
[B 1

---

* a. a. O., § 33, 7, S. 262.
** a. a. O., § 31, 1, S. 230 ff.

beider Arten ist, meint Sigwart, „zuletzt eine hypothetische",
denn „daraus, daß das Gegenteil einer tatsächlichen Wahrheit
nicht *a priori* unmöglich ist, folgt nicht, daß es für mich nicht
notwendig wäre, das Faktum zu behaupten, nachdem es ge-
5 schehen ist, und daß die entgegengesetzte Behauptung für den
möglich wäre, der das Faktum kennt";* und wieder: „auf der
anderen Seite ist das Haben der allgemeinen Begriffe, auf denen
die identischen Sätze ruhen, zuletzt ebenso etwas Faktisches,
was da sein muß, ehe das Prinzip der Identität darauf angewandt
10 werden kann, um ein notwendiges Urteil zu erzeugen". Und so
glaubt er schließen zu dürfen, daß sich die Leibniz'sche Unterscheidung „hinsichtlich des Charakters der Notwendigkeit auflöse".**

Was hier ⌐zu Anfang⌐1 geltend gemacht wird, ist freilich richtig.
15 Für mich zu behaupten notwendig ist jedes Urteil, während ich es
fälle, und sein Gegenteil, während ich seiner noch gewiß bin, zu
leugnen, ist mir unmöglich. Aber ist es diese psychologische Not-
|wendigkeit, | welche Leibniz meint, wenn er den Tatsachen-
wahrheiten die Notwendigkeit — die Rationalität abstreitet?
20 Wieder ist es sicher, daß kein Gesetz erkannt werden kann, ohne
das Haben der allgemeinen Begriffe, aus denen es sich aufbaut.
Gewiß ist dieses Haben, wie die ganze Gesetzeserkenntnis, etwas
Faktisches. Aber hat denn Leibniz das Erkennen des Gesetzes
und nicht vielmehr die erkannte Gesetzeswahrheit als notwendig
25 bezeichnet? Verträgt sich mit der Notwendigkeit der *vérité de
raison* nicht sehr wohl die Kontingenz des Urteilsaktes, indem
sie evtl. zu einsichtiger Erkenntnis kommen mag? Nur durch
Vermengung der beiden wesentlich verschiedenen Begriffe von
Notwendigkeit, der subjektiven des Psychologismus und der ob-
30 jektiven des Leibnizschen Idealismus, kommt in Sigwarts
Argumentation der Schluß zustande, daß sich jene Unterscheidung Leibnizens „hinsichtlich des Charakters der Notwendigkeit
auflöse". Dem fundamentalen objektiv-idealen Unterschied zwischen Gesetz und Tatsache entspricht unweigerlich ein subjekti-
35 ver in der Weise des Erlebens. Hätten wir nie das Bewußtsein der

[B 136]
[A 136]

---

* a. a. O., § 31, 6, S. 239 f.
** Die beiden letzten Zitate a. a. O., S. 239 f.

---

1 Zusatz von B.

Rationalität, des Apodiktischen erlebt in seiner charakteristischen Unterschiedenheit vom Bewußtsein der Tatsächlichkeit, so hätten wir gar nicht den Begriff von Gesetz, wir wären unfähig zu unterscheiden: Gesetz von Tatsache; generelle (ideale, gesetzliche) Allgemeinheit von universeller (tatsächlicher, zufälliger) Allgemeinheit; notwendige (d.h. wiederum gesetzliche, generelle) Folge von tatsächlicher (zufälliger, universeller) Folge; all das, wofern es wahr ist, daß Begriffe, die nicht als Komplexionen bekannter Begriffe (und zwar als Komplexionen bekannter Komplexionsformen) gegeben sind, uns ursprünglich nur erwachsen sein können ⌜auf Grund der Anschauung⌝1 von Einzelfällen. Leibnizens *vérités de raison* sind nichts anderes als die Gesetze, und zwar im strengen und reinen Sinn der idealen Wahrheiten, die „rein in den Begriffen gründen", die uns gegeben und ⌜von uns⌝2 erkannt sind in apodiktisch evidenten, reinen Allgemeinheiten. Leibnizens *vérités de fait* sind ⌜alle übrigen⌝3 Wahrheiten, es ist die Sphäre der Sätze, welche über ⌜individuelle⌝4 Existenz aussagen, mögen sie für uns auch die Form „allgemeiner" Sätze haben, wie „alle Südländer sind heißblütig".

§ 40. *Der Anthropologismus in B. Erdmanns Logik*

Eine ausdrückliche Erörterung der relativistischen Konsequenzen, die in seiner ganzen Behandlung der logischen Fundamentalbegriffe und -probleme beschlossen sind, finden wir bei ⎱[A 1 ⎰[B 1 Sigwart nicht. Dasselbe gilt von Wundt. Obschon Wundts Logik den psychologischen Motiven einen womöglich noch freieren Spielraum gewährt als diejenige Sigwarts und ausgedehnte erkenntnistheoretische Kapitel enthält, so werden in ihr die letzten prinzipiellen Zweifel kaum berührt. Ähnliches gilt von Lipps, dessen Logik den Psychologismus übrigens so originell und konsequent vertritt, so sehr allen Kompromissen abhold, so tief bis in alle Verzweigungen der Disziplin durchgeführt, wie wir es seit Beneke kaum wieder finden.

---

1 A: ⌜im Erlebnis⌝.
2 Zusatz von B.
3 B: ⌜individuelle⌝. Setzfehler; vgl. folgende Anmerkung.
4 B: ⌜alle übrigen⌝. Setzfehler; vgl. vorangehende Anmerkung.

Ganz anders liegt die Sache bei Erdmann. In lehrreicher
Folgerichtigkeit tritt er in einer längeren Ausführung für den
Relativismus entschieden ein, und durch Hinweis auf die Möglichkeit der Änderung der Denkgesetze glaubt er der „Ver-
5 messenheit" begegnen zu müssen, „die da meint, an diesem
Punkte die Grenzen unseres Denkens überspringen, einen Standort für uns außerhalb unserer selbst gewinnen zu können".* Es
wird nützlich sein auf seine Lehre näher einzugehen.

Erdmann beginnt mit der Widerlegung des gegnerischen
10 Standpunktes. „Mit überwiegender Majorität", so lesen wir,**
„ist seit Aristoteles behauptet worden, daß die Notwendigkeit dieser [logischen] Grundsätze eine unbedingte, ihre Geltung
also eine ewige sei ...."

„Der entscheidende Beweisgrund dafür wird in der Denkun-
15 möglichkeit der widersprechenden Urteile gesucht. Indessen folgt
aus ihr allein doch nur, daß jene Grundsätze das Wesen unseres
Vorstellens und Denkens wiedergeben. Denn lassen sie dieses
erkennen, so können ihre kontradiktorischen Urteile nicht voll-
ziehbar sein, weil sie eben die Bedingungen aufzuheben suchen,
20 an die wir in allem unserem Vorstellen und Denken, also auch in
unserem Urteilen gebunden sind."

‖ Zunächst einige Worte über den Sinn des Argumentes. Es $\left\{ \begin{matrix} \text{[A 138]} \\ \text{[B 138]} \end{matrix} \right.$
scheint zu schließen: Aus der Unvollziehbarkeit der Leugnung
jener Grundsätze folgt, daß sie das Wesen unseres Vorstellens und
25 Denkens wiedergeben; denn wenn sie es tun, so ergibt sich jene
Unvollziehbarkeit als notwendige Folge. Dies kann nicht als
Schluß gemeint sein. Daß A aus B folgt, kann ich nicht daraus
erschließen, daß B aus A folgt. Die Meinung ist offenbar nur die,
daß die Unmöglichkeit, die logischen Grundsätze zu leugnen, ihre
30 Erklärung darin finde, daß diese Grundsätze „das Wesen unseres
Vorstellens und Denkens wiedergeben". Mit dem Letzteren wiederum ist gesagt, daß sie Gesetze sind, welche feststellen, was dem
allgemein menschlichen Vorstellen und Denken als solchem zukommt, „daß sie Bedingungen angeben, an die wir in allem
35 unserem Vorstellen und Denken gebunden sind". Und darum,

---

* B. Erdmann, *Logik*, I¹, § 60, Nr. 370, S. 378 u. f.
** a. a. O., Nr. 369, S. 375. Die weiter unten folgenden Zitate schließen sich der
Reihe nach an.

weil sie dies tun, sind kontradiktorisch sie leugnende Urteile
— wie Erdmann annimmt — unvollziehbar.

Aber weder kann ich diesem Schluß beistimmen, noch den
Behauptungen, aus denen er sich zusammensetzt. Es erscheint
5 mir als sehr wohl möglich, daß gerade vermöge der Gesetze, denen
alles Denken eines Wesens (z.B. eines Menschen) untersteht, *in
individuo* Urteile zutage treten, welche die Geltung dieser Gesetze
leugnen. Die Leugnung dieser Gesetze widerspricht ihrer
Behauptung; aber die Leugnung als realer Akt kann sehr
10 wohl verträglich sein mit der objektiven Geltung der Gesetze bzw.
mit der realen Wirksamkeit der Bedingungen, über welche das
Gesetz eine allgemeine Aussage macht. Handelt es sich beim
Widerspruch um ein ideales Verhältnis von Urteilsinhalten, so
handelt es sich hier um ein reales Verhältnis zwischen dem Urteils-
15 akt und seinen gesetzlichen Bedingungen. Angenommen, es wären
die Gesetze der Ideenassoziation Grundgesetze des menschlichen
Vorstellens und Urteilens, wie die Assoziationspsychologie in der
Tat lehrte, wäre es dann eine als absurd zu verwerfende Unmöglichkeit, daß ein Urteil, das diese Gesetze leugnete, sein Dasein
20 gerade der Wirksamkeit dieser Gesetze verdankte? (Vgl. oben
S. 67f.).

|| Aber selbst wenn der Schluß richtig wäre, seinen Zweck [[A 1
müßte er verfehlen. Denn der logische Absolutist (*sit venia verbo*) [[B 1
wird mit Recht einwenden: Die Denkgesetze, von welchen
25 Erdmann spricht, sind entweder nicht diejenigen, von welchen
ich und alle Welt spricht, und dann trifft er gar nicht meine
These; oder er legt ihnen einen Charakter bei, der ihrem klaren
Sinn durchaus widerstreitet. Und abermals wird er einwenden:
Die Denkunmöglichkeit für die Negationen dieser Gesetze,
30 welche sich aus ihnen als Folge ergeben soll, ist entweder dieselbe,
die ich und alle Welt darunter verstehen, dann spricht sie für
meine Auffassung; oder sie ist eine andere, dann bin ich abermals
nicht getroffen.

Was das Erste anlangt, so drücken die logischen Grundsätze
35 nichts weiter aus, als gewisse Wahrheiten, die im bloßen Sinn
(Inhalt) gewisser Begriffe, wie Wahrheit, Falschheit, Urteil (Satz)
u. dgl. gründen. Nach Erdmann sind sie aber „Denkgesetze",
welche das Wesen unseres menschlichen Denkens ausdrücken; sie nennen die Bedingungen, an welche alles mensch-

liche Vorstellen und Denken gebunden ist, sie würden sich,
wie gleich nachher *expressis verbis* gelehrt wird, mit der menschlichen Natur verändern. Folglich hätten sie nach Erdmann
einen realen Inhalt. Aber dies widerspricht ihrem Charakter als
5 rein begrifflichen Sätzen. Kein Satz, der in bloßen Begriffen[1]
gründet, der bloß feststellt, was in den Begriffen liegt und mit
ihnen gegeben ist, sagt etwas über Reales aus. Und man braucht
nur auf den wirklichen Sinn der logischen Gesetze hinzublicken,
um zu erkennen, daß sie dies auch nicht tun. Selbst wo in ihnen
10 von Urteilen die Rede ist, meinen sie nicht das, was die psychologischen Gesetze mit diesem Worte treffen wollen, nämlich
Urteile als reale Erlebnisse, sondern sie meinen Urteile in dem
Sinne von Aussagebedeutungen *in specie*, die identisch sind, was
sie sind, ob sie wirklichen Akten des Aussagens zugrunde liegen
15 oder nicht, und wieder ob sie von dem oder jenem ausgesagt
werden. Sowie man die logischen Prinzipien | als Realgesetze auf- [A 140]
faßt, die in der Weise von Natur|gesetzen unser reales Vorstellen [B 140]
und Urteilen regeln, verändert man total ihren Sinn — wir haben
dies oben ausführlich erörtert.
20   Man sieht, wie gefährlich es ist, die logischen Grundgesetze als
Denkgesetze zu bezeichnen. Sie sind es, wie wir im nächsten
Kapitel noch genauer darlegen werden, nur in dem Sinne von
Gesetzen, die bei der Normierung des Denkens eine Rolle zu
spielen berufen sind; eine Ausdrucksweise, die schon andeutet,
25 daß es sich dabei um eine praktische Funktion handelt, eine
Nutzungsweise, und nicht um etwas in ihrem Inhalt selbst Liegendes. Daß sie nun das „Wesen des Denkens" ausdrücken, dies
könnte im Hinblick auf ihre normative Funktion einen wohlbe-
rechtigten Sinn noch gewinnen, wenn die Voraussetzung erfüllt
30 wäre, daß in ihnen die notwendigen und hinreichenden Kriterien
gegeben sind, nach welchen die Richtigkeit jedes Urteils zu bemessen wäre. Man könnte dann allenfalls sagen, daß sie das
ideale Wesen alles Denkens, im outrierten Sinne des richtigen
Urteilens, ausprägten. So hätte es der alte Rationalismus gerne
35 gefaßt, der sich aber nicht klar machen konnte, daß die logischen
Grundsätze nichts weiter sind als triviale Allgemeinheiten, gegen
die eine Behauptung bloß darum nicht streiten darf, weil sie sonst

---

[1] In A folgt: ⌐(Bedeutungen *in specie*)¬.

widersinnig wäre, und daß also umgekehrt die Harmonie des
Denkens mit diesen Normen auch nicht mehr verbürgt, als daß
es in sich formal[1] einstimmig sei. Darnach wäre es ganz unpassend,
auch jetzt noch in diesem (idealen) Sinne von dem „Wesen des
5 Denkens" zu sprechen und es durch jene Gesetze* zu umschrei-
ben, die, ‖ wie wir wissen, nicht mehr leisten, als uns den formalen
Widersinn vom Leibe zu halten. Es ist noch ein Überrest des
rationalistischen Vorurteils, wenn man bis in unsere Zeit statt von
formaler Einstimmigkeit, von formaler Wahrheit gesprochen hat,
10 ein höchst verwerfliches, weil beirrendes Spiel mit dem Worte
Wahrheit.

{ [A 1
{ [B 1

Doch gehen wir nun zum zweiten Punkte über. Die Unmöglichkeit der Leugnung der Denkgesetze faßt Erdmann
als Unvollziehbarkeit solcher Leugnung. Diese beiden Be-
15 griffe halten wir logischen Absolutisten für so wenig identisch,
daß wir die Unvollziehbarkeit überhaupt leugnen und die Unmöglichkeit aufrecht halten. Nicht die Leugnung als Akt ist unmöglich (und das hieße, als zu einem Realen gehörig, so viel wie
real-unmöglich), sondern der ihren Inhalt bildende negative
20 Satz ist unmöglich, und zwar ist er als idealer in idealem Sinne
unmöglich; darin liegt aber: er ist widersinnig und somit
evident falsch. Diese ideale Unmöglichkeit des negativen Satzes
streitet gar nicht mit der realen ⌜Möglichkeit⌝[2] des negierenden Urteilsaktes. Man vermeide noch den letzten Rest äquivoker Aus-
25 drücke, man sage, der Satz sei widersinnig, ⌜der Urteilsakt⌝[3] sei
kausal ⌜nicht⌝[4] ausgeschlossen, und alles wird völlig klar.

Im faktischen Denken des normalen Menschen tritt nun

---

* Ich denke hier schon alle rein logischen Gesetze zusammengefaßt. Mit den zwei
oder drei „Denkgesetzen" im traditionellen Sinn bringt man nicht einmal den Begriff
eines formal-einstimmigen Denkens zustande, und alles, was dem entgegen von alters-
her gelehrt wurde, halte ich (und nicht ich allein) für Täuschung. Jeder formale
Widersinn läßt sich auf einen Widerspruch reduzieren, aber nur unter Vermittlung
gar mannigfaltiger anderer formaler Grundsätze, z.B. der syllogistischen, der arithmetischen usw. Schon in der Syllogistik ist deren Zahl mindestens ein Dutzend. Sie lassen
sich alle trefflich demonstrieren — in Scheinbeweisen, die sie selbst oder ihnen äquivalente Sätze voraussetzen.

---

1 In A folgt: ⌜(nicht)⌝. Die Weglassung in B entspricht den „Berichtigungen" zu A.
2 A: ⌜Unmöglichkeit⌝.
3 A: ⌜das Urteil⌝.
4 Fehlt in A.

freilich die aktuelle Negation eines Denkgesetzes in der Regel
nicht auf; aber daß es beim Menschen überhaupt nicht auftreten
kann, wird man schwerlich behaupten können, nachdem große
Philosophen wie Epikur und Hegel den Satz des Widerspruchs
5 geleugnet haben. Vielleicht sind Genie und Wahnsinn einander
auch in dieser Hinsicht verwandt, vielleicht gibt es auch unter
den Irrsinnigen Leugner der Denkgesetze; als Menschen wird
man doch auch sie müssen gelten lassen. Man erwäge auch: Im
selben Sinne denkunmöglich wie die Negation der primitiven
10 Grundsätze ist diejenige aller ihrer notwendigen Konsequenzen.
Aber daß man sich in Beziehung auf verwickelte syllogistische
oder arithmetische Lehrsätze täuschen kann, ist allbekannt, und
so dient auch dies als unanfechtbares Argument. ‖ Im übrigen
sind dies Streitfragen, die das Wesentliche nicht berühren. Die
15 logische Unmöglichkeit, als Widersinnigkeit des idealen Urteilsinhalts, und die psychologische Unmöglichkeit, als Unvollziehbarkeit des korrespondierenden Urteilsaktes, wären heterogene Begriffe auch dann, wenn die letztere mit der ersteren allgemein-
menschlich gegeben, also die Fürwahrhaltung von Widersinnig-
20 keiten naturgesetzlich ausgeschlossen wäre.*

[A 142]
[B 142]

Es ist nun diese echte logische Unmöglichkeit des Widerspruches gegen die Denkgesetze, welche der logische Absolutist als
Argument für die „Ewigkeit” dieser Gesetze verwendet. Was
meint hier die Rede von der Ewigkeit? Doch nur den Umstand,
25 daß jedes Urteil, unabhängig von Zeit und Umständen, von
Individuen und Spezies, durch die rein logischen Gesetze „gebunden” ist; und dies Letztere natürlich nicht im psychologischen
Sinne eines Denkzwanges, sondern in dem idealen Sinne der
Norm: wer eben anders urteilte, urteilte unbedingt falsch, zu
30 welcher Spezies psychischer Wesen er sich nun rechnen ⌈möge⌉1.
Die Beziehung auf psychische Wesen bedeutet offenbar keine
Einschränkung der Allgemeinheit. Normen für Urteile „binden”
urteilende Wesen und nicht Steine. Das liegt in ihrem Sinn, und
so wäre es lächerlich, die Steine und ähnliche Wesen in dieser
35 Hinsicht als Ausnahmen zu behandeln. Der Beweis des logischen

---

* Vgl. die Erörterungen des § 22 in Kap. IV, besonders S. 67 f.

---

1 A: ⌈mag⌉.

Absolutisten ist nun sehr einfach. Er wird eben sagen: Folgender
Zusammenhang ist mir durch Einsicht gegeben. Es gelten die
und die Grundsätze, und sie tun es so, daß sie nur entfalten, was
im Inhalt ihrer Begriffe gründet. Folglich ist jeder Satz (d.i. jeder
5 mögliche Urteilsinhalt im idealen Sinne) widersinnig, wenn er die
Grundgesetze entweder unmittelbar negiert oder gegen sie mittelbar verstößt. Das Letztere besagt ja nur, daß ein rein deduktiver
Zusammenhang an die Wahrheit solcher Urteilsinhalte als Hypothesis die Unwahrheit jener Grundsätze als Thesis anknüpft. Sind
10 darnach Urteilsinhalte dieser Art wider‖sinnig und als solche falsch,
so muß auch ⌜jedes⌝1 aktuelle Urteil, dessen Inhalte sie
sind, unrichtig sein; denn richtig heißt ein Urteil, wenn „das was
es urteilt", d.i. sein Inhalt, wahr, also unrichtig, wenn derselbe
falsch ist.

[A 14
[B 14

15   Ich betonte soeben jedes Urteil, um aufmerksam zu machen,
daß der Sinn dieser strengen Allgemeinheit jede Einschränkung,
also auch die auf menschliche oder andersartige Gattungen urteilender Wesen *eo ipso* ausschließt. Ich kann niemanden zwingen,
einzusehen, was ich einsehe. Aber ich selbst kann nicht zweifeln,
20 ich sehe ja abermals ein, daß jeder Zweifel hier, wo ich Einsicht
habe, d.i. die Wahrheit selbst erfasse, verkehrt wäre; und so finde
ich mich überhaupt an dem Punkte, den ich entweder als den
archimedischen gelten lasse, um von hier aus die Welt der Unvernunft und des Zweifels aus den Angeln zu heben, oder den ich
25 preisgebe, um damit alle Vernunft und Erkenntnis preiszugeben.
Ich sehe ein, daß sich dies so verhält, und daß ich im letzteren
Falle — wenn von Vernunft oder Unvernunft dann noch zu reden
wäre — alles vernünftige Wahrheitsstreben, alles Behaupten und
Begründen einstellen müßte.

30   Mit all dem finde ich mich nun freilich in Widerstreit mit dem
ausgezeichneten Forscher. Er fährt nämlich fort.

„Unbedingt wäre die so begründete Notwendigkeit der formalen
Grundsätze ... nur dann, wenn unsere Erkenntnis derselben
verbürgte, daß das Wesen des Denkens, das wir in uns finden und
35 durch sie ausdrücken, ein unveränderliches, oder gar das einzig
mögliche Wesen des Denkens wäre, daß jene Bedingungen unseres Denkens zugleich die Bedingungen jedes möglichen

---

1 In B nicht gesperrt.

Denkens wären. Wir wissen jedoch nur von unserem Denken. Ein von dem unseren verschiedenes, also auch ein Denken überhaupt als Gattung zu solchen verschiedenen Arten des Denkens zu konstruieren sind wir nicht imstande. Worte, die ein solches zu
5 beschreiben scheinen, haben keinen von uns vollziehbaren Sinn, der dem Anspruch genügte, den dieser Schein erwecken soll. Denn jeder Versuch, das, ‖ was sie beschreiben, herzustellen, ist an die Bedingungen unseres Vorstellens und Denkens gebunden, bewegt sich in ihrem Kreise."

$\begin{cases} \text{[A 144]} \\ \text{[B 144]} \end{cases}$

10   Würden wir so verfängliche Reden, wie die vom „Wesen unseres Denkens" in rein logischen Zusammenhängen überhaupt gelten lassen, würden wir sie also nach Maßgabe unserer Analysen durch die Summe der Idealgesetze fassen, welche die formale Einstimmigkeit des Denkens umgrenzen, dann würden wir natürlich
15 auch den Anspruch erheben, das strenge erwiesen zu haben, was Erdmann für unerweisbar hält; daß das Wesen des Denkens ein unveränderliches, ja gar das einzig mögliche wäre usw. Aber freilich ist es klar, daß Erdmann, während er dies leugnet, jenen allein berechtigten Sinn der fraglichen Redeweise nicht innehält,
20 es ist klar, daß er (die weiter unten folgenden Zitate lassen es noch schroffer hervortreten) die Denkgesetze als Ausdrücke des realen Wesens unseres Denkens, somit als Realgesetze faßt, als ob wir mit ihnen eine unmittelbare Einsicht in die allgemein menschliche Konstitution nach ihrer Erkenntnisseite gewönnen. Leider ist dies
25 gar nicht der Fall. Wie sollten auch Sätze, die nicht im entferntesten von Realem sprechen, die nur klar legen, was mit gewissen Wortbedeutungen oder Aussagebedeutungen sehr allgemeiner Art unabtrennbar gesetzt ist, so gewichtige Erkenntnisse realer Art, über das „Wesen geistiger Vorgänge, kurz unserer Seele"
30 (wie wir weiter unten lesen) gewähren?
       Andererseits, hätten wir durch solche oder andere Gesetze Einsicht in das reale Wesen des Denkens, dann kämen wir doch zu ganz anderen Konsequenzen wie der verdiente Forscher. „Wir wissen nur von unserem Denken." Genauer gesprochen wissen
35 wir nicht nur von unserem individuell-eigenen Denken, sondern, als wissenschaftliche Psychologen, auch ein klein wenig vom allgemein-menschlichen, und noch viel weniger vom tierischen. Jedenfalls ist aber ein in diesem realen Sinne andersartiges Denken und sind ihm zugeordnete Spezies denkender Wesen für uns

gar nicht denkunmög‖lich, sie könnten sehr wohl und sinnvoll beschrieben werden, ganz so wie dergleichen bei fiktiven naturwissenschaftlichen Spezies nicht ausgeschlossen ist. Böcklin malt uns die prächtigsten Zentauren und Nixen mit leibhaftiger
5 Natürlichkeit. Wir glauben sie ihm — mindestens ästhetisch. Freilich, ob sie auch naturgesetzlich möglich sind, wer wollte dies entscheiden. Aber hätten wir die letzte Einsicht in die Komplexionsformen organischer Elemente, welche die lebendige Einheit des Organismus gesetzlich ausmachen, hätten wir die Gesetze,
10 welche den Strom solchen Werdens in dem typisch geformten Bette erhalten, so könnten wir den wirklichen Spezies mannigfaltige objektiv mögliche in wissenschaftlich exakten Begriffen anreihen, wir könnten diese Möglichkeiten so ernsthaft diskutieren, wie der theoretische Physiker seine fingierten Spezies von
15 Gravitationen. Jedenfalls ist die logische Möglichkeit solcher Fiktionen auf naturwissenschaftlichem wie auf psychologischem Gebiet unanfechtbar. Erst wenn wir die μετάβασις εἰς ἄλλο γένος vollziehen, die Region der psychologischen Denkgesetze mit der der rein logischen verwechseln, und nun die letzteren selbst in psy-
20 chologistischem Sinne mißdeuten, gewinnt die Behauptung, andersartige Denkweisen vorzustellen seien wir außerstande, die Worte, die sie zu beschreiben scheinen, hätten für uns keinen vollziehbaren Sinn, einen Anschein von Berechtigung. Mag sein, daß wir uns von solchen Denkweisen „keine rechte Vorstellung" zu
25 machen vermögen, mag sein, daß sie auch in absolutem Sinn für uns unvollziehbar sind; aber diese Unvollziehbarkeit wäre in keinem Falle die Unmöglichkeit im Sinne der Absurdität, des Widersinns.

Vielleicht ist folgende Überlegung zur Klärung nicht unnütz.
30 Theoreme aus der Lehre von den Abelschen Transzendenten haben für ein Wickelkind, und sie haben ebenso für den Laien (das mathematische Kind, wie die Mathematiker scherzhaft zu sagen pflegen) keinen „vollziehbaren Sinn". Das liegt an den individuellen Bedingungen ihres Vorstellens und Denkens. Genau
35 so wie wir Reifen zum Kinde, wie der ‖ Mathematiker zum Laien, so könnte sich allgemein eine höhere Spezies denkender Wesen, sagen wir Engel, zu uns Menschen verhalten. Deren Worte und Begriffe hätten für uns keinen vollziehbaren Sinn, gewisse spezifische Eigenheiten unserer psychischen Konstitution ließen es

[A 14
[B 14

[A 14
[B 14

eben nicht zu. Der normale Mensch braucht, um die Theorie der
Abelschen Funktionen, ja auch nur um deren Begriffe zu verstehen, einige, sagen wir fünf Jahre. Es könnte sein, daß er, um
die Theorie gewisser engelischer Funktionen zu verstehen, bei
5 seiner Konstitution eines Jahrtausends bedürfte, während er doch
im günstigen Falle ein Jahrhundert kaum erreichen wird. Aber
diese absolute, durch die ⌜natürlichen⌝1 Schranken der spezifischen Konstitution bedingte Unvollziehbarkeit wäre natürlich
nicht diejenige, welche uns die Absurditäten, die widersinnigen
10 Sätze zumuten. Im einen Falle handelt es sich um Sätze, die wir
schlechterdings nicht verstehen können; dabei sind sie an sich betrachtet einstimmig und sogar gültig. Im anderen Falle hingegen
verstehen wir die Sätze sehr wohl; aber sie sind widersinnig, und
darum „können wir an sie nicht glauben'', d.h. wir sehen ein, daß
15 sie als widersinnige verwerflich sind.

Betrachten wir nun auch die extremen Konsequenzen, welche
Erdmann aus seinen Prämissen zieht. Gestützt auf das „leere
Postulat eines anschauenden Denkens'', müssen wir nach ihm
„die Möglichkeit zugeben, daß ein Denken, welches von dem
20 unsrigen wesensverschieden ist, stattfinde'', und er zieht daraus
den Schluß, daß somit „die logischen Grundsätze auch nur für
den Bereich dieses unseres Denkens gelten, ohne daß wir eine
Bürgschaft dafür hätten, daß dieses Denken sich seiner Beschaffenheit nach nicht ändern könnte. Denn es bleibt demnach mög-
25 lich, daß eine solche Änderung eintrete, sei es, daß sie alle, sei es,
daß sie nur einige dieser Grundsätze träfe, da sie nicht alle aus einem analytisch ableitbar sind. Es ist belanglos, daß diese Möglichkeit in den Aussagen unseres Selbstbewußtseins über unser Denken
keine Stütze ‖ findet, die ihre Verwirklichung vorhersehen ließe. Sie   { [A 147]
30 besteht trotz alledem. Denn wir können unser Denken nur hin-   { [B 147]
nehmen, wie es ist. Wir sind nicht in der Lage, seine zukünftige Beschaffenheit durch die gegenwärtige in Fesseln zu schlagen. Wir
sind insbesondere unvermögend, das Wesen unserer geistigen Vorgänge, kurz unserer Seele so zu fassen, daß wir aus ihr die Unver-
35 änderlichkeit des uns gegebenen Denkens deduzieren könnten.''*

---

* Vgl. a. a. O., Nr. 369, sub e, S. 377–78. — Hatte man sich mit der Möglichkeit
einer Veränderung des logischen Denkens einmal vertraut gemacht, so lag der Gedanke einer Entwicklung desselben nicht mehr fern. Nach G. Ferrero, *Les lois
psychologiques du Symbolisme*, Paris 1895, soll die Logik — so lese ich in einem Referat

1 A: ⌜gesetzlichen⌝.

Und so können wir nach Erdmann „nicht umhin, einzuge-
stehen, daß alle jene Sätze, deren widersprechende Gedanken von
uns unvollziehbar sind, nur unter der Voraussetzung der Beschaffenheit unseres Denkens notwendig sind, die wir als diese
5 bestimmte erleben, nicht aber absolut, unter jeder möglichen
Bedingung. Unseren logischen Grundsätzen also bleibt auch hier-
nach ihre Denknotwendigkeit; nur daß sie nicht als absolute,
sondern als hypothetische [in unserer Redeweise: relative]
angesehen wird. Wir können nicht anders, als ihnen zustimmen
10 — nach der Natur unseres Vorstellens und Denkens. Sie gelten
allgemein, vorausgesetzt daß unser Denken dasselbe bleibt. Sie
sind notwendig, weil wir nur unter ihrer Voraussetzung denken
können, solange sie das Wesen unseres Denkens ausdrücken."*
Nach den bisherigen Ausführungen brauche ich nicht zu ∥ sagen, $\begin{cases} \text{[A 14} \\ \text{[B 14} \end{cases}$
15 daß meines Erachtens diese Konsequenzen zu Recht nicht be-
stehen können. Gewiß gilt die Möglichkeit, daß ein von dem
unsrigen wesensverschiedenes Seelenleben stattfinde. Gewiß können wir unser Denken nur hinnehmen, wie es ist, gewiß wäre jeder
Versuch töricht, aus „dem Wesen unserer geistigen Vorgänge,
20 kurz unserer Seele", ihre Unveränderlichkeit deduzieren zu wollen. Aber daraus folgt mitnichten jene *toto coelo* verschiedene
Möglichkeit, daß Veränderungen unserer spezifischen Konstitution, sei es alle oder einige Grundsätze träfen, und daß somit die
Denknotwendigkeit dieser Sätze eine bloß hypothetische sei. Viel-
25 mehr ist all das widersinnig, widersinnig in dem prägnanten
Sinne, in dem wir das Wort (natürlich ohne jede Färbung, als rein
wissenschaftlichen Terminus) hier allzeit gebraucht haben. Es ist
der Unsegen unserer vieldeutigen logischen Terminologie, daß
dergleichen Lehren noch auftreten und selbst ernste Forscher
30 täuschen können. Wären die primitiven begrifflichen Unterscheidungen der Elementarlogik vollzogen und auf Grund derselben
die Terminologie geklärt, würden wir uns nicht mit so elenden

---

A. Lassons in der *Zeitschrift f. Philos.*, Bd. 113, S. 85 — „positiv werden und die
Gesetze des Schließens je nach dem Alter und der Entwicklungsstufe der Kultur darstellen; denn auch die Logik ändere sich mit der Entwicklung des Gehirns ... Daß
man früher die reine Logik und die deduktive Methode vorgezogen habe, sei Denkfaulheit gewesen, und die Metaphysik sei das kolossale Denkmal dieser Denkfaulheit
bis zum heutigen Tage geblieben, glücklicherweise nur noch bei einigen Zurückgebliebenen nachwirkend".
* Vgl. a. a. O., Nr. 370, S. 378.

Äquivokationen herumschleppen, wie sie allen logischen Terminis
— Denkgesetz, Denkform, reale und formale Wahrheit, Vorstellung, Urteil, Satz, Begriff, Merkmal, Eigenschaft, Grund, Notwendigkeit usw. — anhaften, wie könnten so viele Widersinnig-
5 keiten, darunter die des Relativismus, in Logik und Erkenntnislehre theoretisch vertreten werden und in der Tat einen Schein
für sich haben, der selbst bedeutende Denker blendet?

Die ⌐Rede von der¬1 Möglichkeit von variablen „Denkgesetzen"
als psychologischen Gesetzen des Vorstellens und Urteilens,
10 welche für verschiedene Spezies psychischer Wesen mannigfach
differieren, ja in einer und derselben von Zeit zu Zeit wechseln,
das gibt einen guten Sinn. Denn unter psychologischen „Gesetzen"
pflegen wir „empirische Gesetze" zu verstehen, ungefähre Allgemeinheiten der Koexistenz und Sukzession, auf Tatsächlichkeiten
15 bezüglich, die in einem Falle so, im anderen anders sein können.   [A 149]
Auch die Möglichkeit von variablen Denkgesetzen ‖ als norma-   [B 149]
tiven Gesetzen des Vorstellens und Urteilens gestehen wir gerne
zu. Gewiß können normative Gesetze der spezifischen Konstitution der urteilenden Wesen angepaßt und daher mit ihnen verän-
20 derlich sein. Offenbar trifft dies die Regeln der praktischen Logik
als Methodenlehre, so wie es auch die methodischen Vorschriften
der Einzelwissenschaften trifft. Die mathematisierenden Engel
mögen andere Rechenmethoden haben als wir — aber auch andere Grundsätze und Lehrsätze? Diese Frage führt uns denn auch
25 weiter: Widersinnig wird die Rede von variablen Denkgesetzen erst dann, wenn wir darunter die rein-logischen Gesetze
verstehen (an welche wir auch die reinen Gesetze der Anzahlenlehre, der Ordinalzahlenlehre, der reinen Mengenlehre usw. angliedern dürfen). Der vage Ausdruck „normative Gesetze des
30 Denkens", mit dem man auch sie bezeichnet, verführt allgemein
dazu, sie mit jenen psychologisch fundierten Denkregeln zu-
sammenzuwerfen. Sie aber sind rein theoretische Wahrheiten
idealer Art, rein in ihrem Bedeutungsgehalt wurzelnd und nie
über ihn hinausgehend. Sie können also durch keine wirkliche oder
35 fiktive Änderung in der Welt des *matter of fact* berührt werden.

Im Grunde hätten wir hier eigentlich einen dreifachen Gegensatz zu berücksichtigen: nicht bloß den zwischen praktischer

---

1 Zusatz von B.

Regel und theoretischem Gesetz, und wieder den zwischen
Idealgesetz und Realgesetz, sondern auch den Gegensatz
zwischen exaktem Gesetz und „empirischem Gesetz" (sc.
als Durchschnittsallgemeinheit, von der es heißt: „keine Regel
5 ohne Ausnahme"). Hätten wir Einsicht in die exakten Gesetze
des psychischen Geschehens, dann wären auch sie ewig und un-
wandelbar, sie wären es, wie die Grundgesetze der theoretischen
Naturwissenschaften, sie würden also gelten, auch wenn es kein
psychisches Geschehen gäbe. Würden alle gravitierenden Massen
10 vernichtet, so wäre damit nicht das Gravitationsgesetz aufgehoben, es bliebe nur ohne Möglichkeit faktischer Anwendung.
Es sagt ja nichts über die Existenz gravitierender | Massen, | [A 15
sondern nur über das, was gravitierenden Massen als solchen   [B 15
zukommt. (Freilich liegt, wie wir oben* erkannt haben, der Sta-
15 tuierung exakter Naturgesetze eine idealisierende Fiktion zugrunde, von der wir hier absehen, uns an die bloße Intention
dieser Gesetze haltend.) Sowie man also nur zugesteht, daß die
logischen Gesetze exakte sind und[1] als exakte eingesehen werden,
ist schon die Möglichkeit ihrer Änderung durch Änderungen in
20 den Kollokationen des tatsächlichen Seins und die dadurch gesetzten Umbildungen der naturhistorischen und geistigen Spezies
ausgeschlossen, somit ihre „ewige" Geltung verbürgt.

Von psychologistischer Seite könnte jemand unserer Position
entgegenhalten, daß wie alle Wahrheit, so auch die der logischen
25 Gesetze in der Erkenntnis liegt, und daß die Erkenntnis als psychisches Erlebnis selbstredend psychologischen Gesetzen untersteht. Aber ohne hier die Frage erschöpfend zu erörtern, in welchem Sinne die Wahrheit in der Erkenntnis liegt, weise ich doch
darauf hin, daß keine Änderung psychologischer Tatsächlich-
30 keiten aus der Erkenntnis einen Irrtum, aus dem Irrtum eine
Erkenntnis machen kann. Entstehen und Vergehen der Erkenntnisse als Phänomene hängt natürlich an psychologischen Bedingungen, so wie das Entstehen und Vergehen anderer psychischer
Phänomene, z.B. der sinnlichen. Aber wie kein psychisches Ge-
35 schehen es je erreichen kann, daß das Rot, das ich eben anschaue,

---

* Vgl. Kapitel IV, § 23, S. 71–73.

---

[1] In A folgt: ⌐nur⌐.

statt einer Farbe vielmehr ein Ton, oder daß der tiefere von zwei
Tönen der höhere sei; oder allgemeiner gesprochen, so wie alles,
was in dem Allgemeinen des jeweiligen Erlebnisses liegt und
gründet, über jede mögliche Änderung erhaben ist, weil alle
5 Änderung die individuelle Einzelheit angeht, aber für das Begriffliche ohne Sinn ist: so gilt das Entsprechende auch für die „Inhalte" der Erkenntnisakte. Zum Begriff der Erkenntnis gehört,
daß sein Inhalt den Charakter der Wahrheit habe. Dieser ‖ Cha- [A 151]
rakter kommt nicht dem flüchtigen Erkenntnisphänomen zu, [B 151]
10 sondern dem identischen Inhalte desselben, dem Idealen oder
Allgemeinen, das wir alle im Auge haben, wenn wir sagen: ich
erkenne, daß $a + b = b + a$ ist, und unzählige andere erkennen
dasselbe. Natürlich kann es sein, daß sich aus Erkenntnissen
Irrtümer entwickeln, z.B. im Trugschluß; darum ist nicht die
15 Erkenntnis als solche zum Irrtum geworden, es hat sich nur kausal das eine an das andere angereiht. Es kann auch sein, daß sich
in einer Spezies urteilsfähiger Wesen überhaupt keine Erkenntnisse entwickeln, daß alles, was sie für wahr halten, falsch, und
alles, was sie für falsch halten, wahr ist. In sich blieben Wahrheit
20 und Falschheit aber ungeändert; sie sind wesentlich Beschaffenheiten der bezüglichen Urteilsinhalte, nicht solche der Urteilsakte; sie kommen jenen zu, ob sie auch von niemandem anerkannt
werden: ganz so, wie Farben, Töne, Dreiecke usw. die wesentlichen Beschaffenheiten, die ihnen als Farben, Tönen, Dreiecken
25 usw. zukommen, allzeit haben, ob jemand in aller Welt es jemals
erkennen mag oder nicht.

Die Möglichkeit also, die Erdmann zu begründen versucht
hat, nämlich, daß andere Wesen ganz andere Grundsätze haben
könnten, darf nicht zugestanden werden. Eine widersinnige Mög-
30 lichkeit ist eben eine Unmöglichkeit. Man versuche nur einmal
auszudenken, was in seiner Lehre liegt. Da gäbe es vielleicht
Wesen eigener Art, sozusagen logische Übermenschen, für
welche unsere Grundsätze nicht gelten, vielmehr ganz
andere Grundsätze, derart, daß jede Wahrheit für uns zur Falsch-
35 heit wird für sie. Ihnen gilt es recht, daß sie die psychischen
Phänomene, die sie jeweils erleben — nicht erleben. Daß wir und
daß sie existieren, mag für uns wahr sein, für sie ist es falsch usw.
Freilich würden wir logischen Alltagsmenschen urteilen:
solche Wesen sind von Sinnen, sie reden von der Wahrheit und

heben ihre Gesetze auf, sie behaupten ihre eigenen Denkgesetze
zu haben, und sie leugnen diejenigen, an welchen die Möglich|keit [A 152
von | Gesetzen überhaupt hängt. Sie behaupten und lassen zu- [B 152
gleich die Leugnung des Behaupteten zu. Ja und Nein, Wahrheit
5 und Irrtum, Existenz und Nichtexistenz verlieren in ihrem
Denken jede Auszeichnung voreinander. Nur merken sie ihre
Widersinnigkeiten nicht, während wir sie merken, ja mit licht-
vollster Einsicht als solche erkennen. — Wer dergleichen Möglichkeiten zugesteht, ist vom extremsten Skeptizismus nur durch
10 Nuancen geschieden; die Subjektivität der Wahrheit ist, statt auf
die einzelne Person, auf die Spezies bezogen. Er ist spezifischer
Relativist in dem von uns oben definierten Sinne und unterliegt
den erörterten Einwänden, die wir hier nicht wiederholen. Im
übrigen sehe ich es nicht ein, warum wir bei den Grenzscheiden
15 fingierter Rassenunterschiede Halt machen sollen. Warum nicht
die wirklichen Rassenunterschiede, die Unterschiede zwischen
Vernunft und Wahnsinn und endlich die individuellen Unterschiede als gleichberechtigt anerkennen?

Vielleicht wendet ein Relativist gegen unsere Berufung auf die
20 E v i d e n z bzw. auf den evidenten Widersinn der uns zugemuteten
Möglichkeit den oben mitzitierten Satz ein, e s   s e i ,,b e l a n g l o s,
d a ß   d i e s e   M ö g l i c h k e i t   i n   d e n   A u s s a g e n   d e s   S e l b s t b e-
w u ß t s e i n s   k e i n e   S t ü t z e   f i n d e t", es sei ja selbstverständlich,
daß wir nicht unseren Denkformen zuwider denken können. In-
25 dessen, unter Absehen von dieser psychologistischen Interpretation der Denkformen, die wir schon widerlegt haben, weisen wir
darauf hin, daß solche Auskunft den absoluten Skeptizismus bedeutet. Dürften wir der Evidenz nicht mehr vertrauen, wie könnten wir überhaupt noch Behauptungen aufstellen und vernünftig
30 vertreten? Etwa mit Rücksicht darauf, daß andere Menschen
ebenso konstituiert sind wie wir, also vermöge gleicher Denkgesetze auch zu ähnlicher Beurteilung geneigt sein möchten? Aber wie
können wir dies wissen, wenn wir überhaupt nichts wissen können?
Ohne Einsicht kein Wissen.
35   Es ist doch recht sonderbar, daß man so zweifelhaften Behauptungen, wie es die über das Allgemeinmenschliche sind,
Vertrauen schenken will, nicht aber jenen puren Trivialitäten,
|| die zwar sehr gering sind an inhaltlicher Belehrung, aber für   { [A 15
das Wenige, was sie besagen, uns klarste Einsicht gewähren;   { [B 15

und darin ist jedenfalls von denkenden Wesen und ihren spezifischen Eigentümlichkeiten schlechterdings nichts zu finden.

Der Relativist kann auch nicht dadurch eine, wenn auch nur vorläufig gebesserte Position zu erringen hoffen, daß er sagt: Du
5 behandelst mich als extremen Relativisten, ich aber bin es nur hinsichtlich der logischen Grundsätze; alle anderen Wahrheiten mögen unangefochten bleiben. So entgeht er den allgemeinen Einwänden gegen den spezifischen Relativismus jedenfalls nicht. Wer die logischen Grundwahrheiten relativiert, relativiert auch
10 alle Wahrheit überhaupt. Es genügt, auf den Inhalt des Satzes vom Widerspruch hinzublicken und die naheliegenden Konsequenzen zu ziehen.

Solchen Halbheiten bleibt E r d m a n n selbst durchaus ferne: den r e l a t i v i s t i s c h e n W a h r h e i t s b e g r i f f , den seine Lehre
15 fordert, hat er seiner Logik in der Tat zugrunde gelegt. Die Definition lautet: ,,Die Wahrheit eines Urteils besteht darin, daß die logische Immanenz seines Gegenstandes subjektiv, spezieller, objektiv gewiß, und der prädikative Ausdruck dieser Immanenz denknotwendig ist.''* So bleiben wir freilich im Gebiet des Psy-
20 chologischen. Denn Gegenstand ist für E r d m a n n das Vorgestellte, und dieses wiederum wird ausdrücklich identifiziert mit Vorstellung. Ebenso ist die ,,objektive oder Allgemeingewißheit'' nur scheinbar ein Objektives, denn sie ,,gründet sich auf die allgemeine Übereinstimmung der Urteilenden''.** Zwar den Aus-
25 druck ,,objektive Wahrheit'' vermissen wir bei E r d m a n n nicht, aber er identifiziert sie mit ,,Allgemeingültigkeit'', d.i. Gültigkeit für alle. Diese aber zerfällt ihm in Gewißheit für alle, und wenn ich recht verstehe, auch in Denknotwendigkeit für alle. Eben dies meint auch die obige Definition. Bedenklich möchte man werden,
30 wie wir in einem einzigen Falle zur berechtigten Behauptung der objektiven Wahrheit in diesem ‖ Sinne kommen, und wie wir dem ⎰[A 154] unendlichen Regressus entgehen sollen, der durch die Bestimmung ⎱[B 154] gefordert und auch von dem hervorragenden Forscher bemerkt worden ist. Leider reicht die Auskunft, die er ⌐erteilt⌐1, nicht hin.
35 Gewiß sind, wie er sagt, die Urteile, in denen wir die Überein-

---

* a. a. O., Nr. 278, S. 275.
** a. a. O., S. 274.

---

1 A: ⌐ergreift⌐.

stimmung mit anderen behaupten, nicht diese Übereinstimmung
selbst; aber was kann dies nützen, und was die subjektive Gewißheit, die wir dabei haben? Berechtigt wäre unsere Behauptung
doch nur dann, wenn wir von dieser Übereinstimmung wüßten,
5 und das heißt wohl, ihrer Wahrheit inne würden. Man möchte
auch fragen, wie wir auch nur zur subjektiven Gewißheit von der
Übereinstimmung aller kommen sollten, und endlich, um von
dieser Schwierigkeit abzusehen, ob es denn überhaupt zu rechtfertigen ist, die Forderung der Allgemeingewißheit zu stellen, als
10 ob die Wahrheit bei allen und nicht vielmehr bei einigen Aus-
erwählten zu finden ⌜wäre⌝[1].

---

[1] A: ⌜ist⌝.

ACHTES KAPITEL

DIE PSYCHOLOGISTISCHEN VORURTEILE

Bisher haben wir den Psychologismus vorzugsweise aus seinen
Konsequenzen bekämpft. Wir wenden uns nun gegen seine Argu-
5 mente selbst, indem wir die vermeintlichen Selbstverständlich-
keiten, auf die er sich stützt, als täuschende Vorurteile nachzuweisen suchen.

§ 41. *Erstes Vorurteil*

Ein erstes Vorurteil lautet: ,,Vorschriften zur Regelung von
10 Psychischem sind selbstverständlich psychologisch fundiert. Demgemäß ist es auch einleuchtend, daß die normativen Gesetze der
Erkenntnis in der Psychologie der Erkenntnis gründen müssen.''
  || Die Täuschung verschwindet, sowie man, statt im allgemeinen $\left\{\begin{array}{l}\text{[A 155]}\\\text{[B 155]}\end{array}\right.$
zu argumentieren, an die Sachen selbst herantritt.
15 Zunächst tut es not, einer schiefen Auffassung beider Parteien
ein Ende zu machen. Wir weisen nämlich darauf hin, daß die logischen Gesetze, an und für sich betrachtet, keineswegs normative
Sätze sind in dem Sinne von Vorschriften, d.i. Sätzen, zu deren
Inhalt es gehört, auszusagen, wie geurteilt werden solle. Man
20 muß durchaus unterscheiden: Gesetze, welche zur Normierung
der Erkenntnistätigkeiten dienen, und Regeln, welche den
Gedanken dieser Normierung selbst enthalten und sie
als allgemein verpflichtend aussagen.
Betrachten wir ein Beispiel, etwa das bekannte Prinzip der
25 Syllogistik, welches von alters her in die Worte gefaßt wird: Das
Merkmal des Merkmals ist auch Merkmal der Sache selbst. Die
Kürze dieser Fassung wäre empfehlenswert, wenn sie nicht einen
sichtlich falschen Satz als Ausdruck des intendierten Gedankens

böte.* Um ihn zu ⌜konkretem⌝1 Ausdruck zu bringen, werden wir uns schon zu mehr Worten bequemen müssen. „Für jedes Merkmalpaar *AB* gilt der Satz: Hat jeder Gegenstand, welcher das Merkmal *A* hat, auch das Merkmal *B*, und hat irgendein be-
5 stimmter Gegenstand *S* das Merkmal *A*, so hat er auch das Merkmal *B*." Daß nun dieser Satz den geringsten normativen Gedanken enthalte, müssen wir entschieden bestreiten. Wir können ihn freilich zur Normierung verwenden, aber darum ist er nicht selbst eine Norm. Wir können auf ihn auch eine ausdrückliche
10 ⌜Vorschrift⌝2 gründen, z.B. „Wer immer urteilt, daß jedes *A* auch *B* sei, und daß ein gewisses *S* *A* sei, der muß (soll) urteilen, daß dieses *S* auch *B* sei." Aber jedermann sieht, daß dies nicht mehr der ursprüngliche logische Satz ist, sondern aus ihm durch Hineintragung des normativen Gedankens erst erwachsen ist.
15 ‖ Und dasselbe gilt offenbar von allen syllogistischen Gesetzen, ⎱[A 1 wie von ⌜allen⌝3 „rein logischen" Sätzen überhaupt.** Aber nicht ⎰[B 1 für sie allein. Die Fähigkeit zu normativer Wendung haben ebenso die Wahrheiten anderer theoretischer Disziplinen, vor allem die rein mathematischen, die man ja gewöhnlich von der Logik
20 zu trennen pflegt.*** Der bekannte Satz

* Sicherlich ist das Merkmal des Merkmals, allgemein gesprochen, nicht ein Merkmal der Sache. Meinte das Prinzip, was die Worte klar besagen, so wäre ja zu schließen: Dies Löschblatt ist rot, rot ist eine Farbe, also ist dies Löschblatt eine Farbe.
** In dieser Überzeugung, daß der normative Gedanke, das Seinsollen, nicht zum Inhalt der logischen Sätze gehört, treffe ich zu meiner Freude mit Natorp zusammen, der sie jüngst in der *Sozialpädagogik* (Stuttgart, 1899, § 4) kurz und klar ausgesprochen hat: „Logische Gesetze sagen, nach unserer Behauptung, ebensowenig, wie man tatsächlich unter solchen und solchen Umständen denkt, als, wie man denken soll." Mit Beziehung auf das Beispiel des Gleichheitsschlusses „wenn *A* = *B* und *B* = *C*, so ist *A* = *C*", heißt es: „Dies sehe ich ein, indem ich nichts als die zu vergleichenden Termini und deren dadurch zugleich gegebene Relationen vor Augen habe, ohne irgend an den, sei es tatsächlichen oder seinsollenden Verlauf oder Vollzug eines entsprechenden Denkens dabei denken zu müssen" (a. a. O., S. 20 bzw. 21). — Auch in einigen anderen, nicht minder wesentlichen Punkten berühren sich meine *Prolegomena* mit diesem Werke des scharfsinnigen Forschers, welches mir für die Bildung und Darstellung meiner Gedanken leider nicht mehr hilfreich sein konnte. Dagegen konnten auf mich zwei ältere Schriften Natorps, der oben zitierte Aufsatz aus den *Phil. Monatsh.*, XXIII, und die *Einleitung in die Psychologie* anregend wirken — wie sehr sie mich auch in anderen Punkten zu Widerspruch reizten.
*** Die „reine" oder „formale Mathematik", so wie ich den Terminus gebrauche, befaßt die gesamte reine Arithmetik und Mannigfaltigkeitslehre, nicht aber die Geometrie. Dieser entspricht in der reinen Mathematik die Theorie der Euklidschen Mannigfaltigkeit von drei Dimensionen, welche Mannigfaltigkeit die Gattungsidee des Raumes, nicht aber dieser selbst ist.

---

1 A: ⌜korrektem⌝.
2 In A zusätzlich gesperrt.
3 A: ⌜allein⌝.

$$(a + b)\,(a - b) = a^2 - b^2$$

besagt z.B., daß das Produkt aus der Summe und Differenz
zweier beliebiger Zahlen gleich ist der Differenz ihrer Quadrate.
Hier ist keine Rede von unserem Urteilen und der Art, wie es
5 verlaufen soll, wir haben ein theoretisches Gesetz und nicht eine
praktische Regel vor uns. Betrachten wir hingegen den korrespondierenden Satz: „Um das Produkt aus Summe und Differenz
zweier Zahlen zu bestimmen, bilde man die Differenz ‖ ihrer
Quadrate”, so haben wir umgekehrt eine praktische Regel und
10 nicht ein theoretisches Gesetz ausgesprochen. Auch hier wandelt
sich allererst durch die Einführung des normativen Gedankens
das Gesetz in die Regel, die seine selbstverständliche apodiktische
Folge, jedoch nach dem Gedankengehalt von ihm verschieden ist.
    Wir können noch weiter gehen. Es ist ja klar, daß in gleicher
15 Weise jede allgemeine Wahrheit, welchem theoretischen Gebiete
sie angehören mag, zur Begründung einer allgemeinen Norm
richtigen Urteilens dienen kann. Die logischen Gesetze zeichnen
sich in dieser Hinsicht in keiner Weise aus. Ihrer eigenen Natur
nach sind sie nicht normative, sondern theoretische Wahrheiten
20 und können als solche, so gut wie Wahrheiten irgendwelcher
anderer Disziplinen, zur Normierung des Urteilens dienen.
    Andererseits ist freilich auch dies unverkennbar: Die allgemei-
ne Überzeugung, welche in den logischen Sätzen Normen des
Denkens sieht, kann nicht ganz haltlos, die Selbstverständlich-
25 keit, mit der sie uns sofort einleuchtet, nicht reiner Trug sein. Ein
gewisser innerer Vorzug in Sachen der Denkregelung muß diese
Sätze vor anderen auszeichnen. Aber muß die Idee der Regelung
(des Sollens) darum im Inhalt der logischen Sätze selbst liegen?
Kann sie nicht in diesem Inhalt mit einsichtiger Notwendigkeit
30 gründen? Mit anderen Worten: Können nicht die logischen
und rein mathematischen Gesetze einen ausgezeichneten Bedeutungsgehalt haben, der ihnen einen natürlichen Beruf zur
Denkregelung verleiht?
    Wir sehen aus dieser einfachen Betrachtung, wie in der Tat auf
35 beiden Seiten hier Unrecht verteilt ist.
    Die Antipsychologisten irrten darin, daß sie Regelung der
Erkenntnis sozusagen als die Essenz der logischen Gesetze hin-
stellten. Darum kam der rein theoretische Charakter der formalen

[A 157]
[B 157]

Logik und in weiterer Folge ihre Gleichstellung mit der formalen
Mathematik nicht zu gebührender Geltung. Man sah richtig, daß
die in der traditionellen Syllogistik abgehandelte ‖ Gruppe von
Sätzen der Psychologie fremd ⌜ist⌝[1]. Ebenso erkannte man ihren

⎰[A 15
⎱[B 15

5 natürlichen Beruf zur Normierung der Erkenntnis, um des-
sentwillen sie notwendig den Kern jeder praktischen Logik bilden
müssen. Aber man übersah den Unterschied zwischen dem eigenen Gehalt der Sätze und ihrer Funktion, ihrer praktischen Verwendung. Man übersah, daß die sog. logischen Grundsätze in sich
10 selbst nicht Normen sind, sondern eben nur als Normen dienen.
Mit Rücksicht auf die Normierung hatte man sich daran gewöhnt,
von Denkgesetzen zu sprechen, und so schien es, als ob auch diese
Gesetze einen psychologischen Gehalt ⌜hätten⌝[2], und als ob der
Unterschied von den gewöhnlich so genannten psychologischen
15 Gesetzen nur darin ⌜läge⌝[3], daß sie normieren, während die sonstigen psychologischen Gesetze dies nicht tun.

Auf der anderen Seite irrten die Psychologisten mit ihrem
vermeintlichen Axiom, dessen Ungültigkeit wir nun mit wenigen
Worten aufweisen können: Zeigt es sich als eine pure Selbstver-
20 ständlichkeit, daß jede allgemeine Wahrheit, ob sie nun psychologischer Art ist oder nicht, eine Regel des richtigen Urteilens begründet, so ist hiermit nicht nur die sinnvolle Möglichkeit, sondern sogar die Existenz von Urteilsregeln, die nicht in der Psychologie gründen, gesichert.

25 Nun sind freilich nicht alle derartigen Urteilsregeln, obgleich
sie die Richtigkeit des Urteilens normieren, darum schon logische Regeln; aber es ist einzusehen, daß von den im eigentlichen
Sinne logischen Regeln, welche die ureigene Domäne einer Kunstlehre des wissenschaftlichen Denkens ausmachen, nur die eine
30 Gruppe psychologische Begründung zuläßt und dann auch fordert: nämlich die der menschlichen Natur speziell angepaßten
technischen Vorschriften zur Erzeugung wissenschaftlicher Erkenntnis und zur Kritik solcher Erkenntniserzeugungen. Die
andere Gruppe hingegen, und die ungleich wichtigere, besteht

---

¹ A: ⌜sind⌝.
² A: ⌜haben⌝.
³ A: ⌜liege⌝.

aus normativen Wendungen von Gesetzen, die zur Wissenschaft
nach ihrem objektiven oder idealen Gehalt gehören. Indem die
psychologischen Logiker, darunter Forscher vom Range ‖ eines
Mill und Sigwart, die Wissenschaft mehr von ihrer subjektiven ⎱[A 159]
⎰[B 159]
5 Seite (als methodologische Einheit der spezifisch-menschlichen
Erkenntnisgewinnung) als von ihrer objektiven Seite (als Idee der
theoretischen Einheit der Wahrheit) betrachten und demnach die
methodologischen Aufgaben der Logik einseitig betonen, übersehen sie den fundamentalen Unterschied zwischen den
10 rein logischen Normen und den technischen Regeln
einer spezifisch humanen Denkkunst. Beide aber sind
nach Inhalt, Ursprung und Funktion von total verschiedenem
Charakter. Beziehen sich die rein logischen Sätze, wenn wir auf
ihren originären Inhalt sehen, nur auf Ideales, so jene methodo-
15 logischen Sätze auf Reales. Haben die ersteren ihren Ursprung in
unmittelbar einsichtigen Axiomen, so die letzteren in empirischen
und hauptsächlich psychologischen Tatsachen. Dient die Aufstellung jener rein theoretischen und nur nebenbei praktischen
Interessen, so verhält es sich bei diesen umgekehrt: ihr unmittel-
20 bares Interesse ist ein praktisches und nur mittelbar, sofern nämlich ihr Ziel die methodische Förderung wissenschaftlicher Erkenntnis überhaupt ist, werden auch theoretische Interessen
durch sie gefördert.

§ 42. *Erläuternde Ausführungen*

25   Jeder beliebige theoretische Satz läßt sich, wie wir oben sahen,
normativ wenden. Aber die so erwachsenden Regeln für richtiges
Urteilen sind im allgemeinen nicht diejenigen, welche eine logische Kunstlehre braucht, nur wenige unter ihnen sind zur logischen Normierung sozusagen prädestiniert. Will diese Kunstlehre
30 unseren wissenschaftlichen Bestrebungen tatkräftige Hilfe bieten,
so kann sie ja nicht die Erkenntnisfülle der fertigen Wissenschaften voraussetzen, die wir durch ihre Hilfe allererst zu gewinnen hoffen. Nicht die ziellose Umwendung aller gegebenen
theoretischen Erkenntnisse ins Normative kann uns nützen,
35 sondern was wir brauchen, sind allgemeine und in ihrer Allgemeinheit über alle bestimmten Wissenschaften hinaus greifende ⎱[A 160]
Normen zur wertenden Kritik theoretischer Erkennt‖nisse und ⎰[B 160]

Erkenntnismethoden überhaupt und desgleichen praktische Regeln zu deren Förderung.

Eben das will die logische Kunstlehre leisten, und will sie es als wissenschaftliche Disziplin, so muß sie selbst gewisse theoretische
5 Erkenntnisse voraussetzen. Da ist nun von vornherein klar, daß für sie von ausnehmendem Werte alle die Erkenntnisse sein müssen, welche rein in den Begriffen Wahrheit, Satz, Subjekt, Prädikat, Gegenstand, Beschaffenheit, Grund und Folge, Beziehungspunkt und Beziehung und dergleichen gründen. Denn
10 alle Wissenschaft baut sich nach dem, was sie lehrt (also objektiv, theoretisch), aus Wahrheiten auf, alle Wahrheit liegt in Sätzen, alle Sätzen enthalten Subjekte und Prädikate, beziehen sich durch sie auf Gegenstände oder Beschaffenheiten; Sätze als solche haben Verknüpfung nach Grund und Folge usw. Nun ist klar: Wahr-
15 heiten, die in solchen wesentlichen Konstituentien aller Wissenschaft als objektiver, theoretischer Einheit gründen, Wahrheiten, die also nicht als aufgehoben gedacht werden können, ohne daß, was aller Wissenschaft als solcher objektiven Halt und Sinn gibt, aufgehoben wäre, bilden selbst-
20 verständlich die fundamentalen Maßstäbe, an denen gemessen werden kann, ob gegebenenfalls, was den Anspruch erhebt, Wissenschaft zu sein bzw. als Grundsatz oder Folgesatz, als Syllogismus oder Induktion, als Beweis oder Theorie usw. zur Wissenschaft zu gehören, solcher Intention wirklich entspricht,
25 oder ob es nicht vielmehr *a priori* den idealen Bedingungen der Möglichkeit von Theorie und Wissenschaft überhaupt widerstreitet. Gesteht man uns dann zu, daß Wahrheiten, die rein im Inhalt (Sinn) derjenigen Begriffe gründen, welche die Idee der Wissenschaft als einer objektiven Einheit konstituieren, nicht
30 nebenher zum Bereich irgendeiner Einzelwissenschaft gehören können; gesteht man im besonderen zu, daß solche Wahrheiten als ideale ihren Heimatsort nicht haben können in den Wissenschaften vom *matter of fact*, also auch nicht in der Psychologie — dann ist unsere Sache entschieden. Dann kann man auch nicht $\begin{cases} \text{[A 1} \\ \text{[B 1} \end{cases}$
35 die ideale Existenz einer ‖ eigenen Wissenschaft, der reinen Logik, bestreiten, welche in absoluter Selbständigkeit von allen anderen wissenschaftlichen Disziplinen jene Begriffe abgrenzt, die zur Idee einer systematischen oder theoretischen Einheit konstitutiv gehören, und in weiterer Folge die theoretischen Zusammenhänge

erforscht, welche rein in diesen Begriffen gründen. Diese Wissenschaft wird dann die einzigartige Eigentümlichkeit haben, daß sie
selbst ihrer „Form" nach dem Inhalt ihrer Gesetze untersteht,
m.a.W. daß die Elemente und theoretischen Zusammenhänge,
5 aus denen sie selbst als systematische Einheit von Wahrheiten
besteht, durch die Gesetze beherrscht werden, die mit zu ihrem
theoretischen Gehalt gehören.

Daß die Wissenschaft, welche sich auf alle Wissenschaften hinsichtlich deren Form bezieht, sich *eo ipso* auf sich selbst bezieht, klingt
10 paradox, aber es birgt keinerlei Unzuträglichkeit. Das allereinfachste
hierhergehörige Beispiel mache dies klar. Der Satz vom Widerspruch
regelt alle Wahrheit und, da er selbst Wahrheit ist, auch sich selbst.
Man überlege, was diese Regelung hier bedeutet, man formuliere den
auf sich selbst angewendeten Satz vom Widerspruch, und man stößt
15 auf eine einsichtige Selbstverständlichkeit, somit auf das gerade Gegenteil von Verwunderlichkeit und Fraglichkeit. So verhält es sich ⌜über-
haupt⌝1 mit der Regelung der reinen Logik in Beziehung auf sich
selbst.

Diese reine Logik ist also das erste und wesentlichste Funda-
20 ment der methodologischen Logik. Aber natürlich hat diese noch
ganz andere Fundamente, die ihr die Psychologie beistellt. Denn
jede Wissenschaft läßt sich, wie wir schon ausgeführt haben, in
doppelter Hinsicht betrachten: In der einen ist sie ein Inbegriff
menschlicher Veranstaltungen zur Erlangung, systematischen
25 Abgrenzung und Darlegung der Erkenntnisse dieses oder jenes
Wahrheitsgebietes. Diese Veranstaltungen nennen wir Methoden;
z.B. das Rechnen mit Abakus und Kolumnen, mit Schriftzeichen
auf ebener Tafelfläche, mittels der oder jener Rechenmaschine,
mittels Logarithmen-, Sinus- oder Tangententafeln usw.; | ferner [A 162]
30 astro|nomische Methoden mittels Fadenkreuz und Fernrohr, phy- [B 162]
siologische Methoden mikroskopischer Technik, Färbungsmetho-
den usw. Alle diese Methoden, wie auch die Formen der Darstellung sind der menschlichen Konstitution in ihrem jetzigen normalen Bestande angepaßt, und ⌜sind⌝2 zum Teil sogar Zufälligkeiten
35 nationaler Eigenart. Sie ⌜wären⌝3 offenbar ganz unbrauchbar für

---

1 A: ⌜auch⌝.
2 Fehlt in A.
3 A: ⌜werden⌝.

anders konstituierte Wesen. Selbst die physiologische Organisation spielt hier eine nicht unwesentliche Rolle. Was sollten beispielsweise unsere schönsten optischen Instrumente einem Wesen
nützen, dessen Gesichtssinn an ein von dem unseren erheblich
5 unterschiedenes Endorgan gebunden wäre? Und so überall.

Jede Wissenschaft läßt sich aber noch in anderer Hinsicht betrachten, nämlich nach dem, was sie lehrt, nach ihrem theoretischen Gehalt. Was — im idealen Falle — jeder einzelne Satz aussagt, ist eine Wahrheit. Keine Wahrheit ist aber in der Wissen-
10 schaft isoliert, sie tritt mit anderen Wahrheiten zu theoretischen
Verbänden zusammen, geeinigt durch Verhältnisse von Grund
und Folge. Dieser objektive Gehalt der Wissenschaft ist, soweit
sie ihrer Intention wirklich genügt, von der Subjektivität der
Forschenden, von den Eigenheiten der menschlichen Natur über-
15 haupt völlig unabhängig, er ist eben objektive Wahrheit.

Auf diese ideale Seite geht nun die reine Logik, nämlich der
Form nach; das heißt, sie geht nicht auf das, was zur besonderen
Materie der bestimmten Einzelwissenschaften, zu den jeweiligen
Eigenheiten ihrer Wahrheiten und Verknüpfungsformen gehört,
20 sondern auf das, was sich auf Wahrheiten und theoretische Ver-
bände von Wahrheiten überhaupt bezieht. Daher muß ihren Gesetzen, die durchaus idealen Charakters sind, eine jede Wissenschaft in Ansehung ihrer objektiven theoretischen Seite angemessen sein.

25 Hierdurch gewinnen diese idealen Gesetze aber gleichfalls methodologische Bedeutung, und sie besitzen sie auch darum, weil
mittelbare Evidenz in den Begründungszusammenhängen ‖ er- $\begin{cases} \text{[A 16} \\ \text{[B 16} \end{cases}$
wächst, deren Normen eben nichts anderes sind als normative
Wendungen jener idealen Gesetze, die rein in den logischen Kate-
30 gorien gründen. Die charakteristischen Eigentümlichkeiten der
Begründungen, welche im ersten Kapitel d. ⌜W.⌝[1]* hervorgehoben
wurden, haben sämtlich darin ihre Quelle und finden dadurch
ihre volle Erklärung, daß die Einsichtigkeit in der Begründung —
im Schlusse, im Zusammenhang des apodiktischen Beweises, in
35 der Einheit der noch so umfassenden rationalen Theorie, aber
auch in der Einheit der Wahrscheinlichkeitsbegründung — nichts

---

* Vgl. oben § 7, S. 17 ff.

---

[1] A: ⌜S.⌝.

anderes ist als Bewußtsein einer idealen ⌜Gesetzmäßigkeit⌝1.
Die rein logische Reflexion, historisch zum ersten Male erwacht
im Genius des Aristoteles, hebt abstraktiv das jeweils zugrunde liegende Gesetz selbst heraus, führt die Mannigfaltigkeit
5 der so zu gewinnenden und zunächst bloß vereinzelten Gesetze
auf die primitiven Grundgesetze zurück und schafft so ein wissen-
schaftliches System, welches in geordneter Folge und rein deduktiv alle überhaupt möglichen rein logischen Gesetze — alle möglichen „Formen" von Schlüssen, Beweisen usw. — abzuleiten
10 gestattet. Dieser Leistung bemächtigt sich nun das praktisch-
logische Interesse. Die rein logischen Formen wandeln sich ihm
in Normen um, in Regeln, wie wir begründen sollen, und — mit
Beziehung auf mögliche ungesetzliche Bildungen — in Regeln,
wie wir nicht begründen dürfen.
15 Demnach zerfallen die Normen in zwei Klassen: Die einen,
alles Begründen, allen apodiktischen Zusammenhang *a priori*
regelnd, sind rein idealer Natur und nur durch evidente Übertragung auf menschliche Wissenschaft bezogen. Die anderen,
die wir auch als bloße Hilfsverrichtungen oder Surrogate für Be-
20 gründungen charakterisieren durften,* sind empirisch, sie beziehen sich wesentlich auf die spezifisch-menschliche Seite der
Wissenschaften; sie gründen also in der allgemeinen Konstitution
des Menschen und zwar nach dem einen | (für die | Kunstlehre
wichtigeren) Teile in der psychischen und nach dem anderen Teile
25 sogar in der physischen Konstitution.**

$$\left.\begin{array}{l}\text{[A 164]}\\\text{[B 164]}\end{array}\right\}$$

§ 43. *Rückblick auf die idealistischen Gegenargumente.*
Ihre Mängel und ihr richtiger Sinn

In dem Streit um psychologische oder objektive Begründung
der Logik nehme ich also eine Mittelstellung ein. Die Antipsycho-
30 logisten blickten vorzugsweise auf die idealen Gesetze hin, die wir

---

* Vgl. oben § 9, S. 22 ff.
** Gute Beispiele in letzteren Beziehungen bietet auch die elementare Rechenkunst.
Ein Wesen, das dreidimensionale Gruppenordnungen (und im besonderen bei Zeichen-
verteilungen) so klar anschauen und praktisch beherrschen könnte, wie wir Menschen
die zweidimensionalen, hätte vielfach ganz andere Rechenmethoden. Vgl. über derartige Fragen meine *Philosophie der Arithmetik*; speziell über den Einfluß physischer
Umstände auf die Gestaltung der Methoden, S. 275 f., 312 ff.

---

1 A: ⌜Gesetzmäßigkeit⌝.

oben als rein logische, die Psychologisten auf die methodologischen Regeln, die wir als anthropologische charakterisierten. Daher konnten sich beide Parteien nicht verständigen. Daß sich die
Psychologisten wenig geneigt zeigten, dem bedeutsamen Kern
5 der gegnerischen Argumente gerecht zu werden, ist um so begreiflicher, als in diesen letzteren all die psychologischen Motive und
Vermengungen selbst mitspielten, die doch vor allem vermieden
werden mußten. Auch der tatsächliche Inhalt der Werke, die sich
als Darstellungen der „formalen" oder „reinen" Logik ausgeben,
10 mußte die Psychologisten in ihrer ablehnenden Haltung nur be-
stärken und den Eindruck in ihnen erwecken, es handle sich in der
proponierten Disziplin doch nur um ein Stück verschämter und
dabei eigensinnig beschränkter Erkenntnispsychologie bzw. um
eine darauf gegründete Erkenntnisregelung. Die Antipsycholo-
15 gisten durften in ihrem Argument* jedenfalls nicht betonen: die
Psychologie habe es mit Naturgesetzen, die Logik hingegen mit
Normalgesetzen zu tun. Der Gegensatz von Naturgesetz
als empirisch begründeter Regel eines tatsächlichen Seins und Geschehens ist nicht das Normalgesetz als Vorschrift, sondern
20 ‖ das Idealgesetz im Sinne einer rein in den Begriffen (Ideen, $\left\{\begin{array}{l}\text{[A 16}\\\text{[B 16}\end{array}\right.$
reinen ⌜begrifflichen Wesen⌝[1]) gründenden und daher nicht em-
pirischen Gesetzlichkeit. Insofern die formalistischen Logiker bei
ihrer Rede von Normalgesetzen diesen rein begrifflichen und in
diesem Sinne apriorischen Charakter im Auge hatten, bezogen
25 sie sich mit ihrer Argumentation auf ein unzweifelhaft Richtiges.
Aber sie übersahen den theoretischen Charakter der rein logischen
Sätze, sie verkannten den Unterschied von theoretischen Gesetzen,
die durch ihren Inhalt zur Regelung der Erkenntnis prädestiniert
sind, und normativen Gesetzen, die selbst und wesentlich
30 den Charakter von Vorschriften haben.

Auch das ist nicht ganz richtig, daß der Gegensatz von Wahr
und Falsch in der Psychologie keine Stelle habe:** insofern nämlich, als die Wahrheit doch in der Erkenntnis „erfaßt" und das
Ideale hierdurch zur Bestimmtheit des realen Erlebnisses wird.
35 Andererseits sind freilich die Sätze, welche sich auf diese Be-

---

* Vgl. oben § 19, zumal S. 55, und das Zitat aus Drobisch, S. 36.
** Vgl. oben S. 56.

---

[1] A: ⌜Gattungsbegriffen⌝.

stimmtheit in ihrer begrifflichen Reinheit beziehen, nicht Gesetze
des realen psychischen Geschehens; darin irrten die Psychologisten, sie verkannten, wie das Wesen des Idealen überhaupt, so
zumal die Idealität der Wahrheit. Dieser wichtige Punkt wird
5 noch ausführlich zu erörtern sein.

   Endlich liegt auch dem letzten Argument der Antipsychologisten* neben Irrigem zugleich Richtiges zugrunde. Da keine Logik,
nicht die formale und nicht die methodologische, Kriterien zu
geben vermag, nach denen jede Wahrheit als solche erkennbar ist,
10 so liegt in einer psychologischen Begründung der Logik sicherlich
kein Zirkel. Aber ein anderes ist die psychologische Begründung
der Logik (im gewöhnlichen Sinne der Kunstlehre) und wieder ein
anderes die psychologische Begründung jener theoretisch geschlossenen Gruppe logischer Sätze, die wir ,,rein logische'' nann-
15 ten. Und in dieser Hinsicht ist es allerdings eine krasse Unzuträglichkeit, obschon nur in gewissen Fällen eine Art Zirkel, Sätze,
welche in den | wesent|lichen Konstituentien aller theoretischen
Einheit und somit in der begrifflichen Form des systematischen
Inhalts der Wissenschaft als solcher gründen, aus dem zufälligen
20 Inhalt irgendeiner Einzelwissenschaft und nun gar einer Tatsachenwissenschaft abzuleiten. Man mache sich den Gedanken
an dem Satze vom Widerspruch klar, man denke ihn durch irgendeine Einzelwissenschaft begründet; also eine Wahrheit, die im
Sinne der Wahrheit als solcher liegt, begründet durch Wahrheiten
25 über Anzahlen, Strecken u. dgl., oder gar durch Wahrheiten über
physische oder psychische Tatsächlichkeiten. Jedenfalls schwebte
diese Unzuträglichkeit den Vertretern der formalen Logik gleichfalls vor, nur daß sie, wieder durch ihre Vermengung der rein
logischen Gesetze mit normativen Gesetzen oder Kriterien, den
30 guten Gedanken in einer Weise trübten, die ihn seiner Wirksamkeit berauben mußte.

   Die Unzuträglichkeit besteht, wenn wir auf den Grund gehen,
darin, daß Sätze, welche sich auf die bloße Form beziehen (das ist
auf die begrifflichen Elemente wissenschaftlicher Theorie als sol-
35 cher), erschlossen werden sollen aus Sätzen eines ganz heterogenen Gehalts.** Es ist nun klar, daß die Unzuträglichkeit bei

[B 166]
[A 166]

---

* Vgl. oben S. 57.
** Allerdings ist die Unmöglichkeit theoretischer Zusammenhänge zwischen heterogenen Gebieten und das Wesen der fraglichen Heterogenität logisch nicht hinreichend erforscht.

primitiven Grundsätzen, wie dem Satz vom Widerspruch, *modus ponens* u. dgl., insofern zum Zirkel wird, als die Ableitung dieser Sätze sie selbst in den einzelnen Herleitungsschritten voraus-setzen würde — nicht in der Weise von Prämissen, aber in der 5 von Ableitungsprinzipien, ohne deren Gültigkeit die Ableitung Sinn und Gültigkeit verlieren würde. In dieser Hinsicht könnte man von einem reflektiven Zirkel sprechen, im Gegensatz zum gewöhnlichen oder direkten *circulus in demonstrando*, wo Prämissen und Schlußsätze ineinanderlaufen.

10   Diesen Einwänden entgeht von allen Wissenschaften allein die reine Logik, weil ihre Prämissen nach dem, worauf sie sich gegen-ständlich beziehen, ⌐homogen sind den Schlußsätzen, die | sie [B 16 begründen⌐¹. Sie entgeht dem Zirkel ferner dadurch, daß sie die [A 16 Sätze, welche die jeweilige Deduktion als Prinzipien voraussetzt, 15 in dieser selbst eben nicht beweist, und daß sie Sätze, welche j e d e Deduktion voraussetzt, überhaupt nicht beweist, sondern an die Spitze aller Deduktionen als Axiome hinstellt. Die überaus schwierige Aufgabe der reinen Logik wird also darin bestehen, einerseits analytisch zu den Axiomen aufzusteigen, die als Aus-20 gangspunkte unentbehrlich und aufeinander ohne direkten und reflektiven Zirkel nicht mehr reduktibel sind; des weiteren die Deduktionen für die logischen Lehrsätze (wovon die syllogisti-schen Sätze einen kleinen Teil ausmachen) so zu formen und an-zuordnen, daß Schritt für Schritt n i c h t b l o ß d i e P r ä m i s s e n 25 sondern auch die P r i n z i p i e n der Deduktionsschritte entweder zu den Axiomen oder zu den bereits erwiesenen Lehrsätzen ge-hören.

§ 44. *Zweites Vorurteil*

Zur Bestätigung seines ersten Vorurteils, wonach es selbstver-30 ständlich sein soll, daß sich Regeln der Erkenntnis auf die Psy-chologie der Erkenntnis stützen müssen, beruft sich der Psycho-logist* auf den tatsächlichen Inhalt aller Logik. Wovon ist in ihr die Rede? Allerwege doch von Vorstellungen und Urteilen, von

---

* Vgl. die Argumentation des § 18, oben S. 52, 2. Absatz.

---

¹ A: ⌐den Schlußsätzen, die sie begründen, | homogen sind⌐.   [A 16]

Schlüssen und Beweisen, von Wahrheit und Wahrscheinlichkeit,
von Notwendigkeit und Möglichkeit, von Grund und Folge, so wie
anderen mit diesen nahe zusammenhängenden und verwandten
Begriffen. Aber ist unter diesen Titeln an anderes zu denken als an
5 psychische Phänomene und Gebilde? Bei Vorstellungen und Urteilen ist dies ohne weiteres klar. Schlüsse sind Begründungen von
Urteilen mittels Urteile, und Begründen ist doch eine psychische
Tätigkeit. Wieder beziehen sich die Reden von Wahrheit und
Wahrscheinlichkeit, Notwendigkeit und Möglichkeit usw. auf
10 Urteile; was sie meinen, kann | jeweils nur an Urteilen auf- [A 168]
|gewiesen, d.i. erlebt werden. Ist es also nicht sonderbar, daß man [B 168]
daran denken wollte, Sätze und Theorien, die sich auf psychische
Phänomene beziehen, von der Psychologie auszuschließen? In
dieser Hinsicht ist die Scheidung zwischen rein logischen und
15 methodologischen Sätzen nutzlos, der Einwand trifft die einen so
gut wie die anderen. Es müßte also jeder Versuch, auch nur einen
Teil der Logik als vermeintlich „reine" Logik der Psychologie zu
entfremden, als grundverkehrt gelten.

§ 45. *Widerlegung: Auch die reine Mathematik würde zu*
20   *einem Zweige der Psychologie*

Wie selbstverständlich dies alles auch erscheinen mag, es muß
irrig sein. Dies lehren die wiedersinnigen Konsequenzen, die, wie
wir wissen, für den Psychologismus unausweichlich sind. Aber
auch noch anderes müßte hier bedenklich stimmen: die natürliche
25 Verwandtschaft zwischen rein logischen und arithmetischen Dok-
trinen, welche öfters sogar zur Behauptung ihrer theoretischen
Einheit geführt hat. Wie wir gelegentlich schon erwähnten, hat
auch Lotze gelehrt, daß die Mathematik als „ein sich für sich
selbst fortentwickelnder Zweig der allgemeinen Logik" gelten
30 müsse. „Nur eine praktisch begründete Spaltung des Unterrichts"
läßt, meint er, „die vollkommene Heimatsberechtigung der Mathematik in dem allgemeinen Reich der Logik übersehen".* Ja,
nach Riehl „könnte man füglich sagen, daß die Logik mit dem
allgemeinen Teil der rein formalen Mathematik (diesen Begriff im

---

* Lotze, *Logik²*, § 18, S. 34, und § 112, S. 138.

Sinne von H. Hankel genommen) koinzidiert. . . ."* Wie immer
es sich damit verhalten mag, jedenfalls wird das Argument, das
für die Logik recht war, auch der Arithmetik zugebilligt werden
müssen. Sie stellt Gesetze auf für Zahlen, für deren Beziehungen
5 und Verknüpfungen. Aber Zahlen erwachsen aus dem Kolligieren
und Zählen, welches || psychische Tätigkeiten sind. Die Beziehun-
gen erwachsen aus Akten des Beziehens, die Verknüpfungen aus
Akten des Verknüpfens. Addieren und Multiplizieren, Substrahie-
ren und Dividieren — nichts als psychische Prozesse. Daß sie der
10 sinnlichen Stützen bedürfen, tut nichts zur Sache, dasselbe gilt ja
für alles und jedes Denken. Somit sind auch die Summen, Produkte, Differenzen und Quotienten, und was immer in den arithmetischen Sätzen als das Geregelte erscheint, nichts als psychische
Produkte, sie unterliegen also der psychischen Gesetzmäßigkeit.
15 Nun mag zwar der modernen Psychologie mit ihrem ernsten
Streben nach Exaktheit jede Erweiterung um mathematische
Theorien höchst erwünscht sein; aber schwerlich wäre sie sehr
erbaut, wenn man ihr die Mathematik selbst als Teil einordnen
wollte. Die Heterogenität beider Wissenschaften ist eben unver-
20 kennbar. So würde auch auf der anderen Seite der Mathematiker
nur lächeln, wollte man ihm psychologische Studien aufdrängen,
in Absicht auf ⌐die⌐1 vermeintlich bessere und tiefere Begründung
seiner theoretischen Aufstellungen. Er würde mit Recht sagen,
das Mathematische und ⌐das⌐2 Psychologische sind so fremde
25 Welten, daß schon der Gedanke ihrer Vermittlung absurd wäre;
wenn irgendwo, so fände hier die Rede von einer μετάβασις εἰς ἄλλο
γένος ihre Anwendung.**

[A 1⌐
[B 1⌐

---

* A. Riehl, *Der philosophische Kritizismus und seine Bedeutung für die positive
Wissenschaft*, II. Band, 1. Teil, S. 226.
** Vgl. zur Ergänzung die schönen Ausführungen von Natorp, „Über objektive
und subjektive Begründung der Erkenntnis", *Philos. Monatshefte*, XXIII, S. 265 f.
Ferner G. Freges anregende Schrift: *Die Grundlagen der Arithmetik* (1884), S. VI f.
(Daß ich die prinzipielle Kritik nicht mehr billige, die ich an Freges antipsychologistischer Position in meiner *Philosophie der Arithmetik*, I, S. 129–132 geübt habe,
brauche ich kaum zu sagen.) Bei ⌐dieser⌐2 Gelegenheit sei bezüglich der ganzen Dis-
kussionen dieser Prolegomena auf das Vorwort der späteren Schrift Freges, *Grundgesetze der Arithmetik*, I. Bd., Jena 1893, hingewiesen.

---

1 A: ⌐eine⌐.
2 Fehlt in A.

§ 46. *Das Forschungsgebiet der reinen Logik, analog dem der reinen Mathematik, ein ideales*

Mit diesen Einwänden sind wir allerdings wieder in Argumentationen aus den Konsequenzen geraten. Aber wenn wir ‖ auf $\left\{\begin{array}{l}\text{[A 170]}\\\text{[B 170]}\end{array}\right.$
5 ihren Inhalt blicken, finden wir die Handhaben, um die Grundfehler der gegnerischen Auffassung bezeichnen zu können. Der Vergleich der reinen Logik mit der reinen Mathematik, als der reif entwickelten Schwesterdisziplin, die sich das Recht selbständiger Existenz nicht erst erkämpfen muß, dient uns als
10 zuverlässiges Leitmotiv. Auf die Mathematik wollen wir also zunächst hinblicken.

Niemand faßt die rein mathematischen Theorien und speziell z.B. die reine Anzahlenlehre als „Teile oder Zweige der Psychologie", obgleich wir ohne Zählen keine Zahlen, ohne
15 Summieren keine Summen, ohne Multiplizieren keine Produkte hätten usw. Alle arithmetischen Operationsgebilde weisen auf gewisse psychische Akte arithmetischen Operierens zurück, nur in Reflexion auf sie kann, was Anzahl, Summe, Produkt u. dgl. ist, „aufgewiesen" werden. Und trotz dieses „psychologischen
20 Ursprungs" der arithmetischen Begriffe erkennt es jeder als eine fehlerhafte μετάβασις an, daß die mathematischen Gesetze psychologische sein sollen. Wie ist das zu erklären? Hier gibt es nur ⌐eine⌐1 Antwort. Mit dem Zählen und dem arithmetischen Operieren als Tatsachen, als zeitlich verlaufenden psychischen
25 Akten, hat es natürlich die Psychologie zu tun. Sie ist ja die empirische Wissenschaft von den psychischen Tatsachen überhaupt. Ganz anders die Arithmetik. Ihr Forschungsgebiet ist bekannt, es ist vollständig und unüberschreitbar bestimmt durch die uns wohlvertraute Reihe idealer Spezies 1, 2, 3 ... Von individuellen
30 Tatsachen, von zeitlicher Bestimmtheit ist in dieser Sphäre gar keine Rede. Zahlen, Summen und Produkte von Zahlen (und was dergleichen mehr) sind nicht die zufällig hier und dort vor sich gehenden Akte des Zählens, des Summierens und Multiplizierens usw. Selbstverständlich sind sie auch verschieden von den Vor-
35 stellungen, in denen sie jeweils vorgestellt werden. Die Zahl Fünf ist nicht meine oder irgend jemandes anderen Zählung der

---

¹ In A nicht gesperrt, jedoch großgeschrieben.

Fünf, ⌈sie⌉1 ist auch nicht meine oder eines anderen Vorstellung ⌈[A 1
der Fünf. In letzterer Hinsicht ist sie möglicher Gegen‖stand ⌊[B 1
von Vorstellungsakten, in ersterer ist sie die ideale Spezies
⌈einer Form⌉2, die in gewissen Zählungsakten ⌈auf Seiten des in
5 ihnen Objektiven, des konstituierten Kollektivum,⌉2 ihre konkreten Einzelfälle hat3. In jedem Falle ist sie ohne Widersinn nicht als Teil oder Seite des psychischen Erlebnisses,
somit nicht als ein Reales zu fassen.4 Vergegenwärtigen wir uns
⌈klar⌉5, was die Zahl Fünf eigentlich ist, erzeugen wir also eine
10 adäquate Vorstellung von der Fünf, so werden wir zunächst einen
gegliederten Akt kollektiver Vorstellung von irgendwelchen fünf
Objekten bilden. In ihm ist ⌈das Kollektivum in einer gewissen
Gliederungsform und damit⌉6 ein Einzelfall der genannten
Zahlenspezies anschaulich gegeben. In Hinblick auf dieses an-
15 schaulich Einzelne vollführen wir nun eine ,,Abstraktion'', d.h.
wir heben nicht nur7 das unselbständige Moment der Kollektions-
form ⌈am Angeschauten als solchen⌉8 heraus, sondern wir erfassen
in ihm die Idee: Die Zahl Fünf als Spezies ⌈der Form⌉8 tritt in
das ⌈meinende⌉9 Bewußtsein. ⌈Das jetzt Gemeinte ist nicht dieser
20 Einzelfall,⌉9 es ist nicht ⌈das Angeschaute⌉10 als Ganzes, noch die
⌈ihm⌉11 innewohnende, obschon für sich nicht lostrennbare Form;
gemeint ist ⌈vielmehr⌉12 die ideale ⌈Formspezies⌉13, die im
Sinne der Arithmetik ⌈schlechthin⌉12 eine ist, in welchen Akten
sie ⌈sich auch an anschaulich konstituierten Kollektiven verein-

---

1 A: ⌈es⌉.
2 Zusatz von B.
3 In A folgt: ⌈— ähnlich wie etwa die Farbenspezies Rot in Akten des
Rotempfindens⌉.
4 In A folgt: ⌈Im Zählungsakte finden wir zwar das individuell Einzelne
zur Spezies als idealer Einheit. Aber diese Einheit ist nicht Stück der
Einzelheit⌉.
5 A: ⌈voll und ganz⌉.
6 A: ⌈, als seine Gliederungsform,⌉.
7 In A folgt: ⌈das Einzelne,⌉.
8 Zusatz von B.
9 In A gesperrt.
10 A: ⌈die kollektive Vorstellung⌉.
11 A: ⌈ihr⌉.
12 In A zusätzlich gesperrt.
13 A: ⌈Spezies⌉.

zelnen⌐¹ mag, und die somit ohne jeden Anteil ist an der ⌐Zu-
fälligkeit der Akte mit ihrer⌐² Zeitlichkeit und Vergänglichkeit.
Die Zählungsakte entstehen und vergehen; in Beziehung auf die
Zahlen ist von dergleichen sinnvoll nicht zu sprechen.

5   Auf derartige ideale Einzelheiten (niederste Spezies in einem
ausgezeichneten Sinne, der von empirischen Klassen scharf unterschieden ist) gehen nun die arithmetischen Sätze, die numerischen
(d.i. die arithmetisch-singulären) wie die algebraischen (d.i. die
arithmetisch-generellen) Sätze. Über Reales sagen sie schlechter-
10 dings nichts aus, weder über solches, das gezählt wird, noch über
die realen Akte, in denen gezählt | wird bzw. in denen sich die [A 172]
oder jene indirekten Zahlencharakteristiken konstituieren. Kon-
krete Zahlen und Zahlensätze | gehören in die wissenschaftlichen [B 172]
Gebiete, zu welchen die bezüglichen konkreten Einheiten ge-
15 hören; Sätze über die arithmetischen Denkvorgänge hingegen in
die Psychologie. Streng und eigentlich sagen die arithmetischen
Sätze daher auch nichts darüber, „was in unseren bloßen Vorstellungen von Zahlen liegt"; denn so wenig wie von sonstigen Vorstellungen sprechen sie von den unserigen. Sie handeln vielmehr
20 von Zahlen und ⌐Zahlenverknüpfungen⌐³ schlechthin, in abstrakter Reinheit und Idealität. Die Sätze der *arithmetica universalis*
— der arithmetischen Nomologie, wie wir auch sagen könnten —
sind die Gesetze, welche rein im idealen Wesen des Genus
Anzahl gründen. Die letzten Einzelheiten, welche in den
25 Umfang dieser Gesetze fallen, sind ideale, es sind die numerisch
bestimmten Zahlen, d.i. die niedersten spezifischen Differenzen
des Genus Anzahl. Auf sie beziehen sich daher die arithmetisch-
singulären Sätze, die der *arithmetica numerosa*. Sie erwachsen
durch Anwendung jener allgemein arithmetischen Gesetze auf
30 numerisch gegebene Zahlen, sie drücken aus, was rein im idealen
Wesen dieser gegebenen Zahlen beschlossen ist. Von allen diesen
Sätzen ist keiner auf einen empirisch-allgemeinen Satz zu reduzieren,⁴ möge diese Allgemeinheit auch die größtmögliche sein,

---

¹ A: ⌐auch gegenständlich werden⌐.
² A: ⌐individuellen Einzelheit des Realen mit seiner⌐.
³ A: ⌐Zahlverknüpfungen⌐.
⁴ In A folgt: ⌐und⌐.

die empirische Ausnahmslosigkeit im ganzen Bereiche der realen
Welt.

Was wir hier in betreff der reinen Arithmetik ausgeführt haben,
überträgt sich durchaus auf die reine Logik. Auch für sie geben
5 wir als selbstverständlich die Tatsache zu, daß die logischen Begriffe einen psychologischen Ursprung haben, ⌐aber⌐1 wir leugnen
auch ⌐hier⌐2 die psychologistische Konsequenz, die darauf gegründet wird. Bei dem Umfang, den wir der Logik, im Sinne der
Kunstlehre wissenschaftlicher Erkenntnis, konzediert haben,
10 ziehen wir es natürlich auch nicht in Zweifel, daß sie es in weitem
Ausmaße mit psychischen Erlebnissen zu tun hat. Gewiß fordert
die Methodologie des wissenschaft|lichen Forschens und Bewei- [A 17
sens eine ausgiebige Rücksicht auf die Natur der psychischen
Vorgänge, in denen es verläuft. | Demgemäß werden logische [B 17
15 Termini wie Vorstellung, Begriff, Urteil, Schluß, Beweis, Theorie,
Notwendigkeit, Wahrheit u. dgl. auch als Klassennamen für psychische Erlebnisse und dispositionelle Gebilde auftreten können
und auftreten müssen. Dagegen bestreiten wir, daß dergleichen
jemals in den rein-logischen Partien der in Rede stehenden Kunst-
20 lehre zutrifft. Wir leugnen, daß die als selbständige theoretische
Disziplin abzulösende reine Logik es je auf psychische Tatsachen
abgesehen hat und auf Gesetze, die als psychologische zu charakterisieren wären. Wir erkannten ja schon, daß die rein-logischen
Gesetze, wie z.B. die primitiven ,,Denkgesetze'' oder die syllo-
25 gistischen Formeln, ihren wesentlichen Sinn völlig einbüßen, sowie man sie als psychologische zu interpretieren versucht. Es ist
also von vornherein klar, daß die Begriffe, aus welchen
sich diese und ähnliche Gesetze aufbauen, keinen empirischen Umfang haben können. Mit anderen Worten: sie
30 können nicht den Charakter bloß universeller Begriffe haben,
deren Umfang tatsächliche Einzelheiten erfüllen, sondern sie
müssen echt generelle Begriffe sein, deren Umfang
sich ausschließlich zusammensetzt aus idealen Einzelheiten, aus echten Spezies. Des weiteren geht klar hervor,
35 daß die genannten Termini und alle überhaupt, die in rein-logischen Zusammenhängen auftreten, insgesamt äquivok sein

---

1 A: ⌐und⌐.
2 A: ⌐jetzt⌐.

müssen, derart, daß sie auf der einen Seite eben Klassenbegriffe
für seelische Gebilde bedeuten, wie solche in die Psychologie gehören, und auf der anderen Seite generelle Begriffe für ideale
Einzelheiten, welche zu einer Sphäre reiner Gesetzlichkeit ge-
5 hören.

§ 47. *Bestätigende Nachweisungen an den logischen Grundbegriffen und an dem Sinn der logischen Sätze*

Dies bestätigt sich, wenn wir uns auch nur flüchtig in den historisch vorliegenden Bearbeitungen der Logik umblicken und
10 dabei unsere besondere Aufmerksamkeit auf den fundamentalen | [A 174]
Unterschied zwischen der subjektiv-anthropologi|schen [B 174]
Einheit der Erkenntnis und der objektiv-idealen Einheit des Erkenntnisinhaltes richten. Die Äquivokationen
treten dann alsbald hervor, und sie erklären den trügerischen
15 Schein, als ob die unter dem traditionellen Titel „Elementarlehre"
abgehandelten Materien innerlich homogen und insgesamt psychologische wären.
Da wird vor allem von den Vorstellungen gehandelt und
in weitem Maße auch psychologisch gehandelt; die apperzeptiven
20 Vorgänge, in welchen Vorstellungen erwachsen, werden möglichst
tief erforscht. So wie es aber an die Unterschiede der wesentlichen
„Formen" der Vorstellungen geht, bereitet sich schon ein Bruch
in der Betrachtungsweise vor, der sich fortsetzt in der Lehre von
den Urteilsformen und am weitesten auseinanderklafft in der
25 Lehre von den Schlußformen, sowie den zugehörigen Denkgesetzen. Der Terminus Vorstellung verliert plötzlich den Charakter
eines psychologischen Klassenbegriffs. Dies tritt in Evidenz, sowie wir nach dem Einzelnen fragen, das unter den Begriff Vorstellung fallen soll. Wenn der Logiker Unterschiede fixiert, wie die
30 zwischen singulären und allgemeinen Vorstellungen (Sokrates —
der Mensch überhaupt; die Zahl Vier — die Zahl überhaupt), zwischen attributiven und nicht attributiven (Sokrates, Weiße — ein
Mensch, eine Farbe) u. dgl.; oder wenn er die mannigfachen Verknüpfungsformen von Vorstellungen zu neuen Vorstellungen auf-
35 zählt, wie konjunktive, disjunktive, determinative Verknüpfung
u. dgl.; oder wenn er wesentliche Vorstellungsverhältnisse, wie
Inhalts- und Umfangsverhältnisse klassifiziert: so muß doch

jedermann sehen, daß hier nicht von phänomenalen, sondern von spezifischen Einzelheiten die Rede ist. Nehmen wir an, es spreche jemand als logisches Exempel den Satz aus: Die Vorstellung Dreieck schließt die Vorstellung Figur ein, und der Umfang dieser
5 umschließt den Umfang jener. Ist darin von den subjektiven Erlebnissen irgendeiner Person und vom realen Enthaltensein von Phänomenen in Phänomenen die Rede? Gehören in den Um-
fang dessen, was hier und in allen ähn‖lichen Zusammenhängen $\left\{\begin{array}{l}[\text{A } 17\\ [\text{B } 17\end{array}\right.$
Vorstellung heißt, als unterschiedene Glieder, die Dreieck-
10 vorstellung, die ich jetzt, und die, welche ich in einer Stunde habe; oder nicht vielmehr als einziges Glied die Vorstellung „Drei- eck" und daneben, wieder als Einzelheiten, die Vorstellung „Sokrates", die Vorstellung „Löwe" u. dgl.?

   In aller Logik ist gar viel die Rede von Urteilen; aber auch
15 hier besteht Äquivokation. In den psychologischen Partien der logischen Kunstlehre spricht man von Urteilen als Führwahr- haltungen, man spricht also von bestimmt gearteten Bewußt- seinserlebnissen. In den rein logischen Partien ist davon weiter keine Rede. Urteil heißt hier soviel wie Satz, und zwar verstan-
20 den nicht als eine grammatische, sondern als eine ideale Be- deutungseinheit. Dies trifft all die Unterscheidungen von Urteilsakten bzw. Formen, welche für die rein-logischen Gesetze die nötigen Unterlagen bieten. Kategorisches, hypothetisches, disjunktives, existenziales Urteil, und wie die Titel noch lauten
25 mögen, sind in der reinen Logik nicht Titel für Urteilsklassen, sondern Titel ⌐für ideale⌐1 Satzformen. Dasselbe gilt für die Schlußformen: für Existenzialschluß, kategorischen Schluß usw. Die bezüglichen Analysen sind Bedeutungsanalysen, also nichts weniger als psychologische Analysen. Nicht individuelle
30 Phänomene, sondern Formen intentionaler Einheiten werden analysiert, nicht Erlebnisse des Schließens, sondern Schlüsse. Wer in logisch-analytischer Absicht sagt: das kategorische Urteil „Gott ist gerecht" hat die Subjektvorstellung „Gott", spricht sicherlich nicht von dem Urteil als psychischem Erlebnis, das er
35 oder ein anderes Individuum hat, und desgleichen nicht von dem psychischen Akt, der darin eingeschlossen und durch das Wort

---

1 A: ⌐von idealen⌐.

⌐„Gott"⌐1 erregt ist; sondern er spricht von dem Satze „Gott ist
gerecht", welcher ⌐einer⌐2 ist, der Mannigfaltigkeit möglicher
Erlebnisse zu Trotze, und von der Vorstellung „Gott", die
wiederum ⌐eine⌐2 ist, wie es nicht anders sein kann bei dem
5 einzelnen Teile ⌐eines⌐2 Ganzen. Und demgemäß meint der
|| Logiker mit dem Ausdruck „jedes Urteil" nicht „jeder Urteils-
akt", sondern „jeder objektive Satz". Im Umfang des logischen
Begriffes Urteil steht nicht gleichberechtigt das Urteil „2×2=4",
das ich soeben erlebe, und das Urteil „2 × 2 = 4", das gestern
10 und sonst wann und in sonst welchen Personen Erlebnis war.
Im Gegenteil, es figuriert kein einziger unter diesen Akten im
fraglichen Umfang, wohl aber schlechthin „2 × 2 = 4" und
daneben etwa „die Erde ist ein Kubus", der Lehrsatz des Pytha-
goras u. dgl., und zwar je als ein Glied. Genau ebenso verhält es
15 sich natürlich, wenn man sagt: „das Urteil S folgt aus dem
Urteil P"; und so in allen ähnlichen Fällen.

Dadurch bestimmt sich auch erst der wahre Sinn der logischen
Grundsätze, und zwar als ein solcher, wie ihn unsere früheren
Analysen gekennzeichnet haben. Das Prinzip vom Widerspruch
20 ist, so lehrt man, ein Urteil über Urteile. Wofern man aber unter
Urteilen psychische Erlebnisse, Akte des Fürwahrhaltens, Glau-
bens ⌐usw.⌐3 versteht, kann diese Auffassung nicht Geltung
haben. Wer das Prinzip aussagt, urteilt; aber weder das Prinzip,
noch das, worüber es urteilt, sind Urteile. Wer aussagt: ⌐„Von
25 zwei kontradiktorischen Urteilen ist eins wahr und eins falsch"⌐4,
meint, wenn er sich nicht mißversteht (wie es bei nachträglicher
Interpretation wohl kommen mag), nicht ein Gesetz für Urteilsakte, sondern ein Gesetz für Urteilsinhalte auszusagen, mit
anderen Worten, für die idealen Bedeutungen, die wir kurz-
30 weg Sätze zu nennen pflegen. Also lautete der bessere Ausdruck:
⌐„Von zwei kontradiktorischen Sätzen ist einer wahr und einer
falsch"⌐4.* Es | ist auch klar, daß wir, um den | Satz vom Wider-

[A 176]
[B 176]

[A 177]
[B 177]

---

* Man verwechsle nicht den Satz vom Widerspruch mit dem normativen Satz für
Urteile, der seine evidente Folge ist: ⌐„Von zwei kontradiktorischen Urteilen ist
eines richtig"⌐4. — Der Begriff der Richtigkeit ⌐ist korrelativ mit dem der Wahr-

---

1 Die Anführungszeichen fehlen in A.
2 In A nicht gesperrt, jedoch großgeschrieben.
3 A: ⌐etc.⌐
4 Die Anführungszeichen fehlen in A.

spruch zu verstehen, nichts weiter nötig haben, als uns den Sinn entgegengesetzter Satzbedeutungen zu vergegenwärtigen. An Urteile als reale Akte haben wir nicht zu denken, und in keinem Falle wären sie die hierhergehörigen Objekte. Man braucht nur
5 darauf hinzublicken, um einzusehen, daß zum Umfang dieser logischen Gesetzlichkeit nur Urteile in einem idealen Sinne gehören — wonach „das" Urteil „2 × 2 = 5" ⌐eines⌐1 ist neben „dem" Urteil „Es gibt Drachen", neben „dem" Satz von der Winkelsumme u. dgl. — hingegen kein einziger der wirklichen
10 oder vorgestellten Urteils a k t e, die in unendlicher Mannigfaltigkeit jeder dieser idealen Einheiten entsprechen. Ähnliches wie vom Satze des Widerspruchs gilt für alle rein logischen Sätze, z.B. die syllogistischen.

Der Unterschied der psychologischen Betrachtungsweise, wel-
15 che die Termini als Klassentermini für psychische Erlebnisse verwendet, von der objektiven oder idealen Betrachtungsweise, in welcher eben dieselben Termini ⌐ideale⌐2 Gattungen und Arten vertreten, ist kein nebensächlicher und bloß subjektiver; er bestimmt den Unterschied wesentlich verschiedener Wissenschaften.
20 Reine Logik und Arithmetik, als Wissenschaften von den idealen Einzelheiten gewisser Gattungen (oder von dem, was *a priori* im idealen Wesen dieser Gattungen gründet), trennen sich von der Psychologie, als der Wissenschaft von den individuellen Einzelheiten gewisser empirischer Klassen.

---

heit⌐3. Richtig ist ein Urteil, wenn es für wahr hält, was wahr ist; also ein Urteil, dessen ⌐„Inhalt"⌐4 ein wahrer Satz ist. Die logischen Prädikate Wahr und Falsch gehen, ihrem eigentlichen Sinne nach, ausschließlich die Sätze, im Sinne idealer Aussage-Bedeutungen, an. — Wieder ⌐steht der Begriff des kontradiktorischen Urteiles in Korrelation mit dem | kontradiktorischen Satze⌐5: Im ⌐noetischen⌐6 Sinne heißen [B 177] Urteile kontradiktorisch, wenn ihre Inhalte (ihre idealen Bedeutungen) in jener deskriptiv bestimmten Beziehung stehen, die wir — im ⌐formal-logischen⌐7 Sinn — als Kontradiktion bezeichnen.

---

1 In A nicht gesperrt, jedoch großgeschrieben.

2 A: ⌐aristotelische⌐.

3 A: ⌐setzt den der Wahrheit voraus⌐.

4 Die Anführungszeichen fehlen in A.

5 A: ⌐setzt der Begriff des kontradiktorischen Urteiles denjenigen | des [A 177] kontradiktorischen Satzes voraus⌐.

6 A: ⌐übertragenen⌐.

7 A: ⌐eigentlichen⌐.

§ 48. *Die entscheidenden Differenzen*

Heben wir zum Schluß noch die entscheidenden Differenzen
hervor, von deren Anerkennung bzw. Verkennung die ganze
Stellung zur psychologistischen Argumentation abhängt, so sind
5 es folgende:

‖ 1. Es ist ein wesentlicher, schlechthin unüberbrückbarer [A 178]
Unterschied zwischen Idealwissenschaften und Realwissenschaf- [B 178]
ten. Die ersteren sind apriorisch, die letzteren empirisch. Entwickeln jene die ideal-gesetzlichen Allgemeinheiten, welche mit
10 einsichtiger Gewißheit in echt generellen Begriffen gründen, so
stellen diese die realgesetzlichen Allgemeinheiten, und zwar mit
einsichtiger Wahrscheinlichkeit fest, welche sich auf eine Sphäre
von Tatsachen beziehen. Der Umfang der Allgemeinbegriffe ist
dort ein Umfang von niedersten spezifischen Differenzen, hier
15 ein Umfang von individuellen, zeitlich bestimmten Einzelheiten;
die letzten Gegenstände also dort ideale Spezies, hier empirische
Tatsachen. Offenbar vorausgesetzt sind hierbei die wesentlichen
Unterschiede zwischen Naturgesetz und idealem Gesetz, zwischen
universellen Sätzen über Tatsachen (die sich vielleicht als gene-
20 relle Sätze verkleiden: alle Raben sind schwarz — der Rabe ist
schwarz) und echt generellen Sätzen (wie es die allgemeinen Sätze
der reinen Mathematik sind), zwischen empirischem Klassenbegriff
und idealem Genusbegriff u. dgl. Die richtige Schätzung dieser
Unterschiede ist durchaus abhängig von dem endgültigen Auf-
25 geben der empiristischen Abstraktionstheorie, welche, gegenwärtig vorherrschend, das Verständnis alles Logischen verbaut;
worüber wir später ausführlich sprechen werden. ⌜(Vgl. II. Band,
S. 106ff.)⌝[1].

2. Es ist in aller Erkenntnis und speziell in aller Wissenschaft
30 der fundamentale Unterschied zwischen dreierlei Zusammenhängen zu beachten:

a) Der Zusammenhang der Erkenntniserlebnisse, in welchen sich Wissenschaft subjektiv realisiert, also der psychologische Zusammenhang der Vorstellungen, Urteile, Einsich-
35 ten, Vermutungen, Fragen usw., in denen sich das Forschen voll-

---

[1] Zusatz von B.

zieht, oder in welchen die längst entdeckte Theorie einsichtig durchdacht wird.

b) Der Zusammenhang der in der Wissenschaft erforschten und theoretisch erkannten Sachen, die als solche das Gebiet
5 dieser Wissenschaft ausmachen. Der Zusammenhang ‖ des For- $\Big\{\begin{array}{l}\text{[A 17}\\\text{[B 17}\end{array}$
schens und Erkennen ist sichtlich ein anderer als der des Er-
forschten und Erkannten.

c) Der logische Zusammenhang, d.h. der spezifische Zusammenhang der theoretischen Ideen, welcher die Einheit der
10 Wahrheiten einer wissenschaftlichen Disziplin, spezieller einer
wissenschaftlichen Theorie, eines Beweises oder Schlusses konstituiert, bzw. auch die Einheit der Begriffe im wahren Satze,
der einfachen Wahrheiten in Wahrheitszusammenhängen u. dgl.

Im Falle der Physik z.B. unterscheiden wir den Zusammenhang
15 der psychischen Erlebnisse des physikalisch Denkenden von der
physischen Natur, die von ihm erkannt wird, und beide wieder
von dem idealen Zusammenhang der Wahrheiten in der physikalischen Theorie, also in der Einheit der analytischen Mechanik,
der theoretischen Optik u. dgl. Auch die Form der Wahrschein-
20 lichkeitsbegründung, welche den Zusammenhang von Tatsachen
und Hypothesen beherrscht, gehört in die Linie des Logischen.
Der logische Zusammenhang ist die ideale Form, um derentwillen
in specie von derselben Wahrheit, von demselben Schlusse und
Beweise, von derselben Theorie und rationalen Disziplin die Rede
25 ist, von derselben und ⌐einen⌐1, wer immer „sie'' denken mag.
Die Einheit dieser Form ist gesetzliche Geltungseinheit. Die Gesetze, unter denen sie nebst allen ihresgleichen steht, sind die rein
logischen Gesetze, welche somit alle Wissenschaft übergreifend
befassen, und zwar befassen nicht nach ihrem psychologischen
30 und gegenständlichen, sondern nach ihrem idealen Bedeutungsgehalt. Selbstverständlich sind die bestimmten Zusammenhänge
von Begriffen, Sätzen, Wahrheiten, welche die ideale Einheit einer
bestimmten Wissenschaft ausmachen, nur insofern logische zu
nennen, als sie unter die Logik, in der Weise von Einzelfällen,
35 gehören; nicht aber gehören sie selbst zur Logik als Bestand-
stücke.

Die drei unterschiedenen Zusammenhänge betreffen Logik und

---

1 In A nicht gesperrt, jedoch großgeschrieben.

Arithmetik natürlich ebensogut wie alle anderen Disziplinen; nur sind bei beiden die erforschten Sachen nicht wie in | der | Physik reale Tatsachen, sondern ideale Spezies. Bei der Logik ergibt sich aus der Besonderheit derselben die gelegentlich schon erwähnte

5 Eigentümlichkeit, daß die idealen Zusammenhänge, welche ihre theoretische Einheit ausmachen, als Spezialfälle unter die Gesetze gehören, die sie selbst aufstellt. Die logischen Gesetze sind zugleich Teile und Regeln dieser Zusammenhänge, sie gehören zum theoretischen Verband und doch gleichzeitig zum Gebiet

10 der logischen Wissenschaft.

{A 180]
{B 180]

§ 49. *Drittes Vorurteil. Die Logik als Theorie der Evidenz*

Wir formulieren ein drittes Vorurteil* in folgenden Sätzen: Alle Wahrheit liegt im Urteil. Aber als wahr erkennen wir ein Urteil nur im Falle seiner Evidenz. ⌐Dieses Wort bezeichnet

15 — so sagt man —⌐1 einen eigentümlichen und jedem aus seiner inneren Erfahrung wohlbekannten psychischen Charakter⌐, ein eigenartiges Gefühl, welches die Wahrheit des Urteils, dem es⌐2 angeknüpft ist, verbürgt. Ist nun die Logik die Kunstlehre, welche uns in der Erkenntnis der Wahrheit fördern will, so sind die lo-

20 gischen Gesetze selbstverständlich Sätze der Psychologie. Es sind nämlich Sätze, die uns über die ⌐psychologischen⌐3 Bedingungen aufklären, von denen das Dasein oder Fehlen jenes ⌐„Evidenz-gefühls"⌐4 abhängig ist. An diese Sätze schließen sich dann natur-gemäß praktische Vorschriften an, welche uns bei der Realisierung

25 von Urteilen, die dieses auszeichnenden Charakters teilhaftig sind, fördern sollen. Allenfalls mögen auch diese psychologisch fundier-ten Denkregeln gemeint sein, wo man von logischen Gesetzen oder Normen spricht.

An diese Auffassung streift schon Mill, wenn er in der Absicht,

30 die Logik von der Psychologie abzugrenzen, lehrt: „*The properties*

---

* In den Argumentationen des III. Kapitels spielte es seine Rolle speziell im § 19, S. 57.

---

1 A: ⌐Mit diesem Worte bezeichnen wir⌐.

2 A: ⌐(er wird gewöhnlich als Gefühl bezeichnet), welcher die Wahrheit des Urteils, dem er⌐.

3 A: ⌐psychischen⌐.

4 Die Anführungszeichen fehlen in A.

*of Thought which concern Logic, are some of its contingent properties;
those, namely, on the presence of which depends good thinking, as dis-
tinguished from bad.''* In seinen weiteren ‖ Ausführungen bezeichnet
er die Logik wiederholt als (psychologisch zu fassende) ,,Theory''*
5 oder ,,Philosophy of Evidence'',** wobei er es unmittelbar allerdings
nicht auf die rein logischen Sätze abgesehen hat. In Deutschland
tritt dieser Gesichtspunkt gelegentlich bei Sigwart hervor. Nach ihm
,,kann keine Logik anders verfahren, als daß sie sich der Bedingungen
bewußt wird, unter denen dieses subjektive Gefühl der Notwendigkeit
10 (im vorhergehenden Absatz ,,das innere Gefühl der Evidenz'') eintritt, und dieselben auf ihren allgemeinen Ausdruck bringt''.*** In
dieselbe Richtung deuten auch manche Äußerungen Wundts. In
seiner Logik lesen wir z.B.: ,,Die in bestimmten Verbindungen des
Denkens enthaltenen Eigenschaften der Evidenz und Allgemeingül-
15 tigkeit lassen ... aus den psychologischen die logischen Denkgesetze
hervorgehen.'' Ihr ,,normativer Charakter ist lediglich darin begründet, daß gewisse unter den psychologischen Verbindungen des Denkens tatsächlich Evidenz und Allgemeingültigkeit besitzen. Denn nun
wird es erst möglich, daß wir an das Denken überhaupt mit der For-
20 derung herantreten, es solle den Bedingungen der Evidenz und Allgemeingültigkeit genügen''. — ,,Jene Bedingungen selbst, denen genügt
werden muß, um Evidenz und Allgemeingültigkeit herbeizuführen,
bezeichnen wir als logische Denkgesetze ....'' Ausdrücklich wird noch
betont: ,,Das psychologische Denken bleibt immer die umfassendere
25 Form.''****

In der logischen Literatur ⌜gegen Ende des letzten Jahrhunderts⌝[1]
gewinnt die Interpretation der Logik als praktisch gewendeter Psychologie der Evidenz unverkennbar an Schärfe und Ausbreitung. Besondere Erwähnung verdient hier die Logik von Höfler und Meinong,
30 weil sie als der erste wirklich durchgeführte Versuch anzusehen ist,
den Gesichtspunkt der Psychologie der Evidenz in der ganzen Logik
mit möglichster Konsequenz zur Geltung zu bringen. Als die Haupt-
auf|gabe der Logik be|zeichnet Höfler die Untersuchung der ,,(zu-
nächst psychologischen) Gesetze, nach welchen das Zustandekommen
35 der Evidenz von bestimmten Eigenschaften unserer Vorstellungen*

[A 18
[B 18

[B 18?
[A 18?

---

* J. St. Mill, *An Examination*[5], S. 462.-
** a. a. O., S. 473, 475, 476, 478.
*** Sigwart, *Logik*, I², S. 16.
**** Wundt, *Logik*, I², S. 91. Wundt stellt hier beständig nebeneinander die
Evidenz und die Allgemeingültigkeit. Was die letztere anlangt, so scheidet er subjektive Allgemeingültigkeit, die eine bloße Folge der Evidenz sei, und die objektive, die
auf das Postulat der Begreiflichkeit der Erfahrung hinausläuft. Da aber Berechtigung
und angemessene Erfüllung des Postulates doch wieder auf Evidenz fußt, so scheint
das Hereinziehen der Allgemeingültigkeit in die prinzipiellen Erörterungen der Ausgangspunkte nicht tunlich.

---

[1] A: ⌜des letzten Jahrzehnts⌝.

und Urteile abhängt".* „Unter allen wirklich vorkommenden oder
doch als möglich vorstellbaren Erscheinungen des Denkens" habe die
Logik „diejenigen Arten („Formen") von Gedanken herauszuheben,
welchen Evidenz entweder direkt zukommt, oder welche notwendige
5 Bedingungen für das Zustandekommen von Evidenz sind".** Wie
ernstlich psychologisch dies gemeint ist, zeigen die sonstigen Ausführungen. So wird z.B. die Methode der Logik, soweit sie die theoretische
Grundlegung der Lehre vom richtigen Denken betrifft, als die näm-
liche bezeichnet, welche die Psychologie gegenüber allen psychi-
10 schen Erscheinungen anwende; sie habe die Erscheinungen speziell des richtigen Denkens zu beschreiben und dann soweit als
möglich auf einfache Gesetze zurückzuführen, d.h. die verwickelteren
aus den einfachen zu erklären (a.a.O., S. 18). In weiterer Folge
wird der logischen Lehre vom Schlusse die Aufgabe zugewiesen, „die
15 Gesetze aufzustellen ..., von welchen Merkmalen der Prämissen es
abhängt ob ein bestimmtes Urteil aus ihnen mit Evidenz erschlossen
werden kann". Usw.

§ 50. *Die äquivalente Umformung der logischen Sätze in Sätze über
ideale Bedingungen der Urteilsevidenz. Die resultierenden Sätze*
20 *nicht psychologische*

Wenden wir uns nun zur Kritik. Wir sind zwar davon weit
entfernt, die Unbedenklichkeit des gegenwärtig als Gemeinplatz
umlaufenden⌐, aber sehr klärungsbedürftigen⌐1 Satzes zuzuge-
stehen, mit dem das Argument anhebt — nämlich, daß alle Wahr-
25 heit im Urteil liege; aber daran zweifeln wir natürlich nicht, daß
Wahrheit erkennen und mit Rechtsanspruch behaupten, Wahrheit einsehen voraussetzt. Desgleichen auch nicht daran, daß die
logische Kunstlehre nach den ⌐psychologischen⌐2 Bedingungen
zu forschen hat, unter welchen uns die Evidenz im Urteilen auf-
30 leuchtet. Wir kommen der bestrittenen Auffassung sogar | noch [B 183]
einen weiteren Schritt ent|gegen. Obwohl wir auch jetzt wieder [A 183]
den Unterschied zwischen rein logischen und methodologischen
Sätzen geltend zu machen gedenken, gestehen wir bezüglich der
ersteren ausdrücklich zu, daß sie eine gewisse Beziehung zum

* *Logik*, Unter Mitwirkung von A. Meinong verfaßt von A. Höfler, Wien 1890,
S. 16 oben.
** a. a. O., S. 17.

1 Zusatz von B.
2 A: ⌐psychischen⌐.

⌐psychologischen Datum⌐1 der Evidenz haben und in gewissem Sinne ⌐psychologische⌐2 Bedingungen desselben hergeben.

Aber allerdings gilt uns diese Beziehung als eine rein ideale und indirekte. Wir leugnen es, daß die rein logischen Sätze selbst über
5 die Evidenz und ihre Bedingungen das Geringste aussagen. Wir glauben zeigen zu können, daß sie jene Beziehung zu Evidenz-erlebnissen nur auf dem Wege der Anwendung resp. Um-wendung erlangen können, nämlich auf gleiche Weise, wie jedes „rein in Begriffen gründende" Gesetz auf den allgemein vorge-
10 stellten Bereich empirischer Einzelfälle jener Begriffe übertragen werden kann. Die so erwachsenden Evidenzsätze behalten aber nach wie vor ihren apriorischen Charakter, und die Evidenzbe-dingungen, die sie nun aussagen, sind nichts weniger als psycho-logische, also ⌐reale⌐3 Bedingungen. Die rein begrifflichen Sätze
15 wandeln sich vielmehr, hier wie in jedem analogen Falle, in Aus-sagen über ideale Unverträglichkeiten bzw. Möglichkeiten um.

Eine einfache Überlegung wird Klarheit schaffen. Aus jedem rein logischen Gesetz kann man, durch *a priori* mögliche (eviden-te) Umformung gewisse Evidenzsätze, wenn man will, Evidenz-
20 bedingungen ablesen. Das kombinierte Prinzip vom Widerspruch und ausgeschlossenen Dritten ist sicherlich äquivalent mit dem Satze: Evidenz kann bei einem,⁴ aber auch nur bei ⌐einem⌐4 von einem Paar kontradiktorischer Urteile auftreten.* Wieder

---

* Verlangte die Evidenztheorie wirklich die Deutung, welche Höfler, a. a. O., S. 133 bietet, so wäre sie schon durch unsere frühere Kritik der empiristischen Ver-kennungen der logischen Prinzipien gerichtet (vgl. S. 74 d. W.). Höflers Satz „ein bejahendes und ein verneinendes Urteil über denselben Gegenstand sind unverträg-lich" ist, genau besehen, in sich falsch | ⁵, | geschweige denn, daß er als Sinn des lo-gischen Prinzips gelten könnte. Ein ähnliches Versehen unterläuft bei der Definition der Korrelativa Grund und Folge, die, wenn sie richtig wäre, aus allen Schlußgesetzen falsche Sätze machen würde. Sie lautet: „Ein Urteil *F* ist dann die ‚Folge' eines ‚Grundes' *G*, wenn mit dem Fürwahrhalten von *G* das (vorgestellte) Fürfalsch-halten von *F* unverträglich ... ist" (a. a. O., S. 136). Man beachte, daß Höfler Unverträglichkeit durch Evidenz der Inkoexistenz erklärt (a. a. O., S. 129). Er ver-wechselt offenbar die ideale „Inkoexistenz" der betreffenden Sätze (deutlicher zu reden: ihr Nichtzusammengelten) mit der realen Inkoexistenz der entsprechenden Akte des Fürwahrhaltens, Vorstellens usw.

{[A 184
{[B 184

---

1 A: ⌐psychischen Charakter⌐.
2 A: ⌐psychische⌐.
3 A: ⌐kausale⌐.
4 Bei diesen beiden Zahlwörtern wurde die in A übliche Großschreibung wie gelegentlich auch an anderen Stellen in B beibehalten, im zweiten Fall trotz Sperrung in B.
5 In A folgt: ⌐oder mindestens zweifelhaft⌐.

ist der *modus barbara* zweifellos äquivalent dem Satze: die Evi- [A 184]
denz der notwendigen Wahrheit eines ‖ Satzes der Form „alle *A*   [B 184]
sind *C*" (oder genauer ausgedrückt: seiner Wahrheit als einer
notwendig erfolgenden) kann auftreten in einem schließenden
5 Akte, dessen Prämissen die Formen haben „alle *A* sind *B*" und
„alle *B* sind *C*". Und so ähnlich bei jedem rein logischen Satze.
Völlig begreiflich, da evidentermaßen die allgemeine Äquivalenz
besteht zwischen den Sätzen „*A* ist wahr" und „es ist möglich,
daß irgend jemand mit Evidenz urteilt, es sei *A*". Natürlich
10 werden also die Sätze, zu deren Sinn es gehört auszusagen, was
gesetzlich im Begriffe der Wahrheit liegt, und daß das Wahrsein
von Sätzen gewisser Satzformen dasjenige von Sätzen korrelater
Satzformen bedingt, äquivalente Umformungen zulassen, in denen
das mögliche Auftreten von Evidenz zu den Satzformen der Ur-
15 teile in Beziehung gesetzt wird.

Aber die Einsicht in diesen Zusammenhang bietet uns zugleich
die Handhabe zur Widerlegung des Versuches, reine Logik in
Psychologie der Evidenz aufgehen zu lassen. An sich besagt doch
der Satz „*A* ist wahr" nicht dasselbe wie sein Äquivalent „es ist
20 möglich, daß irgend jemand urteile, es sei *A*". Der erstere spricht
nicht von Urteilen irgend jemandes, auch nicht irgend jemandes
ganz im allgemeinen. Es verhält sich hier ganz so wie bei den rein
mathematischen Sätzen. Die Aussage, daß $a + b = b + a$ ist,
besagt, daß der Zahlenwert der Summe zweier Zahlen von ihrer
25 Stellung in der Verknüpfung unabhängig ist, aber ⌐sie sagt⌐[1]
nichts vom Zählen und Summieren irgend jemandes. Dergleichen [A 185]
kommt erst ‖ durch eine evidente und äquivalente Umformung   [B 185]
hinein. *In concreto* ⌐ist ja (und dies steht *a priori* fest) keine Zahl
ohne Zählen, keine Summe ohne Summieren gegeben⌐.[2]
30 Aber selbst wenn wir die originären Formen der rein logischen
Sätze verlassen und sie in die äquivalent zugehörigen Evidenzsätze umwenden, so entsteht daraus nichts, was die Psychologie
als ihr Eigentum in Anspruch nehmen könnte. Sie ist eine empirische Wissenschaft, die Wissenschaft von den psychischen Tat-
35 sachen. Psychologische Möglichkeit ist also ein Fall von realer

---

[1] A: ⌐er spricht⌐.
[2] A: ⌐gibt es ja (und dies steht *a priori* fest) keine Zahl ohne Zählen,
keine Summe ohne Summieren⌐.

Möglichkeit. Jene Evidenzmöglichkeiten sind aber ideale. Was psychologisch unmöglich ist, kann ideal gesprochen sehr wohl sein. Die Auflösung des verallgemeinerten „Problems der 3 Körper", sagen wir das „Problem der n Körper", mag jede mensch-
5 liche Erkenntnisfähigkeit überschreiten. Aber das Problem hat eine Auflösung, und so ist eine darauf bezügliche Evidenz möglich. Es gibt dekadische Zahlen mit Trillionenstellen, und es gibt auf sie bezügliche Wahrheiten. Aber niemand kann solche Zahlen wirklich vorstellen und die auf sie bezüglichen Additionen, Multi-
10 plikationen usw. wirklich ausführen. Die Evidenz ist hier psychologisch unmöglich, und doch ist sie, ideal zu reden, ganz gewiß ein mögliches psychisches Erlebnis.

Die Umwendung des Begriffs Wahrheit in den der Möglichkeit evidenten Urteilens hat ihr Analogon ⌐in dem⌐[1] Verhältnis der Be-
15 griffe individuelles Sein und Wahrnehmungsmöglichkeit. Die Äquivalenz dieser Begriffe ist, wofern nur unter Wahrnehmung die adäquate Wahrnehmung verstanden wird, unbestreitbar. Es ist danach eine Wahrnehmung möglich, welche in ⌐einem⌐[2] Schauen die ganze Welt, die überschwengliche Unendlichkeit von Körpern[3] wahrnimmt.
20 Natürlich ist diese ideale Möglichkeit keine reale, die für irgendein empirisches Subjekt angenommen werden könnte ⌐, zumal solches Schauen ein unendliches Kontinuum des Schauens wäre: einheitlich gedacht eine Kantsche Idee⌐[4].

Indem wir die Idealität der Möglichkeiten betonen, welche in
25 betreff der Urteilsevidenz aus den logischen Gesetzen ent‖nommen werden können, und welche uns in apodiktischen Evidenzen als *a priori* geltende einleuchten, wollen wir keineswegs ihre psychologische Nutzbarkeit leugnen. Wenn wir aus dem Gesetze, daß von zwei kontradiktorischen Sätzen einer wahr und
30 einer falsch ist, die Wahrheit ableiten, daß von einem Paar möglicher kontradiktorischer Urteile je eines, aber nur eines den Charakter der Evidenz haben kann — und diese Ableitung ist eine evident zu Recht bestehende, wenn wir Evidenz als das Erlebnis definieren, in dem irgendein Urteilender der Richtigkeit

⌐[A 1
⌐[B 1

---

[1] A: ⌐im⌐.
[2] In A nicht gesperrt, jedoch großgeschrieben.
[3] Zusatz in A: ⌐mit allen ihren Teilen, Molekülen, Atomen und nach allen Verhältnissen und Bestimmtheiten⌐.
[4] Zusatz von B.

seines Urteils, d.i. dessen Angemessenheit an die Wahrheit inne wird — so spricht ja der neue Satz eine Wahrheit aus über Verträglichkeiten bzw. Unverträglichkeiten gewisser psychischer Erlebnisse. Aber in dieser Weise belehrt uns auch jeder rein
5 mathematische Satz über mögliche ⌐und⌐1 unmögliche Vorkommnisse im Gebiete des Psychischen. Keine empirische Zählung und Berechnung, kein psychischer Akt algebraischer Transformation oder geometrischer Konstruktion ⌐ist⌐2 möglich, ⌐der⌐3 den idealen Gesetzen der Mathematik ⌐widerspräche⌐4. So sind diese
10 Gesetze psychologisch nutzbar zu machen. Wir können aus ihnen jederzeit apriorische Möglichkeiten und Unmöglichkeiten ablesen, die sich auf gewisse Arten psychischer Akte, auf Akte der Zählung, der additiven, multiplikativen ... Verknüpfung usw. beziehen. Aber darum sind diese Gesetze noch nicht selbst psycho-
15 logische Sätze. Sache der Psychologie, als Naturwissenschaft von den psychischen Erlebnissen, ist es, die Naturbedingtheit dieser Erlebnisse zu erforschen. In ihr Gebiet gehören also speziell die ⌐empirisch-realen⌐5 Verhältnisse der mathematischen und logischen Betätigungen. Ihre idealen ⌐Verhältnisse⌐6 und Gesetze
20 bilden aber ein Reich für sich. Dieses konstituiert sich[7] in rein generellen Sätzen, aufgebaut aus ,,Begriffen'', welche nicht etwa Klassenbegriffe von psychischen Akten sind, sondern ⌐Idealbegriffe (Wesensbegriffe)⌐8, die in solchen Akten ⌐bzw. in ihren objektiven Korrelaten⌐9 ihre konkrete Grundlage haben. Die
25 Zahl Drei, die Wahrheit, die nach Pythagoras benannt ist, u. dgl., das sind, wie wir erörtert haben, nicht em|pirische Einzelheiten [B 187] oder | Klassen von Einzelheiten, es sind ideale Gegenstände, die [A 187] wir ⌐in Aktkorrelaten⌐10 des Zählens, des evidenten Urteilens u. dgl. ideierend erfassen.

---

1 A: ⌐oder⌐.
2 A: ⌐sind⌐.
3 A: ⌐die⌐.
4 A: ⌐widersprächen⌐.
5 A: ⌐natürlichen (kausalen)⌐.
6 In A zusätzlich gesperrt.
7 In A folgt: ⌐letztlich⌐.
8 A: ⌐Ideen⌐.
9 Zusatz von B.
10 A: ⌐im Akte⌐.

Und so ist denn in Ansehung der Evidenz die bloße Aufgabe
der Psychologie, die natürlichen Bedingungen der unter diesem
Titel befaßten Erlebnisse aufzusuchen, also die realen Zusammenhänge zu erforschen, in denen nach dem Zeugnis unserer Erfah-
5 rung Evidenz erwächst und verschwindet. Solche natürlichen Bedingungen sind Konzentration des Interesses, eine gewisse geistige Frische, Übung u. dgl. Ihre Erforschung führt nicht auf Erkenntnisse von exaktem Inhalt, nicht auf einsichtige Allgemeinheiten von echtem Gesetzescharakter, sondern auf vage empiri-
10 sche Allgemeinheiten. Aber die Urteilsevidenz steht nicht bloß
unter solchen psychologischen Bedingungen, die wir auch als
äußerliche und empirische bezeichnen können, sofern sie nicht
rein in der spezifischen Form und Materie des Urteils, sondern in
seinem empirischen Zusammenhang im Seelenleben gründen;
15 vielmehr steht sie auch unter idealen Bedingungen. Jede Wahrheit ⌜ist⌝[1] eine ideale Einheit zu einer der Möglichkeit nach unendlichen und unbegrenzten Mannigfaltigkeit richtiger Aussagen
derselben Form und Materie. Jedes aktuelle Urteil, das dieser
ideellen Mannigfaltigkeit angehört, erfüllt, sei es durch seine bloße
20 Form oder durch seine Materie, die idealen Bedingungen für die
Möglichkeit seiner Evidenz. Die rein logischen Gesetze sind nun
Wahrheiten, die rein im Begriff der Wahrheit und in den ihm
wesentlich verwandten Begriffen gründen. In Anwendung auf
mögliche Urteilsakte sprechen sie dann, auf Grund der bloßen
25 Urteilsform, ideale Bedingungen der Möglichkeit bzw. Unmöglichkeit der Evidenz aus. Von diesen beiden Arten von Evidenz-
bedingungen haben die einen Beziehung zur besonderen Konstitution der Arten psychischer Wesen, welche in den Rahmen der
jeweiligen Psychologie fallen; denn nur so weit wie die Erfahrung
30 reicht die psychologische Induktion; die anderen aber, als ideal-
gesetzliche, gelten überhaupt für jedes mögliche Bewußtsein.

§ 51. *Die entscheidenden Punkte in diesem Streite*   {[A 1]\n[B 1]

Endlich und schließlich hängt die letzte Klärung auch in diesem
Streite zunächst von der richtigen Erkenntnis des fundamental-

---

[1] A: ⌜repräsentiert⌝.

sten erkenntnistheoretischen Unterschiedes, nämlich ⌜dem⌝1 zwischen Realem und Idealem ab bzw. von der richtigen Erkenntnis ⌜aller⌝2 der Unterschiede, in die er sich auseinanderlegt.
Es sind die wiederholt betonten Unterschiede zwischen realen
5 und idealen Wahrheiten, Gesetzen, Wissenschaften, zwischen
realen und idealen (individuellen und spezifischen) Allgemeinheiten und ebenso Einzelheiten u. dgl. Freilich in gewisser Weise
kennt jedermann diese Unterschiede, und selbst ein so weit ins
Extreme gehender Empirist wie Hume vollzieht die fundamen-
10 tale Sonderung der ,,*relations of ideas*'' und ,,*matters of fact*'', dieselbe, die unter den Titeln *vérités de raison* und *vérités de fait* schon
vor ihm der große Idealist Leibniz gelehrt hatte. Aber eine
erkenntnistheoretisch wichtige Sonderung vollziehen, heißt noch
nicht ihr erkenntnistheoretisches Wesen richtig erfassen. Es muß
15 zu klarem Verständnis kommen, was denn das Ideale in sich und
in seinem Verhältnis zum Realen ist, wie das Ideale auf Reales
bezogen, wie es ihm einwohnen und so zur Erkenntnis kommen
kann. Die Grundfrage ist, ob wirklich ideale Denkobjekte — um
es modern auszudrücken — bloße Anzeigen sind für ,,denkökono-
20 misch'' verkürzte Redeweisen, die, auf ihren eigentlichen Gehalt
reduziert, sich in lauter individuelle Einzelerlebnisse, in lauter
Vorstellungen und Urteile über Einzeltatsachen auflösen; oder
ob der Idealist Recht hat, wenn er sagt, daß sich jene empiristische Lehre in nebelhafter Allgemeinheit zwar aussagen, aber nicht
25 ausdenken lasse; daß jede Aussage, z.B. auch jede zu dieser Lehre
selbst gehörige, Sinn und Geltung beanspruche, und daß jeder
Versuch, diese idealen Einheiten auf reale Einzelheiten zu reduzieren, in unabwendbare Absurditäten verwickle; daß die Zer- ⌈[A 189]
splitterung des Begriffs in irgendeinen Umfang von Einzel‖heiten, ⌊[B 189]
30 ohne irgendeinen Begriff, der diesem Umfang im Denken Einheit
gäbe, undenkbar sei usw.
Andererseits setzt das Verständnis unserer Scheidung zwischen
der realen und idealen ,,Theorie der Evidenz'' richtige Begriffe
von Evidenz und Wahrheit voraus. In der psychologistischen
35 Literatur ⌜der letzten Jahrzehnte⌝3 hören wir von Evidenz ⌜so⌝4

---

1 Fehlt in A.
2 A: ⌜all⌝.
3 A: ⌜unserer Tage⌝.
4 A: ⌜derart⌝.

sprechen, als wäre sie ein zufälliges Gefühl, das sich bei gewissen
Urteilen einstellt, bei anderen fehlt, bestenfalls so, daß es allgemein menschlich — genauer gefaßt, bei jedem normalen und
unter normalen Urteilsumständen befindlichen Menschen — an
5 gewisse Urteile geknüpft erscheint, an andere nicht. Jeder Normale fühlt unter gewissen normalen Umständen die Evidenz bei
dem Satze $2 + 1 = 1 + 2$, so wie er Schmerz fühlt, wenn er sich
brennt. Freilich möchte man dann fragen, worauf sich die Autorität dieses besonderen Gefühls gründe, wie es das anstelle, Wahr-
10 heit des Urteils zu verbürgen, ihm den ,,Stempel der Wahrheit
aufzuprägen'', seine Wahrheit ,,anzukündigen'', oder wie immer
die bildliche Rede lauten mag. Man möchte auch fragen, was denn
die vage Rede von normaler Veranlagung und normalen Umständen exakt charakterisiere, und vor allem darauf hinweisen,
15 daß selbst der Rekurs auf das Normale den Umfang der evidenten
Urteile mit dem der wahrheitsgemäßen nicht zur Deckung bringe.
Niemand kann schließlich leugnen, daß auch für den normalen
und unter normalen Umständen Urteilenden die ungeheure
⌈Mehrheit⌉1 der möglichen richtigen Urteile der Evidenz erman-
20 geln muß. Man wird doch den fraglichen Begriff der Normalität
nicht so fassen wollen, daß kein wirklicher und in dieser endlichen
Naturbedingtheit möglicher Mensch normal genannt werden
könnte.

Wie der Empirismus überhaupt das Verhältnis zwischen Idea-
25 lem und Realem im Denken verkennt, so auch das Verhältnis
zwischen Wahrheit und Evidenz. Evidenz ist kein akzessorisches
Gefühl, das sich zufällig oder naturgesetzlich an gewisse Urteile
anschließt. Es ist überhaupt nicht ein psychischer | Charak- [B 19(
ter⌐|, der⌐2 sich an jedes beliebige Urteil einer gewissen Klasse [A 19(
30 (sc. der sog. ,,wahren'' Urteile) einfach anheften ließe; ⌈so daß
der phänomenologische⌐3 Gehalt des betreffenden, an und für
sich betrachteten Urteils identisch derselbe bliebe, ob es mit
diesem Charakter behaftet ist oder nicht. Die Sache liegt keineswegs etwa so, wie wir uns den Zusammenhang der Empfindungs-
35 inhalte und der darauf bezogenen Gefühle zu denken pflegen:

---

1 A: ⌈Majorität⌉.
2 A: ⌈von | einer Art, die⌉.   [A 190
3 A: ⌈als ob der psychologische⌉.

Zwei Personen haben dieselben Empfindungen, aber sie werden
von ihnen im Gefühl anders berührt. Evidenz ist vielmehr nichts
anderes als das „Erlebnis" der Wahrheit. Erlebt ist die Wahrheit
natürlich in keinem andern Sinne, als in welchem überhaupt ein
5 Ideales im realen Akt ⌐Erlebnis⌐[1] sein kann. Mit anderen Worten:
**Wahrheit ist eine Idee, deren Einzelfall im evidenten
Urteil aktuelles Erlebnis ist.** ⌐Das evidente Urteil aber ist
ein Bewußtsein originärer Gegebenheit. Zu ihm verhält sich das
nicht-evidente Urteil analog, wie sich die beliebige vorstellende
10 Setzung eines Gegenstandes zu seiner adäquaten Wahrnehmung
verhält. Das adäquat Wahrgenommene ist nicht bloß ein irgendwie Gemeintes, sondern, als was es gemeint ist, auch im Akte
originär gegeben, d.i. als selbst gegenwärtig und restlos erfaßt⌐[2].
So ⌐ähnlich⌐[3] ist das evident Geurteilte nicht bloß geurteilt (in
15 urteilender, aussagender, behauptender Weise gemeint), sondern
im Urteilserlebnis ⌐gegeben als⌐[3] selbst gegenwärtig — gegenwärtig in dem Sinne, wie ein Sachverhalt in dieser oder jener
Bedeutungsfassung und je nach seiner Art, als einzelner oder allgemeiner, empirischer oder idealer u. dgl. „gegenwärtig" sein
20 kann. ⌐Die Analogie, die alle originär gebenden Erlebnisse verbindet, führt dann zu analogen Reden: man nennt die Evidenz
ein Sehen, Einsehen, Erfassen des selbst gegebenen („wahren")
Sachverhalts bzw., in naheliegender Äquivokation, der Wahrheit.
Und wie im Gebiet der Wahrnehmung das Nichtsehen sich keines-
25 wegs deckt mit dem Nichtsein, so bedeutet auch Mangel der
Evidenz nicht so viel wie Unwahrheit⌐[3]. Das Erlebnis der
Zusammenstimmung zwischen der Meinung und dem ⌐selbst⌐[3]

---

[1] A: ⌐erlebt⌐.

[2] A: ⌐Daher das Gleichnis vom Sehen, Einsehen, Erfassen der Wahrheit in der Evidenz. Und wie im Gebiet der Wahrnehmung das Nichtsehen
sich keineswegs deckt mit dem Nichtsein, so bedeutet auch Mangel der
Evidenz nicht so viel wie Unwahrheit. Wahrheit verhält sich zur Evidenz
analog, wie sich das Sein eines Individuellen zu seiner adäquaten Wahrnehmung verhält. Wieder verhält sich das Urteil zum evidenten Urteil
analog, wie sich die anschauliche Setzung (als Wahrnehmung, Erinnerung
u. dgl.) zur adäquaten Wahrnehmung verhält. Das anschaulich Vorgestellte und für seiend Genommene ist nicht bloß ein Gemeintes, sondern,
als was es gemeint ist, auch im Akte gegenwärtig⌐.

[3] Zusatz von B.

Gegenwärtigen,[1] das sie meint, zwischen | dem ⌜aktuellen⌝[2] Sinn [B 19
der Aussage und dem ⌜selbst gegebenen⌝[3] Sachverhalt ist
die Evidenz, und die ⌜Idee⌝[4] dieser Zu|sammenstimmung die [A 19
Wahrheit. Die Idealität der Wahrheit macht aber ihre Objektivi-
5 tät aus. Es ist nicht eine zufällige Tatsache, daß ein Satzgedanke,
hier und jetzt, zum ⌜gegebenen⌝[5] Sachverhalt stimmt. Das Verhältnis betrifft vielmehr die identische Satzbedeutung und den
identischen Sachverhalt. Die „Gültigkeit" oder „Gegenständlichkeit" (bzw. die „Ungültigkeit", „Gegenstandslosigkeit") kommt
10 nicht der Aussage als diesem zeitlichen Erlebnis zu, sondern der
Aussage *in spezie*, der (reinen und identischen) Aussage 2×2 ist 4
u. dgl.

Nur mit dieser Auffassung stimmt es, daß ein Urteil U (d.h. ein
Urteil des Inhaltes, Bedeutungsgehaltes U) ⌜in der Weise eines
15 einsichtigen vollziehen, und einsehen, daß die Wahrheit U be-
steht⌝[6], auf dasselbe hinauskommt. Und dementsprechend haben
wir auch die Einsicht, daß niemandes Einsicht mit der unsrigen
— wofern die eine und andere wirklich Einsicht ist — streiten
kann. Denn dies heißt ja nur, daß, was als wahr erlebt ⌜ist,
20 auch⌝[7] schlechthin wahr ist, nicht falsch sein kann. ⌜Das aber
ergibt sich aus dem generellen Wesenszusammenhang zwischen
Wahrheitserlebnis und Wahrheit.⌝[8] Nur für unsere Auffassung
ist also jener Zweifel ausgeschlossen, dem die Auffassung der
Evidenz als seines zufällig angeknüpften Gefühls nicht entfliehen
25 kann, und der offenbar dem vollen Skeptizismus gleichkommt:
eben der Zweifel, ob denn nicht, wo wir die Einsicht haben, daß
U sei, ein anderer die Einsicht haben könnte, daß ein mit U
evident unverträgliches U' sei, ob nicht überhaupt Einsichten
mit Einsichten unlöslich kollidieren könnten usw. Wieder ver-
30 stehen wir so, warum das „Gefühl" der Evidenz keine andere

---

1 In A folgt: ⌜Erlebten,⌝.
2 A: ⌜erlebten⌝.
3 A: ⌜erlebten⌝.
4 In A nicht gesperrt.
5 A: ⌜erlebten⌝.
6 A: ⌜einsehen und einsehen, daß U wahr ist⌝.
7 A: ⌜und somit⌝.
8 Zusatz von B.

wesentliche Vorbedingung haben kann als die Wahrheit des
bezüglichen Urteilsinhalts. Denn wie es selbstverständlich ist,
daß, wo nichts ist, auch nichts zu sehen ist, so ist es nicht minder
selbstverständlich, daß es, wo keine Wahrheit ist, auch kein als
5 wahr Einsehen geben kann, m.a.W. keine Evidenz ⌈(cf. Bd. II,
6. Unt., Kap. 5)⌉.[1]

---

[1] A in einem neuen Abschnitt: ⌈Doch genug über diesen Gegenstand.
Bezüglich der näheren Analyse dieser Verhältnisse sei auf die bezüglichen
Spezialuntersuchungen in den späteren Teilen d. W. verwiesen⌉.

NEUNTES KAPITEL

DAS PRINZIP DER DENKÖKONOMIE UND DIE LOGIK

§ 52. *Einleitung*

5 Nah verwandt mit dem Psychologismus, dessen Widerlegung uns bisher beschäftigt hat, ist eine andere Form empiristischer Begründung der Logik und Erkenntnistheorie, welche in den letzten Jahren in besonderem Maße Ausbreitung gewinnt: nämlich die biologische Begründung dieser Disziplinen mittels des
10 Prinzips vom kleinsten Kraftmaß, wie Avenarius, oder des Prinzips von der Ökonomie des Denkens, wie Mach es nennt. Daß diese neue Richtung schließlich wieder in einen Psychologismus einmündet, tritt am deutlichsten in der „Psychologie" von Cornelius hervor. In diesem Werke wird das fragliche Prinzip
15 ausdrücklich als „Grundgesetz des Verstandes" und zugleich als ein „allgemeines psychologisches Grundgesetz"* hingestellt. Die Psychologie (und speziell die Psychologie der Erkenntnisvorgänge), auf diesem Grundgesetz erbaut, soll zugleich die Grundlage der Philosophie überhaupt liefern.**
20 Es will mir scheinen, daß in diesen denkökonomischen Theorien wohlberechtigte und in passender Beschränkung sehr fruchtbare Gedanken eine Wendung erhalten, die im Falle allgemeiner Annahme, den Verderb aller echten Logik und Erkenntnistheorie auf der einen und der Psychologie auf der andern Seite bedeuten
25 würde.***

---

* H. Cornelius, *Psychologie*, S. 82 u. 86.
** a. a. O., S. 3–9. („Methode und Stellung der Psychologie".)
*** Die ablehnende Kritik, welche ich in diesem Kapitel an einer Haupttendenz der Avenarius schen Philosophie üben muß, verträgt sich sehr wohl mit aller

Wir erörtern zunächst den Charakter des Avenarius-Machschen Prinzips als eines teleologischen Anpassungsprinzips; ‖ hierauf bestimmen wir seinen wertvollen Gehalt und die berechtigten
Ziele der darauf zu gründenden Untersuchungen für die psychi-
5 sche Anthropologie und für die praktische Wissenschaftslehre;
zum Schluß erweisen wir seine Unfähigkeit, für eine Begründung
der Psychologie und vor allem der reinen Logik und Erkenntnistheorie irgendwelche Beihilfe zu leisten.

$\begin{cases} \text{[A 193]} \\ \text{[B 193]} \end{cases}$

§ 53. *Der teleologische Charakter des Mach-Avenariusschen*
10 *Prinzips und die wissenschaftliche Bedeutung der*
Denkökonomik*

Wie immer das Prinzip ausgesprochen werden mag, es hat den
Charakter eines Entwicklungs- bzw. Anpassungsprinzips, es betrifft die Auffassung der Wissenschaft als möglichst zweckmäßiger
15 (ökonomischer, kraftersparender) Anpassung der Gedanken an
die verschiedenen Erscheinungsgebiete.

Avenarius faßt das Prinzip im Vorwort seiner Habilitations-
schrift** in die Worte: „Die Änderung, welche die Seele ihren Vorstellungen bei dem Hinzutritt neuer Eindrücke erteilt, ist eine mög-
20 lichst geringe." Es heißt aber bald darauf: „Insofern aber die Seele den
Bedingungen organischer Existenz und deren Zweckmäßigkeitsanfor-
derungen unterworfen ist, wird das angezogene Prinzip zu einem
Prinzip der Entwicklung: Die Seele verwendet zu einer Apperzeption nicht mehr Kraft als nötig und gibt bei einer Mehrheit mög-
25 licher Apperzeptionen derjenigen den Vorzug, welche die gleiche Leistung mit einem geringeren Kraftaufwand bzw. mit dem gleichen
Kraftaufwand eine größere Leistung ausführt; unter begünstigenden
Umständen zieht die Seele selbst einem augenblicklich geringeren
Kraftaufwand, mit welchem aber eine geringere Wirkungsgröße bzw.
30 Wirkungsdauer verbunden ist, eine zeitweilige Mehranstrengung vor,
welche um soviel größere bzw. andauerndere Wirkungsvorteile ver-
spricht."
‖ Die größere Abstraktheit, welche Avenarius durch Einführung

$\begin{cases} \text{[A 194]} \\ \text{[B 194]} \end{cases}$

Hochschätzung für den der Wissenschaft allzufrüh entrissenen Forscher, sowie für
den gediegenen Ernst seiner wissenschaftlichen Arbeiten.
* Nachdem sich das Machsche Wort „denkökonomisch" allgemein eingebürgert
hat, wird man mir wohl auch die bequeme Bildung „Denkökonomik" zur Bezeichnung
des wissenschaftlichen Inbegriffes denkökonomischer Untersuchungen — wenigstens
innerhalb der folgenden Blätter — hingehen lassen.
** R. Avenarius, *Philosophie als Denken der Welt gemäß dem Prinzip des kleinsten
Kraftmaßes. Prolegomena zu einer Kritik der reinen Erfahrung*, Leipzig 1876, S. III f.

des Apperzeptionsbegriffes bewirkt, ist bei der Weitfaltigkeit und In-
haltsarmut desselben teuer erkauft. Mach stellt mit Recht an die
Spitze, was bei Avenarius als Resultat umständlicher und im ganzen
wohl zweifelhafter Deduktionen erscheint; nämlich, daß die Wissen-
5 schaft eine möglichst vollkommene Orientierung in den bezüglichen
Erfahrungsgebieten, eine möglichst ökonomische Anpassung unserer
Gedanken an sie bewirke. Er liebt es übrigens nicht (und wieder mit
Recht), von einem Prinzip zu sprechen, sondern schlechthin von der
,,ökonomischen Natur" der wissenschaftlichen Forschung, von der
10 ,,denkökonomischen Leistung" der Begriffe, Formeln, Theorien, Methoden u. dgl.

Es handelt sich bei diesem Prinzip also nicht etwa um ein
Prinzip im Sinne rationaler Theorie, um ein exaktes Gesetz, das
fähig wäre, als Grund einer rationalen Erklärung zu fungieren
15 (wie die rein-mathematischen oder mathematisch-physikalischen
Gesetze es können), sondern um einen jener wertvollen teleologischen Gesichtspunkte, welche in den biologischen Wissenschaften überhaupt von großem Nutzen sind und sich sämtlich
dem allgemeinen Entwicklungsgedanken angliedern lassen.
20 Die Beziehung zur Selbsterhaltung und Gattungserhaltung
liegt hier ja offen zutage. Das tierische Handeln wird bestimmt
durch Vorstellungen und Urteile. Wären diese dem Verlauf der
Ereignisse nicht hinreichend angepaßt, könnte vergangene Erfahrung nicht nutzbar gemacht, das Neue nicht vorausgesehen,
25 Mittel und Zwecke nicht angemessen zusammengeordnet werden
— all das mindestens im groben Durchschnitt, im Lebenskreise
der betreffenden Individuen und mit Beziehung auf die ihnen
drohenden Schädlichkeiten oder ihnen günstigen Nützlichkeiten
— so wäre eine Erhaltung nicht möglich. Ein Wesen von men-
30 schenähnlicher Art, das ⌐bloß⌐1 Empfindungsinhalte erlebte,
⌐das⌐2 keine Assoziationen vollzöge, keine Vorstellungsgewohn-
heiten bildete; ein Wesen also, das der Fähigkeit entbehrte, In-
halte gegenständlich zu deuten, äußere Dinge | und Ereig- [A 195
nisse wahrzu|nehmen, sie gewohnheitsmäßig zu erwarten oder [B 195
35 sich in der Erinnerung wieder zu vergegenwärtigen, und das in all
diesen Erfahrungsakten durchschnittlichen Erfolges nicht sicher
wäre — wie könnte das bestehen bleiben? Schon Hume hat in

---

1 Zusatz von B.
2 A: ⌐aber⌐.

dieser Hinsicht von „einer Art vorbestimmter Harmonie zwischen
dem Laufe der Natur und der Folge unserer Ideen" gesprochen,*
und die moderne Entwicklungslehre hat es nahegelegt, diesen
Gesichtspunkt weiter zu verfolgen, und die hierhergehörigen Te-
5 leologien der geistigen Konstitution im einzelnen zu erforschen.
Es ist sicherlich ein Gesichtspunkt von nicht minderer Fruchtbarkeit für die psychische Biologie, als er es für die physische schon
längst ist.

Natürlich ordnet sich ihm nicht bloß die Sphäre des blinden,
10 sondern auch die des logischen, des wissenschaftlichen Denkens
ein. Der Vorzug des Menschen ist der Verstand. Der Mensch ist
nicht bloß überhaupt ein Wesen, das sich ⌐wahrnehmend und
erfahrend⌐1 nach seinen äußeren Lagen richtet; er denkt auch,
er überwindet durch den Begriff die engen Schranken des An-
15 schaulichen. In der begrifflichen Erkenntnis dringt er bis zu den
strengen Kausalgesetzen durch, die es ihm gestatten, in ungleich
größerem Umfange und mit ungleich größerer Sicherheit, als dies
sonst möglich wäre, den Lauf der künftigen Erscheinungen vorauszusehen, den Verlauf der vergangenen zu rekonstruieren, die
20 möglichen Verhaltungsweisen der umgebenden Dinge im voraus
zu berechnen und sie sich praktisch zu unterwerfen. „*Science d'où
prévoyance, prévoyance d'où action*", so spricht es Comte treffend
aus. Wie vieles Leiden der einseitig überspannte Erkenntnistrieb
dem einzelnen Forscher, und gar nicht selten, bringen mag:
25 schließlich kommen ⌐die⌐2 Früchte, kommen die Schätze der
Wissenschaft der ganzen Menschheit doch zugute.

In dem eben Ausgeführten war nun von Ökonomie des
Denkens allerdings noch keine Rede. Aber dieser Ge|danke [A 196]
| drängt sich sofort auf, sowie wir genauer erwägen, was die Idee [B 196]
30 der Anpassung fordert. Ein Wesen ist offenbar um so zweckmäßiger konstituiert, d.h. seinen Lebensbedingungen um so besser
angepaßt, je schneller und mit je geringerem Kraftaufwand es
jeweils die für seine Selbstförderung notwendigen oder günstigen
Leistungen zu vollführen vermag. Angesichts irgendwelcher

---

* Hume, *An Enquiry concerning Human Understanding*, Sect. V, Part. II. (*Essays*,
ed. Green a. Grose, Vol. II, p. 46.)

---

1 A: ⌐vorstellend und urteilend⌐.
2 A: ⌐seine⌐.

(durchschnittlich einer gewissen Sphäre angehörigen und nur mit
einer gewissen Häufigkeit auftretenden) Schädlichkeiten oder
Nützlichkeiten wird es nun schneller zur Abwehr bzw. zum Angriff bereit und hierin erfolgreich sein, es wird um so mehr über-
5 schüssige Kraft übrig behalten, neuen Schädlichkeiten entgegen-
zutreten bzw. neue Nützlichkeiten zu realisieren. Natürlich handelt es sich hier um vage, nur roh aufeinander abgestimmte und
von uns abzuschätzende Verhältnisse, aber immerhin um solche,
über die sich hinreichend bestimmt reden läßt, und die, mindestens
10 innerhalb gewisser Gebiete, im großen und ganzen lehrreich ab-
zuwägen sind.

   Sicher gilt dies von dem Gebiete der geistigen Leistungen.
Nachdem sie als erhaltungsfördernd erkannt sind, kann man sie
unter dem ökonomischen Gesichtspunkt betrachten und die tat-
15 sächlich bei dem Menschen realisierten Leistungen teleologisch
prüfen. Man kann auch, sozusagen *a priori*, gewisse Vollkommen-
heiten als denkökonomisch empfohlen dartun und sie dann in den
Formen und Wegen unseres Denkverfahrens — sei es allgemein,
sei es bei den fortgeschritteneren Geistern oder in den Methoden
20 der wissenschaftlichen Forschung — als realisiert nachweisen.
Jedenfalls eröffnet sich hier eine Sphäre umfangreicher, dankbarer
und lehrreicher Untersuchungen. Das Gebiet des Psychischen ist
eben ein Teilgebiet der Biologie, und so bietet es denn nicht nur
Raum für abstrakt-psychologische Forschungen, die, nach Art
25 der physikalischen, auf das Elementargesetzliche abzielen, sondern auch für konkret-psychologische und speziell für teleologische Forschungen. Diese letzteren konstituieren die psychische
Anthropologie als das notwendige Gegenstück der physischen,
sie betrachten den ‖ Menschen in der Lebensgemeinschaft der
30 Menschheit und in weiterer Folge in derjenigen des gesamten irdischen Lebens.

$\begin{cases}[\text{A } 19\\[\text{B } 19\end{cases}$

§ 54. *Nähere Darlegung der berechtigten Ziele einer Denkökonomik,*
hauptsächlich in der Sphäre der rein deduktiven Methodik. Ihre
Beziehung zur logischen Kunstlehre

35   Speziell auf die Sphäre der Wissenschaft angewendet, kann der
denkökonomische Gesichtspunkt bedeutsame Resultate ergeben,
er kann helles Licht werfen auf die anthropologischen Gründe der

verschiedenen Forschungsmethoden. Ja manche der fruchtbarsten und für die fortgeschrittensten Wissenschaften charakteristischen Methoden können nur durch Hinblick auf die Eigenheiten
unserer psychischen Konstitution zu befriedigendem Verständnis
5 gebracht werden. Vortrefflich sagt Mach in dieser Hinsicht:
„Wer Mathematik treibt, ohne sich in der angedeuteten Richtung
Aufklärung zu verschaffen, muß oft den unbehaglichen Eindruck
erhalten, als ob Papier und Bleistift ihn selbst an Intelligenz über-
träfen."*
10   Es ist hier folgendes zu bedenken. Zieht man in Erwägung, wie
beschränkt die intellektuellen Kräfte des Menschen sind, und des
näheren, wie eng die Sphäre ist, innerhalb welcher sich die noch
vollverständlichen Komplikationen abstrakter Begriffe halten,
und wie anstrengend schon das bloße Verstehen derartiger, in
15 eigentlicher Weise vollzogener Komplikationen ist; überlegt man
weiter, wie wir in ähnlicher Weise in der eigentlichen Auffassung
des Sinnes auch nur mäßig komplizierter Satzzusammenhänge
beschränkt sind und erst recht im wirklichen und einsichtigen
Vollzuge von nur mäßig komplizierten Deduktionen; überlegt
20 man ⌜endlich⌝¹, wie gering *a fortiori* ‖ die Sphäre ist, in der sich
die aktive, volleinsichtige, überall mit den Gedanken selbst sich
abmühende Forschung ursprünglich bewegen kann: so muß es
wundernehmen, wie überhaupt umfassendere rationale Theorien
und Wissenschaften zustande kommen können. So ist es z.B. ein
25 ernstes Problem, wie mathematische Disziplinen möglich sind,
Disziplinen, in welchen nicht relativ einfache Gedanken, sondern
wahre Türme von Gedanken und tausendfältig ineinandergreifen-
den Gedankenverbänden mit souveräner Freiheit bewegt und
durch Forschung in immer sich steigender Komplikation geschaf-
30 fen werden.

{[A 198]
[B 198]

    Das vermag Kunst und Methode. Sie überwinden die Unvoll-
kommenheiten unserer geistigen Konstitution und gestatten uns

---

    * E. Mach, *Die* ⌜*Mechanik*⌝² *in ihrer Entwicklung* (1883), S. 460. Die Stelle ist
wert, vollständig zitiert zu werden. Es heißt weiter: „Mathematik in dieser Weise als
Unterrichtsgegenstand betrieben, ist kaum bildender als die Beschäftigung mit Kab-
bala oder dem mystischen Quadrat. Notwendig entsteht dadurch eine mystische
Neigung, welche gelegentlich ihre Früchte trägt."

---

    ¹ A: ⌜weiter⌝.
    ² B: ⌜*Mathematik*⌝. In der 3. Auflage berichtigt.

indirekt, mittels symbolischer Prozesse und unter Verzichtleistung
auf Anschaulichkeit, eigentliches Verständnis und Evidenz, Ergebnisse abzuleiten, die völlig sicher, weil durch die allgemeine
Begründung der Leistungskräftigkeit der Methode ein für allemal
5 gesichert sind. Alle hierher gehörigen Künstlichkeiten (welche
man im Auge zu haben pflegt, wo in einem gewissen prägnanten
Sinne überhaupt von Methode die Rede ist) haben den Charakter
von denkökonomischen Vorkehrungen. Sie erwachsen historisch
und individuell aus gewissen natürlichen denkökonomi-
10 schen Prozessen, indem die praktisch-logische Reflexion des
Forschers sich die Vorteile dieser zum einsichtigen Verständnis
bringt, sie nun vollbewußt vervollkommnet, künstlich verknüpft
und ⌐auf solche⌐1 Art kompliziertere, aber auch unvergleichlich
leistungsfähigere Denkmaschinerien herstellt, als es die natürli-
15 chen sind. Also auf einsichtigem Wege und mit beständiger
Rücksicht auf die Besonderheit unserer geistigen Konstitution*
erfinden die Bahnbrecher der Forschung Methoden, deren allgemeine Berechtigung sie ein für allemal nachweisen. Ist dies geschehen, dann können diese Methoden in jedem gegebenen Einzel-   [A 19
20 fall uneinsichtig, sozusagen mecha‖nisch befolgt werden, die   [B 19
objektive Richtigkeit des Resultates ist gesichert.

Diese weitgehende Reduktion der einsichtigen auf mechanische
Denkprozesse, wodurch ungeheure Umkreise auf direktem Wege
unvollziehbarer Denkleistungen auf einem indirekten Wege be-
25 wältigt werden, beruht auf der psychologischen Natur des signi-
tiv-symbolischen Denkens. Dieses spielt seine unermeßliche Rolle
nicht bloß bei der Konstruktion blinder Mechanismen — nach
Art der Rechenvorschriften für die vier Spezies und ebenso für
höhere Operationen mit dekadischen Zahlen, wo das Resultat
30 (evtl. mit Hilfe von Tabellen für Logarithmen, trigonometrische
Funktionen u. dgl.) ohne jede Mitwirkung einsichtigen Denkens
hervorspringt — sondern auch in den Zusammenhängen einsichtigen Forschens und Beweisens. Da wäre z.B. zu erwähnen
die merkwürdige Verdoppelung aller rein mathematischen Be-
35 griffe, wonach, im besonderen in der Arithmetik, die allgemein

---

* Natürlich heißt das nicht: unter Beihilfe der wissenschaftlichen Psychologie.

---

1 A: ⌐solcher⌐.

arithmetischen Zeichen zunächst im Sinne der ursprünglichen
Definition als Zeichen für die betreffenden Zahlbegriffe stehen
und dann vielmehr als reine Operationszeichen fungieren, nämlich als Zeichen, deren Bedeutung ausschließlich durch die äußeren
5 Operationsformen bestimmt ist; ein jedes gilt nun als ein bloßes
Irgendetwas, mit dem in diesen bestimmten Formen auf dem
Papiere so und so hantiert werden darf.* Diese stellvertretenden
Operationsbegriffe, durch welche die Zeichen zu einer Art Spiel-
marken werden, sind in weitesten Strecken arithmetischen Den-
10 kens und sogar Forschens ausschließlich maßgebend. Sie bedeuten eine ungeheure Erleichterung desselben, sie versetzen es
aus den mühseligen Höhen der | Abstraktion in | die bequemen
Bahnen der Anschauung, wo sich die einsichtig geleitete Phanta-
sie innerhalb der Regelschranken frei und mit relativ geringer
15 Anstrengung betätigen kann; etwa so wie in geregelten Spielen.

{[A 200]
{[B 200]

Im Zusammenhang damit wäre auch darauf hinzuweisen, wie
in den rein mathematischen Disziplinen die denkökonomische
Abwälzung des eigentlichen Denkens auf das stellvertretende
signitive, zunächst ganz unvermerkt, zu formalen Verallgemeine-
20 rungen der ursprünglichen Gedankenreihen, ja selbst der Wissenschaften Anlaß gibt, und wie auf diese Weise, fast ohne eigens
darauf gerichtete Geistesarbeit, deduktive Disziplinen von unendlich erweitertem Horizont erwachsen. Aus der Arithmetik,
die ursprünglich Anzahlen- und Größenzahlenlehre ist, entsteht
25 so, und gewissermaßen von selbst, die verallgemeinerte, formale
Arithmetik, in Beziehung auf welche Anzahlen und Größen nur
noch zufällige Anwendungsobjekte und nicht mehr Grundbegriffe
sind. Indem die vollbewußte Reflexion hier nun ansetzt, erwächst
als weitere Extension die reine Mannigfaltigkeitslehre, die der
30 Form nach alle möglichen deduktiven Systeme in sich faßt, und
für welche daher selbst das Formensystem der formalen Arithmetik einen bloßen Einzelfall darstellt.**

---

* Nimmt man statt der äußeren Operationsformen sozusagen die inneren, versteht
man die Zeichnen im Sinne von ,,irgendwelchen Denkobjekten'', die in ,,gewissen''
Relationen stehen, ,,gewisse'' Verknüpfungen zulassen, nur so, daß für sie, und zwar
in dem entsprechenden formalen Sinne, die Operations- und Beziehungsgesetze
gelten: $a + b = b + a$ u. dgl. — so erwächst eine neue Reihe von Begriffen. Es ist diejenige, welche zu der ,,formalen'' Verallgemeinerung der ursprünglichen Disziplinen
führt, von der oben im Texte gleich die Rede sein wird.
** Vgl. darüber einiges im Kapitel XI, §§ 69 und 70, S. 247 ff.

Die Analyse dieser und ähnlicher Methodentypen und die voll-
gültige Aufklärung ihrer Leistungen bildet vielleicht das schönste
und jedenfalls das am wenigsten angebaute Feld einer Theorie der
Wissenschaft, zumal aber der so wichtigen und lehrreichen Theo-
5 rie der deduktiven (der im weitesten Sinne mathematischen) Methodik. Mit bloßen Allgemeinheiten, mit vager Rede von der stellvertretenden Funktion der Zeichen, von kraftersparenden Mechanismen und dergleichen ist es hierbei natürlich nicht getan; es bedarf überall tiefgehender Analysen, es muß für jede typisch ver-
10 schiedene Methode die Untersuchung wirklich ausgeführt und die
ökonomische Leistung ‖ der Methode nebst der genauen Erklärung $\begin{cases} \text{[A 20} \\ \text{[B 20} \end{cases}$
dieser Leistung wirklich nachgewiesen werden.

Hat man den Sinn der hier zu lösenden Aufgabe klar erfaßt, so
gewinnen auch die für das vor- und außerwissenschaftliche Den-
15 ken zu lösenden denkökonomischen Probleme neues Licht und
neue Form. Eine gewisse Anpassung an die äußere Natur erfordert
die Selbsterhaltung; sie verlangt, sagten wir, die Fähigkeit, die
Dinge in gewissem Maße richtig zu beurteilen, den Lauf der
Ereignisse vorauszusehen, kausale Abfolgen richtig ⌜zu schätzen⌝[1]
20 u. dgl. Aber wirkliche Erkenntnis von alldem vollzieht sich erst,
wenn überhaupt, in der Wissenschaft. Wie können wir nun doch
praktisch richtig urteilen und schließen ohne Einsicht, die im
ganzen nur die Wissenschaft, die Gabe weniger, zu bieten vermag?
Den praktischen Bedürfnissen des vorwissenschaftlichen Lebens
25 dienen ja manche sehr komplizierte und leistungsfähige Verfahrungsweisen — man denke nur an das dekadische Zahlen-
system. Sind sie ⌜auch⌝[2] nicht einsichtig erfunden, sondern natürlich erwachsen, so muß doch die Frage erwogen werden, wie
dergleichen möglich ist, wie blindmechanische Operationen im
30 Endwert mit dem, was Einsicht verlangt, zusammentreffen können.

⌜Überlegungen, wie wir sie⌝[3] oben angedeutet haben, zeigen
⌜uns⌝[4] den Weg. Um die Teleologie der vor- und außerwissen-
schaftlichen Verfahrungsweisen aufzuklären, wird man ⌜zu-

---

[1] A: ⌜abzuschätzen⌝.
[2] Fehlt in A.
[3] A: ⌜Überlegungen der Art, die wir⌝.
[4] Zusatz von B.

nächst⌐1 durch genaue Analyse der einschlägigen Vorstellungs-
und Urteilszusammenhänge, sowie der wirksamen Dispositionen
zunächst das Faktische, den psychologischen Mechanismus des
bezüglichen Denkverfahrens herausstellen. Die denkökonomische
5 Leistung desselben tritt ⌐dann⌐2 im Nachweis hervor, daß dieses
Verfahren indirekt und logisch einsichtig zu begründen ist als ein
solches, dessen Ergebnisse — sei es notwendig, sei es mit einer gewissen, nicht zu kleinen Wahrscheinlichkeit — mit der Wahrheit
zusammentreffen müssen. Endlich wird man, um die natürliche
10 Entstehung der denkökonomischen Maschinerie nicht als ein
Wunder | übrig zu behalten (oder was dasselbe: als | Resultat
eines eigenen Schöpfungsaktes der göttlichen Intelligenz), auf
eine sorgsame Analyse der natürlichen und vorherrschenden Vor-
stellungsumstände und -motive des Alltagsmenschen (evtl. des
15 Wilden, des Tieres usw.) ausgehen und auf Grund derselben nachweisen müssen, wie sich ein derart erfolgreiches Verfahren ,,von
selbst'', aus rein natürlichen Gründen ausbilden konnte und
mußte.*

Auf diese Weise ist also die m.E. wohlberechtigte und frucht-
20 bare Idee der Denkökonomik mit einiger Bestimmtheit klarge-
legt, in allgemeinen Zügen sind die Probleme, die sie zu lösen, und
die Hauptrichtungen, die sie einzuschlagen hat, angedeutet. Ihr
Verhältnis zur Logik, im praktischen Sinne einer Kunstlehre wissenschaftlicher Erkenntnis, ist ohne weiteres verständ-
25 lich. Offenbar bildet sie ein wichtiges Fundament dieser Kunstlehre, sie gibt ja wesentliche Behelfe zur Konstitution der Idee
von technischen Methoden menschlicher Erkenntnis, zu nütz-
lichen Spezialisierungen solcher Methoden, ⌐so wie⌐3 zur Ableitung
von Regeln für deren Abschätzung und Erfindung.

[A 202]
[B 202]

---

* Kein Beispiel ist geeigneter, sich das Wesen der hier zu lösenden und oben kurz
angedeuteten Aufgaben klar zu machen, als das der natürlichen Zahlenreihe. Eben
weil es mir so lehrreich erschien, habe ich es im XII. Kapitel meiner *Philosophie der
Arithmetik* (I, 1891) in aller Ausführlichkeit behandelt, und zwar so, daß es die Art,
wie derlei Untersuchungen nach meiner Überzeugung zu führen sind, typisch illustrie-
ren kann.

---

1 A: ⌐einerseits⌐.
2 A: ⌐nun⌐.
3 A: ⌐sowie⌐.

§ 55. *Die Bedeutungslosigkeit der Denkökonomik für die reine Logik*
und Erkenntnislehre und ihr Verhältnis zur Psychologie

Soweit diese Gedanken mit denen R. Avenarius' und E.
Machs zusammengehen, besteht keine Differenz, und ich kann
5 ihnen freudig zustimmen. Wirklich bin ich der Überzeugung, daß
man zumal E. Machs historisch-methodologischen Arbeiten eine
Fülle logischer Belehrung verdankt, und dies auch dort, wo man
seinen Konsequenzen nicht durch||aus (oder durchaus nicht) nach- } [A 2
geben kann. Leider hat E. Mach gerade jene, wie mir scheinen   } [B 2
10 möchte, fruchtbarsten Probleme der deduktiven Denkökonomik
nicht in Angriff genommen, die ich oben in etwas kurzer, aber
wohl hinreichend bestimmter Fassung zu formulieren versuchte.
Und daß er dies nicht getan hat, liegt zum Teil jedenfalls an den
erkenntnistheoretischen Mißdeutungen, die er seinen Untersu-
15 chungen glaubte unterlegen zu ⌐müssen⌐1. Aber gerade hieran
knüpft sich eine besonders starke Wirkung der Machschen
Schriften. Es ist zugleich die Seite seiner Gedanken, die er mit
Avenarius teilt, und um derentwillen ich gegen ihn an dieser
Stelle Opposition machen muß.
20   Machs Lehre von der Denkökonomie, ⌐so wie⌐2 die Avena-
riussche vom kleinsten Kraftmaß, bezieht sich, wie wir sahen,
auf gewisse biologische Tatsachen, und letztlich handelt es sich
dabei um eine Abzweigung der Entwicklungslehre. Demgemäß
ist es selbstverständlich, daß von den hierhergehörigen Forschun-
25 gen zwar Licht auf die praktische Erkenntnislehre, auf die Methodologie der wissenschaftlichen Forschung, keineswegs aber auf
die reine Erkenntnislehre, speziell auf die idealen Gesetze der
reinen Logik geworfen werden kann. Im Gegenteil scheint es aber
in den Schriften der Mach-Avenariusschen Schule auf eine
30 Erkenntnistheorie mit denkökonomischer Begründung abgesehen
zu sein. Gegen eine solche Auffassung bzw. Verwertung der Denkökonomik wendet sich natürlich das ganze Arsenal von Einwänden, das wir oben gegen den Psychologismus und Relativismus
angelegt haben. Die denkökonomische Begründung der Erkennt-
35 nislehre führt ja schließlich auf die psychologische zurück, und so

---

¹ A: ⌐dürfen⌐.
² A: ⌐sowie⌐.

bedarf es hier weder der Wiederholung noch der speziellen Anpassung der Argumente. Bei Cornelius häufen sich die evidenten Unzuträglichkeiten dadurch, daß er es unternimmt, aus einem
teleologischen Prinzip der psychischen Anthropologie Elementar-
5 tatsachen der Psychologie herzuleiten, die ihrerseits für die Ableitung dieses Prinzips selbst schon vorausgesetzt sind, und ‖ daß [A 204]
er weiter mittels der Psychologie eine erkenntnistheoretische Be- [B 204]
gründung der Philosophie überhaupt anstrebt. Ich erinnere daran, daß das sogenannte Prinzip nichts weniger als ein letzterklä-
10 rendes rationales Prinzip, sondern die bloße Zusammenfassung
eines Komplexes von Anpassungstatsachen ist, der — ideell —
einer letzten Reduktion auf Elementartatsachen und Elementargesetze harrt, gleichgültig, ob wir sie werden leisten können oder
nicht.
15   Der Psychologie teleologische Prinzipien als „Grundgesetze''
unterlegen in der Absicht, die verschiedenen psychischen Funktionen durch sie zu erklären, das eröffnet nicht die Aussicht auf
eine Förderung der Psychologie. Sicherlich ist es belehrend, die
teleologische Bedeutung der psychischen Funktionen und der
20 wichtigeren psychischen Gebilde nachzuweisen; also im einzelnen
nachzuweisen, wie und wodurch die tatsächlich sich bildenden
Komplexionen psychischer Elemente jene Nützlichkeitsbeziehung
zur Selbsterhaltung besitzen, die wir *a priori* erwarten. Aber das
deskriptiv Gegebene in der Weise als „notwendige Folgen''
25 solcher Prinzipien hinstellen, daß der Anschein einer wirklichen
Erklärung erweckt wird, und überdies im Zusammenhange wissenschaftlicher Darstellungen, welche vorwiegend dazu bestimmt
sind, die letzten Fundamente der Psychologie bloßzulegen, das
kann nur Verwirrung stiften.
30   Ein psychologisches oder erkenntnistheoretisches Gesetz, das
von einem Bestreben spricht, in dem oder jenem möglichst
viel zu leisten, ist ein Unding. In der reinen Sphäre der Tatsachen
gibt es kein Möglichstviel, in der Sphäre der Gesetzlichkeit kein
Streben. In psychologischer Hinsicht geschieht in jedem Falle ein
35 Bestimmtes, genau so viel und nicht mehr.
   Das Tatsächliche des Ökonomieprinzips reduziert sich darauf,
daß es so etwas wie Vorstellungen, Urteile und sonstige Denkerlebnisse gibt und in Verknüpfung damit auch Gefühle, die in [A 205]
Form der Lust gewisse Bildungsrichtungen ‖ fördern, in Form [B 205]

der Unlust von ihnen zurückschrecken. Es ist dann ein im allgemeinen, im Groben und Rohen, fortschreitender Prozeß der Vor-
stellungs- und Urteilsbildung zu konstatieren, wonach sich aus
den ursprünglich bedeutungslosen Elementen zunächst vereinzel-
5 te Erfahrungen bilden und dann weiter die Zusammenbildung
der Erfahrungen zu der ⌐einen⌐[1], mehr oder minder geordneten Erfahrungseinheit erfolgt. Nach psychologischen Gesetzen erwächst, auf Grund der im Rohen übereinstimmenden
ersten psychischen Kollokationen, die Vorstellung der ⌐einen⌐[1],
10 für uns alle gemeinsamen Welt und der empirisch-blinde Glaube
an ihr Dasein. Aber man beachte wohl: diese Welt ist nicht für
jeden genau dieselbe, sie ist es nur im großen und ganzen, sie ist
es nur so weit, daß die Möglichkeit gemeinsamer Vorstellungen
und Handlungen praktisch zureichend gewährleistet ist. Sie ist
15 nicht dieselbe für den gemeinen Mann und den wissenschaftlichen
Forscher; jenem ist sie ein Zusammenhang von bloß ungefährer
Regelmäßigkeit, durchsetzt von tausend Zufällen, diesem ist sie
die von absolut strenger Gesetzlichkeit durchherrschte Natur.

Es ist nun sicherlich ein Unternehmen von großer wissenschaft-
20 licher Bedeutung, die psychologischen Wege und Mittel nachzuweisen, durch welche sich diese für die Bedürfnisse des praktischen Lebens (für die der Selbsterhaltung) hinreichende Idee einer
Welt als Gegenstand der Erfahrung entwickelt und festsetzt; in
weiterer Folge die psychologischen Wege und Mittel nachzu-
25 weisen, durch welche sich im Geiste der wissenschaftlichen Forscher und Forschergenerationen die objektiv angemessene Idee
einer streng gesetzlichen Erfahrungseinheit mit ihrem sich immerfort bereichernden wissenschaftlichen Inhalt bildet. Aber erkenntnistheoretisch ist diese ganze Untersuchung gleichgültig. Höch-
30 stens indirekt kann sie der Erkenntnistheorie von Nutzen sein,
nämlich zu Zwecken der Kritik erkenntnistheoretischer Vorurteile, bei welchen es auf die psychologischen Motive ja durchaus an-
kommt. Die Frage ist nicht, wie Erfahrung, die naive oder wissenschaftliche, ent‖steht, sondern welchen Inhalt sie haben muß, um
35 objektiv gültige Erfahrung zu sein; die Frage ist, welches die
idealen Elemente und Gesetze sind, die solche objektive Gültigkeit
realer Erkenntnis (und allgemeiner: von Erkenntnis überhaupt)

{[A 20
{[B 20

---

1 In A nicht gesperrt, jedoch großgeschrieben.

fundieren, und wie diese Leistung eigentlich zu verstehen ist. Mit
anderen Worten: wir interessieren uns nicht für das Werden und
die Veränderung der Weltvorstellung, sondern für das objektive
Recht, mit dem sich die Weltvorstellung der Wissenschaft jeder
5 anderen gegenüberstellt, mit dem sie ihre Welt als die objektiv-
wahre behauptet. Die Psychologie will einsichtig erklären, wie
die Weltvorstellungen sich bilden; die Weltwissenschaft (als Inbegriff der verschiedenen Realwissenschaften) einsichtig erkennen, was *realiter*, als wahre und wirkliche Welt, ist; die Erkennt-
10 nistheorie aber ⌐will⌐1 einsichtig verstehen, was die Möglichkeit
einsichtiger Erkenntnis des Realen, und was die Möglichkeit von
Wissenschaft und Erkenntnis überhaupt in objektiv-idealer Hinsicht ausmacht.

§ 56. *Fortsetzung. Das ὕστερον πρότερον denkökonomischer*
15   *Begründung des rein Logischen*

Der Schein, daß wir es beim Sparsamkeitsprinzip mit einem,
sei es erkenntnistheoretischen, sei es psychologischen Prinzip zu
tun haben, liegt ⌐der Hauptsache nach⌐2 an der Verwechslung
des tatsächlich Gegebenen mit dem logisch Idealen, das ihm un-
20 vermerkt supponiert wird. Wir erkennen es einsichtig als
höchstes Ziel und als ideal berechtigte Tendenz aller über bloße
Beschreibung hinausgehenden Erklärung, daß sie die an sich
„blinden" Tatsachen (zunächst die eines begrifflich umschriebenen Gebietes) unter möglichst allgemeine Gesetze ordnet und in
25 diesem Sinne möglichst rationell zusammenfaßt. Hier ist das
„möglichst viel" der „zusammenfassenden" Leistung völlig klar:
es ist das Ideal der durchgreifenden und allbegreifenden Rationalität. Ordnet sich alles Tatsächliche nach Gesetzen, so muß es
einen kleinsten Inbegriff möglichst allgemeiner und deduktiv
30 voneinander unabhängiger Gesetze geben, ‖ ⌐aus welchen sich alle
übrigen Gesetze in reiner Deduktion ableiten⌐3 lassen. Diese
„Grundgesetze" sind dann jene möglichst viel befassenden und

[A 207]
[B 207]

---

1 Fehlt in A.
2 A: ⌐hauptsächlich⌐.
3 A: ⌐auf welche sich alle übrigen Gesetze in reiner Deduktion zurück-
führen⌐.

leistenden Gesetze, ihre Erkenntnis verschafft die absolut größte
Einsicht in das Gebiet, sie gestattet, in ihm alles zu erklären, was
einer Erklärung überhaupt fähig ist (wobei allerdings, in ideali-
sierender Weise, die schrankenlose Fähigkeit der Deduktion und
5 Subsumtion vorausgesetzt wird). So erklären oder befassen die
geometrischen Axiome als Grundgesetze die Gesamtheit der räum-
lichen Tatsachen; jede allgemeine Raumwahrheit (m.a.W. jede
geometrische) erfährt durch sie eine evidente Reduktion auf ihre
letzterklärenden Gründe.
10   Dieses Ziel bzw. Prinzip größtmöglicher Rationalität erkennen
wir also einsichtig als das höchste der rationalen Wissenschaften.
Es ist evident, daß die Erkenntnis allgemeinerer Gesetze als jener,
die wir jeweils schon besitzen, wirklich das Bessere wäre, sofern
sie eben auf tiefere und weiter umfassende Gründe ⌜zurückleite-
15 ten⌝[1]. Aber dieses Prinzip ist offenbar kein biologisches und bloß
denkökonomisches, sondern vielmehr ein rein ideales und zum
Überfluß ein normatives Prinzip. In Tatsachen des psychischen
Lebens und des Gemeinschaftslebens der Menschheit kann es also
in keiner Weise aufgelöst oder umgedeutet werden. Die Tendenz
20 größtmöglicher Rationalität mit einer biologischen Anpassungs-
tendenz zu identifizieren oder aus ihr abzuleiten, ihr dann noch
die Funktion einer psychischen Grundkraft aufzuladen — das ist
eine Summe von Verirrungen, die nur in den psychologistischen
Mißdeutungen der logischen Gesetze und in deren Auffassung als
25 Naturgesetze ihre Parallele findet. Zu sagen, unser psychisches
Leben werde durch dieses Prinzip faktisch regiert, das widerspricht auch hier der offenkundigen Wahrheit; unser faktisches
Denken läuft eben nicht nach Idealen — als ob überhaupt Ideale
so etwas wie Naturkräfte wären.
30   Die ideale Tendenz des logischen Denkens als solchen ‖ geht $\begin{cases} \text{[A 208} \\ \text{[B 208} \end{cases}$
auf Rationalität. Der Denkökonom (*sit venia verbo*) macht daraus
eine durchgreifende reale Tendenz des menschlichen Denkens,
begründet sie durch das vage Prinzip der ⌜Kraftersparnis⌝[2] und
letztlich durch Anpassung; und nun meint er, die Norm, daß wir
35 rational denken sollen, und meint er überhaupt, den objektiven
Wert und Sinn rationaler Wissenschaft aufgeklärt zu haben. Ge-

---

¹ A: ⌜zurückleitete⌝.
² A: ⌜Kraftersparung⌝.

wiß ist die Rede von der Ökonomie im Denken, von denkökonomischer „Zusammenfassung" von Tatsachen durch allgemeine
Sätze, von niederen Allgemeinheiten durch höhere u. dgl. eine
wohlberechtigte. Aber sie gewinnt ihre Berechtigung nur durch
5 Vergleich des tatsächlichen Denkens mit der einsichtig erkannten
idealen Norm, die sonach das πρότερον τῇ φύσει ist. Die ideale
Geltung der Norm ist die Voraussetzung jeder sinnvollen
Rede von Denkökonomie, also ist sie kein mögliches Erklärungs-
ergebnis der Lehre von dieser Ökonomie. Wir messen das em-
10 pirische Denken am idealen und konstatieren, daß ersteres in
einigem Umfange faktisch so verläuft, als ob es von den idealen
Prinzipien einsichtig geleitet wäre. Demgemäß sprechen wir mit
Recht von einer natürlichen Teleologie unserer geistigen Organisation als von einer Einrichtung derselben, der zufolge unser Vor-
15 stellen und Urteilen im großen und ganzen (nämlich für die durch-
schnittliche Lebensförderung genügend) so verläuft, als ob es
logisch geregelt wäre. Die wenigen Fälle wirklich einsichtigen
Denkens ausgenommen, trägt es in sich selbst nicht die Gewähr
logischer Gültigkeit, es ist nicht in sich einsichtig oder indirekt
20 von vorgängiger Einsicht zweckvoll geordnet. Aber es ist faktisch
von einer gewissen scheinbaren Rationalität, es ist so, daß wir
Denkökonomen, über die Wege des empirischen Denkens reflek-
tierend, einsichtig nachweisen können, daß solche Denkwege
überhaupt Ergebnisse liefern müssen, die mit den streng logischen
25 — im rohen Durchschnitt — zusammentreffen; wie wir dies oben
erörtert haben.
   Man erkennt also das ὕστερον πρότερον. Vor aller ‖ Denkökono- {[A 209]
mik müssen wir das Ideal schon kennen, wir müssen wissen, was {[B 209]
die Wissenschaft *idealiter* erstrebt, was gesetzliche Zusammen-
30 hänge, was Grundgesetze und abgeleitete Gesetze u. dgl. *idealiter*
sind und leisten, ehe wir die denkökonomische Funktion ihrer
Erkenntnis erörtern und abschätzen können. Allerdings haben
wir gewisse vage Begriffe von diesen Ideen schon vor ihrer wissenschaftlichen Erforschung, und so mag denn auch von Denkökono-
35 mie die Rede sein vor dem Ausbau einer Wissenschaft der reinen
Logik. Aber die wesentliche Sachlage wird dadurch nicht geändert,
an sich geht die reine Logik aller Denkökonomik vorher, und es
bleibt Widersinn, jene auf diese zu gründen.
   Noch eines. Selbstverständlich verläuft auch alles wissenschaft-

liche Erklären und Begreifen nach psychologischen Gesetzen und im Sinne der Denkökonomie. Aber es ist ein Irrtum, wenn man darum glaubt, den Unterschied zwischen logischem und natürlichem Denken nivellieren, die wissenschaftliche Tätigkeit als
5 eine bloße ,,Fortsetzung" der natürlichen und blinden darstellen zu können. Man mag immerhin, obschon dies nicht ganz unbedenklich ist, von ,,natürlichen" wie von logischen Theorien sprechen. Dann darf man aber nicht übersehen, daß die logische Theorie im wahren Sinne keineswegs dasselbe tut, nur in einiger
10 Steigerung tut, wie die natürliche. Sie hat nicht dasselbe Ziel — oder vielmehr: sie hat ein Ziel, und in die ,,natürliche Theorie" tragen wir es erst hinein. An den logischen und eigentlich so zu nennenden Theorien messen wir, wie oben gezeigt, gewisse natürliche (und das heißt hier uneinsichtige) Denkprozesse, die wir
15 natürliche Theorien nur darum nennen, weil sie psychologische Ergebnisse zeitigen, die so sind, als ob sie logisch einsichtigem Denken entsprossen, als ob sie wirklich Theorien wären. Unwillkürlich verfallen wir mit dieser Benennung aber in den Fehler, die wesentlichen Eigenheiten wirklicher Theorien solchen ,,natür-
20 lichen" zu unterschieben, das eigentlich Theoretische sozusagen in sie hineinzuschauen. Als | psychische Verläufe mögen diese [A 210 Analoga von Theorien mit den wirklichen Theorien noch so viel | Ähnlichkeit haben, sie bleiben doch grundverschieden. Die lo- [B 210 gische Theorie ist Theorie durch den idealen Notwendigkeitszu-
25 sammenhang, der in ihr waltet; während, was hier natürliche Theorie heißt, ein Verlauf zufälliger Vorstellungen oder Überzeugungen ist, ohne einsichtigen Zusammenhang, ohne bindende Kraft, aber praktisch von einer durchschnittlichen Nützlichkeit, als ob so etwas wie Theorie zugrunde läge.
30   Die Irrtümer dieser denkökonomischen Richtung entspringen schließlich daraus, daß das Erkenntnisinteresse ihrer Vertreter — wie der Psychologisten überhaupt — an der empirischen Seite der Wissenschaft hängen bleibt. Sie sehen gewissermaßen vor lauter Bäumen den Wald nicht. Sie mühen sich mit der Wissen-
35 schaft als biologischer Erscheinung und merken nicht, daß sie das erkenntnistheoretische Problem der Wissenschaft als einer idealen Einheit objektiver Wahrheit gar nicht berühren. Die vergangene Erkenntnistheorie, die im Idealen noch ein Problem sah, gilt ihnen als Verirrung, die nur noch in einer Weise ein würdiger Gegen-

stand wissenschaftlicher Beschäftigung sein könne: nämlich für
den Nachweis ihrer relativ denkökonomischen Funktion auf
einer tieferen Entwicklungsstufe der Philosophie. Aber je mehr
eine solche Schätzung der erkenntnistheoretischen Hauptproble-
5 me und Hauptrichtungen zur philosophischen Mode zu werden
droht, um so mehr muß die[1] Forschung gegen sie Einspruch erheben, und um so mehr tut es zugleich not, durch eine möglichst
vielseitige Erörterung der prinzipiellen Streitfragen, und zumal
durch eine möglichst tiefgehende Analyse der grundverschiedenen
10 Denkrichtungen in den Sphären des Realen und Idealen, jene
einsichtige Klärung anzubahnen, welche die Voraussetzung für
eine endgültige Fundamentierung der Philosophie ist. Und dazu
hofft auch die vorliegende Schrift ein Kleines beizutragen.

---

[1] In A folgt: ⌜nüchterne⌝.

ZEHNTES KAPITEL

SCHLUSS DER KRITISCHEN BETRACHTUNGEN

§ 57. *Bedenken mit Rücksicht auf naheliegende Mißdeutungen*
unserer logischen Bestrebungen

5   Unsere bisherigen Untersuchungen waren vorwiegend kritisch.
Die Unhaltbarkeit einer jeden, wie immer gearteten Form von
empiristischer oder psychologistischer Logik glauben wir durch
sie dargetan zu haben. Die Logik im Sinne einer wissenschaftlichen Methodologie hat ihre vornehmsten Fundamente außer-
10 halb der Psychologie. Die Idee einer „reinen Logik" als einer
theoretischen, von aller Empirie, also auch Psychologie, unabhängigen Wissenschaft, welche eine Technologie des wissenschaftlichen Erkennens (die Logik im gemeinen theoretisch-praktischen
Sinne) allererst ermöglicht, muß als triftig zugestanden, die un-
15 abweisbare Aufgabe, sie in ihrer Selbständigkeit aufzubauen, muß
ernstlich in Angriff genommen werden. — Dürfen wir uns mit diesen Ergebnissen begnügen, ja dürfen wir hoffen, daß sie als Ergebnisse anerkannt werden? Also die Logik unserer Zeit hätte sich in
untriftigen Bahnen vergeblich abgemüht — diese ihrer Erfolge ge-
20 wisse, von so bedeutenden Forschern bearbeitete und durch weit-
verbreitete Anerkennung ausgezeichnete Wissenschaft?* Das

---

* Wenn O. Külpe (*Einleitung in die Philosophie*, 1895, S. 44) von der Logik sagt,
sie sei „zweifellos nicht nur eine der bestentwickelten philosophischen Disziplinen,
sondern auch eine der sichersten und abgeschlossensten", so mag dies ja richtig sein;
aber bei der Schätzung der wissenschaftlichen Sicherheit und Geschlossenheit der
Logik, welche sich mir ergeben hat, müßte ich dies zugleich als ⌜Anzeichen⌝ ¹ für den
tiefen Stand der wissenschaftlichen Philosophie unserer Tage auffassen. Und
⌜daran⌝ ² würde ich die Frage ⌜knüpfen⌝ ³: Sollte es nicht doch möglich sein, dieser

---

¹ A: ⌜Anzeige⌝.
² A: ⌜darauf⌝.
³ A: ⌜anknüpfen⌝.

wird man kaum zugestehen || wollen. Die idealistische Kritik mag $\begin{cases} \text{[A 212]} \\ \text{[B 212]} \end{cases}$
bei der Erwägung der Prinzipienfragen Unbehagen erregen; aber
der bloße Hinblick auf die stolze Reihe bedeutender Werke von
Mill bis Erdmann | und Lipps wird den meisten genügen, [A 213]
5 das wankende Vertrauen wiederherzustellen. Man wird sich sagen,
es muß doch wohl | Mittel geben, die Argumente irgendwie zu [B 213]
lösen und mit dem Inhalt der blühenden Wissenschaft in Ein-
klang zu bringen, und wenn nicht, so mag es sich um eine bloße
erkenntnistheoretische Umwertung der Wissenschaft handeln,

---

traurigen Sachlage allmählich ein Ende zu bereiten, wenn sich alle wissen|schaftliche [B 212]
Denkenergie darauf richtete, die scharf | formulierbaren und zuallernächst sicher lös- [A 212]
baren Probleme zu erledigen, mögen sie, an und für sich betrachtet, auch noch so
eingeschränkt, nüchtern und vielleicht gar interesselos erscheinen? Dies betrifft aber,
wie ohne weiteres ersichtlich, in erster Linie die reine Logik und Erkenntnislehre. An
exakter, sicher anzufassender, ein für allemal zu erledigender Arbeit ist hier Überfluß.
Man braucht nur zuzugreifen. Verdanken doch auch die ,,exakten Wissenschaften''
(wozu man die genannten Disziplinen sicherlich dereinst rechnen wird) ihre ganze
Größe dieser Bescheidenheit, die mit dem geringsten fürliebnimmt und, um ein be-
kanntes Wort anzuwenden, ,,im kleinsten Punkte ihre ganze Kraft sammelt''. Die
vom Standpunkt des Ganzen geringfügigen, wenn nur sicheren Anfänge bewähren
sich ihnen immer wieder als Grundlagen für mächtige Fortschritte. Gewiß betätigt
sich diese Gesinnung schon jetzt überall in der Philosophie; aber, wie ich einzusehen
gelernt habe, zumeist in verfehlter Richtung, nämlich so, daß die beste wissenschaftliche Energie der Psychologie zugewendet wird — der Psychologie als einer erklärenden Naturwissenschaft, an welcher die Philosophie nicht mehr und nicht anders
interessiert ist als an den Wissenschaften von den physischen Vorgängen. Eben dies
freilich will man nicht gelten lassen, ja man spricht gerade mit Beziehung auf die
psychologische Fundierung der philosophischen Disziplinen von errungenen großen
Fortschritten. Und nicht zum mindesten tut man dies in der Logik. Es ist, wenn ich
recht sehe, eine sehr verbreitete Auffassung der Dinge, welcher Elsenhans neuerdings Ausdruck verleiht mit den Worten: ,,Wenn die Logik der Gegenwart mit
wachsendem Erfolg die logischen Probleme bearbeitet, so verdankt sie dies vor allem
der psychologischen Vertiefung in ihren Gegenstand'' (*Zeitschrift für Philosophie*,
Bd. 109 [1896], S. 203). Vermutlich hätte ich vor Beginn der vorliegenden Untersuchungen bzw. vor Erkenntnis der unlösbaren Schwierigkeiten, in welche mich die
psychologistische Auffassung in der Philosophie der Mathematik verwickelte, genau
ebenso gesprochen. Aber nun, wo ich die Irrigkeit dieser Auffassung aus klarsten
Gründen einzusehen vermag, kann ich mich an der sonst vielversprechenden Entwicklung der wissenschaftlichen Psychologie zwar freuen und an ihr das lebhafteste Interesse nehmen, aber nicht als jemand, der von ihr eigentlich philosophische Aufklärungen erhofft. Doch muß ich, um nicht gänzlich mißverstanden zu werden, gleich
hinzufügen, ⌜daß ich scharf unterscheide zwischen der empirischen Psychologie und
der sie (wie in ganz anderer Weise die Erkenntniskritik) fundierenden Phänomenologie; letztere verstanden als eine reine Wesenslehre der Erlebnisse⌝[1]. Dies wird im
II. ⌜Bande⌝[2] dieser Arbeit klar hervortreten.

---

[1] A: ⌜daß ich die deskriptive Phänomenologie der inneren Erfahrung,
welche der empirischen Psychologie und, in ganz anderer Weise, zugleich
der Erkenntniskritik zugrunde liegt, ausnehme⌝.
[2] A: ⌜Teile⌝.

die, wenn auch nicht unwichtig, so doch nicht von dem revolutio-
nären Erfolge sein wird, ihren wesentlichen Gehalt aufzuheben.
Allenfalls wird manches genauer zu fassen, einzelne unvorsichtige
Ausführungen passend einzuschränken oder die Ordnung der
5 Untersuchungen zu modifizieren sein. Es mag ja wirklich etwas
für sich haben, die paar ⌜rein logischen⌝[1] Sätze reinlich zusammen-
zustellen und von den empirisch-psychologischen Ausführungen
der logischen Kunstlehre zu sondern. Mit derartigen Gedanken
könnte sich mancher, der die Kraft der idealistischen Argumenta-
10 tion empfindet, aber nicht den nötigen Mut der Konsequenz besitzt, zufrieden geben.

　　Die radikale Umgestaltung, welche die Logik im Sinne unserer
Auffassung notwendig erfahren muß, dürfte übrigens schon darum auf Antipathie und Mißtrauen stoßen, weil sie leicht, zumal
15 bei oberflächlicher Betrachtung, als die pure Reaktion erscheinen könnte. Daß es auf dergleichen nicht abgesehen ist, daß
die Wiederanknüpfung an berechtigte Tendenzen der älteren
Philosophie nicht eine Restitution der traditionellen Logik ins
Werk setzen will, dies müßte sich allerdings schon im genaueren
20 Hinblick auf den Inhalt unserer Analysen herausstellen; aber
schwerlich dürften wir viel Hoffnung darauf setzen, durch solche
Hinweise alles Mißtrauen überwinden und der Mißdeutung unserer Intentionen vorbeugen zu können.

　　§ 58. *Unsere Anknüpfungen an große Denker der Vergangenheit*
25 　　　　　*und zunächst an Kant*

　　Auch der Umstand, daß wir in der Lage sind, uns auf die
Autorität großer Denker, wie Kant, Herbart|und Lotze, [A 214]
und vordem schon Leibniz zu berufen, kann uns bei den herr-
schenden Vorurteilen nicht zur Stütze dienen. | Ja, dies dürfte [B 214]
30 eher dazu beitragen, das Mißtrauen zu verstärken.
　　Wir finden uns, dem Allgemeinsten nach, auf Kants Scheidung der reinen und angewandten Logik zurückgeführt. In der
Tat, den hervorstechendsten seiner diesbezüglichen Äußerungen
können wir zustimmen. Freilich nur unter passenden Kautelen.
35 Z.B. jene verwirrenden mythischen Begriffe, die Kant so sehr

---

　　[1] A: ⌜rein-logischen⌝.

liebt und auch zur fraglichen Abgrenzung verwendet, ich meine
die Begriffe Verstand und Vernunft, werden wir natürlich nicht
in dem eigentlichen Sinne von Seelenvermögen akzeptieren. Verstand oder Vernunft, als Vermögen eines gewissen normalen
5 Denkverhaltens, setzen in ihrem Begriffe die reine Logik — die
ja das Normale definiert — voraus, und so wären wir, ernstlich
auf sie rekurrierend, nicht eben klüger, als wenn wir in analogem
Falle die Tanzkunst durch das Tanzvermögen (sc. das Vermögen
kunstvoll zu tanzen), die Malkunst durch das Malvermögen usw.
10 erklären wollten. Die Termini Verstand und Vernunft nehmen
wir vielmehr als bloße Anzeigen für die Richtung auf die „Denkform" und ihre idealen Gesetze, welche die Logik im Gegensatz
zur empirischen Psychologie der Erkenntnis einzuschlagen hat.
Also nach derartigen Einschränkungen, Deutungen, näheren Be-
15 stimmungen fühlen wir uns Kants Lehren nahe.

Aber muß nicht eben diese Zusammenstimmung die Wirkung
haben, unsere Auffassung der Logik zu kompromittieren? Die
reine Logik (die eigentlich nur allein Wissenschaft sei) soll nach
Kant ⌐„kurz und trocken" sein, „wie es die schulgerechte
20 Darstellung einer Elementarlehre des Verstandes erfordert."⌐1*
Jedermann kennt die von Jäsche herausgegebenen Vorlesungen
Kants und weiß, in welch bedenklichem | Grade sie jener cha- [A 215]
rakteristischen Forderung entsprechen. Also diese unsäglich dürf-
tige Logik soll das Vorbild sein, dem wir | nachstreben sollen? Mit [B 215]
25 dem Gedanken dieser Zurückschraubung der Wissenschaft auf
den Standpunkt der aristotelisch-scholastischen Logik wird sich
niemand ⌐befreunden⌐2 wollen. Und darauf scheint es ja hinaus-
zulaufen, wie denn Kant selbst lehrt, die Logik habe seit Aristoteles den Charakter einer geschlossenen Wissenschaft. Die
30 scholastische Ausspinnung der Syllogistik, eingeleitet von einigen
feierlich vorgetragenen Begriffsbestimmungen — das ist keine
eben erhebende Aussicht.

Wir würden darauf natürlich entgegnen: Daß wir uns Kants
Auffassung der Logik näher fühlen als etwa derjenigen Mills

---

* *Kritik d. r. V.*, Einleitung zur tr. Logik, I, *WW*, Hartenstein^b, III, S. 83.

---

1 A: ⌐kurz und trocken sein, sie wie schulgerechte Darstellung einer
Elementarlehre des Verstandes es erfordere."⌐ ⟨sic⟩.
2 A: ⌐bemengen⌐.

oder Sigwarts, besagt nicht, daß wir den ganzen Inhalt derselben, daß wir die bestimmte Ausgestaltung, die er seiner Idee
einer reinen Logik gegeben hat, billigen. Wir stimmen mit Kant
in der hauptsächlichen Tendenz überein, wir finden aber nicht,
5 daß er das Wesen der intendierten Disziplin klar durchschaut und
sie selbst, nach ihrem angemessenen Gehalt, zur Darstellung gebracht hat.

§ 59. *Anknüpfungen an Herbart und Lotze*

Näher als Kant steht uns übrigens Herbart und hauptsäch-
10 lich darum, weil bei ihm ein kardinaler Punkt ⌐zu schärferer
Hervorhebung gelangt⌐1 und ⌐ausdrücklich⌐2 für die Unterscheidung zwischen rein Logischem und Psychologischem³ herange-
zogen wird, der in dieser Hinsicht in der Tat entscheidend ist,
nämlich die Objektivität des „Begriffs", d.i. der Vor-
15 stellung in ⌐rein logischem⌐4 Sinne.

„Jedes Gedachte" — so heißt es z.B. in dem psychologischen
Hauptwerke* — „bloß seiner Qualität nach betrachtet, ist im logi-
schen Sinne ein Begriff." Hierbei „kommt nichts an auf das denkende
Subjekt; einem solchen kann man nur im psychologischen Sinne Be-
20 griffe zueignen, während außerdem der Begriff des Menschen, | des [A 216
Triangels usw. niemandem eigentümlich gehört. Überhaupt ist in logischer Bedeutung jeder Begriff nur einmal vorhanden; welches
nicht sein könnte, wenn die Anzahl der Begriffe zunähme | mit der [B 216
Anzahl der dieselben vorstellenden Subjekte oder gar mit der Anzahl
25 der verschiedenen Akte des Denkens, wodurch, psychologisch betrachtet, ein Begriff erzeugt und hervorgebracht wird." „Die *entia* der älteren Philosophie, selbst noch bei Wolff, sind", ⌐so⌐5 lesen wir (im
selben Paragraphen a. a. O.) weiter, „nichts anderes als Begriffe im
logischen Sinne ... Auch der alte Satz *essentiae rerum sunt immutabiles*
30 gehört hierher. Er bedeutet nichts anderes, als: die Begriffe sind
etwas völlig Unzeitliches; welches von ihnen in allen ihren logischen Verhältnissen wahr ist, daher auch die aus ihnen gebildeten
wissenschaftlichen Sätze und Schlüsse für die Alten, so wie für uns

---

* Herbart, *Psychologie als Wissenschaft*, II, § 120 (Orig. S. 175).

---

1 A: ⌐sich zu schärferer Hervorhebung entgegendrängt⌐.
2 Zusatz von B.
3 In A folgt: ⌐auch⌐.
4 A: ⌐rein-logischen⌐.
5 Fehlt in A.

— und am Himmel wie auf Erden — wahr sind und bleiben. Aber die
Begriffe in diesem Sinne, in welchem sie ein gemeinschaftlichesWissen
für alle Menschen und Zeiten darbieten, sind gar nichts Psychologisches ... In psychologischer Hinsicht ist ein Begriff diejenige Vor-
5 stellung, welche den Begriff in logischer Bedeutung zu ihrem Vorgestellten hat; oder durch welche der letztere (das Vorzustellende)
wirklich vorgestellt wird. So genommen, hat nun allerdings ein jeder
seine Begriffe für sich; Archimedes untersuchte seinen eigenen
Begriff vom Kreise, und Newton gleichfalls den seinigen; es waren
10 dies zwei Begriffe im psychologischen Sinne, wiewohl in logischer Hinsicht nur ein einziger für alle Mathematiker.''
    Ähnliche Ausführungen finden wir im 2. Abschnitt des Lehrbuchs
zur *Einleitung in die Philosophie*. Gleich der erste Satz lautet:* ,,Un-
sere sämtlichen Gedanken lassen sich von zwei Seiten betrachten; teils
15 als Tätigkeiten unseres Geistes, teils in Hinsicht dessen, was durch
sie gedacht wird. In letzterer Beziehung heißen sie Begriffe, welches
Wort, indem es das Begriffene bezeichnet, zu abstrahieren gebietet
von der Art und Weise, wie wir den Gedanken empfangen, produzieren
⌐und⌐1 reproduzieren mögen.'' Im § 35 a. a. O. leugnet Herbart, daß
20 zwei Begriffe vollkommen gleich sein können; denn sie ,,würden sich
in Hinsicht dessen, was durch sie gedacht wird, nicht unterscheiden,
sie würden sich also | als Begriffe überhaupt nicht unterscheiden. [A 217]
Dagegen kann das Denken eines und desselben Begriffes vielmal wiederholt, bei sehr verschiedenen Gelegenheiten erzeugt und hervorge-
25 rufen, von unzähligen | Vernunftwesen vorgenommen werden, ohne [B 217]
daß der Begriff hierdurch vervielfältigt würde.'' Er mahnt in der Anmerkung, ,,sich wohl einzuprägen, daß Begriffe weder reale Gegenstände, noch wirkliche Akte des Denkens sind. Der letztere
Irrtum ist noch jetzt wirksam; daher halten manche die Logik für eine
30 Naturgeschichte des Verstandes und glauben, dessen angeborene Gesetze und Denkformen in ihr zu erkennen, wodurch die Psychologie
verdorben wird.'' ,,Man kann'', heißt es an einer anderen Stelle,**
,,wenn es nötig scheint, durch eine vollständige Induktion beweisen,
daß keine einzige von allen, der reinen Logik unbestreitbar angehöri-
35 gen Lehren, von den Oppositionen und Subordinationen der Begriffe
bis zu den Kettenschlüssen, irgendetwas Psychologisches voraussetzen. Die ganze reine Logik hat es mit Verhältnissen des Gedachten, des Inhalts unserer Vorstellungen (obgleich nicht speziell mit
diesem Inhalte selbst) zu tun; aber überall nirgends mit der Tätigkeit
40 des Denkens, nirgends mit der psychologischen, also metaphysischen,
Möglichkeit desselben. Erst die angewandte Logik bedarf, gerade so
wie die angewandte Sittenlehre, psychologischer Kenntnisse, insofern

---

* Herbart, *Lehrbuch zur Einleitung in die Philosophie*5, § 34, S. 77.
** *Psychol. als Wiss.*, § 119 (Originalausg. II. S. 174).

---

1 A: ⌐oder⌐.

nämlich, als der Stoff seiner Beschaffenheit nach erwogen sein muß, den man den gegebenen Vorschriften gemäß bilden will.''

In dieser Hinsicht finden wir manche lehrreiche und wichtige Ausführungen, welche die moderne Logik mehr beiseite gescho-
5 ben, als ernstlich erwogen hat. Aber auch diese Anknüpfung an Herbarts Autorität will nicht mißverstanden sein. Sie meint nichts weniger als Rückkehr zur Idee und Behandlungsweise der Logik, die Herbart vorgeschwebt, und die sein gediegener Schüler Drobisch in so hervorragender Weise realisiert hat.
10 Gewiß hat Herbart, besonders in dem oben angezogenen Punkte, in der Betonung der Idealität des Begriffs, große Verdienste. Schon die Prägung seines Begriffes vom Begriff ist | ihm [A 218 hoch anzurechnen, mag man seiner Terminologie nun zustimmen oder nicht. Andererseits aber ist Herbart, wie mir scheinen will,
15 über bloß vereinzelte und unvollkommen gereifte | Anregungen [B 218 nicht hinausgekommen, und durch manche schiefe und leider sehr einflußreich gewordene Gedanken hat er seine besten Intentionen völlig verdorben.

Schon das war schädlich, daß Herbart die fundamentale
20 Äquivokation von Ausdrücken wie Inhalt, Vorgestelltes, Gedachtes, nicht bemerkt hat, wonach sie einerseits den idealen, identischen Bedeutungsgehalt der entsprechenden Ausdrücke, und andererseits das jeweilig vorgestellte Gegenständliche bezeichnen. Das einzig klärende Wort in der Bestimmung des Be-
25 griffes vom Begriff hat Herbart, soweit ich sehe, nicht gesprochen, nämlich daß Begriff oder Vorstellung im logischen Sinne nichts anderes ist als die identische Bedeutung der entsprechenden Ausdrücke.

Wichtiger aber ist das Grundversehen Herbarts, vermöge
30 dessen er das Wesentliche der Idealität des logischen Begriffs in seine Normalität setzt. Dadurch verschiebt sich ihm der Sinn der wahrhaften und echten Idealität, der Bedeutungseinheit in der verstreuten Erlebnis-Mannigfaltigkeit. Gerade der fundamentale Sinn der Idealität, nach dem sich Ideales und Reales[1] durch
35 eine unüberbrückbare Kluft scheiden, geht verloren, und der ihm unterschobene der Normalität verwirrt die logischen Grundauf-

---

1 In A folgt: ⌜als⌝.

fassungen.* In nächstem Zusammenhang damit steht, daß Herbart eine erlösende Formel gefunden zu haben glaubt, wenn er
die Logik als die Moral für das Denken der Psychologie als
der Naturgeschichte des Verstandes gegenüberstellt.** Von der
5 reinen, theoretischen Wissenschaft, die hinter dieser Moral steckt
(und ähnlich bei der Moral im gemeinen Sinne), hat er keine Vorstellung und noch weniger von dem Umfange und den natürlichen
Grenzen | dieser Wissenschaft und von ihrer innigen Einheit mit [A 219]
der reinen Mathematik. Und so trifft in dieser Hinsicht auch
10 Herbarts Logik nicht unberechtigt der Vorwurf der Dürftigkeit,
ganz ebenso wie die Kantsche und | aristotelisch-scholastische [B 219]
Logik, so sehr sie sich in anderer Hinsicht auch überlegen zeigt
durch den Habitus selbsttätiger und exakter Forschung, den sie
in ihrem engen Kreise gepflogen hat. Wieder steht in Zusammen-
15 hang mit jenem fundamentalen Versehen die Verirrung der
Herbartschen Erkenntnistheorie, die sich ganz unfähig zeigt,
das scheinbar so tiefsinnige Problem der Harmonie zwischen dem
subjektiven Verlauf des logischen Denkens und dem realen der
äußeren Wirklichkeit als das zu erkennen, was es ist, und als was
20 wir es späterhin nachweisen werden, nämlich als ein aus Unklarheit erwachsenes Scheinproblem.

All das gilt auch von den Logikern der Herbartschen Ein-
flußsphäre und speziell auch von Lotze, der manche Anregungen
Herbarts aufgenommen, mit großem Scharfsinn durchdacht
25 und originell weiter ausgeführt hat. Wir verdanken ihm viel; aber
leider finden wir auch seine schönen Anläufe durch die Herbart-
sche Verwirrung der ⌐spezifischen⌐2 und normativen Idealität
zunichte gemacht. Sein großes logisches Werk, so reich es an
⌐originellen⌐3 und des tiefen Denkers würdigen Gedanken ist,
30 wird hierdurch zu einem unharmonischen Zwitter von psychologistischer und reiner Logik.***

---

* Vgl. darüber das Kapitel über die Einheit der Spezies im II. ⌐Bande⌐1.
** Herbart, *Lehrbuch zur Psychologie*3, § 180, S. 127 der Sonderausg. 1882.
*** ⌐Die in der ersten Auflage für den Anhang des II. Bandes in Aussicht gestellte

---

1 A: ⌐Teil⌐.
2 A: ⌐sozusagen platonischen⌐. Die Veränderung in B entspricht den
„Berichtigungen" zu A.
3 A: ⌐höchst merkwürdigen⌐.

§ 60. *Anknüpfungen an Leibniz*

Unter den großen Philosophen, auf welche die hier vertretene
Auffassung der Logik zurückweist, nannten wir oben auch
Leibniz. Ihm stehen wir relativ am nächsten. Auch Herbarts
5 logischen Überzeugungen finden wir uns nur inso|weit näher als [A 22•
denjenigen Kants, als er, Kant gegenüber, Leibnizsche Ideen
erneuert hat. Aber freilich zeigte Herbart sich nicht fähig, alles
Gute, das sich bei Leibniz findet, auch nur annähernd auszu-
schöpfen. Hinter der Größe der Mathematik und Logik in
10 ⌜eins⌝¹ setzenden Konzeptionen dieses ge|waltigen Denkers [B 22•
bleibt er weit zurück. Über die letzteren, von denen wir uns besonders sympathisch berührt fühlen, einige Worte.

Das treibende Motiv zu Beginn der neueren Philosophie, die
Idee einer Vervollkommnung und Neugestaltung der Wissen-
15 schaften, ⌜führte⌝² auch bei Leibniz zu ⌜unablässigen⌝³ Bemühungen um eine reformierte Logik. Aber einsichtiger als seine
Vorgänger, faßt er die scholastische Logik, statt sie als hohlen
Formelkram zu verunglimpfen, als eine wertvolle Vorstufe der
wahren Logik, welche trotz ihrer Unvollkommenheit dem Denken
20 wahre Hilfen zu bieten vermöchte.* Ihre Fortbildung zu einer
Disziplin von mathematischer Form und Strenge, zu
einer universellen Mathematik in einem höchsten und
umfassendsten Sinne, ist ein Ziel, dem er immer neue An-
strengungen opfert.

25   Ich folge hier den Andeutungen in den *Nouveaux Essais*, L. IV, ch.
XVII. Vgl. z. B. § 4, *Opp. phil.*, Erdm. 395ᵃ, wo die Lehre von den
syllogistischen Formen, erweitert zur ganz allgemeinen Lehre von den

---

Auseinandersetzung mit Lotzes Erkenntnistheorie kam wegen Raummangels nicht
zum Abdruck.⌝⁴
   * Vgl. z.B. Leibnizens ausführliche Verteidigung der traditionellen Logik — obschon sie „kaum ein Schatten" derjenigen sei „so er wünsche" — im Schreiben an
Wagner, *Opp. philos.*, Erdm., 418 ff.

---

   ¹ In A nicht gesperrt, jedoch großgeschrieben.
   ² A: ⌜führt⌝.
   ³ A: ⌜unermüdlichen⌝.
   ⁴ A: ⌜Wir werden ⌜im nächsten Bande⌝ ⟨„Berichtigungen" zu A: ⌜in
den späteren Teilen des Werkes⌝⟩ Gelegenheit nehmen, auf Lotzes erkenntnistheoretische Lehren, zumal auf sein Kapitel von der realen und
formalen Bedeutung des Logischen, kritisch einzugehen.⌝

„argumens en forme", bezeichnet wird als *„une espèce de Mathématique universelle, dont l'importance n'est pas assez connue."* *„Il faut
savoir"*, heißt es dort, *„que par les argumens en forme je n'entends
pas seulement cette manière scolastique d'argumenter, dont on se sert dans*
5 *les collèges, mais tout raisonnement qui conclut par la force de la forme,
et où l'on n'a besoin de suppléer aucun article; desorte qu'un sorites, un
autre tissu de syllogisme, qui évite la répétition, même un compte bien
dressé, un calcul d'Algèbre, une analyse des infinitésimales me seront à
peu | près des argumens en forme, puisque leur forme de raisonner a été* [A 221]
10 *prédémontrée, en sorte qu'on est sûr de ne s'y point tromper."* Die Sphäre
der hier konzipierten *Mathématique universelle* wäre also sehr viel
weiter als die Sphäre des logischen Kalküls, mit dessen Konstruktion
sich Leibniz viel mühte, ohne damit ganz zu Rande zu | kommen. [B 221]
Eigentlich müßte Leibniz unter diese allgemeine Mathematik die
15 ganze *Mathesis universalis* im gewöhnlichen quantitativen Sinne mit-
befassen (welche Leibnizens engsten Begriff von *Mathesis universalis* ausmacht), zumal er die rein mathematischen Argumente auch
sonst wiederholt als *„argumenta in forma"* bezeichnet hat. Desgleichen
müßte aber auch dahin gehören die *Ars combinatoria, seu Speciosa*
20 *generalis, seu doctrina de formis abstracta* (vgl. die mathematischen
Schriften der Pertzschen Ausgabe Bd. VII, S. 24, 49 ff., 54, 159,
205 ff., u. ö.), die den fundamentalen Teil der *Mathesis universalis* in
einem weiteren, aber nicht in dem obigen weitesten Sinne ausmacht,
während diese selbst von der Logik als subordiniertes Gebiet unter-
25 schieden wird. Die für uns besonders interessante *Ars combinatoria*
definiert Leibniz a. a. O. VII, S. 61 als *„doctrina de formulis seu ordi-
nis, similitudinis, relationis etc. expressionibus in universum".* Sie wird
hier als *scientia generalis de qualitate* der *scientia generalis de quantitate*
(der allgemeinen Mathematik im gewöhnlichen Sinn) gegenüberge-
30 stellt. Vgl. dazu die wertvolle Stelle in Gerhardts Ausgabe der
philos. Schriften, Bd. VII, S. 297 f.: *„Ars Combinatoria speciatim mihi
illa est scientia (quae etiam generaliter characteristica sive speciosa
dici posset), in qua tractatur de rerum formis sive formulis in universum,
hoc est de qualitate in genere sive de simili et dissimili, prout aliae*
35 *atque aliae formulae ex ipsis a, b, c etc. (sive quantitates sive aliud quod-
dam repraesentent) inter se combinatis oriuntur, et distinguitur ab Algebra quae agit de formulis ad quantitatem applicatis, sive de aequali et
inaequali. Itaque Algebra subordinatur Combinatoriae, ejusque regulis
continue utitur, quae tamen longe generaliores sunt, nec in Algebra tan-
40 tum sed et in arte deciphratoria, in variis ludorum generibus, in ipsa
geometria lineariter ad veterum morem tractata, denique in omnibus ubi
similitudinis ratio habetur locum habent."* — Die seiner Zeit so weit
vorauseilenden Intuitionen Leibnizens erscheinen dem Kenner der
modernen „formalen" Mathematik und der mathematischen Logik als
45 scharf begrenzt und in hohem Grade bewundernswert. Letzteres be-
trifft, wie ich aus|drücklich bemerke, auch Leibnizens Fragmente [A 222]

über die *scientia generalis* bzw. den *calculus ratiocinator*, aus welcher Trendelenburgs elegante, aber an der Oberfläche haftende Kritik so wenig Brauchbares herauslesen konnte. *(Historische Beiträge zur Philosophie*, Bd. III.)

5 Zugleich weist Leibniz in wiederholten und nachdrücklichen [B 22 Äußerungen auf die Notwendigkeit einer Erweiterung der Logik um eine mathematische Theorie der Wahrscheinlichkeiten hin. Er verlangt von den Mathematikern eine Analysis der Probleme, welche die Glücksspiele in sich bergen, und erwartet davon große
10 Förderungen des empirischen Denkens und dessen logischer Kritik.* Kurz, Leibniz hat die großartigen Erwerbungen, welche die Logik seit Aristoteles zu verzeichnen hat, die Theorie der Wahrscheinlichkeiten und die erst in der zweiten Hälfte ⌐des 19.⌐[1] Jahrhunderts herangereifte mathematische Analyse der
15 (syllogistischen und asyllogistischen) Schlüsse, in genialen Intuitionen vorausgesehen. Er ist durch seine *Combinatoria* auch der geistige Vater der reinen Mannifaltigkeitslehre, dieser der reinen Logik nahestehenden, ja mit ihr innig vereinten Disziplin. (Vgl. unten § 69 und 70, S. 247ff.).
20 Mit ⌐alledem⌐[2] steht Leibniz auf dem Boden jener Idee der reinen Logik, für die wir hier eintreten. Nichts liegt ihm ferner als der Gedanke, daß die wesentlichen Grundlagen einer fruchtbaren Erkenntniskunst in der Psychologie liegen möchten. Sie sind nach ihm gänzlich *a priori*. Sie konstituieren ja eine Disziplin
25 von mathematischer Form, die als solche, ganz so wie etwa die reine Arithmetik, den Beruf zur praktischen Erkenntnisregelung ohne weiteres in sich schließt.**

---

* Vgl. z.B. *Nouv. Ess.* L. IV, ch. XVI, § 5, *Opp. phil.*, Erdm., S. 388 f.; L. IV, ch. II, § 14, a. a. O., S. 343. Vgl. auch die Fragmente zur *scientia generalis*, a. a. O., S. 84, 85 usw.
** So koinzidiert z.B. nach Leibniz die *Mathesis universalis* in dem engsten Sinn mit der *Logica Mathematicorum* (Pertz, a. a. O., Bd. VII, S. 54), während er diese (auch *Logica Mathematica* genannt, a. a. O., S. 50) als *Ars judicandi atque inveniendi circa quantitates* definiert. Dies überträgt sich natürlich auf die *Mathesis universalis* im weiteren und weitesten Sinne.

---

1 A: ⌐dieses⌐.
2 A: ⌐all dem⌐.

§ 61. Notwendigkeit von Einzeluntersuchungen zur erkenntniskri- [A 223]
tischen Rechtfertigung und partiellen Realisierung der Idee der
reinen Logik

Doch man wird Leibnizens Autorität noch weniger gelten
5 lassen als diejenige Kants oder Herbarts, zumal er den großen
| Intentionen nicht das Gewicht durchgeführter Leistungen zu [B 223]
geben vermochte. Er gehört einer vergangenen Epoche an, über
welche die neue Wissenschaft weit fortgeschritten zu sein glaubt.
Autoritäten wiegen überhaupt nicht schwer gegen eine breit aus-
10 geführte und vermeintlich ergebnisreiche und gesicherte Wissenschaft. Und ihre Wirkung muß um so geringer sein, als bei ihnen
ein hinreichend abgeklärter und positiv ausgebauter Begriff von
der fraglichen Disziplin fehlt. Es ist klar: Wollen wir nicht auf
halbem Wege stehen bleiben und unsere kritischen Überlegungen
15 nicht der Gefahr der Unfruchtbarkeit aussetzen, so müssen wir
uns der Aufgabe unterziehen, die I d e e d e r r e i n e n L o g i k
a u f h i n r e i c h e n d b r e i t e r B a s i s z u k o n s t r u i e r e n. Nur dadurch, daß wir in sachhaltigen E i n z e l a u s f ü h r u n g e n eine genauer umrissene Vorstellung von dem Gehalt und Charakter ihrer
20 wesentlichen Untersuchungen bieten und ihren Begriff bestimmter herausarbeiten, können wir das Vorurteil beseitigen, als ob sie
es mit einem geringfügigen Gebiet von ziemlich trivialen Sätzen
zu tun habe. Wir werden im Gegenteil sehen, daß die Ausdehnung
der Disziplin sehr beträchtlich ist, und zwar nicht bloß im Hin-
25 blick auf ihren Gehalt an systematischen Theorien, sondern vor
allem im Hinblick auf die schwierigen und wichtigen Untersuchungen, welche für ihre philosophische Grundlegung und
Schätzung erforderlich sind.
Übrigens wäre die vermeintliche Geringfügigkeit des rein logi-
30 schen Wahrheitsgebietes für sich allein kein Argument für seine
Behandlung als eines bloßen Behelfes der logischen Kunstlehre.
Es ist ein Postulat des rein theoretischen Interesses, das, was in
sich eine theoretisch geschlossene Einheit | bildet, auch in dieser [A 224]
theoretischen Geschlossenheit, und nicht als bloßen Behelf für
35 außenliegende Zwecke, darzustellen. Haben übrigens die bisherigen Untersuchungen zum mindesten dies klargestellt, daß ein
richtiges Verständnis des Wesens der reinen Logik und ihrer
einzigartigen Stellung zu allen anderen Wissenschaften eine der

wichtigsten Fragen[1] der ganzen Erkenntnistheorie aus|macht, so [B 224
ist es auch ein vitales Interesse dieser philosophischen Fundamentalwissenschaft, daß die reine Logik in ihrer Reinheit und
Selbständigkeit wirklich dargestellt werde.[2] Natürlich müßte die
5 Erkenntnistheorie nur nicht als eine Disziplin verstanden werden,
welche der Metaphysik nachfolgt oder gar mit ihr koinzidiert,
sondern welche ihr, wie der Psychologie und allen anderen Disziplinen, vorhergeht.

ANHANG

10   *Hinweise auf F. A. Lange und B. Bolzano.*

Wie weit der Abstand auch ist, der meine Auffassung der Logik von
derjenigen F. A. Langes trennt, darin bin ich mit ihm einig und sehe
ich ein Verdienst um unsere Disziplin, daß er in einer Zeit vorherr-
schender Unterschätzung der reinen Logik mit Entschiedenheit für
15 die Überzeugung eingetreten ist, daß ,,die Wissenschaft von dem
Versuch einer abgesonderten Behandlung der rein formalen Elemente der Logik eine wesentliche Förderung zu erwarten habe''.* Die Beistimmung reicht noch weiter, sie betrifft
dem Allerallgemeinsten nach auch die Idee der Disziplin, die Lange
20 freilich nicht zu wesenhafter Klarheit zu bringen vermochte. Nicht
ohne Grund gilt ihm die Absonderung der reinen Logik als Auslösung
derjenigen Lehren, die er als ,,das | Apodiktische der Logik'' bezeich- [A 225
net, nämlich ,,diejenigen Lehren, welche sich, gleich den Lehrsätzen
der Mathematik, in absolut zwingender Weise entwickeln lassen ...''
25 Und sehr beherzigenswert ist, was er dann beifügt: ,,Die bloße Tatsache des Vorhandenseins zwingender Wahrheiten ist eine so
wichtige, daß jede Spur derselben sorgfältig verfolgt werden muß.
Eine Unterlassung dieser Untersuchung wegen des geringen Wertes
der formalen Logik oder wegen ihrer Unzulänglichkeit als Theorie des
30 menschlichen Denkens müßte von diesem Standpunkte aus zunächst
schon als Verwechslung theoretischer und praktischer Zwecke zurückgewiesen werden. Ein solcher Einwand wäre etwa so anzusehen, wie
wenn ein Chemiker sich weigern wollte, einen zusammengesetzten
Körper zu analysieren, weil derselbe in seinem zusammenge|setzten [B 225

---

* F. A. Lange, *Logische Studien*, S. 1.

---

[1] In A folgt: ⌜, wo nicht gar die wichtigste⌝.
[2] In A folgt: ⌜Ja, ich wüßte nicht, inwiefern die Erkenntnistheorie
überhaupt den Namen einer vollen Wissenschaft verdiente, wenn nicht
die gesamte reine Logik als ihr Bestandstück, bzw. umgekehrt, wenn nicht
die erkenntnistheoretische Forschung als philosophischer Annex zur reinen Logik gefaßt werden dürfte⌝.

Bestande sehr wertvoll sei, während die einzelnen Bestandteile voraussichtlich gar keinen Wert hätten."* Ebenso richtig heißt es an einer anderen Stelle: „Die formale Logik hat als apodiktische Wissenschaft einen Wert, der von ihrer Nützlichkeit ganz unabhängig ist, da jedem
5 System *a priori* gültiger Wahrheiten die höchste Beachtung zukommt."**

Während Lange für die Idee einer rein formalen Logik so warm eintrat, hatte er keine Ahnung, daß sie längst schon in relativ hohem Maße realisiert war. Ich meine natürlich nicht die vielen Darstellungen
10 der formalen Logik, welche zumal in den Schulen Kants und Herbarts erwuchsen, und welche ⌐den Ansprüchen, die sie erhoben, nur zu wenig entsprachen⌐1; wohl aber Bernhard Bolzanos Wissenschaftslehre aus dem Jahre 1837, ein Werk, das in Sachen der logischen „Elementarlehre" alles weit zurückläßt, was die Weltliteratur
15 an systematischen Entwürfen der Logik darbietet. Zwar hat Bolzano die selbständige Abgrenzung einer reinen Logik in unserem Sinne nicht ausdrücklich erörtert und befürwortet; aber *de facto* hat er sie in den beiden ersten Bänden seines Werkes, nämlich als Unterlage einer Wissenschaftslehre im Sinne seiner Auffassung, in einer Reinheit und
20 wissenschaftlichen Strenge dargestellt und mit einer solchen Fülle von originellen, wissenschaftlich gesicherten und jedenfalls fruchtbaren Gedanken ausgestattet, daß er | um dessentwillen als einer der größten [A 226] Logiker aller Zeiten wird gelten müssen. ⌐Historisch ist er in ziemlich nahe Beziehung zu⌐1 2 Leibniz zu setzen, mit dem er wichtige Ge
25 danken und Grundauffassungen teilt, und dem er philosophisch auch sonst zunächst steht. Freilich hat auch er den Reichtum der logischen Intuitionen Leibnizens nicht ganz ausgeschöpft, zumal nicht in Hinsicht auf die mathematische Syllogistik und die *mathesis universalis*. Doch war vom Nachlaß Leibnizens damals noch zu wenig be
30 kannt, und es fehlte die „formale" Mathematik und Mannigfaltigkeitslehre als der Schlüssel des Verständnisses.

Mit jeder Zeile bewährt sich Bolzano in seinem bewundernswerten Werke als der scharfsinnige Mathematiker, der in der Logik denselben Geist wissenschaftlicher Strenge walten läßt, den er selbst | als der [B 226]
35 erste in die theoretische Behandlung der Grundbegriffe und Grundsätze der mathematischen Analysis eingeführt, und die er hierdurch auf eine neue Basis gestellt hat: ein Ruhmestitel, den einzuzeichnen die Geschichte der Mathematik nicht vergessen hat. Von der tiefsinnigen Vieldeutigkeit der ⌐Systemphilosophie⌐3, welche mehr darauf
40 ausging, gedankenvolle Weltanschauung und Weltweisheit als theo-

---

* a. a. O., S. 7 f.
** a. a. O., S. 127.

---

1 A: ⌐die Ansprüche, die sie erhoben, nur zu wenig befriedigten⌐.
2 A: ⌐Seiner Stellung nach ist er dicht neben⌐.
3 A: ⌐System-Philosophie⌐.

retisch-analysierendes Weltwissen zu sein, und in unseliger Vermengung dieser grundverschiedenen Intentionen den Fortschritt der wissenschaftlichen Philosophie so sehr hemmte, finden wir bei Bolzano
— dem Zeitgenossen Hegels — keine Spur. Seine Gedankenbildungen
5 sind von mathematischer Schlichtheit und Nüchternheit, aber auch
von mathematischer Klarheit und Strenge. Erst ein tieferes Eingehen
auf Sinn und Zweck dieser Bildungen im Ganzen der Disziplin enthüllt,
welch große Geistesarbeit und Geistesleistung in den nüchternen Bestimmungen oder den formelhaften Darstellungen steckt. Dem in den
10 Vorurteilen, in den Denk- und Sprechgewohnheiten der idealistischen
Schulen erwachsenen Philosophen — und so ganz ⌐sind wir alle noch
nicht ihren Nachwirkungen⌐1 entwachsen — erscheint dergleichen
wissenschaftliche Art gar leicht als ideenlose Seichtigkeit oder auch
als Schwerfälligkeit und Pedanterie. Aber auf Bolzanos Werk muß
15 sich die Logik als Wissenschaft aufbauen, aus ihm muß sie lernen, was
ihr nottut: mathematische Schärfe der Unterscheidungen, mathematische Exaktheit in den Theorien. Sie wird dann auch einen anderen
Standpunkt für die Schätzung der „mathematisierenden" Theorien
der Logik gewinnen, welche die Mathematiker, | um die philosophische [A 227]
20 Mißachtung unbekümmert, so erfolgreich aufbauen. Denn dem Geist
der Bolzanoschen Logik fügen sie sich durchaus ein, obschon Bolzano selbst sie noch nicht geahnt hat. Jedenfalls wird einem künftigen
Geschichtsschreiber der Logik nicht mehr das Versehen des sonst so
gründlichen Ueberweg unterlaufen dürfen, ein Werk vom Range
25 der *Wissenschaftslehre* auf eine Stufe zu stellen mit — Knigges *Logik*
*für Frauenzimmer.**

So sehr Bolzanos Leistung aus ⌐einem⌐2 Gusse ist, so wenig kann
sie (ganz im Sinne des grundehrlichen Denkers selbst) als endgültig
| abschließende angenommen werden. Um hier nur ⌐eines⌐2 zu er- [B 227]
30 wähnen, so sind besonders empfindlich die Mängel in erkenntnistheoretischer Richtung. Es fehlen (oder es sind ganz unzureichend) die
Untersuchungen, welche die eigentlich philosophische Verständlich-
machung der logischen Denkleistungen, und damit die philosophische
Schätzung der logischen Disziplin selbst, betreffen. Diesen Fragen
35 kann allenfalls der Forscher ausweichen, der in sicher abgegrenztem
Gebiet, wie der Mathematiker, Theorie auf Theorie baut, ohne sich um
die Prinzipienfragen viel kümmern zu müssen; nicht aber, wer vor der
Aufgabe steht, ⌐demjenigen⌐3, der die Disziplin gar nicht sieht und

---

* Von beiden weiß nämlich Überweg gleich viel Nennenswertes zu sagen: den
Titel. Im übrigen wird man dereinst auch eine Geschichtsbehandlung der Logik, die
sich, wie die Überwegsche, nach den „großen Philosophen" orientiert, als sonder-
bare Anomalie empfinden

---

1 A: ⌐ihren Nachwirkungen sind wir alle noch nicht⌐.
2 In A nicht gesperrt, jedoch großgeschrieben.
3 A: ⌐dem⌐.

gelten läßt oder ihre wesentlichen Aufgaben mit heterogenen vermengt, das Eigenrecht einer solchen Disziplin und das Wesen ihrer
Gegenstände und Aufgaben klarzumachen. Überhaupt wird der Vergleich der vorliegenden logischen Untersuchungen mit dem Werke
5 Bolzanos lehren, daß es sich bei ihnen keineswegs um bloße Kom-
mentationen oder kritisch nachbessernde Darstellungen Bolzano-
scher Gedankenbildungen handelt, obschon sie andererseits ⌐entschei-
dende Anstöße⌐ 1 von Bolzano — und ⌐außerdem⌐ 2 von Lotze —
empfangen haben.

---

1 A: ⌐die entscheidenden Einflüsse⌐.
2 A: ⌐daneben⌐.

DIE IDEE DER REINEN LOGIK

Um wenigstens ein vorläufiges, durch einige charakteristische
Züge bestimmtes Bild des Zieles zu erlangen, dem die im II.
5 ⌜Bande⌝1 folgenden Einzeluntersuchungen zustreben, wollen wir
den Versuch wagen, die Idee der reinen Logik, welche durch die
bisherigen kritischen Betrachtungen einigermaßen vorbereitet
ist, zu begrifflicher Klarheit zu erheben.

§ 62. *Die Einheit der Wissenschaft. Der Zusammenhang der*
10 *Sachen und der Zusammenhang der Wahrheiten*

Wissenschaft ist zunächst eine anthropologische Einheit, nämlich Einheit von Denkakten, Denkdispositionen nebst gewissen
| zugehörigen äußeren Veranstaltungen. Was alles diese Einheit [B 228]
als anthropologische und speziell, was sie als psychologische be-
15 stimmt, ist hier nicht unser Interesse. Dieses geht vielmehr darauf, was Wissenschaft zur Wissenschaft macht, und das ist jedenfalls nicht der psychologische und überhaupt reale Zusammenhang, dem sich die Denkakte einordnen, sondern ein gewisser objektiver oder idealer Zusammenhang, der ihnen einheitliche ge-
20 genständliche Beziehung und in dieser Einheitlichkeit auch ideale
Geltung verschafft.
Doch es bedarf hier größerer Bestimmtheit und Klarheit. Unter
dem objektiven Zusammenhang, der das wissenschaftliche Denken ideell durchzieht, ihm und so der Wissenschaft als solcher
25 ,,Einheit" gibt, kann Doppeltes verstanden werden: Der Zusammenhang der Sachen, auf welche sich die Denkerlebnisse

---

¹ A: ⌜Teil⌝.

(die wirklichen oder möglichen) intentional beziehen, und auf der
anderen Seite der Zusammenhang der Wahrheiten, in dem
die sachliche Einheit als das, was sie ist, zur objektiven Geltung
kommt. Eins und das andere ist | a priori miteinander gegeben [A 229]
5 und voneinander unablösbar. Es kann nichts sein, ohne so oder
so bestimmt zu sein; und daß es ist und so oder so bestimmt
ist, dies ist eben die Wahrheit an sich, welche das notwendige
Korrelat des Seins an sich bildet. Offenbar gilt dasselbe, was
von einzelnen Wahrheiten bzw. Sachverhalten gilt, auch von Zu-
10 sammenhängen von Wahrheiten bzw. von Sachverhalten. Diese
evidente Unabtrennbarkeit ist aber nicht Identität. In den bezüglichen Wahrheiten oder Wahrheitszusammenhängen ⌐prägt
sich das wirkliche Bestehen der Sachen und sachlichen Zusammenhänge aus⌐1. Aber die Wahrheitszusammenhänge sind andere
15 als die Zusammenhänge der Sachen, die in jenen ⌐„wahrhaft"⌐2
sind; dies zeigt sich sofort darin, daß die Wahrheiten, die von
Wahrheiten gelten, nicht zusammenfallen mit den Wahrheiten,
die von den Sachen gelten, welche in jenen Wahrheiten gesetzt
sind.

20   Um Mißverständnisse nicht aufkommen zu lassen, betone ich aus-
drücklich, daß die Wörter Gegenständlichkeit, Gegenstand, Sache | u. [B 229]
dgl. hier allzeit im weitesten Sinne, also in Harmonie mit dem von mir
bevorzugten Sinn des Terminus Erkenntnis gebraucht werden. Ein
Gegenstand (der Erkenntnis) kann ebensowohl ein Reales sein wie ein
25 Ideales, ebensowohl ein Ding oder ein Vorgang wie eine Spezies oder
eine mathematische Relation, ebensowohl ein Sein wie ein Seinsollen.
Dies überträgt sich von selbst auf Ausdrücke wie Einheit der Gegenständlichkeit, Zusammenhang der Sachen und dergleichen.

     Gegeben sind uns diese beiden, nur abstraktiv ohne ein-
30 ander zu denkenden Einheiten — die Einheit der Gegenständlichkeit auf der einen, die der Wahrheit auf der anderen Seite —
im Urteil oder genauer in der Erkenntnis. Dieser Ausdruck ist
weit genug, um wie die einfachen Erkenntnisakte, so alle wie immer komplizierten, logisch einheitlichen Erkenntniszusammen-
35 hänge in sich zu fassen: ein jeder als Ganzes ist selbst ein Er-

---

¹ A: ⌐konstituiert sich die Geltung der Sachen und sachlichen Zusam-
menhänge⌐.
² A: ⌐wahr (wahrhaft)⌐.

kenntnisakt. Indem wir nun einen Erkenntnisakt vollziehen
oder, wie ich es mit Vorliebe ausdrücke, in ihm leben, sind wir
„mit dem Gegenständlichen beschäftigt", das er, | eben in er- [A 230]
kennender Weise, meint und setzt; und ist es Erkenntnis im
5 strengsten Sinne, d. h. urteilen wir mit Evidenz, so ist das Gegenständliche ⌐originär⌐[1] gegeben. Der Sachverhalt steht uns jetzt
nicht bloß vermeintlich, sondern wirklich vor Augen und in ihm
der Gegenstand selbst, als das, was er ist, d. h. genau so und
nicht anders, als wie er in dieser Erkenntnis gemeint ist: als Trä-
10 ger dieser Eigenschaften, als Glied dieser Relationen u. dgl. Er ist
nicht bloß vermeintlich, sondern wirklich so beschaffen, und als
wirklich so beschaffener ist er unserer Erkenntnis gegeben; das
heißt aber nichts anderes: als solcher ist er nicht bloß überhaupt
gemeint (geurteilt), sondern erkannt; oder: daß er so ist, ist
15 aktuell gewordene Wahrheit, ⌐vereinzelt im Erlebnis des evidenten Urteils⌐[2]. Reflektieren wir auf ⌐diese Vereinzelung und
vollziehen wir ideirende Abstraktion⌐[3], so wird statt jenes Gegenständlichen die Wahrheit selbst zum ⌐erfaßten Gegenstan-
de⌐[4]. Wir erfassen hierbei[5] die Wahrheit als das ideale Kor-
20 relat des flüchtigen subjektiven Erkenntnisaktes, als die ⌐eine⌐[6],
| gegenüber der unbeschränkten Mannigfaltigkeit möglicher Er- [B 230]
kenntnisakte und erkennender Individuen.
    Den Erkenntniszusammenhängen entsprechen *idealiter* Zu-
sammenhänge von Wahrheiten. Sie sind, passend verstan-
25 den, nicht nur Komplexe von Wahrheiten, sondern komplexe Wahrheiten, die somit selbst, und zwar als ganze, dem Begriff der Wahrheit unterstehen. Dahin gehören auch die Wissenschaften, das Wort objektiv genommen, also im Sinne
der geeinigten Wahrheit. Bei der allgemeinen Korrelation, die
30 zwischen Wahrheit und Gegenständlichkeit besteht, entspricht
auch der Einheit der Wahrheit in einer und derselben Wissenschaft eine einheitliche Gegenständlichkeit: es ist die Einheit des

---

1 Zusatz von B.
2 A: ⌐ist Erlebnis im evidenten Urteil⌐.
3 A: ⌐diesen Akt⌐.
4 A: ⌐Gegenstande, und nun ist sie in gegenständlicher Weise ge-
geben⌐.
5 In A folgt: ⌐— in ideierender Abstraktion —⌐.
6 In A nicht gesperrt, jedoch großgeschrieben.

Wissenschaftsgebietes. Auf sie bezogen, heißen alle einzelnen Wahrheiten derselben Wissenschaft sachlich zusammengehörig, ein Ausdruck, der freilich, wie wir nachher sehen werden, hierbei in einem weiteren Sinne, als es üblich ist, genom-
5 men erscheint. (Vgl. den Schluß des § 64, S. 236.)

§ 63. *Fortsetzung. Die Einheit der Theorie*   [A 231]

Es fragt sich nun, was die Einheit der Wissenschaft
und damit auch die Einheit des Gebietes bestimmt. Denn nicht
jede Zusammenfügung von Wahrheiten zu einem Wahrheitsver-
10 bande, die ja auch eine ganz äußerliche bleiben könnte, macht
eine Wissenschaft. Zur Wissenschaft gehört, so sagten wir im ersten Kapitel,* eine gewisse Einheit des Begründungszusammenhanges. Aber auch dies will noch nicht genügen, da es zwar auf
die Begründung als etwas zur Idee der Wissenschaft wesentlich
15 Gehöriges hinweist, aber nicht sagt, welcher Art Einheit von Begründungen Wissenschaft ausmacht.

| Um zur Klarheit zu kommen, schicken wir einige allge- [B 231]
meine Feststellungen voraus.

Wissenschaftliche Erkenntnis ist als solche Erkenntnis aus
20 dem Grunde. Den Grund von etwas erkennen, heißt die Notwendigkeit davon, daß es sich so und so verhält, einsehen. Die
Notwendigkeit als objektives Prädikat einer Wahrheit (die dann
notwendige Wahrheit heißt) bedeutet soviel wie gesetzliche Gültigkeit des bezüglichen Sachverhaltes.** Also einen Sachverhalt
25 als gesetzmäßigen oder seine Wahrheit als notwendig
geltende einsehen, und Erkenntnis vom Grunde des Sachverhaltes bzw. seiner Wahrheit haben, das sind äquivalente Aus-

---

* Vgl. § 6, S. 13. Wir hatten dort unter dem Titel Wissenschaft allerdings einen
eingeschränkteren Begriff, den der theoretisch-erklärenden, abstrakten Wissenschaft
im Auge. Doch macht dies keinen wesentlichen Unterschied aus, zumal mit Rücksicht auf die ausgezeichnete Stellung der abstrakten Wissenschaften, die wir weiter
unten gleich erörtern.
** Es handelt sich also nicht um einen subjektiven, psychologischen Charakter des
bezüglichen Urteils, etwa gar um ein Gefühl des Genötigtseins u. dgl. Wie ideale
Gegenstände und somit auch ideale Prädikate solcher Gegenstände zu den subjektiven
Akten stehen, darüber haben wir einiges S. 128 f. angedeutet. Näheres im II. ⌜Ban-
de⌝1.

---

1 A: ⌜Teil⌝.

drücke. In naturgemäßer Äquivokation pflegt man allerdings
auch jede allgemeine Wahrheit, die selbst | ein Gesetz ausspricht, [A 232
als notwendige Wahrheit zu bezeichnen. Entsprechend dem erst-
definierten Sinne wäre sie vielmehr als erklärender Gesetzesgrund
5 zu bezeichnen, aus dem eine Klasse notwendiger Wahrheiten entspringt.

Die Wahrheiten zerfallen in individuelle und generelle.
Die ersteren enthalten (explizite oder implizite) Behauptungen
über wirkliche Existenz individueller Einzelheiten, während die
10 letzteren davon völlig frei sind und nur die (rein aus Begriffen)
mögliche Existenz von Individuellem zu erschließen gestatten.

Individuelle Wahrheiten sind als solche zufällig. Spricht
man bei ihnen von Erklärung aus Gründen, so handelt es sich
darum, ihre Notwendigkeit unter gewissen vorausgesetzten Um-
15 ständen nachzuweisen. Ist nämlich der Zusammenhang einer
Tatsache mit anderen Tatsachen ein gesetzlicher, so ist ihr Sein,
auf Grund der Gesetze, welche die Zusammenhänge der betreffenden Art regeln, und unter Voraussetzung der zugehörigen Umstände als notwendiges Sein bestimmt.

20 | Handelt es sich nicht um die Begründung einer tatsächlichen, [B 232
sondern um die einer generellen Wahrheit (die hinsichtlich
möglicher Anwendung auf die unter sie fallenden Tatsachen selbst
wieder den Charakter eines Gesetzes hat), so werden wir auf gewisse generelle Gesetze hingewiesen, die auf dem Wege der Spe-
25 zialisierung (nicht Individualisierung) und der deduktiven Folge
den zu begründenden Satz ergeben. Die Begründung von generellen Gesetzen führt notwendig auf gewisse, ihrem Wesen nach
(also „an sich" und nicht bloß subjektiv oder anthropologisch)
nicht mehr begründbare Gesetze. Sie heißen Grundgesetze.

30   Die systematische Einheit der ideal geschlossenen Gesamtheit
von Gesetzen, die in einer Grundgesetzlichkeit als auf ihrem
letzten Grund ruhen und aus ihm durch systematische Deduktion
entspringen, ist die Einheit der systematisch vollendeten
Theorie. Die Grundgesetzlichkeit besteht hierbei entweder aus
35 einem Grundgesetz oder aus einem Verband homogener Grundgesetze.

   | Theorien in diesem strengen Sinne besitzen wir in der allge- [A 233
meinen Arithmetik, in der Geometrie, der analytischen Mechanik,
der mathematischen Astronomie usw. Gewöhnlich faßt man den

Begriff der Theorie als ⌐einen⌐1 relativen, nämlich relativ zu einer
durch sie beherrschten Mannigfaltigkeit von Einzelheiten, denen
sie die erklärenden Gründe beistellt. Die allgemeine Arithmetik
gibt die erklärende Theorie für die numerischen und konkreten
5 Zahlensätze; die analytische Mechanik für die mechanischen Tatsachen; die mathematische Astronomie für die Tatsachen der
Gravitation usw. Die Möglichkeit, erklärende Funktion anzunehmen, ist aber eine selbstverständliche Folge des Wesens der
Theorie in unserem absoluten Sinne. — In einem laxeren Sinn
10 versteht man unter Theorie ein deduktives System, in dem die
letzten Gründe noch nicht Grundgesetze im strengen Sinne des
Wortes sind, aber als echte Gründe ihnen näher führen. In der
Stufenfolge der geschlossenen Theorie bildet die Theorie in diesem
laxen Sinn eine Stufe.
15 | Wir beachten noch folgenden Unterschied: jeder erklärende [B 233]
Zusammenhang ist ein deduktiver, aber nicht jeder deduktive
Zusammenhang ist ein erklärender. Alle Gründe sind Prämissen,
aber nicht alle Prämissen Gründe. Zwar ist jede Deduktion eine
notwendige, d.i. sie steht unter Gesetzen; aber daß die Schluß-
20 sätze nach Gesetzen (den Schlußgesetzen) folgen, besagt nicht,
daß sie aus Gesetzen folgen und in ihnen im prägnanten Sinne
,,gründen''. Freilich pflegt man auch jede Prämisse, zumal eine
allgemeine, als ,,Grund'' für die daraus gezogene ,,Folge'' zu bezeichnen — eine wohl zu beachtende Äquivokation.

25 § 64. *Die wesentlichen und außerwesentlichen Prinzipien, die der*
Wissenschaft Einheit geben. Abstrakte, konkrete und normative
Wissenschaften

Wir sind nun in der Lage, die oben aufgeworfene Frage zu be-
antworten: was die Zusammengehörigkeit der Wahrheiten
30 ⌐einer⌐2 Wissenschaft bestimme, was ihre ,,sachliche'' Einheit
ausmache.
    | Das einigende Prinzip kann von doppelter, von wesentlicher [A 234]
und außerwesentlicher Art sein.
    Wesentlich eins sind die Wahrheiten einer Wissenschaft,

---

1 A: ⌐einer⌐.
2 In A nicht gesperrt, jedoch großgeschrieben.

wenn ihre Verknüpfung auf dem beruht, was Wissenschaft vor
allem zur Wissenschaft macht; und dies ist, wie wir wissen, Erkenntnis aus dem Grunde, also Erklärung oder Begründung (im
prägnanten Sinne). Wesentliche Einheit der Wahrheiten
5 einer Wissenschaft ist Einheit der Erklärung. Aber alle
Erklärung weist hin auf eine Theorie und findet ihren Abschluß
in der Erkenntnis der Grundgesetze, der Erklärungsprinzipien.
Einheit der Erklärung bedeutet also theoretische Einheit,
das heißt, nach dem oben Ausgeführten, homogene Einheit der
10 begründenden Gesetzlichkeit, letztlich homogene Einheit der
erklärenden Prinzipien.

Die Wissenschaften, in denen der Gesichtspunkt der Theorie,
der prinzipiellen Einheit das Gebiet bestimmt, und welche somit
in ideeller Geschlossenheit alle möglichen Tatsachen und | gene- [B 234]
15 rellen Einzelheiten umfassen, die in ⌐einer⌐1 Grundgesetzlichkeit
ihre Erklärungsprinzipien haben, nennt man, nicht eben passend,
abstrakte Wissenschaften. Am bezeichnendsten hießen sie
eigentlich theoretische Wissenschaften. Doch wird dieser Ausdruck im Gegensatz zu den praktischen und normativen Wissen-
20 schaften gebraucht, und auch wir haben ihn oben in diesem Sinne
belassen. Einer Anregung von J. v. Kries* folgend, könnte man
diese Wissenschaften fast ebenso charakteristisch als nomologische Wissenschaften bezeichnen, sofern sie im Gesetz das
einigende Prinzip, wie das wesentliche Forschungsziel besitzen.
25 Auch der mitunter gebrauchte Name erklärende Wissenschaften ist zutreffend, wenn er die Einheit aus Erklärung und nicht
das Erklären | selbst betonen will.[2]   [A 235]

Es gibt aber fürs Zweite auch ⌐außerordentliche⌐[3] Gesichtspunkte für die Zusammenordnung von Wahrheiten zu ⌐einer⌐1
30 Wissenschaft, und als den nächstliegenden nennen wir die Einheit der Sache in einem mehr wörtlichen Sinne. Man verknüpft

---

* J. v. Kries, *Die Prinzipien der Wahrscheinlichkeitsrechnung*, 1886, S. 85 f., und
Vierteljahrsschrift f. w. Philosophie, XVI (1892), S. 255. Doch handelt es sich v. Kries
bei den Terminis ,,nomologisch'' und ,,ontologisch'' um eine Unterscheidung von
Urteilen, nicht wie hier von Wissenschaften.

---

1 In A nicht gesperrt, jedoch großgeschrieben.
2 In A folgt: ⌐Denn zum Wesen jeder Wissenschaft als solcher gehört
es ja zu erklären.⌐
3 A: ⌐außerwesentliche⌐.

nämlich all die Wahrheiten, die sich ihrem Inhalte nach auf eine
und dieselbe individuelle Gegenständlichkeit oder auf
eine und dieselbe empirische Gattung beziehen. Dies ist
der Fall der konkreten oder, mit Benutzung des v. Kries-
5 schen Terminus, der ontologischen Wissenschaften, wie
Geographie, Geschichte, Sternkunde, Naturgeschichte, Anatomie
usw. Die Wahrheiten der Geographie sind geeint durch ihre Beziehung zur Erde, die Wahrheiten der Meteorologie betreffen,
noch eingeschränkter, die irdischen Witterungserscheinungen usw.
10   Man pflegt diese Wissenschaften auch als deskriptive zu bezeichnen, und man könnte diesen Namen insofern gelten lassen,
als ja die Einheit der Beschreibung durch die empirische Einheit
des Gegenstandes oder der Klasse bestimmt ist, und es in | den [B 235]
hierhergehörigen Wissenschaften diese deskriptive Einheit ist,
15 welche die Einheit der Wissenschaft bestimmt. Aber natürlich
dürfte man den Namen nicht so verstehen, als ob deskriptive
Wissenschaften es auf bloße Beschreibung abgesehen hätten, was
dem für uns maßgebenden Begriff von Wissenschaft widerspricht.
        Da es möglich ist, daß die Erklärung, die sich nach empirischen
20 Einheiten richtet, in weit auseinander liegende oder gar heterogene Theorien und theoretische Wissenschaften führt, so nennen
wir die Einheit der konkreten Wissenschaft mit Recht eine außer-
wesentliche.
        Jedenfalls ist es klar, daß die abstrakten oder nomologischen
25 Wissenschaften die eigentlichen Grundwissenschaften sind, aus
deren theoretischem Bestande die konkreten Wissenschaften alles
| das zu schöpfen haben, was sie zu Wissenschaften macht, näm- [A 236]
lich das Theoretische. Wohl begreiflich lassen sich die konkreten
Wissenschaften daran genügen, das Gegenständliche, das sie be-
30 schreiben, an die niedrigeren Gesetze der nomologischen Wissenschaften anzuknüpfen, und allenfalls noch die Hauptrichtung auf-
steigender Erklärung anzudeuten. Denn die Reduktion auf die
Prinzipien und der Bau der erklärenden Theorien überhaupt ist
die eigentümliche Domäne der nomologischen Wissenschaften,
35 und ist in ihnen, bei hinreichender Entwicklung, in allgemeinster
Form als bereits geleistet vorzufinden. Natürlich soll hiermit über
den relativen Wert der beiderlei Wissenschaften nichts ausgesagt
sein. Das theoretische Interesse ist nicht das alleinige und nicht
das einzig wertbestimmende. Ästhetische, ethische, im weiteren

Sinne des Wortes praktische Interessen können sich an Individuelles anknüpfen und seiner vereinzelten Beschreibung und Erklärung höchsten Wert verleihen. Wofern aber das rein theoretische
Interesse das maßgebende ist, da gilt das individuelle Einzelne
5 und die empirische Verknüpfung für sich nichts, oder es gilt nur
als methodologischer Durchgangspunkt für die Konstruktion der
allgemeinen Theorie. Der theoretische Naturforscher bzw. der
Naturforscher | im Zusammenhange rein theoretischer, mathema- [B 23?
tisierender Erwägung, sieht die Erde und die Gestirne mit anderen
10 Augen an als der Geograph oder der Astronom; sie sind ihm an
sich gleichgültig und gelten ihm nur als Beispiele gravitierender
Massen überhaupt.

Wir haben schließlich noch ein anderes, ebenfalls außer-
wesentliches Prinzip wissenschaftlicher Einheit zu erwähnen,
15 es ist dasjenige, welches aus einem einheitlichen wertschätzenden
Interesse erwächst, also objektiv bestimmt ist durch einen einheitlichen Grundwert (bzw. durch die einheitliche Grundnorm),
wie wir dies im II. Kap., § 14 ausführlich besprochen haben.
Dies macht also in den normativen Disziplinen die sachliche
20 Zusammengehörigkeit der Wahrheiten bzw. die Einheit des Ge-
bietes aus. Freilich wird man bei der Rede von sachlicher | Zu- [A 23?
sammengehörigkeit am natürlichsten eine solche verstehen, die
in den Sachen selbst gründet; man wird also hierbei nur die Einheit aus theoretischer Gesetzlichkeit oder die Einheit der kon-
25 kreten Sache im Auge haben. In dieser Auffassung treten normative und sachliche Einheit in einen Gegensatz.

Nach dem, was wir früher erörtert haben, hängen die normativen Wissenschaften von den theoretischen — und vor allem von
den theoretischen Wissenschaften in dem engsten Sinn der nomo-
30 logischen — in einer Weise ab, daß wir wieder sagen können, daß
sie aus diesen all das schöpfen, was an ihnen das Wissenschaftliche
ausmacht, als welches eben das Theoretische ist.

§ 65. *Die Frage nach den idealen Bedingungen der Möglichkeit von*
Wissenschaft bzw. Theorie überhaupt.
35   *A. Die auf die aktuelle Erkenntnis bezogene Frage*

Wir stellen nun die bedeutsame Frage nach den „Bedingungen der Möglichkeit von Wissenschaft überhaupt". Da

das wesentliche Ziel der wissenschaftlichen Erkenntnis nur durch
die Theorie in dem strengen Sinne der nomologischen Wissenschaften erreicht werden kann, so ersetzen wir die Frage durch
die nach den Bedingungen der Möglichkeit einer | Theo- [B 237]
5 rie überhaupt. Theorie als solche besteht aus Wahrheiten, und
die Form ihrer Verknüpfung ist die deduktive. Also schließt die
Beantwortung unserer Frage die der allgemeineren ein, nämlich
die der Frage nach den Bedingungen der Möglichkeit von Wahrheit überhaupt und wieder von deduktiver Einheit über-
10 haupt. — Die historischen Anklänge sind in der Form der
Fragestellung natürlich beabsichtigt. Wir haben es offenbar mit
einer durchaus notwendigen Verallgemeinerung der Frage nach
den „Bedingungen der Möglichkeit einer Erfahrung" zu tun. Erfahrungseinheit ist ja für Kant die Einheit der gegenständlichen
15 Gesetzlichkeit; also fällt sie unter den Begriff der theoretischen
Einheit.

Doch der Sinn der Frage bedarf einer genaueren Präzisierung.
Sie wird zunächst wohl in subjektivem Sinne ver|standen [A 238]
werden, in dem sie besser ausgedrückt würde als Frage nach den
20 Bedingungen der Möglichkeit theoretischer Erkenntnis
überhaupt, allgemeiner von Schlußfolgerung überhaupt und von
Erkenntnis überhaupt, und zwar der Möglichkeit nach für ein
beliebiges menschliches Wesen. Diese Bedingungen sind teils
reale, teils ideale. Von den ersteren, den psychologischen,
25 sehen wir hier ab. Selbstverständlich gehören zur Möglichkeit der
Erkenntnis in psychologischer Beziehung all die kausalen Bedingungen, von denen wir im Denken abhängen. Ideale Bedingungen für die Möglichkeit der Erkenntnis können, nach dem,
was wir bereits ausgeführt haben,* von doppelter Art sein. Ent-

---

* Vgl. oben § 32, S. 111. Ich habe dort, wo es zur Fixierung des prägnanten Begriffes von Skeptizismus auf so subtile Unterscheidung nicht ankam, bloß gegenübergestellt: noetische Bedingungen der theoretischen Erkenntnis und objektiv-
logische der Theorie selbst. Hier aber, wo wir alle einschlägigen Verhältnisse zu
vollster Klarheit bringen müssen, erscheint es angemessen, die logischen Bedingungen
zunächst auch als Erkenntnisbedingungen anzusehen, und ihnen dann erst direkte
Beziehung auf die objektive Theorie selbst zu geben. Natürlich berührt dies nicht
das Wesentliche unserer Auffassung, die so vielmehr zu deutlicher Entfaltung kommt.
Dasselbe gilt bezüglich der hier vollzogenen Mitberück|sichtigung der empirisch- [B 238]
subjektiven Erkenntnisbedingungen, neben den noetischen und rein-logischen. Offenbar ziehen wir hierbei Nutzen von den kritischen Betrachtungen zur Evidenztheorie
der Logik. Vgl. oben S. 187. Evidenz ist ja nichts anderes als der Charakter der
Erkenntnis als solcher.

weder sie sind noetische, nämlich sie gründen in der Idee der
| Erkenntnis als solcher, und zwar *a priori*, ohne jede Rücksicht [B 23?
auf die empirische Besonderheit des menschlichen Erkennens in
seinen psychologischen Bedingtheiten; oder sie sind ⌜rein logi-
5 sche⌝1, d.h. sie gründen rein im „Inhalt" der Erkenntnis. Was
das ⌜eine⌝2 anbelangt, so ist es *a priori* evident, daß denkende
Subjekte überhaupt z.B. befähigt sein müssen, alle Arten von
Akten zu vollziehen, in denen sich theoretische Erkenntnis realisiert. Speziell müssen wir, als denkende Wesen, das Vermögen
10 haben, Sätze als Wahrheiten und Wahrheiten als Folgen anderer
Wahrheiten einzu|sehen; und wiederum Gesetze als solche, Gesetze [A 23?
als erklärende Gründe, Grundgesetze als letzte Prinzipien usw.
einzusehen. Nach der anderen Seite ist es aber auch evident, daß
Wahrheiten selbst und speziell Gesetze, Gründe, Prinzipien sind,
15 was sie sind, ob wir sie einsehen oder nicht. Da sie aber nicht
gelten, sofern wir sie einsehen können, sondern da wir sie nur
einsehen können, sofern sie gelten, so müssen sie als objektive
oder ideale Bedingungen der Möglichkeit ihrer Erkenntnis angesehen werden. Folglich sind apriorische Gesetze, die zur
20 Wahrheit als solcher, zur Deduktion als solcher und zur Theorie
als solcher (d.i. zum allgemeinen ⌜Wesen⌝3 dieser idealen Einheiten) gehören, als Gesetze zu charakterisieren, welche ideale
Bedingungen der Möglichkeit von Erkenntnis überhaupt bzw.
von deduktiver und theoretischer Erkenntnis überhaupt, aus-
25 drücken, und zwar Bedingungen, welche rein im „Inhalt" der
Erkenntnis gründen.

Offenbar handelt es sich hier um apriorische Erkenntnisbedingungen, welche, abgesondert von aller Beziehung zum denkenden Subjekt und zur Idee der Subjektivität überhaupt, betrachtet
30 und erforscht werden können. Die fraglichen Gesetze sind ja in
ihrem Bedeutungsgehalt von solcher Beziehung ganz frei, sie
sprechen nicht, und sei es auch in idealer Weise, vom | Erkennen, [B 239
Urteilen, Schließen, Vorstellen, Begründen u. dgl., sondern von
Wahrheit, Begriff, Satz, Schluß, Grund und Folge usw., wie wir

---

1 A: ⌜rein-logische⌝.
2 In A nicht gesperrt, jedoch großgeschrieben.
3 In A nicht gesperrt.

dies oben ausführlich erörtert haben.* Selbstverständlich können
diese Gesetze aber evidente Wendungen erfahren, durch die sie
ausdrückliche Beziehung auf die Erkenntnis und das Erkenntnis-
subjekt gewinnen und nun selbst über reale Möglichkeiten des Er-
5 kennens aussagen. Hier wie sonst erwachsen apriorische Behauptungen über reale Möglichkeiten durch Übertragung idealer (durch
rein generelle Sätze ausgedrückter) Verhältnisse auf empirische
Einzelfälle.**

   | Im Grunde genommen sind die idealen Erkenntnisbedingun- [A 240]
10 gen, die wir als die noetischen von den objektiv-logischen unterschieden haben, nichts anderes als derartige Wendungen jener
zum reinen Erkenntnisinhalt gehörigen gesetzlichen Einsichten,
durch welche diese selben eben zur Kritik und durch weitere
Wendungen zur praktisch-logischen Normierung der Erkenntnis
15 fruchtbar gemacht werden. (Denn auch die normativen Wendungen der ⌐rein logischen⌐1 Gesetze, wovon oben so viel die
Rede war, schließen sich hier an.)

§ 66. *B. Die auf den Erkenntnisinhalt bezogene Frage*

   Aus dieser Betrachtung ergibt sich, daß wir bei der Frage nach
20 den idealen Bedingungen der Möglichkeit von Erkenntnis
überhaupt und speziell von theoretischer Erkenntnis letztlich
zurückgeführt werden auf gewisse Gesetze, die rein im Inhalt
der Erkenntnis bzw. in den kategorialen Begriffen, denen er
untersteht, gründen und so abstrakt sind, daß sie von der Er-
25 kenntnis als Akt eines erkennenden Subjekts nichts mehr enthalten. Eben diese Gesetze bzw. die sie aufbauenden kategorialen
Begriffe, machen nun das aus, was im objektiv-idealen Sinne unter
Bedingungen der Möglichkeit von Theorie überhaupt verstan-
den werden kann. Denn nicht | nur in bezug auf die theoretische [B 240]
30 Erkenntnis, wie wir es bisher taten, sondern auch in bezug auf
ihren Inhalt, also direkt auf die Theorie selbst, kann die Frage
nach den Bedingungen der Möglichkeit aufgeworfen werden. Wir
verstehen dann, dies ist wiederholt zu betonen, unter Theorie

---

* Vgl. oben § 47, S. 173 ff.
** Vgl. das arithmetische Beispiel § 23, S. 74 oben.

---

1 A: ⌐rein-logischen⌐.

einen gewissen idealen Inhalt möglicher Erkenntnis, genauso
wie unter Wahrheit, Gesetz u. dgl. Der Mannigfaltigkeit von
individuell einzelnen Erkenntnisakten desselben Inhalts entspricht die ⌜eine⌝1 Wahrheit, eben als dieser ideal identische
5 Inhalt. In gleicher Weise entspricht der Mannigfaltigkeit von
individuellen Erkenntniskomplexionen, in deren jeder dieselbe
Theorie — jetzt oder ein anderes Mal, in diesen oder in jenen
Subjekten — zur Erkenntnis kommt, eben | diese Theorie als der [A 241]
ideal identische Inhalt. Sie ist dann nicht aus Akten, sondern
10 aus rein idealen Elementen, aus Wahrheiten, aufgebaut,
und dies in rein idealen Formen, in denen von Grund und Folge.

Beziehen wir nun die Frage nach den Bedingungen der Möglichkeit direkt auf Theorie in diesem objektiven Sinne, und zwar auf
Theorie überhaupt, so kann diese Möglichkeit keinen anderen
15 Sinn haben als den bei rein begrifflich gedachten Objekten sonst.
Von den Objekten werden wir dann auf die Begriffe zurückgeführt, und „Möglichkeit" bedeutet nichts anderes als „Geltung"
oder besser Wesenhaftigkeit des bezüglichen Begriffs. Es ist
dasselbe, was öfters als „Realität" des Begriffes bezeichnet
20 worden ist, im Gegensatz zur Imaginarität oder, wie wir besser
sagen: zur Wesenlosigkeit. In diesem Sinne spricht man von
Realdefinitionen, welche die Möglichkeit, Geltung, Realität des
definierten Begriffes verbürgen, und wieder vom Gegensatz reeller
und imaginärer Zahlen, geometrischer Gebilde usw. Offenbar ist
25 die Rede von der Möglichkeit in Anwendung auf Begriffe äquivok
durch Übertragung. Im eigentlichen Sinne möglich ist die Existenz von Gegenständen, die unter die bezüglichen Begriffe fallen.
Diese Möglichkeit wird *a priori* gewährleistet durch Erkenntnis
des begrifflichen Wesens, welche | uns z.B. aufleuchtet auf Grund [B 241]
30 der anschaulichen Vorstellung eines solchen Gegenstandes. Die
Wesenhaftigkeit des Begriffes wird nun aber, durch Übertragung,
auch selbst als Möglichkeit bezeichnet.

Mit Beziehung darauf gewinnt die Frage nach der Möglichkeit einer Theorie überhaupt und nach den Bedingungen,
35 an welchen sie hängt, einen leicht faßlichen Sinn. Die Möglichkeit
oder Wesenhaftigkeit von Theorie überhaupt ist natürlich gesichert durch einsichtige Erkenntnis irgendeiner bestimmten

---

1 In A nicht gesperrt, jedoch großgeschrieben.

Theorie. Die weitere Frage wird aber sein: Was bedingt in ideal-
gesetzlicher Allgemeinheit diese Möglichkeit von Theorie überhaupt? Also was macht das ideale „Wesen" von Theorie
als solcher aus? Welches sind die primitiven „Möglichkeiten",
5 | aus denen sich die „Möglichkeit" der Theorie, m.a.W., welches [A 242]
sind die primitiven wesenhaften Begriffe, aus denen sich
der selbst wesenhafte Begriff der Theorie konstituiert? Und des
weiteren: welches sind die reinen Gesetze, die, in diesen Begriffen gründend, aller Theorie als solcher Einheit geben; also die
10 Gesetze, welche zur Form aller Theorie als solcher gehören und
die möglichen (wesentlichen) Abwandlungen oder Arten derselben
a priori bestimmen?

Umgrenzen diese Idealbegriffe bzw. Gesetze die Möglichkeit
von Theorie überhaupt, drücken sie m.a.W. aus, was zur Idee der
15 Theorie wesentlich gehört, so ergibt sich unmittelbar, daß jede
prätendierte Theorie Theorie nur ist, wenn sie und sofern sie mit
diesen Begriffen bzw. Gesetzen harmoniert. Logische Rechtfertigung eines Begriffes, d.h. Rechtfertigung seiner idealen Möglichkeit, vollzieht sich durch Rückgang auf sein anschauliches oder
20 deduktibles Wesen. Also logische Rechtfertigung einer gegebenen
Theorie als solcher (d.i. ihrer reinen Form nach) erfordert den
Rückgang auf das Wesen ihrer Form und somit den Rückgang
auf jene Begriffe und Gesetze, welche die idealen Konstituentien von Theorie überhaupt (die „Bedingungen
25 ihrer Möglichkeit") ausmachen, und welche alle Spezialisierung
der Idee Theorie in ihre möglichen Arten *a priori* | und deduktiv [B 242]
regeln. Es verhält sich hier ebenso, wie im weiteren Gebiet der
Deduktion, z.B. bei den einfachen Syllogismen. Obschon sie in
sich selbst von Einsicht durchleuchtet sein können, empfangen
30 sie doch ihre letzte und tiefste Rechtfertigung erst durch Rückgang auf das formale Schlußgesetz. Hierdurch erwächst ja Einsicht in den apriorischen Grund des syllogistischen Zusammen-
hangs. Ebenso bei jeder noch so komplizierten Deduktion und im
besonderen bei einer Theorie. Im einsichtigen theoretischen
35 Denken haben wir Einsicht in die Gründe der erklärten Sachverhalte. Die tieferdringende Einsicht in das Wesen des theoretischen Zusammenhanges selbst, welcher den theoretischen Inhalt dieses Denkens ausmacht, und in die apriorischen Gesetzes-
gründe seiner Leistung | gewinnen wir erst durch Rückgang auf [A 243]

Form und Gesetz und die theoretischen Zusammenhänge der ganz anderen Erkenntnisschicht, zu der sie gehören.

Der Hinweis auf tiefere Einsichten und Rechtfertigungen mag dazu dienen, den unvergleichlichen Wert der theoretischen Unter-
5 suchungen hervortreten zu lassen, die zur Lösung des angeregten Problems dienen: Es handelt sich um die systematischen Theorien, die im Wesen der Theorie gründen, bzw. um die apriorische theoretische nomologische Wissen- schaft, die auf das ideale Wesen der Wissenschaft als
10 solcher, also nach Seiten ihres Gehaltes an systematischen Theorien und mit Ausschluß ihrer empirischen, anthropologischen Seite, Beziehung hat; also in einem tiefen Sinn: um die Theorie der Theorien, die Wissenschaft der Wissenschaften. Doch die Leistung für die Bereicherung unserer Erkenntnis ist natürlich
15 zu sondern von den Problemen selbst und dem eigenen Gehalt ihrer Lösungen.

§ 67. *Die Aufgaben der reinen Logik. Erstens: die Fixierung der reinen Bedeutungskategorien, der reinen gegenständlichen Kategorien und ihrer gesetzlichen Komplikationen*

20   Machen wir auf Grund dieser vorläufigen Fixierung der Idee jener apriorischen Disziplin, deren tieferes Verständnis anzu- bahnen, | das Ziel unserer Bemühungen sein soll, einen Überschlag [B 243] der Aufgaben, die wir ihr werden zuweisen müssen, so werden wir wohl drei Gruppen zu scheiden haben:
25   Fürs Erste wird es sich darum handeln, die wichtigeren und zumal die sämtlichen primitiven Begriffe festzustellen bzw. wissenschaftlich zu klären, die den Zusammenhang der Erkennt- nis in objektiver Beziehung und insbesondere den theoretischen Zusammenhang „möglich machen". Mit anderen Worten, es ist
30 auf die Begriffe abgesehen, welche die Idee der theoretischen Einheit konstituieren, oder auch auf Begriffe, die ⌜mit⌝1 solchen in idealgesetzlichem Zusammenhang stehen. Be|greiflicherweise [A 244] treten hier konstitutiv Begriffe zweiter Stufe, nämlich Begriffe von Begriffen und sonstigen idealen Einheiten auf. Gegebene
35 Theorie ist eine gewisse deduktive Verknüpfung gegebener Sätze,

---

1 A: ⌜zu⌝.

diese selbst sind bestimmt geartete Verknüpfungen gegebener Begriffe. Die Idee der zugehörigen „Form" der Theorie erwächst durch Substitution von Unbestimmtem für jene Gegebenheiten, und so treten Begriffe von Begriffen und anderen Ideen an die
5 Stelle schlichter Begriffe. Dahin gehören schon die Begriffe: Begriff, Satz, Wahrheit usw.

Konstitutiv sind natürlich die Begriffe der elementaren Verknüpfungsformen, zumal derjenigen, welche ganz allgemein für die deduktive Einheit von Sätzen konstitutiv sind, z.B.
10 die konjunktive, disjunktive, hypothetische Verknüpfung von Sätzen zu neuen Sätzen. Weiterhin aber auch die Formen der Verbindung niederer Bedeutungselemente zu den einfachen Sätzen, und dies führt wieder auf die verschiedenartigen Subjektformen, Prädikatformen⌐, auf die Formen konjunktiver und disjunktiver
15 Verbindung, auf die Pluralform⌐1 usw. Feste Gesetze regeln die schrittweisen Komplikationen, durch welche eine unendliche Mannigfaltigkeit neuer und immer neuer Formen aus den primitiven erwächst. Naturgemäß gehören auch diese Komplikationsgesetze, welche die kombinatorische Übersicht über die
20 auf Grund der primitiven Begriffe und Formen ableitbaren Begriffe ermög|lichen, und diese kombinatorische Übersicht selbst [B 244] in den hier betrachteten Forschungskreis.*

In nahem, ideal gesetzlichem Zusammenhang mit den bisher erwähnten Begriffen, den Bedeutungskategorien, stehen an-
25 dere, zu ihnen ⌐korrelative⌐2 Begriffe, wie Gegenstand, Sachverhalt, Einheit, Vielheit, Anzahl, Beziehung, Verknüpfung usf. Es sind die reinen oder formalen gegenständlichen Kategorien. Auch diese müssen also in Betracht gezogen werden. Beiderseits handelt es sich durchgehends um Begriffe, die, wie es schon
30 ihre Funktion klarmacht, von der Besonderheit irgendwelcher Erkenntnismaterie unabhängig sind, und unter welche sich alle im Denken speziell auftretenden Begriffe und | [A 245] Gegenstände, Sätze und Sachverhalte usw. ordnen müssen; daher sie nur ⌐im Hinblick⌐3 auf die verschiedenen „Denkfunktionen"

---

* ⌐Vgl. die IV. Unters. d. II. Bd⌐ 1

---

1 Zusatz von B.
2 A: ⌐korrelate⌐.
3 A: ⌐durch Reflexion⌐.

entspringen, d.h. in möglichen Denkakten als solchen ⌐oder den
in ihnen erfaßbaren Korrelaten⌐1 ihre konkrete Grundlage haben
können.*

Alle diese Begriffe sind nun zu fixieren, ihr „Ursprung" ist
5 einzelweise zu erforschen. Nicht als ob die psychologische Frage
nach der Entstehung der bezüglichen begrifflichen Vorstellungen
oder Vorstellungsdispositionen für die fragliche Disziplin das geringste Interesse hätte. Um diese Frage handelt es sich nicht;
sondern um den ⌐phänomenologischen⌐2 Ursprung, oder
10 — wenn wir es vorziehen, die unpassende und aus Unklarheit erwachsene Rede vom Ursprung ganz zu beseitigen — es handelt
sich um Einsicht in das Wesen der bezüglichen Begriffe und
in methodologischer Hinsicht um Fixierung eindeutiger, scharf
unterschiedener Wortbedeutungen. Zu diesem Ziele können wir
15 nur durch ⌐intuitive⌐1 Vergegenwärtigung des Wesens ⌐in
adäquater Ideation⌐1 oder bei komplizierten Begriffen durch Erkenntnis der Wesenhaftigkeit der ihnen einwohnenden Elementar-
begriffe und der Begriffe ihrer Verknüpfungsformen gelangen.

| All das sind nur vorbereitende und scheinbar geringfügige [B 245]
20 Aufgaben. Sie kleiden sich in erheblichem Maße notwendig in die
Form terminologischer Erörterungen und erscheinen Unkundigen
gar leicht als kleinliche und öde Wortklaubereien. Aber so lange
die Begriffe nicht unterschieden und ⌐durch Rückgang auf ihre
Wesen in ideierender Intuition⌐1 geklärt sind, ist alle weitere Be-
25 mühung hoffnungslos. In keinem Erkenntnisgebiet zeigt sich die
Äquivokation verhängnisvoller, in keinem hat die Verworrenheit
der Begriffe den Fortschritt der Erkenntnis so sehr gehemmt, ja
schon ihren Anfang, die Einsicht in die wahren Ziele, so sehr
unterbunden, wie im Gebiet der reinen Logik. Die kritischen
30 Analysen dieser Prolegomena haben dies überall gezeigt.

Man kann die Bedeutung der Probleme dieser ersten Gruppe
kaum zu hoch anschlagen, und es ist fraglich, ob nicht gerade bei
ihnen die größten Schwierigkeiten der ganzen Disziplin liegen.

---

* ⌐Vgl. S. 230 oben und VI. Unters. § 44 des II. Bandes.⌐1

---

1 Zusatz von B.
2 A: ⌐logischen⌐.

§ 68. *Zweitens: die Gesetze und Theorien, die in diesen*   [A 246]
Kategorien gründen

Die zweite Gruppe von Problemen ⌜gilt der Aufsuchung der
Gesetze, die in jenen beiden Klassen kategorialer Begriffe grün-
5 den, und die nicht nur die möglichen Formen der Komplikation
und modifizierenden Umgestaltung der durch sie befaßten theoretischen Einheiten betreffen,* sondern vielmehr die objektive
Geltung der erwachsenden Bildungsformen: also einerseits die
Wahrheit oder Falschheit von Bedeutungen überhaupt rein
10 auf Grund ihrer kategorialen Bildungsform; andererseits (hinsichtlich ihrer gegenständlichen Korrelate) Sein und Nichtsein von Gegenständen überhaupt, Sachverhalten überhaupt usw.,
wieder auf Grund ihrer puren kategorialen Form. Diese Gesetze,
die also in denkbar größter, weil logisch-kategorialer Allgemein-
15 heit auf Bedeutungen und Gegenstände überhaupt gehen,**⌝1
kon|stituieren selbst wieder Theorien. Auf der ⌜einen⌝2 Seite⌝, der [B 246]
der Bedeutungen, stehen⌝3 die Theorien der Schlüsse, z.B. die
Syllogistik, welche aber nur ⌜eine⌝2 solche Theorie ist. Auf der
⌜anderen⌝2 Seite⌝, der der Korrelate,⌝3 gründet im Begriff der
20 Vielheit die reine Vielheitslehre, im Begriff der Anzahl die reine
Anzahlenlehre usw. — jede eine geschlossene Theorie für sich. So
führen alle hierhergehörigen Gesetze auf eine beschränkte Zahl
von primitiven oder Grundgesetzen, die unmittelbar in den kategorialen Begriffen wurzeln und (vermöge ihrer Homogenität)
25 eine allumfassende Theorie begründen müssen, welche jene einzelnen Theorien als relativ geschlossene Bestandteile in sich faßt.
    Es ist hier auf den Bereich von Gesetzen abgesehen, ⌜unter
welchen, vermöge ihrer formalen, alle möglichen Bedeutungen
und alle möglichen Gegenstände umspannenden Allgemeinheit,
30 jede besondere Theorie und Wissenschaft steht, denen gemäß

---

* ⌜Vgl. II. Bd., Untersuchung IV.⌝3
** ⌜Vgl. II. Bd., Untersuchung I, § 29, gegen Schluß.⌝3

---

¹ A: ⌜betrifft die Aufsuchung der Gesetze, die in jenen kategorialen
Begriffen gründen und nicht nur deren Komplikation, sondern vielmehr die objektive Geltung der sich aus ihnen aufbauenden theoretischen Einheiten betreffen. Diese Gesetze⌝.
² In A nicht gesperrt.
³ Zusatz von B.

jede, wofern sie gültige ist,⌐1 verlaufen muß. Nicht als ob jede
einzelne Theorie als Grund ihrer Möglichkeit und Gültigkeit jedes
einzelne dieser Gesetze voraussetzte. Vielmehr bilden jene ⌐kate-
gorialen⌐2 Theorien ⌐und Gesetze⌐2 in ihrer idealen Vollendung
5 den allumfassenden Fond, aus dem jede bestimmte ⌐gültige⌐3
Theorie die ⌐zu ihrer Form⌐2 gehörigen idealen Gründe ihrer
Wesenhaftigkeit schöpft: es sind die Gesetze, denen gemäß sie
verläuft, und aus denen sie als gültige Theorie, ihrer „Form"
nach, vom letzten Grund aus gerechtfertigt werden kann. Sofern Theo-
10 rie eine umfassende Einheit ist, die sich aus einzelnen Wahrheiten
und Zusammenhängen aufbaut, ist es selbstverständlich, daß die
Gesetze, die zum Begriff der Wahrheit und zur Möglichkeit einzelner Zusammenhänge dieser oder jener Form gehören, in dem
abgegrenzten Gebiet mitbeschlossen sind. Obgleich, oder vielmehr
15 weil der Begriff der Theorie der engere ist,⁴ ist die Aufgabe, die
Bedingungen seiner Möglichkeit zu erforschen, die | umfassendere [A 247]
gegenüber den entsprechenden Aufgaben für Wahrheit überhaupt
und für die primitiven Formen von Satzzusammenhängen.*

§ 69. *Drittens: die Theorie der möglichen Theorienformen oder die* [B 247]
20 *reine Mannigfaltigkeitslehre*

Sind alle diese Untersuchungen erledigt, so ist der Idee einer
Wissenschaft von den Bedingungen der Möglichkeit von Theorie
überhaupt Genüge geschehen. Wir sehen aber sogleich, daß diese
Wissenschaft über sich hinausweist auf eine ergänzende, welche
25 *a priori* von den wesentlichen Arten (Formen) von Theo-
rien und den zugehörigen Beziehungsgesetzen handelt.
So erwächst, alles in eins gefaßt, die Idee einer umfassenderen
Wissenschaft von Theorie überhaupt, die in ihrem fundamentalen
Teile die wesentlichen Begriffe und Gesetze, die zur Idee der
30 Theorie konstitutiv gehören, erforscht, und dann dazu übergeht,

---

* ⌐Vgl. oben § 65, S. 236 f.⌐5

---

1 A: ⌐welchen gemäß jede theoretische Forschung⌐.
2 Zusatz von B.
3 A: ⌐(sc. wirkliche, gültige)⌐.
4 In A folgt: ⌐so⌐.
5 A im Haupttext: ⌐(vgl. oben S. 237)⌐.

diese Idee zu differenzieren und statt der Möglichkeit von Theorie als solcher vielmehr die möglichen Theorien *a priori* zu erforschen.

Nämlich auf Grund der hinreichend weit geführten Lösung der
5 bezeichneten Aufgaben wird es möglich, aus rein kategorialen Begriffen mannigfaltige Begriffe möglicher Theorien bestimmt auszugestalten, reine „Formen" von Theorien, deren Wesenhaftigkeit gesetzlich erwiesen ist. Diese verschiedenen Formen sind aber untereinander nicht beziehungslos. Es wird eine bestimmte Ord-
10 nung des Verfahrens geben, wonach wir die möglichen Formen zu konstruieren, ihre gesetzlichen Zusammenhänge zu überschauen, also auch die einen durch Variation bestimmender Grundfaktoren in die anderen überzuführen vermögen usw. Es wird, wenn auch nicht überhaupt, so doch für Theorienformen bestimmt definier-
15 ter Gattungen, allgemeine Sätze geben, welche in dem abgesteckten Umfange die gesetzmäßige Auseinanderentwicklung, Verknüpfung und Umwandlung der Formen beherrschen.

Die hier aufzustellenden Sätze werden offenbar von anderem
| Gehalt und Charakter sein müssen, als die Grund- und Lehrsätze [A 248]
20 der Theorien der zweiten Gruppe, als z.B. die syllogistischen Gesetze oder die arithmetischen usw. Aber andererseits | ist es von [B 248]
vornherein klar, daß ihre Deduktion (denn eigentliche Grundgesetze kann es hier nicht geben) ausschließlich in jenen Theorien fußen muß.

25 Dies ist ein letztes und höchstes Ziel einer theoretischen Wissenschaft von der Theorie überhaupt. Es ist auch in erkenntnispraktischer Hinsicht kein gleichgültiges. Die Einordnung einer Theorie in ihre Formklasse kann vielmehr von größter methodologischer Bedeutung werden. Denn mit der Ausbreitung der de-
30 duktiven und theoretischen Sphäre wächst auch die freie Lebendigkeit der theoretischen Forschung, es wächst der Reichtum und die Fruchtbarkeit der Methoden. So wird die Lösung von Problemen, die innerhalb einer theoretischen Disziplin bzw. innerhalb einer ihrer Theorien gestellt sind, unter Umständen höchst wirk-
35 same methodische Hilfen gewinnen können durch Rückgang auf den kategorialen Typus oder (was dasselbe) die Form der Theorie und eventuell dann weiter durch Übergang zu einer umfassenderen Form oder Formklasse und ihren Gesetzen.

§ 70. *Erläuterungen zur Idee der reinen Mannigfaltigkeitslehre*

Diese Andeutungen werden vielleicht etwas dunkel erscheinen. Daß es sich bei ihnen nicht um vage Phantasien, sondern um Konzeptionen von festem Gehalte handelt, beweist die „formale
5 Mathematik" in allerallgemeinstem Sinne oder die Mannigfaltigkeitslehre, diese höchste Blüte der modernen Mathematik. In der Tat ist sie nichts anderes, als ⌐(in korrelativer Umwendung)⌐1 eine partielle Realisierung des soeben entworfenen Ideals — womit natürlich nicht gesagt ist, daß die Mathematiker selbst,
10 ursprünglich von den Interessen des Zahlen- und Größengebietes geleitet und dadurch zugleich beschränkt, das ideale Wesen der neuen Disziplin richtig erkannt und sich überhaupt zur höchsten Abstraktion einer allumfassenden ⌐Theorie⌐2 | erhoben haben. [A 249⌐ Das ⌐gegenständliche Korrelat⌐3 des Begriffes der mögli-
15 chen, nur der Form nach bestimmten Theorie ist der Begriff eines möglichen, durch eine Theorie solcher Form zu beherr- |schenden Erkenntnisgebietes überhaupt. Ein solches Ge- [B 249⌐ biet nennt aber der Mathematiker (in seinem Kreise) eine Mannigfaltigkeit. Es ist also ein Gebiet, welches einzig und allein
20 dadurch bestimmt ist, daß es einer Theorie solcher Form untersteht, ⌐bzw.⌐4 daß für seine Objekte gewisse Verknüpfungen möglich sind, die unter gewissen Grundgesetzen der und der bestimmten Form (hier das einzig Bestimmende) stehen. Ihrer Materie nach bleiben die Objekte völlig unbestimmt — der Mathe-
25 matiker spricht, dies anzudeuten, mit Vorliebe von „Denkobjekten". Sie sind eben weder direkt als individuelle oder spezifische Einzelheiten, noch indirekt durch ihre ⌐materialen⌐5 Arten oder Gattungen bestimmt, sondern ausschließlich durch die Form ihnen zugeschriebener Verknüpfungen. Diese selbst sind also in-
30 haltlich ebensowenig bestimmt, wie ihre Objekte; bestimmt ist nur ihre Form, nämlich durch die ⌐Formen der für sie als gültig angenommenen⌐6 Elementargesetze. Und diese bestimmen dann,

---

1 Zusatz von B.
2 A: ⌐Theorienlehre⌐.
3 In A nicht gesperrt.
4 A: ⌐d. h.⌐.
5 A: ⌐inneren⌐.
6 A: ⌐Form für sie als gültig angenommener⌐.

wie das ⌜Gebiet⌝¹ ⌜oder vielmehr die Gebietsform⌝², so die
aufzubauende ⌜Theorie⌝¹ oder, ⌜wiederum⌝² richtiger gesprochen, die Theorienform. In der Mannigfaltigkeitslehre ist z.B.
+ nicht das Zeichen der Zahlenaddition, sondern einer Verknüp-
5 fung überhaupt, für welche Gesetze der Form $a + b = b + a$
usw. gelten. Die Mannigfaltigkeit ist dadurch bestimmt, daß ihre
Denkobjekte diese (und andere, damit als *a priori* verträglich
nachzuweisenden) „Operationen" ermöglichen.

Die allgemeinste Idee einer Mannigfaltigkeitslehre
10 ist es, eine Wissenschaft zu sein, welche die wesentlichen Typen
möglicher Theorien ⌜(bzw. Gebiete)⌝² bestimmt ausgestaltet und
ihre gesetzmäßigen Beziehungen zueinander erforscht. Alle wirklichen Theorien sind dann Spezialisierungen bzw. Singularisierun-
gen ihnen entsprechender Theorienformen, so wie alle theoretisch
15 bearbeiteten Erkenntnisgebiete einzelne Mannigfaltigkeiten
sind. Ist in der Mannigfaltigkeitslehre die be|treffende formale [A 250]
Theorie wirklich durchgeführt, so ist damit alle deduktive theoretische Arbeit für den Aufbau aller wirklichen Theorien derselben
Form erledigt.

20 | Dies ist ein Gesichtspunkt von höchster methodologischer [B 250]
Bedeutung, ohne ihn ist von einem Verständnis mathematischer
Methode nicht zu reden. Nicht minder wichtig ist die mit dem
Rückgang auf die reine Form nahegelegte Einordnung derselben
in umfassendere Formen und Formklassen. Daß hier ein Haupt-
25 stück der wunderbaren methodologischen Kunst der Mathematik
liegt, zeigt nicht nur der Hinblick auf die aus Verallgemeinerungen
der geometrischen Theorie und Theorienform erwachsenen Mannigfaltigkeitslehren, sondern schon der erste und einfachste Fall
dieser Art, die Erweiterung des reellen Zahlengebietes (sc. der
30 entsprechenden Theorienformen, der „formalen Theorie der reellen Zahlen") zum formalen, zweifach ausgedehnten Gebiet der gemeinen komplexen Zahlen. In der Tat liegt in dieser Auffassung
der Schlüssel für die einzig mögliche Lösung des noch immer nicht
geklärten Problems, wie z.B. im Anzahlengebiete unmögliche
35 (wesenlose) Begriffe methodisch so behandelt werden dürfen wie
reale. Doch dies näher zu erörtern, ist hier nicht die Stelle.

---

¹ In A nicht gesperrt.
² Zusatz von B.

⌐Wenn ich oben von Mannigfaltigkeitslehren spreche, die aus Verallgemeinerungen der geometrischen Theorie erwachsen sind, so meine ich natürlich die Lehre von den n-dimensionalen, sei es Euklidschen, sei es nicht-Euklidschen Mannigfaltigkeiten, fer-
5 ner Graßmanns Ausdehnungslehre und die verwandten, von allem Geometrischen leicht abzulösenden Theorien eines W. Rowan Hamilton u.a. Auch Lies Lehre von den Transformationsgruppen, G. Cantors Forschungen über Zahlen und Mannigfaltigkeiten gehören, neben vielen anderen, hierher.
10 An der Weise, wie durch Variation des Krümmungsmaßes die verschiedenen Gattungen von raumähnlichen Mannigfaltigkeiten ineinander übergehen, kann sich der Philosoph, der die ersten Anfänge der Riemann-Helmholtzschen Theorie kennen gelernt hat, eine gewisse Vorstellung davon verschaffen, wie reine
15 Theorienformen von bestimmt unterschiedenem Typus durch ein gesetzliches Band miteinander ver|knüpft sind. Es wäre leicht [A 251] nachzuweisen, daß durch die Erkenntnis der wahren Intention solcher Theorien, als rein kategorialer Theorienformen, aller metaphysische | Nebel und alle Mystik aus den einschlägigen mathe- [B 251]
20 matischen Untersuchungen verbannt wird. Nennen wir Raum die bekannte Ordnungsform der Erscheinungswelt, so ist natürlich die Rede von ,,Räumen'', für welche z.B. das Parallelenaxiom nicht gilt, ein Widersinn. Ebenso die Rede von verschiedenen Geometrien, wofern Geometrie eben die Wissenschaft vom Raume
25 der Erscheinungswelt genannt wird. Verstehen wir aber unter Raum die kategoriale Form des Weltraums ⌐und korrelativ⌐1 unter Geometrie die kategoriale Theorienform der Geometrie im gemeinen Sinn, dann ordnet sich der Raum unter eine gesetzlich zu umgrenzende Gattung von rein kategorial bestimmten Mannig-
30 faltigkeiten, mit Beziehung auf welche man dann naturgemäß von Raum in einem noch umfassenderen Sinne sprechen wird. ⌐Ebenso⌐2 ordnet sich die geometrische Theorie einer entsprechenden Gattung von theoretisch zusammenhängenden und rein kategorial bestimmten Theorienformen ein, die man dann in ent-
35 sprechend erweitertem Sinne ,,Geometrien'' dieser ,,räumlichen'' Mannigfaltigkeiten nennen mag. Jedenfalls realisiert die Lehre

---

1 A: ⌐bzw.⌐.
2 A: ⌐Und wieder⌐.

von den „n-dimensionalen Räumen" ein theoretisch geschlossenes
Stück der Theorienlehre in dem oben definierten Sinn. Die Theorie
der Euklidschen Mannigfaltigkeit von drei Dimensionen ist eine
letzte ideale Einzelheit in dieser gesetzlich zusammenhängenden
5 Reihe apriorischer und rein kategorialer Theorienformen (formaler deduktiver Systeme). Diese Mannigfaltigkeit selbst ist mit Beziehung auf „unseren" Raum, d.h. den Raum im gemeinen Sinn,
die ihm zugeordnete rein kategoriale Form, also die ideale Gattung, von welcher er sozusagen eine individuelle Einzelheit und
10 nicht etwa eine spezifische Differenz ausmacht. — Ein anderes
großartiges Beispiel ist die Lehre von den komplexen Zahlen-
systemen, innerhalb welcher die Theorie der „gemeinen" komplexen Zahlen wieder eine singuläre Einzelheit, ⌐keine⌐1 letzte
spezifische Differenz ist. In Beziehung auf die hierhergehörigen
15 Theorien sind die Arithmetiken der Anzahl, der Ordinalzahl, der
Größenzahl, der *quantité dirigée* u. dgl. gewissermaßen lauter individuelle Einzelheiten. Jeder entspricht eine formale Gattungsidee
bzw. die Lehre von den | absoluten ganzen, von den reellen Zahlen, [B 252]
von den gemeinen komplexen Zahlen usw., wobei „Zahl" in ver-
20 allgemeinert-formalem Sinn zu nehmen ist.⌐2

§ 71. *Teilung der Arbeit.*   [A 252]
Die Leistung der Mathematiker und die der Philosophen

Dies sind also die Probleme, die wir in den Bereich der reinen
oder formalen Logik in dem oben definierten Sinne rechnen, wobei
25 wir ihrem Gebiet die größtmögliche Extension geben, welche sich
mit der entworfenen Idee einer Wissenschaft von der Theorie
überhaupt verträgt. Ein erheblicher Teil der ihr zugehörigen
Theorien hat sich schon längst als ⌐„reine Analysis", oder besser,
als formale⌐3 Mathematik konstituiert und wird neben anderen
30 nicht mehr im ⌐vollen⌐4 Sinne „reinen"⌐, d.i. formalen⌐5 Disziplinen, wie Geometrie (als Wissenschaft „unseres" Raumes), ana-

---

1 A/B ⌐eine⌐. Berichtigung nach den „Zusätzen und Verbesserungen"
im II. Teil der *Logischen Untersuchungen*, 1901, A 718.
2 In A Kleindruck der letzten zwei Abschnitte.
3 A: ⌐reine (zumal „formale")⌐.
4 A: ⌐selben⌐.
5 Zusatz von B.

lytische Mechanik usw., von den Mathematikern bearbeitet. Und
wirklich fordert die Natur der Sache hier durchaus eine Arbeits-
teilung. Die Konstruktion der Theorien, die strenge und methodische Lösung aller formalen Probleme wird immer die eigentliche
5 Domäne des Mathematikers bleiben. Eigenartige Methoden und
Forschungsdispositionen sind dabei vorausgesetzt und bei allen
reinen Theorien im wesentlichen die gleichen. Neuerdings ist sogar
die Ausbildung der syllogistischen Theorie, welche von jeher zur
eigensten Sphäre der Philosophie gerechnet worden ist, von den
10 Mathematikern in Anspruch und Besitz genommen worden, und
sie hat unter ihren Händen eine ungeahnte Entwicklung erfahren
— sie, die vermeintlich längst erledigte Theorie. Und zugleich sind
auf dieser Seite Theorien neuer Schlußgattungen, welche die traditionelle Logik übersehen oder verkannt hatte, entdeckt und in
15 echt mathematischer Feinheit ausgestaltet worden. Niemand
kann es den Mathematikern verwehren, alles, was nach mathematischer Form und Methode zu behandeln ist, für sich in Anspruch
zu nehmen. Nur wer die Mathematik als moderne Wissenschaft,
zumal die formale Mathematik, nicht kennt und | sie bloß an [B 253]
20 Euklid und Adam Riese mißt, kann noch an dem allgemeinen
Vorurteil haften bleiben, als ob das Wesen des Mathematischen
in Zahl und Quantität läge. Nicht der Mathe|matiker, sondern der [A 253]
Philosoph überschreitet seine natürliche Rechtssphäre, wenn er
sich gegen die ,,mathematisierenden'' Theorien der Logik wehrt
25 und seine vorläufigen Pflegekinder nicht ihren natürlichen Eltern
übergeben will. Die Geringschätzung, mit welcher die philosophischen Logiker über die mathematischen Theorien der Schlüsse zu
sprechen lieben, ändert nichts daran, daß die mathematische Form
der Behandlung bei diesen, wie bei allen streng entwickelten
30 Theorien (man muß dies Wort allerdings auch im echten Sinne
nehmen) die einzig wissenschaftliche ist, die einzige, welche systematische Geschlossenheit und Vollendung, welche Übersicht über
alle möglichen Fragen und die möglichen Formen ihrer Lösung
bietet.
35   Gehört aber die Bearbeitung aller eigentlichen Theorien in die
Domäne der Mathematiker, was bleibt dann für den Philosophen
übrig? Hier ist zu beachten, daß der Mathematiker in Wahrheit
nicht der reine Theoretiker ist, sondern nur der ingeniöse Techniker, gleichsam der Konstrukteur, welcher, in bloßem Hinblick auf

die formalen Zusammenhänge, die Theorie wie ein technisches
Kunstwerk aufbaut. So wie der praktische Mechaniker Maschinen
konstruiert, ohne dazu letzte Einsicht in das Wesen der Natur und
ihrer Gesetzlichkeit besitzen zu müssen, so konstruiert der Mathe-
5 matiker Theorien der Zahlen, Größen, Schlüsse, Mannigfaltigkeiten, ohne dazu letzte Einsicht in das Wesen von Theorie überhaupt und in das Wesen ihrer sie bedingenden Begriffe und Gesetze besitzen zu müssen. Ähnlich verhält es sich ja bei allen
„Spezialwissenschaften". Das πρότερον τῇ φύσει ist eben nicht das
10 πρότερον πρὸς ἡμᾶς. Die wesenhafte Einsicht ist es zum Glück
nicht, welche die Wissenschaft im gemeinen, praktisch so fruchtbaren Sinne möglich macht, sondern wissenschaftlicher Instinkt
und Methode. Eben darum bedarf es neben der ingeniösen und
methodischen Arbeit der Einzelwissenschaften, welche mehr auf
15 praktische Erledigung und | Beherrschung, als auf wesenhafte [B 254]
Einsicht gerichtet ist, einer fortlaufenden „erkenntniskritischen"
und ausschließlich dem Philosophen zufallenden Reflexion, | wel- [A 254]
che kein anderes als das rein theoretische Interesse walten läßt
und diesem auch zu seinem Rechte verhilft. Die philosophische
20 Forschung setzt ganz andere Methoden und Dispositionen voraus,
wie sie sich ganz andere Ziele stellt. Sie will dem Spezialforscher
nicht ins Handwerk pfuschen, sondern nur über Sinn und Wesen
seiner Leistungen in Beziehung auf Methode und Sache zur Einsicht kommen. Dem Philosophen ist es nicht genug, daß wir uns
25 in der Welt zurechtfinden, daß wir Gesetze als Formeln haben,
nach denen wir den künftigen Verlauf der Dinge voraussagen, den
vergangenen rekonstruieren können; sondern was ⌐das Wesen von
„Ding", „Vorgang", „Ursache", „Wirkung", „Raum", „Zeit"
u. dgl. ist⌐1, will er zur Klarheit bringen⌐; und weiter, was dieses
30 Wesen für wunderbare Affinität zu dem Wesen des Denkens hat,
daß es gedacht, des Erkennens, daß es erkannt, der Bedeutungen,
daß es bedeutet sein kann, usf⌐2. Und baut die Wissenschaft
Theorien zur systematischen Erledigung ihrer Probleme, so fragt
der Philosoph, was das Wesen der Theorie ist, was Theorie über-
35 haupt möglich macht u. dgl. Erst die philosophische Forschung
ergänzt die wissenschaftlichen Leistungen des Naturforschers und

---

1 A: ⌐„Dinge", „Vorgänge", „Naturgesetze" u. dgl. im Wesen sind⌐.
2 Zusatz von B.

Mathematikers so, daß sich reine und echte theoretische Erkenntnis vollendet. Die *ars inventiva* des Spezialforschers und die Erkenntniskritik des Philosophen, das sind ergänzende wissenschaftliche Betätigungen, durch welche erst die volle⌐, alle Wesensbe-
5 ziehungen umspannende⌐1 theoretische Einsicht zustande kommt.

Die nachfolgenden Einzeluntersuchungen zur Vorbereitung unserer Disziplin nach ihrer philosophischen Seite werden übrigens
offenkundig machen, was der Mathematiker nicht leisten will und
kann, und was doch geleistet werden muß.

10 § 72. *Erweiterung der Idee der reinen Logik. Die reine Wahrschein-*
lichkeitslehre als reine Theorie der Erfahrungserkenntnis

Der Begriff der reinen Logik, wie wir ihn bisher entwickelt
haben, umfaßt einen theoretisch geschlossenen Kreis von Pro-
|blemen, die sich auf die Idee der Theorie wesentlich beziehen. [B 25?
15 Sofern keine Wissenschaft möglich ist ohne Erklärung aus Gründen, also ohne Theorie, umspannt die reine Logik in allgemein-
ster Weise die idealen Bedingungen der Möglichkeit | von [A 25?
Wissenschaft überhaupt. Andererseits ist aber zu beachten,
daß die so gefaßte Logik darum noch keineswegs die idealen Be-
20 dingungen der Erfahrungswissenschaft überhaupt als
speziellen Fall in sich schließt. Die Frage nach diesen Bedingungen
ist allerdings die eingeschränktere; Erfahrungswissenschaft ist
auch Wissenschaft, und selbstverständlich untersteht sie nach
ihrem Gehalt an Theorien den Gesetzen der oben abgegrenzten
25 Sphäre. Aber Idealgesetze bestimmen die Einheit der Erfahrungswissenschaften nicht bloß in Form der Gesetze deduktiver Einheit; wie denn Erfahrungswissenschaften ja auch nicht auf ihre
bloßen Theorien je zu reduzieren sind. Die ⌐theoretische Optik⌐2,
d.i. die mathematische Theorie der Optik, erschöpft nicht die
30 Wissenschaft der Optik; die mathematische Mechanik ist ebenso
nicht die ganze Mechanik usw. Nun steht aber der ganze komplizierte Apparat von Erkenntnisprozessen, in welchen die Theorien
der Erfahrungswissenschaften erwachsen und sich vielfach im
Laufe des wissenschaftlichen Fortschritts modifizieren, ebenfalls

---

1 A: ⌐und ganze⌐.
2 In A in Anführungszeichen.

nicht nur unter empirischen, sondern auch unter idealen Gesetzen.

Alle Theorie in den Erfahrungswissenschaften ist bloß supponierte Theorie. Sie gibt nicht Erklärung aus einsichtig gewissen, sondern nur aus einsichtig wahrscheinlichen Grundgeset-
5 zen. So sind die Theorien selbst nur von einsichtiger Wahrscheinlichkeit, sie sind nur vorläufige, nicht endgültige Theorien. Ähnliches gilt in gewisser Weise auch von den theoretisch zu erklärenden Tatsachen. Von ihnen gehen wir zwar aus, sie gelten uns als gegeben, und wir wollen sie bloß ,,erklären''. Indem wir
10 aber zu den erklärenden Hypothesen aufsteigen, sie durch Deduktion und Verifikation — eventuell nach mehrfacher Umänderung — als wahrscheinliche Gesetze annehmen, bleiben auch die Tatsachen selbst nicht ganz unverändert bestehen, auch sie wandeln sich im fortschreitenden Er|kenntnisprozeß um. Mittels des Er- [B 256]
15 kenntniszuwachses der als brauchbar befundenen Hypothesen dringen wir immer tiefer in das ,,wahre Wesen'' des realen Seins ein, | wir berichtigen fortschreitend unsere mit mehr oder weniger [A 256] Unverträglichkeiten behaftete Auffassung der erscheinenden Dinge. Tatsachen sind uns eben ursprünglich nur in dem Sinne
20 der Wahrnehmung (und ähnlich im Sinne der Erinnerung) ,,gegeben''. In der Wahrnehmung stehen uns die Dinge und Vorgänge vermeintlich selbst gegenüber, sozusagen scheidewandlos erschaut und ergriffen. Und was wir da anschauen, sprechen wir in Wahrnehmungsurteilen aus; dies sind die zunächst ,,gegebenen Tat-
25 sachen'' der Wissenschaft. Im Fortschritt der Erkenntnis modifiziert sich dann aber, was wir den Wahrnehmungserscheinungen an ,,wirklichem'' Tatsachengehalt zugestehen; ⌜die anschaulich gegebenen Dinge — die Dinge der ,,sekundären Qualitäten'' — gelten nur noch als ,,bloße Erscheinungen'';⌝[1] und um jeweils zu bestim-
30 men, was in ihnen das Wahre ist, mit anderen Worten: um den empirischen Gegenstand der Erkenntnis ⌜objektiv⌝[1] zu bestimmen, bedürfen wir ⌜einer dem Sinn dieser Objektivität angepaßten Methode und eines durch sie zu gewinnenden⌝[2] (und sich fortschreitend erweiternden) Bereiches an wissenschaftlicher Gesetzeserkenntnis.
35 ⌜In allem empirischen Verfahren objektiver Tatsachenwissenschaft herrscht aber, wie schon Descartes und Leibniz er-

---

[1] Zusatz von B.
[2] A: ⌜eines beträchtlichen⌝.

kannt haben, nicht eine psychologische Zufälligkeit, sondern eine
ideale Norm.⌐1 Wir erheben den Anspruch, daß es jeweils nur
⌐ein⌐2 berechtigtes Verhalten in der Wertschätzung der erklärenden Gesetze und in der Bestimmung der wirklichen Tatsachen
5 gebe, und zwar für jede erreichte Stufe der Wissenschaft. Wenn
sich durch Zufluß neuer empirischer Instanzen eine wahrschein-
liche Gesetzlichkeit oder Theorie als unhaltbar herausstellt, so
schließen wir daraus nicht, daß die wissenschaftliche Begründung
dieser Theorie eine falsche gewesen sein mußte. Im Bereiche
10 früherer Erfahrung war die frühere, im Bereiche der erweiterten
Erfahrung ist die neu zu be|gründende Theorie die „einzig richti- [B 257]
ge", sie ist die einzige durch korrekte ⌐empirische Erwägung⌐3 zu
rechtfertigende. Umgekehrt urteilen wir vielleicht, daß eine empirische Theorie falsch begründet sei, obschon sich vielleicht auf
15 einem anderen, objektiv berechtigten Wege herausstellt, daß sie
bei dem gegebenen Stande der Erfahrungserkenntnis die einzig
angemessene ⌐ist⌐4. Daraus ist zu entnehmen, daß es auch im
| Gebiete des empirischen Denkens, in der Sphäre der [A 257]
Wahrscheinlichkeiten, ideale Elemente und Gesetze
20 geben muß, in denen die Möglichkeit der empirischen Wissenschaft ⌐überhaupt, der Wahrscheinlichkeitserkenntnis von
Realem⌐5 *a priori* gründet. Diese Sphäre reiner Gesetzlichkeit,
welche nicht zur Idee der Theorie, und allgemeiner zur Idee der
Wahrheit, sondern zur ⌐Idee der empirischen Erklärungs-
25 einheit⌐6 resp. zur Idee der Wahrscheinlichkeit Beziehung
hat, macht ein zweites großes Fundament der logischen Kunstlehre aus und gehört mit zum Gebiet der reinen Logik in einem
entsprechend weit zu fassenden Sinne.

In den folgenden Einzeluntersuchungen beschränken wir uns
30 auf das engere und, in der wesentlichen Ordnung der Materien,
erste Gebiet.

---

1 A: ⌐In all dem verfahren wir aber, wie schon Leibniz, und mit voller
Schärfe wohl als der erste, betont hat, nicht blind, nicht ohne ein ideales
Recht.⌐
2 In A nicht gesperrt, jedoch großgeschrieben.
3 A: ⌐Wahrscheinlichkeitserwägung⌐.
4 A: ⌐sei⌐.
5 A: ⌐, der Wahrscheinlichkeitserkenntnis von Realem, überhaupt⌐.
6 In A nicht gesperrt.

SELBSTANZEIGE

Husserl, Edmund, *Logische Untersuchungen*. Erster Teil:
Prolegomena zur reinen Logik. Halle a. S., Max Niemeyer,* 1900.
XII und 257 S.

5 Die *Prolegomena zur reinen Logik*, welche den einleitenden Teil
der *Logischen Untersuchungen* bilden, wollen einer neuen Auffassung und Behandlung der Logik den Weg bahnen. Sie versuchen zu zeigen, daß die ausschließlich psychologische Fundierung
der Logik, welcher unsere Zeit so großen Wert beimißt, auf einer
10 Vermengung wesentlich verschiedener Problemschichten, auf
prinzipiell irrigen Voraussetzungen über den Charakter und die
Ziele zweier hier beteiligten Wissenschaften — der empirischen
Psychologie und der reinen Logik — beruhe. In eingehenden
Analysen werden die erkenntnistheoretischen und zumal die skep-
15 tischen Unzuträglichkeiten, welche der psychologistischen Logik
notwendig anhaften, bloßgelegt und dabei auch der Nachweis geführt, daß in der Verkennung der wesentlichsten Fundamente und
Probleme die inadäquate Behandlungsweise der bisherigen Logik,
ihr Mangel an Klarheit und theoretischer Strenge gründe. Gegen
20 den herrschenden Psychologismus gewendet, suchen die *Prolego-*
mena also die Idee einer reinen Logik neu zu beleben, aber auch
neu zu gestalten. Sie führen zur Abgrenzung einer theoretischen
von aller Psychologie und Tatsachenwissenschaft unabhängigen
Wissenschaft, welche in ihren natürlichen Grenzen die gesamte
25 reine Arithmetik und Mannigfaltigkeitslehre mit umfaßt. Ihr
Verhältnis zur Logik als Methodologie, als Kunstlehre des

---

* Da eine Anzahl im Dezember 1899 und im Juli 1900 versendeter Exemplare den
Verlag Veit & Co. in Leipzig angeben, so weise ich hier noch ausdrücklich auf den
vor Ausgabe des Buches eingetretenen Verlagswechsel hin.

---

¹ *Vierteljahrsschrift für wissenschaftliche Philosophie*, 24, 1900, S. 511–
512.

wissenschaftlichen Erkennens, deren Berechtigung natürlich un-
angetastet | bleibt, wird analog gefaßt dem Verhältnis der reinen [512]
Geometrie zur Feldmeßkunst. Nicht in der Psychologie der Erkenntnis, obschon auch sie in Betracht kommt, sondern in der
5 reinen Logik finden sich die wesentlichsten theoretischen Fundamente der logischen Kunstlehre.

Diese reine Logik ist nichts weniger als eine bloße Erneuerung
der traditionellen formalen Logik, oder auch der reinen Logik der
Kantschen und Herbartschen Schulen. Läßt der Verf‹asser›
10 diese letzteren und noch nicht vergessenen Bestrebungen auch als
wertvolle Vorstufen gelten, so fehlt es ihnen, nach seiner Überzeugung, an hinreichender Klarheit über die Ziele und Grenzen
der fraglichen Disziplin; sie verbleiben noch in unsicherem
Schwanken zwischen theoretischen und praktischen, psycholo-
15 gistischen und rein idealen Tendenzen.

Die reine Logik ist das wissenschaftliche System der idealen Gesetze und Theorien, welche rein im Sinne der idealen Bedeutungskategorien gründen, d.h. in den fundamentalen Begriffen,
welche Gemeingut aller Wissenschaften sind, weil sie in allge-
20 meinster Weise das bestimmen, was Wissenschaften in objektiver
Hinsicht überhaupt zu Wissenschaften macht, nämlich Einheit
der Theorie. In diesem Sinne ist die reine Logik die Wissenschaft
von den idealen „Bedingungen der Möglichkeit", von Wissenschaft überhaupt, oder von den idealen Konstituentien der Idee
25 Theorie.

Eine ausreichende Klärung der reinen Logik, also eine
Klärung ihrer wesentlichen Begriffe und Theorien, ihrer Beziehung zu allen anderen Wissenschaften und der Art, wie sie diese
regelt, erfordert sehr tiefgehende phänomenologische (d.h. rein
30 deskriptiv-, nicht genetisch-psychologische) und erkenntnistheoretische Untersuchungen. Man kann sagen, daß diese Aufgabe
einer erkenntnistheoretischen Aufklärung der Logik sich in der
Hauptsache mit der kritischen Aufklärung von Denken und Erkennen überhaupt, also mit der Erkenntnistheorie selbst deckt.
35 Im II. Teile folgen nun phänomenologische und erkenntnistheoretische Einzeluntersuchungen, welche die Hauptprobleme einer
Aufklärung von Logik und logischem Denken zu lösen suchen.

Die *Prolegomena* sind textlich seit Ende November 1899 gedruckt und kommen infolge zufälliger Umstände sehr verspätet
40 zur Ausgabe. Der II. Teil ist im Druck und wird noch in diesem
Winter ausgegeben werden.

TEXTKRITISCHER ANHANG

TEXTUNTERLAGEN

Logische Untersuchungen, I. Teil *bzw.* Band

Zu Lebzeiten Husserls, d.h. mit seiner Autorisierung, erschienen 4 deutschsprachige Auflagen und 2 Übersetzungen des I. Teiles *bzw.* Bandes *der* Logischen Untersuchungen:
1. Logische Untersuchungen von E d m u n d Husserl.
   Erster Theil: Prolegomena zur reinen Logik.
   Halle a. Saale, Max Niemeyer, 1900. (*22 × 15 cm, XII — 257 ‹258› S.*)
2. ‹*idem*›
   Erster Band: Prolegomena zur reinen Logik.
   Zweite, umgearbeitete Auflage.
   Halle a.d. Saale, Max Niemeyer, 1913. (*23 × 15 cm, XXII — 257 S.*)
3. ‹*idem*›
   Dritte ‹,› unveränderte Auflage.
   ‹*idem*›, 1922.
4. ‹*idem*›
   Vierte Auflage (Unveränderter Abdruck der 2. ‹,› umgearbeiteten Auflage).
   ‹*idem*›, 1928.
5. E d m u n d" G u s s e r l', Logičeskija izsledovanija.
   Čast' pervaja. Prolegomeny k" čistoj logike.
   Razrešënnyj avtorom" perevod" s" nemeckago E. A. Berštein" pod" redkciej i s" prcdisloviem" S. L. Franka.
   Knigoizdatel'stvo „Obrazovanie" Spb. 1909. (*22 × 15 cm, XVI — 224 S.*)
6. E d m u n d o Husserl, Investigaciones logicas.
   Traduccion del Aleman por M a n u e l G. M o r e n t e y J o s e Gaos.
   Tomo primero: Prolegomenos a la Logica pura.
   Madrid, Revista de Occidente, Avenida de Pi y Margall, 7, ‹1929›. (*22 × 15 cm, 265 S.*)

ad 1: Die Edition der 1. Auflage hatte anfänglich der Verlag von V e i t & C o m p. in Leipzig *übernommen. Von dieser V e i t-Ausgabe gingen nach Husserls Angaben*[1] *sechs broschierte Exemplare im Dezember 1899 an Hallenser Ordinarien. Weitere Exemplare wurden im Juli 1900*

---

[1] Selbstanzeige, *S. 511; Postkarte an G. Albrecht, 21.11.1899, zitiert in der* Einleitung des Hrsg., S. XXX.

versandt. Bislang konnte nur ein Exemplar der im Juli 1900 ver-schickten Bücher aufgefunden werden, und zwar im Nachlaß von Paul Natorp, der sich in der Universität Sejô-Gakuen in Tokio befindet.[1] *Es deckt sich bis auf die Titelpagina mit der Niemeyer-Ausgabe. Das Titelblatt enthält die Angabe:* LEIPZIG VERLAG VON VEIT & COMP. 1900, *und die Rückseite des Titelblattes:* Druck von Metzger & Wittig in Leipzig. *Die Niemeyer-Ausgabe von 1900 hat die Buchanzeigen des Veit-Verlages auf dem letzten Blatt des Bandes (bei fortgesetzter Paginierung S. 259 und 260) beibehalten. Für die im Dezember 1899 versendeten Exemplare ist in Anschlag zu bringen, daß das* Vorwort *der Ausgabe von 1900, bei Veit wie bei Niemeyer, das Datum 21.* Mai 1900 *trägt, und daß Husserl in einem Brief an Natorp vom 8.7.1900*[2] *die einschränkende Angabe macht, daß die* Prolegomena *seit Ende November vorigen Jahres bis auf das Vor-wort etc. gedruckt gewesen seien.*

ad 2: Die Umarbeitung bezieht sich auf den Inhalt, die stilistische Formulie-rung, die Anpassung an die 1902 für das gesamte deutsche Reichsgebiet verbindlich erklärte ,,einheitliche deutsche Rechtschreibung'' und die Ausmerzung von Druckfehlern.[3]

ad 3: Einige Druckfehler der 2. Auflage werden berichtigt.

ad 4: Ein Teil der in der 3. Auflage berichtigten Druckfehler der 2. Auflage erscheint wiederum in der 4. Auflage.

ad 5: Übersetzung der Titelseite:

Edmund Husserl, Logische Untersuchungen.

Erster Teil: Prolegomena zur reinen Logik.

Autorisierte Übersetzung aus dem Deutschen von E. A. Berštein unter der Redaktion und mit einem Vorwort von S. L. Frank.

Verlag ,,Obrazovanie'' <,,Bildung''>, Sankt Petersburg 1909.

Die Titelpagina und das Vorwort *des Redaktors der russischen Aus-gabe enthalten keinerlei Hinweis auf eine Überarbeitung des Textes der 1. Auflage, noch auf eine mündliche oder schriftliche Selbstinterpreta-tion von seiten Husserls.*

ad 6: Die Nichtberücksichtigung von in der 3. Auflage berichtigten Druck-fehlern der 2. Auflage läßt schließen, daß die Übersetzung entweder der 2. oder der 4. Auflage folgte. Im Prologo a la segunda edicion, *S. 20, fehlt der Hinweis auf den von R. Clemens geplanten Index (B XVII).*

Von diesen 6 Ausgaben verfügt das Husserl-Archiv über 5 Exemplare aus Husserls Privatbibliothek:

1. 1. Auflage, 1900. *Archiv-Signatur: K IX 2.*

---

[1] *Vgl. das* Bücherverzeichnis der Bibliothek Paul Natorp, *Seizyo-Gakuen, Tokyo 1938, S. 11.*

[2] *Zitiert in der* Einleitung des Hrsg., *S. XXXIII f. Vgl. das* Vorwort zur zweiten Auflage, *B XIII.*

[3] *Vgl. die* Einleitung des Hrsg., *S. XXXIX f.*

Dieses Exemplar zeigt einige Anstreichungen, von denen jedoch nicht mit Sicherheit ausgemacht werden kann, ob sie von Husserl stammen.

2. 1. Auflage, 1900. *Archiv-Signatur: K IX 4.*

Ein durchschossenes Handexemplar, das sich im persönlichen Besitz von Prof. H. L. Van Breda befindet, dem Husserl-Archiv jedoch zur Verfügung steht und für diesen Archiv-Gebrauch die angegebene Signatur erhalten hat. Auf dem Vorsatzblatt steht folgende Widmung von der Hand Frau Husserls: Dem gütigen Helfer in schwerer Zeit Pater Van Breda gewidmet von Malvine Husserl. *Dieses Exemplar zeigt 22 Annotationen, Auseinandersetzungen mit zitierten Autoren, Literaturverweise, Korrekturen und Erwägungen von Korrekturen, von Husserls Hand. Keine dieser Eintragungen wurde in die 2. Auflage aufgenommen. Auf den letzten leeren Seiten ist ein Sonderabdruck der* Selbstanzeige des II. Teiles, Vierteljahrsschrift für wissenschaftliche Philosophie, 25 (*1901*), S. 260–263, *eingeklebt, der gleichfalls Annotationen von Husserls Hand zeigt. Ausserdem liegen dem Buch 5 lose Blätter bei, die sich auf die §§ 6 und 7 der V. Untersuchung des II. Teiles beziehen.*

3. 2. Auflage, 1913. *Archiv-Signatur: K IX 5.*

Dieses Exemplar enthält einige Druckfehlereintragungen sowie S. XVII die Angabe: Der Satz war abgeschlossen um den 1. Juli 1913. Die verzeichneten Druckfehler wurden z.T. in der 3. Auflage berücksichtigt. *Eine der nicht berücksichtigten Korrekturen ist sinnmodifizierend. S. XVI ist im Satz* . . . und auf Kompromisse möchte ich mich . . . nicht mehr einlassen *das Wort* möchte *in* mochte *verändert.*

4. *Die russische Übersetzung von 1909. Archiv-Signatur: K IX 11.*

Als einzige handschriftliche Eintragung findet sich auf dem Vorsatzblatt Husserls Namenszug.

5. *Die spanische Übersetzung von 1929. Archiv-Signatur: K IX 12–13.*

Die vierbändige Übersetzung liegt in Husserls Privatbibliothek in zwei Bände gebunden und mit Goldschnitt versehen vor. Der erste Band umfaßt die Prolegomena *sowie die Einleitung und die ersten zwei Untersuchungen des II. Bandes der deutschen Ausgabe. Als einzige handschriftliche Eintragung findet sich auf dem Vorsatzblatt des ersten Bandes die Angabe:* Geschenk des Verlages Juli 1934 E. Husserl <zum 75. Geburtstag>.

Selbstanzeige

Von der Selbstanzeige des I. Teiles der Logischen Untersuchungen, Vierteljahrsschrift für wissenschaftliche Philosophie, 24 (*1900*) S. *511–512, fanden sich 2 Sonderabzüge als Einlage im durchschossenen Handexemplar des II. Teiles der* Logischen Untersuchungen, *1901, das Husserl 1926 Heidegger übergeben hatte. Prof. Heidegger hat dieses Handexemplar mit sämtlichen Einlagen freundlicherweise dem Husserl-Archiv für die Erstellung der Neuausgabe der* Logischen Untersuchungen *zur Verfügung gestellt. Die Sonderabzüge zeigen keine Eintragungen von Husserls Hand.*

ZUR TEXTGESTALTUNG

1. Zur allgemeinen Textanordnung

Der Grundtext gibt im allgemeinen den Text von B wieder. Ausnahmen bilden die Stellen, bei denen die Schreibweise und die Satzzeichensetzung von A und nicht die von B den heute üblichen Regeln entsprechen, und offensichtliche Druckfehler in B. In diesen Fällen folgt der Grundtext der 1. Auflage und vereinzelt auch der 3. Auflage von 1922.

Die Fußnoten Husserls sind durch Asterisken gekennzeichnet. In den Originalauflagen sind sie es durch Ziffern. Sie werden wie in diesen durch einen kurzen Strich und durch Kleindruck vom Haupttext abgetrennt.

Die Fußnoten des Hrsg. sind durch Ziffern gekennzeichnet. Sie werden durch einen sich über die ganze Seite erstreckenden Strich und durch mittelgroßen Schriftgrad vom Grundtext abgehoben. Die Fußnoten des Hrsg. vermerken die Varianten von A bzw. B, sofern sie sinnmodifizierend sind und nicht bloß die Schreibweise betreffen.

Weitere Anmerkungen des Hrsg. finden sich im textkritischen Anhang. Diese Textkritischen Anmerkungen *indizieren die Abweichungen von A und/oder B in den Zitaten gegenüber dem Originaltext der angeführten Autoren. Sie enthalten ferner Ergänzungen zu den bibliographischen Daten.*

Die Originalpaginierung in A und B wird in eckigen Klammern bei der entsprechenden Zeile am Rande vermerkt. Der Beginn einer neuen Seite in A bzw. B wird in der Zeile durch einen einfachen Strich |, der Beginn von neuen Seiten in A und B an der gleichen Stelle durch einen Doppelstrich || gekennzeichnet. Bei Kapitel- und Paragraphenüberschriften entfallen diese Striche.

Die Seitenüberschriften wurden sowohl ihrem Inhalt nach wie in ihrer Verteilung auf die linke und die rechte Seite aus A und B übernommen.

Die Berichtigungen, die der 1. Auflage am Schluß auf einer nichtpaginierten Seite <258> beigegeben sind, werden, soweit es sich nicht um Druckfehler handelt, die in B korrigiert sind, wie Varianten an den einschlägigen Stellen mit einem entsprechenden Zusatz angeführt.

Das Inhaltsverzeichnis, das in A und B im Anschluß an das Vorwort *bzw. die* Vorworte *folgt (A IX–XII/B XIX–XXII), wird in dieser Edition, wie in den neueren Husserliana-Bänden üblich, an den Beginn des ganzen Bandes gestellt. Es wird dabei auch nicht auf die Originalpaginierungen, sondern auf die Paginierung dieses Bandes verwiesen. Varianten in den*

---

[1] *Vgl. die* Einleitung des Hrsg., S. *XXX.*

Titeln des Inhaltsverzeichnisses von A werden an den einschlägigen Stellen des Haupttextes angemerkt.

2. *Zu den Varianten von A und B*

Es kann grundsätzlich unterschieden werden zwischen Varianten, die eine Sinnmodifikation intendieren, und solchen, die bloß die Deutlichkeit und die Lesbarkeit betreffen, die jedoch häufig eine gewisse Sinnmodifikation implizieren. Jedwede Sinnmodifikation wird in den Fußnoten des Hrsg. vermerkt. Das gilt auch für Hervorhebungen und Unterordnungen durch die Wahl eines anderen Drucks (Sperrdruck, Kleindruck) und die Einfügungen bzw. Eliminierungen von Bindestrichen und Anführungszeichen. Die Varianten werden dabei im Haupttext und in den Fußnoten des Hrsg. zwischen die Variantenzeichen ⌐⌐ *gesetzt. Nicht vermerkt werden stilistische Änderungen (z.B. A 51:* ⌐anderseits⌐; *B 51:* ⌐andererseits⌐), *Modernisierungen der Schreibweise und der Satzzeichensetzung und offensichtliche Druckfehler, sofern sie unter Mitberücksichtigung des Kontexts (vgl. A 15:* ⌐wiederspiegeln⌐; *B 15:* ⌐widerspiegeln⌐) *keine Sinnmodifikation nach sich ziehen.*

Einen Sonderfall bilden die Großschreibungen in A bzw. Sperrungen in B von ein *und seinen Abwandlungen. In A wird* ein, *wo es nicht als unbestimmter Artikel gebraucht wird, mit einem großen Anfangsbuchstaben geschrieben. In B ersetzt zu einem guten Teil — nicht ausschließlich — die Sperrung diese Großschreibung. Großschreibung und Sperrung können in diesen Fällen nicht nur als eine Indikation der Wortart, sondern ebenso als eine Hervorhebung betrachtet werden. Ersetzt eine Sperrung in B die Großschreibung in A, wird dies vom Hrsg. vermerkt. Hebt B die Großschreibung ohne Sperrung auf, erfolgt keine Anmerkung. Behält B die Großschreibung bei — die Modernisierung der Schreibweise wird von Husserl in der 2. Auflage auch in anderen Fällen nicht einheitlich durchgeführt —, wird sie vom Hrsg. ohne besonderen Vermerk aufgehoben.*

3. *Zu den Zitaten*

In den Zitaten Husserls finden sich über 60 Abweichungen vom Originaltext, Sperrungen und Weglassungen von Sperrungen nicht mitgerechnet. Bei den Änderungen des Wortlautes und bei den Auslassungen ist es in den meisten Fällen schwierig zu entscheiden, ob die Modifikation als von Husserl intendiert (grammatikalische Anpassung, Verdeutlichung im neuen Kontext u. dgl.) oder als fehlerhafte Wiedergabe anzusehen ist.

In den Textkritischen Anmerkungen *werden folgende Abweichungen angeführt: Sinnmodifizierende Änderungen des Wortlautes, Wortumstellungen, Einfügungen Husserls, die von ihm nicht durch Setzung in eckige Klammern* [ ] *als solche gekennzeichnet werden, Auslassungen, die von ihm nicht durch die Setzung von drei Punkten* ... *als solche markiert werden (was er gelegentlich selbst bei Auslassung von Bindewörtern wie* also, *dafür* usw. *tut, die durch den Kontext des Originals bedingt sind und auf den Sinn des zitierten Textes ohne Auswirkung bleiben), und Sperrungen. Bei Übersetzungen wird der Originaltext angeführt.*

Nicht vermerkt werden stilistische und orthographische Änderungen, die

keine Sinnmodifikation nach sich ziehen (z.B. A/B 3: bei einem Gegen-
stande; G o m p e r z: bei einem Gegenstand), Satzzeichenänderungen, sofern
sie den Sinn nicht tangieren, Kursivsetzungen von Ausdrücken in fremden
Sprachen und alleinstehenden Buchstaben, die H u s s e r l seiner Gewohnheit
entsprechend auch in den Zitaten durchführt, und Weglassungen von Sper-
rungen, die als durch den Kontext des Originals bedingt angesehen werden
können.

4. Zu den bibliographischen Daten
   Titel von Büchern, Artikeln und Zeitschriften erhalten in A und B zum
größeren Teil keine besondere Kennzeichnung, zu einem geringen Teil werden
sie durch Sperrdruck, Kursivdruck oder Anführungszeichen markiert. In
dieser Neuausgabe werden Titel von Büchern und Zeitschriften einheitlich
durch Kursivdruck, Titel von Artikeln durch Anführungszeichen markiert.
Auch die Interpunktion wird bei den bibliographischen Daten vereinheitlicht.
   Fehlende Seitenangaben werden ergänzt. Bei Kants Kritik der reinen
Vernunft *wird die Originalpaginierung der 1. (A) und der 2. (B) Auflage*
angeführt. Fehlerhafte Seiten- und Jahresangaben werden wie Druckfehler,
d.h. ohne Anmerkung, korrigiert, problematische Fälle ausgenommen. Bei
solchen werden Konjekturen vorgelegt, bei denen sich der Hrsg. soweit wie
möglich auf die Annotationen H u s s e r l s in den entsprechenden Schriften
seiner Privatbibliothek (aufbewahrt im Husserl-Archiv in Leuven) stützt.
   Bei Verweisen auf andere Autoren werden fehlende Titelangaben, sofern
sie für H u s s e r l s Argumentation aufschlußreich sind, ergänzt. Der Hrsg.
stützt sich dabei wiederum auf H u s s e r l s Privatbibliothek. Die Ergänzung
unterbleibt, wenn die Titel an anderen Stellen angeführt werden. Unvoll-
ständige Titelangaben werden ebenfalls nicht ergänzt, sofern sie ausreichend
sind, um eine Schrift im Literaturverzeichnis des Textkritischen Anhanges
zu identifizieren.
   Die Zitation nach einer neuen Auflage in B wird vermerkt. Dies trifft in
diesem Bande allein auf S i g w a r t s Logik *zu. In A wird durchgehend auf die*
2. Auflage, 1899, verwiesen, in B vereinzelt auf die 3. Auflage, 1904. Nicht
vermerkt werden hingegen: Hinzufügungen der Ziffer 1 zum zitierten Titel
in B, die darauf hinweisen, daß weiterhin nach der 1. Auflage und nicht nach
einer mittlerweile erschienenen Neuauflage zitiert wird; Hinzufügungen bzw.
Weglassungen der Bandangabe bei wiederholt zitierten Werken; genauere
Wiedergaben des Titels. Bei all diesen Änderungen, die H u s s e r l nicht
einheitlich durchführt, wird ohne Anmerkung die Variante B übernommen.

5. Zur Modernisierung und Vereinheitlichung der Schreibweise
   Die 1. Auflage der Logischen Untersuchungen *erschien kurz vor der*
offiziellen Einführung der ,,einheitlichen deutschen Rechtschreibung'' von

---

¹ *Vgl.* Regeln für die deutsche Rechtschreibung nebst Wörterverzeichnis. Hrsg. im
Auftrage des Königlich Preußischen Ministeriums der geistlichen, Unterrichts- und
Medizinal-Angelegenheiten. Neue Bearbeitung. *Faksimiledruck. Mit einem Nachwort*
von P. Grebe, in: Sammlung Duden, *Bd. 4, Mannheim o. J.*

1902.[1] *Die* Selbstanzeigen *beider Teile in der* Vierteljahrschrift für wissenschaftliche Philosophie, *24 (1900), S. 511 f., und 25 (1901), S. 260–263,
folgten in Abhebung zum angezeigten Text bereits der neuen Schreibweise.
Die 2. Auflage von 1913 wurde prinzipiell der neuen Rechtschreibeordnung
angepaßt. Gelegentlich unterblieb die Adaptation jedoch — allem Anschein
nach aus bloßem Versehen. In der 1. und in der 2. Auflage paßte Husserl die
Zitate anderer Autoren im allgemeinen der von ihm befolgten Schreibweise an.*

In dieser Neuausgabe wurde — wie in den bisherigen Bänden der Husserliana — *die Schreibweise den heute geltenden Regeln angepaßt. Das betrifft auch die Satzzeichensetzung, die Schreibweise von Abkürzungen (z.B.
A/B: ev.; heute: evtl.) und die Schreibweise von früher nicht einheitlich
wiedergegebenen Fremdwörtern (z.B.* Heterogen⌐e⌐ität, Subsum⌐p⌐tion*).*

*In gewissen Fällen, bei denen auch eine stilistische oder idiomatische
Eigenart in Frage steht, wird jedoch konservativ verfahren. So wird* hieher,
von Husserl durcheinander mit hierher *verwendet, als ein Ausdruck, der
als charakteristisch für Süddeutschland und Österreich gilt und auch heute
noch gebraucht wird, belassen. Bei seinem periodischen Redestil gebraucht
Husserl auch sehr oft einen Doppelpunkt, wo heute zur Abgrenzung ein
Komma, ein Strichpunkt oder auch nur Anführungszeichen die Regel sind.
In solchen Fällen wurde der Doppelpunkt gleichfalls als Husserlsche Stil-
eigentümlichkeit belassen. Ein Eingriff unterblieb auch bei der von Husserl
sehr unregelmäßig gehandhabten Schreibung mit großen bzw. kleinen Anfangsbuchstaben nach Doppelpunkten und bei der Setzung von Anführungszeichen (z.B. bei Beispielsätzen).*

*Bei Spezialdruck wird im allgemeinen die Form von A und B gewahrt.
Ausnahmen sind die Kapitelüberschriften, die A und B fett drucken, die
Seitenüberschriften, die A und B kursiv setzen, die Eigennamen, die A und B
durch Kapitälchen hervorheben, sowie die bereits erwähnten Titel von Büchern
und Zeitschriften, die A und B nicht oder unterschiedlich kennzeichnen. In
Anpassung an die Gepflogenheiten der* Husserliana *werden die Kapitel- und
Seitenüberschriften in Kapitälchen gesetzt, die Eigennamen in Sperrdruck
und die Titel von Büchern und Zeitschriften in Kursivdruck wiedergegeben.
Ausdrücke in fremden Sprachen und alleinstehende Buchstaben werden in A
und B in der Regel durch Kursivdruck abgehoben. Die wenigen Ausnahmen,
bei denen diese Regel nicht durchgeführt wurde, werden der Einheitlichkeit
halber gleichfalls kursiv gesetzt.*

TEXTKRITISCHE ANMERKUNGEN

7, 34–35   *J. W. von Goethe*, ,,Campagne in Frankreich 1792'': Goethes Werke (Hamburger Ausgabe), *hrsg. von E. Trunz, X. Bd., 5. Auflage, Hamburg 1972, S. 316:* ..., und da man gegen nichts strenger ist als gegen erst abgelegte Irrtümer, ...

9, 1–2   *Vgl.* Ideen zu einer reinen Phänomenologie und phänomenologischen Philosophie. Zweites *und* drittes Buch: Husserliana IV *und* V, *hrsg. von M. Biemel, Den Haag 1952.*

12, 24–26   *Auf einer Postkarte an K. Jaspers vom 9.5.1912 führt Husserl von den* ersten Schriften *Th. Lipps',* die Verwandschaft mit meiner Richtung zeigen, *zwei mit Titel an*: Einheiten und Relationen. Eine Skizze zur Psychologie der Apperzeption, *Leipzig 1902;* Vom Fühlen, Wollen und Denken. Eine psychologische Skizze, *Leipzig 1902.*

12, 35–36   ,,Bericht über deutsche Schriften zur Logik in den Jahren 1895–99. Dritter Artikel.''

15, 37   *Das angekündigte* Nachwort *fehlt in der verzögerten Neuauflage des 2. Teiles des II. Bandes (1921). Entwürfe dazu wurden von E. Fink, mit einer* Vorbemerkung *versehen, unter dem Titel* ,,Entwurf einer ,Vorrede' zu den ,Logischen Untersuchungen' (1913)'' *herausgegeben:* Tijdschrift voor Philosophie, *1 (1939), 106–133, 319–339. Vgl. die textkritische Studie von K. Schuhmann,* ,,Forschungsnotizen über Husserls ,Entwurf einer ,Vorrede' zu den *Logischen Untersuchungen'* '': Tijdschrift voor Filosofie, *34 (1972), 513–524.*

16, 1–3   Vorwort *zum* 2. Teil *des* II. Bandes, *B₂ VII:* Das Desiderat eines Index zu dem Gesamtwerke konnte leider nicht erfüllt werden, da mein hoffnungsvoller Schüler, Dr. Rudolf Clemens, der die Bearbeitung übernommen hatte, ‹*in den ersten Kriegswochen 1914*› für das Vaterland gefallen ist.

19, 4–8   *J. St. Mill, A System of Logic, 7th edition, London 1868, Vol. I, Introduction, § 1, p. 1:* There is as great diversity among authors in the modes which they have adopted of defining logic, as in their treatment of the details of it. This is what might naturally be expected on any subject on which writers have availed themselves of the same language as a means of delivering different ideas.

20, 30–31   *A. Trendelenburg,* Logische Untersuchungen, *2 Bände, 3., vermehrte Auflage, Leipzig 1870.*

22, 25–27 *I. Kant*, Kritik der reinen Vernunft, Vorrede zur zweiten Auflage, *B VIII*.

36, 16 *B. Erdmann*, Logik, *I. Bd., 1. Auflage, Halle a. d. S., 1892, S. 230; ferner S. 42, 201 (in Husserls Handexemplar angezeichnete Stellen).*

43, 11–23 *Vgl.* Dialektik, aus Schleiermachers handschriftlichem Nachlasse *hrsg. von L. Jonas, Berlin 1839; dazu Fr. Überweg,* System der Logik und Geschichte der logischen Lehren, *hrsg. von J. B. Meyer, Bonn 1882, § 33, S. 61 (in Husserls Handexemplar angezeichnete Stelle).*

43, 27 sei *folgt bei Bolzano nach* Wissenschaft.

43, *Anm.** *nach* Gehört *bei Bolzano* denn.

45, 1 *statt* und *bei Kant* oder.

45, 6–7 sollte *bei Kant vor* eigentlich.

45, *Anm.** *A 54/B 78 f.*

45, *Anm.**** *A 53 f./B 78.*

45, *Anm.*****, *Zeile* 3*S. 18.*

48, 40 *F. Brentano,* Psychologie vom empirischen Standpunkte, *I. Bd., 1. Auflage, Leipzig 1874;* Wahrheit und Evidenz. Erkenntnistheoretische Abhandlungen und Briefe, *hrsg. von O. Kraus, Leipzig 1930; W. Schuppe,* Das menschliche Denken, *Berlin 1870;* Erkenntnistheoretische Logik, *Bonn 1878;* Grundriß der Erkenntnistheorie und Logik, *1. Auflage, Berlin 1894; 2., durchgesehene Auflage, 1910. Zu den übrigen Namen vgl. die im Verlaufe dieses Bandes angeführten Schriften.*

50, *Anm.**, *Zeile* 8 *statt* von den *bei Kant* der.

64, 3–11 It <*sc. Logic*> is not a Science distinct from, and coordinate with, Psychology. So far as it is a science at all, it is a part, or branch, of Psychology; differing from it, on the one hand as a part differs form the whole, and on the other, as an Art differs from a Science. Its theoretic grounds are wholly borrowed from Psychology, and include as much of that science as is required to justify the rules of the art.

64, 14 *statt* scheidet *bei Lipps* unterscheidet.

64, *Anm.*** *S. 2.*

64, *Anm.**** *Vgl. C. Stumpf, a.a.O., S. 468.*

65, 23 *statt* Nehmen *bei Kant* Nähmen.

65, 24 wie *bei Kant gesperrt.*

65, 27 *statt* aber nur *bei Kant* also.

65, *Anm.** *S. 1 f.*

66, 7–9 *Herbart:* Wo ist die Logik der neuern Zeit, die nicht mit psychologisch sein sollenden Erzählungen von dem Verstande und der Vernunft anhübe?

67, 14 *nach* ist *folgt bei Lipps* dann auch nach dieser Auffassung ihrer Aufgabe.

68, 10–11 hat *folgt bei Sigwart nach* falsch.

68, 11   *statt* Rolle *bei Sigwart* Stelle.

68, 30   *statt* mache *bei Lipps* zu machen habe.

68, *Anm.****   *S. 1.*

73, 25   *Vgl. die Zitate A/B 168.*

80, 10   wäre *Einfügung Husserls.*

89, 5–19   *J. St. Mill*, A System of Logic, *Book II, Chapter VII*, § *4, p. 307 f.:* I consider it ‹*sc. the Principium Contradictionis*› to be, like other axioms, one of our first and most familiar generalizations from experience. The original foundation of it I take to be, that Belief and Disbelief are two different mental states, excluding one another. This we know by the simplest observation of our own minds. And if we carry our observation outwards, we also find that light and darkness, sound and silence, motion and quiescence, equality and inequality, preceding and following, succession and simultaneousness, any positive phenomenon whatever and its negative, are distinct phenomena, pointedly contrasted, and the one always absent where the other is present. I consider the maxim in question to be a generalization from all these facts.

89, 9–17   *Der Text zwischen den zwei Zitaten ist ebenfalls, mit wenigen Abweichungen, der Übersetzung von Gomperz entnommen.*

90, *Anm.**   *Vgl. H. Spencer*, ,,Mill versus Hamilton — The Test of Truth'':* Fortnightly Review, *1 (1865) p. 533.*

94, *Anm.**   *Sperrung von Husserl.*

96, 34–**97**, 1   Heymans: Unwahr ist dagegen der Göringsche Satz in der einzigen Bedeutung, in welcher derselbe etwas beweisen würde: wenn es nämlich heißen soll, daß gleichzeitig, in Einem Bewußtsein, als widersprechend erkannte Urteile nebeneinander bestehen können.

97, *Anm.**   *Heymans, a.a.O., S. 67 und 72.*

102, 6   *statt* Grundlagen *bei Lange* Grundlage.

102, 7   *statt* die wir *bei Lange* welche wir.

102, 8   *Sperrung von Husserl.*

103, 28   *statt* aller *bei Lange* jeder.

104, 4   *statt* hat aber *bei Lange* aber hat.

104, 17   *statt* Konstitution *bei Liebmann* Geisteskonstitution.

104, 18   *statt* zusammenstimme *bei Liebmann* zusammenstimmt.

106, 6–7   *Sigwart:* Wiederum tritt das Prinzip des Widerspruchs in keinem andern Sinne als Normalgesetz auf, als . . .

106, 22   *nach* oder *folgt bei Sigwart* als.

106, 26   *statt* veränderlichen *bei Sigwart wie in A* unveränderlichen

112, 16   *Sperrung von Husserl.*

112, 29   *statt* beiderseitigen *bei Heymans* beiden.

112, 30   *statt* nun *bei Heymans* nur.

113, 16   *statt* Wasser *bei Heymans wie in A* Wasserdampf.

113, 22   *nach* als *folgt bei Heymans* Subjekt- und Prädikatbegriff beziehungsweise als.

113, 23–25   *statt* eine Erzeugung neuer Urteile stattfindet, dagegen etwa bei der Kombination MeX + MeY nicht *bei Heymans* wohl, dagegen etwa bei der Kombination MeX + MeY nicht, eine Erzeugung neuer Urteile stattfindet.

113, 32   *statt* Prämissenurteile *bei Heymans* Urteile.

114, 1–5   *Dieser Satz ist ebenfalls wörtlich aus Heymans übernommen.*

116, 24   sei, *Einfügung Husserls.*

132, 6–8   der Logik *bis* usw.) *Einfügung Husserls.*

132, 16   *statt* erforschen *bei Sigwart* betrachten.

132, 19   *Sigwart:* Indem wir nämlich von der Forderung ausgehen, daß ...

133, 9   *nach* Verneinung *folgt bei Sigwart* nur.

133, 11   *statt* mißt *bei Sigwart* versucht.

133, 12   *nach* Prinzip *folgt bei Sigwart* unmittelbar. *Sperrung von Husserl.*

133, 28   *Sperrung von Husserl.*

133, *Anm.** *und* ** *In diesen zwei Anmerkungen liegt eine Vermengung der Seitenangaben vor. Die* **133**, *6–7 zitierten Ausdrücke finden sich bei Sigwart u.a. S. 246* (ein fundamentales Funktionsgesetz unseres Denkens) *und S. 253* (eine fundamentale Bewegungsform unseres Denkens). *Sie sind an diesen beiden Stellen in Husserls Handexemplar unterstrichen. Der* **133**, *9–13 zitierte Satz findet sich bei Sigwart S. 184.*

133, *Anm.***** *Sperrung von Husserl.*

134, 2   *statt* könne *bei Sigwart* könnte.

134, 2–3   *a.a.O., S. 248.*

136, 22   *nach* Gewißheit *folgt bei Sigwart* aber.

136, 33   d a s *zusätzliche Sperrung von Husserl.*

138, 6   *statt* unserem *bei Sigwart* meinem.

138, 7   *statt* als von der *bei Sigwart* als der.

139, 3–8   *a.a.O., S. 251.*

139, 29   *a.a.O., S. 251.*

139, 38–40   muss *folgt bei Sigwart nach* werden.

139, 39   *Sperrung von Husserl.*

140, 3–5   *Bei Sigwart erstreckt sich die Sperrung von* j e d e m *bis zum Ende des zitierten Satzes.*

140, 5   *statt* werde *bei Sigwart* wird.

140, 33–**142**, 19 *Kleindruck in A und B (Corrigendum).*

140, 36   *Vgl.* Nouveaux essais sur l'entendement humain, *Liv. IV, Chap. II, § 1* (Opera philosophica, *hrsg. von J. E. Erdmann, I. Bd., S. 340);* „La Monadologie", *§ 33 (a.a.O., II. Bd., S. 707) usw. Zu Husserls Leibniz-Bibliothek und -Lektüre vgl. H. L. Van Breda,* „Leibniz' Einfluß auf das Denken Husserls": Akten des Internationalen Leibniz-Kongresses Hannover, 14.–19. November 1966, *V. Bd., Wiesbaden 1971, S. 124–145.*

141, 12–13 *Sigwart*: Auch diese Unterscheidung löst sich also hinsichtlich des Charakters der Notwendigkeit auf ...

143, 22–**144**, 2 *Kleindruck in A und B (Corrigendum)*.

148, 32–**149**, 9 *a.a.O., S. 375.*

149, 29 *vor* geistiger *bei Erdmann* unserer.

149, 29–30 *a.a.O., S. 378.*

151, 19 *statt* unsrigen *bei Erdmann* unseren.

151, *Anm.*** *G. Ferrero, S. 108 f. und 161 f.*

152, *Anm.* *(Fortsetzung von* **151**, *Anm.**), Zeile* 4–5 *statt* habe, sei Denkfaulheit gewesen *bei Lasson* hat, war Denkfaulheit; *Zeile* 5
statt sei *bei Lasson* ist.

152, 7–8 n i c h t   a l s   a b s o l u t e, s o n d e r n a l s *Sperrung von Husserl*

171, 33 *Riehl*: Man könnte also füglich sagen, ...

184, 1 *Sperrung von Husserl.*

184, 8 *Sigwart*: ... keine Logik kann anders verfahren, ...

184, 14 *vor* Allgemeingültigkeit *bei Wundt* der.

184, 16 *Wundt:* Dieser normative Charakter ist aber lediglich ...

184, 18 *vor* Allgemeingültigkeit *bei Wundt* der.

185, 14–17 *a.a.O., S. 141.*

186, *Anm.*** *Sperrungen von Husserl.*

191, 10 *D. Hume*, An Enquiry concerning Human Understanding,
Section IV, Part I (Essays, *ed. by T. H. Green and T. H.
Grose, vol. II, London 1882, p. 20).*

191, 11 *Vgl. die bibliographischen Angaben zu* **140**, 36.

197, 23 P r i n z i p d e r *zusätzliche Sperrung von Husserl.*

199, 1–2 *Hume:* a kind of pre-established harmony between the
course of nature and the succession of our ideas.

199, 21–22 *A. Comte*, Cours de philosophie positive, *4ième édition, tome
I, Paris 1877, p. 51.*

201, *Anm.*** *statt* mystischen Quadrat *bei Mach* magischen Quadrat.

206, 6 *Vgl.* Die Geschichte und die Wurzel des Satzes von der
Erhaltung der Arbeit, *Vortrag 1871, Prag 1872;* „Die ökonomische Natur der physikalischen Forschung", *Vortrag
1882:* Populär-wissenschaftliche Vorlesungen, 2., *unveränderte Auflage, Leipzig 1897, S. 208–236;* Die Mechanik in
ihrer Entwickelung historisch-kritisch dargestellt, *1. Auflage, Leipzig 1883.*

211, *Anm.*** *Külpe:* Zweifellos ist die Logik nicht nur ...

218, 26 *statt* hervorgebracht *bei Herbart* hervorgerufen.

218, 26–27 *Herbart:* ... da die *entia* der ältern Philosophie, selbst noch
bei Wolff, nichts anderes sind als ...

218, 28 *S. 175–177.*

219, 19 *statt* und *bei Herbart wie in A* oder; *S. 78.*

221, *Anm.***** *Vgl. die Auseinandersetzungen mit Lotze in* „Entwurf einer
‚Vorrede' zu den ‚Logischen Untersuchungen' (1913)":
Tijdschrift voor Philosophie, *1 (1939), S. 128 f. und 323 ff.;*
Ideen zu einer reinen Phänomenologie und phänomenologi-

schen Philosophie. Drittes Buch: Husserliana V, *Den Haag 1952, S. 57 f.*

222, *Anm.**   *statt* er *bei Leibniz (a.a.O. S. 420a)* ich.

224, 4   *A. Trendelenburg,* „Über Leibnizens Entwurf einer allgemeinen Charakteristik", *a.a.O., S. 5 ff.*

226, 14–17   *Lange:* Hat die Wissenschaft ... zu erwarten oder nicht? *Sperrung von Husserl.*

226, 21   *vor* der *bei Lange* in.

228, *Anm.**   *Fr. Überweg,* System der Logik und Geschichte der logischen Lehren, *5. Auflage, Bonn 1882, S. 47, 68, 288.*

252, 5   *H. Graßmann,* Die Ausdehnungslehre von 1844 oder Die lineale Ausdehnungslehre, *2. Auflage, Leipzig 1878;* Die Ausdehungslehre von 1862: Gesammelte mathematische und physikalische Werke, *I. Bandes II. Teil, Leipzig 1896.*

252, 6–7   *W. R. Hamilton,* Lectures on Quaternions, *Dublin 1853;* Elements on Quaternions, *2 vol., 1st edition, London 1866, 2nd edition, 1899 and 1901.*

252, 7–8   *S. Lie,* Theorie der Transformationsgruppen, *3 Bände, Leipzig und Berlin 1888–1893.*

252, 8–9   *G. Cantor,* Grundlagen einer allgemeinen Mannichfaltigkeitslehre, *Leipzig 1883, u.a.*

252, 13   *H. Helmholtz,* „Über die tatsächlichen Grundlagen der Geometrie" *(1866):* Wissenschaftliche Abhandlungen, *II. Bd., Leipzig 1883, S. 610–617;* „Über die Tatsachen, die der Geometrie zum Grunde liegen" *(1868): a.a.O., S. 618–639; B. Riemann,* „Über die Hypothesen, welche der Geometrie zu Grunde liegen" *(1867):* Gesammelte mathematische Werke und wissenschaftlicher Nachlaß, *2. Auflage, Leipzig 1892, S. 272–287.*

LITERATURVERZEICHNIS

Dieses Verzeichnis enthält sämtliche in diesem Bande angeführten Publikationen, auch solche, auf die nur vom Herausgeber in der Einleitung und im Textkritischen Anhang verwiesen wird, ausgenommen die Textunterlagen der vorliegenden Edition, die zu Beginn des Textkritischen Anhanges aufgeführt sind (vgl. oben S. 265–267). Titel, die von Husserl im Haupttext angeführt werden, sind durch ein * vor dem Namen des Autors kenntlich gemacht, und Publikationen, die sich in Husserls Privatbibliothek, aufbewahrt im Husserl-Archiv in Löwen, finden, durch einen entsprechenden Zusatz.

*Avenarius, R., *Philosophie als Denken der Welt gemäß dem Prinzip des kleinsten Kraftmasses. Prolegomena der reinen Erfahrung, Habilitationsschrift*, Leipzig 1876. (In Husserls Besitz)

*Bain, A., *Logic*, Part I, *Deduction*, London 1879. (In Husserls Besitz)

*Beneke, Fr. E., *Lehrbuch der Logik als Kunstlehre des Denkens*, Berlin 1832.

*—, *System der Logik als Kunstlehre des Denkens*, Berlin 1842. (In Husserls Besitz)

*Bergmann, J., *Reine Logik: Allgemeine Logik*, I. Theil, Berlin 1879. (In Husserls Besitz)

*—, *Die Grundprobleme der Logik*, 2., völlig neue Bearbeitung, Berlin 1895. (In Husserls Besitz)

*Bolzano, B., *Wissenschaftslehre. Versuch einer ausführlichen und größtentheils neuen Darstellung der Logik mit steter Rücksicht auf deren bisherige Bearbeiter*, hrsg. von mehren seiner Freunde, 4 Bände, Sulzbach 1837. (In Husserls Besitz)

*Brentano, Fr., *Psychologie vom empirischen Standpunkte*, I. Band, Leipzig 1874. (In Husserls Besitz, ebenso wie die *mit neuen Abhandlungen aus dem Nachlaß ergänzte Ausgabe* in 2 Bänden, hrsg. von O. Kraus, 1924/25)

—, *Von der Klassifikation der psychischen Phänomene. Neue, durch Nachträge stark vermehrte Ausgabe der betreffenden Kapitel der Psychologie vom empirischen Standpunkt*, Leipzig 1911. (Vgl. den II. Band der von O. Kraus hrsg. Neuauflage der *Psychologie vom empirischen Standpunkt*, Leipzig 1924/25.)

—, *Wahrheit und Evidenz. Erkenntnistheoretische Abhandlungen und Briefe*, ausgewählt, erläutert und eingeleitet von O. Kraus, Leipzig 1930. (In Husserls Besitz)

—, *Die Lehre vom richtigen Urteil. Nach den Vorlesungen über Logik mit Benützung anderer Manuskripte aus dem Gebiete der Erkenntnistheorie aus dem Nachlaß*, hrsg. von Fr. Mayer-Hillebrand, Bern 1956.

Busse, L., Rezension von E. Husserl, *Logische Untersuchungen*, 2 Theile, Halle a. S., 1900/01: *Zeitschrift für Psychologie und Physiologie der Sinnesorgane*, 33 (1903), S. 153–157.

Cantor, G., *Grundlagen einer allgemeinen Mannichfaltigkeitslehre. Ein mathematisch-philosophischer Versuch in der Lehre des Unendlichen*, Leipzig 1883. (In Husserls Besitz)

Chronik der königlichen vereinigten Friedrichs-Universität für das Universitätsjahr vom 1. April 1898 bis zum 31. März 1899, Halle (Saale).

Comte, A., *Cours de philosophie positive*, 4ième édition, tome I, Paris 1877. (In Husserls Besitz)

*Cornelius, H., *Psychologie als Erfahrungswissenschaft*, Leipzig 1897. (In Husserls Besitz)

Diemer, A., *Edmund Husserl. Versuch einer systematischen Darstellung seiner Phänomenologie*, 2., verbesserte Auflage, Meisenheim am Glan 1965.

Dilthey, W., „Studien zur Grundlegung der Geisteswissenschaften" ⟨1905⟩: *Gesammelte Schriften*, VII. Band, Leipzig/Berlin 1927. (In Husserls Besitz)

*Drobisch, M. W., *Neue Darstellung der Logik nach ihren einfachsten Verhältnissen mit Rücksicht auf Mathematik und Naturwissenschaft*, 4., verbesserte Auflage, Leipzig 1875. (In Husserls Besitz)

*Elsenhans, Th., „Das Verhältnis der Logik zur Psychologie": *Zeitschrift für Philosophie und philosophische Kritik*, Neue Folge, 109 (1896), S. 195–212.

*Erdmann, B., *Logik*, I. Band, *Logische Elementarlehre*, Halle a. Saale 1892. (In Husserls Besitz, ebenso die 2., völlig umgearbeitete Auflage, 1907)

*Ferrero, G., *Les lois psychologiques du Symbolisme*, traduit de l'italien avec de nombreuses modifications, Paris 1895.

*Frege, G., *Die Grundlagen der Arithmetik. Eine logisch mathematische Untersuchung über den Begriff der Zahl*, Breslau 1884. (In Husserls Besitz)

*—, *Grundgesetze der Arithmetik, begriffsschriftlich abgeleitet*, I. Band, Jena 1893. (In Husserls Besitz)

Gibson, W. R. B., „From Husserl to Heidegger. Excerpts from a 1928 Diary by W. R. Boyce Gibson", ed. by H. Spiegelberg: *The Journal of the British Society for Phenomenology*, 2 (1971), S. 58–83.

Goethe, J. W. von, „Campagne in Frankreich 1792": *Goethes Werke (Hamburger Ausgabe)*, hrsg. von E. Trunz, X. Band, 5. Auflage, Hamburg 1972, S. 188–363.

Graßmann, H., *Die Ausdehnungslehre von 1844 oder Die lineale Ausdehnungslehre*, 2., im Text unveränderte Auflage, Leipzig 1878. (In Husserls Besitz)

—, *Die Ausdehnungslehre von 1862*, in Gemeinschaft mit H. Graßmann dem Jüngeren hrsg. von Fr. Engel: *Gesammelte mathematische und physikalische Werke*, hrsg. von Fr. Engel, I. Bandes II. Theil, Leipzig 1896. (In Husserls Besitz)

*Hamilton, W., *Lectures on Logic*, vol. I, 3d edition, revised: *Lectures on Metaphysics and Logic*, ed. by H. L. Mansel and J. Veitch in 4 volumes, vol. III, Edinburgh and London 1874. (In Husserls Besitz)

Hamilton, W. R., *Lectures on Quaternions: containing a Systematic Statement of a New Mathematical Method*, Dublin 1853.

—, *Elements of Quaternions*, 2 volumes, 1st edition, London 1866; 2nd edition, 1899 and 1901.

Heidegger, M., ,,Neuere Forschungen über Logik" (1. Teil): *Literarische Rundschau für das katholische Deutschland*, 38 (1912), S. 468–472. (In Husserls Besitz)

—, *Die Lehre vom Urteil im Psychologismus*, Leipzig 1914. (In Husserls Besitz)

Heller, K. D., *Ernst Mach, Wegbereiter der modernen Physik*, Wien 1964.

Helmholtz, H., ,,Über die thatsächlichen Grundlagen der Geometrie" ⟨1866⟩: *Wissenschaftliche Abhandlungen*, II. Band, Leipzig 1883, S. 610–617.

—, ,,Über die Thatsachen, die der Geometrie zum Grunde liegen" ⟨1868⟩: *Wissenschaftliche Abhandlungen*, II. Band, Leipzig 1883, S. 618–639.

*Herbart, J. Fr., *Psychologie als Wissenschaft, neu gegründet auf Erfahrung, Metaphysik und Mathematik*, II., analytischer Theil, Königsberg 1825. (In Husserls Besitz)

*—, *Lehrbuch zur Psychologie*, 3. Auflage, hrsg. von G. Hartenstein, 2. Abdruck, Hamburg und Leipzig 1882. (In Husserls Besitz)

*—, *Lehrbuch zur Einleitung in die Philosophie*, 5. Auflage, hrsg. von G. Hartenstein, 2. Abdruck, Hamburg und Leipzig 1883. (In Husserls Besitz)

*Heymans, G., *Die Gesetze und Elemente des wissenschaftlichen Denkens. Ein Lehrbuch der Erkenntnisstheorie in Grundzügen*, 2 Bände, 1. Auflage, Leipzig 1890 und 1894. (2., verbesserte Auflage, 1905, und 3., verbesserte Auflage, 1915, in Husserls Besitz)

*Höfler, A. und A. Meinong, *Logik: Philosophische Propädeutik*, unter Mitwirkung von A. Meinong verfaßt von A. Höfler, I. Theil, Wien 1890. (In Husserls Besitz)

*Hume, D., *An Enquiry concerning Human Understanding: Essays, Moral, Political, and Literary*, ed. by T. H. Green and T. H. Grose, vol. II, London 1882, S. 1–135. (In Husserls Besitz)

Husserl, E., *Über den Begriff der Zahl. Psychologische Analysen. Habilitationsschrift*, Halle a. S. 1887; neu hrsg. von L. Eley: E. Husserl, *Philosophie der Arithmetik, mit ergänzenden Texten (1890–1901): Husserliana XII*, Den Haag 1970, S. 289–338.

—, ,,Zur Logik der Zeichen (Semiotik)" ⟨1890⟩: *Philosophie der Arithmetik, mit ergänzenden Texten (1890–1901): Husserliana XII*, hrsg. von L. Eley, Den Haag 1970, S. 340–373.

*—, *Philosophie der Arithmetik. Psychologische und logische Untersuchun-*

gen, I. Band, Halle-Saale 1891; neu hrsg. von L. Eley: *Philosophie der Arithmetik, mit ergänzenden Texten (1890–1901): Husserliana XII*, Den Haag 1970.

—, Rezension von: E. Schröder, *Vorlesungen über die Algebra der Logik*, I. Band, Leipzig 1890: *Göttingische gelehrte Anzeigen* (1891), S. 243–278.

—, „Psychologische Studien zur elementaren Logik": *Philosophische Monatshefte*, 30 (1894), S. 159–191.

—, „Bericht über deutsche Schriften zur Logik aus dem Jahre 1894": *Archiv für systematische Philosophie*, 3 (1897), S. 216–244.

—, „Über psychologische Begründung der Logik" — Ein unveröffentlichter Eigenbericht Husserls über einen von ihm gehaltenen Vortrag, hrsg. von H. Reiner. Aus dem Protokollbuch der ‚Philosophischen Gesellschaft' Halle. Sommer-Semester 1900; I. Sitzung am 2. Mai 1900: *Zeitschrift für philosophische Forschung*, 13 (1959), S. 346–348.

—, Rezension von: M. Palágyi, *Der Streit der Psychologisten und Formalisten in der modernen Logik*, Leipzig 1902: *Zeitschrift für Psychologie und Physiologie der Sinnesorgane*, 31 (1903), S. 287–294.

*—, „Bericht über deutsche Schriften zur Logik in den Jahren 1895–99. Erster Artikel": *Archiv für systematische Philosophie*, 9 (1903), S. 113–132; „Dritter Artikel": S. 393–408.

—, „Persönliche Aufzeichnungen" ⟨1906–1908⟩, hrsg. von W. Biemel: *Philosophy and Phenomenological Research*, 16 (1956), S. 293–302.

—, „Philosophie als strenge Wissenschaft": *Logos*, 1 (1910/11), S. 289–341; neu hrsg. von W. Szilasi: *Quellen der Philosophie 1*, Frankfurt am Main 1965.

—, „Entwurf einer ‚Vorrede' zu den ‚Logischen Untersuchungen' (1913)", hrsg. von E. Fink, *Tijdschrift voor Philosophie*, 1 (1939), S. 106–133, 319–339.

*—, *Ideen zu einer reinen Phänomenologie und phänomenologischen Philosophie*, I. Buch, *Allgemeine Einführung in die reine Phänomenologie: Jahrbuch für Philosophie und phänomenologische Forschung*, I. Band, I. Teil, S. 1–323; *Neue, auf Grund der handschriftlichen Zusätze des Verfassers erweiterte Auflage*, hrsg. von W. Biemel: *Husserliana III*, Den Haag 1950.

—, *Ideen zu einer reinen Phänomenologie und phänomenologischen Philosophie*, II. Buch, *Phänomenologische Untersuchungen zur Konstitution: Husserliana IV*, hrsg. von M. Biemel, Den Haag 1952.

—, *Ideen zu einer reinen Phänomenologie und phänomenologischen Philosophie*, III. Buch, *Die Phänomenologie und die Fundamente der Wissenschaften: Husserliana V*, hrsg. von M. Biemel, Den Haag 1952, S. 153–167.

—, „Erinnerungen an Franz Brentano": O. Kraus, *Franz Brentano. Mit Beiträgen von Carl Stumpf und Edmund Husserl*, München 1919, s. 153–167.

—, *Phänomenologische Psychologie. Vorlesungen Sommersemester 1925: Husserliana IX*, hrsg. von W. Biemel, Den Haag 1962.

—, *Vorlesungen zur Phänomenologie des inneren Zeitbewußtseins*, hrsg. von M. Heidegger: *Jahrbuch für Philosophie und phänomenologische Forschung*, 9, 1928, S. VIII–IX, 1–298; neu hrsg. von R. Boehm: E. Husserl, *Zur Phänomenologie des inneren Zeitbewußtseins (1893–1917)*: *Husserliana X*, Den Haag 1966.

—, *Formale und transzendentale Logik. Versuch einer Kritik der logischen Vernunft: Jahrbuch für Philosophie und phänomenologische Forschung*, 10 (1929), S. V–XIII, 1–298; mit ergänzenden Texten neu hrsg. von Paul Janssen: *Husserliana XVII*, Den Haag 1974.

—, *Cartesianische Meditationen und Pariser Vorträge* <1929–1931>: *Husserliana I*, hrsg. von S. Strasser, 2. Auflage, Den Haag 1963.

—, *Die Krisis der europäischen Wissenschaften und die transzendentale Phänomenologie. Eine Einleitung in die phänomenologische Philosophie* <1934–1937>: *Husserliana VI*, hrsg. von W. Biemel, 2. Auflage, Den Haag 1962.

—, ,,Husserl, Edmund'' (Selbstdarstellung, redigiert von E. Fink, signiert von E. Husserl): *Philosophen-Lexikon*, bearbeitet von E. Hauer, W. Ziegenfuß, G. Jung, Berlin 1937, 6. Lieferung, S. 447–452; Neuabdruck: *Philosophen-Lexikon*, unter Mitwirkung von G. Jung verfaßt und hrsg. von W. Ziegenfuß, Berlin 1949, I. Band *A–K*, S. 569–576.

—, *Logical Investigations*, translated by J. N. Findlay, 2 volumes, London and New York 1970.

*Kant, I., *Kritik der reinen Vernunft: Sämtliche Werke in chronologischer Reihenfolge*, hrsg. von G. Hartenstein, III. Band, Leipzig 1867. (In Husserls Besitz)

*—, *Logik. Ein Handbuch zu Vorlesungen*, hrsg. von G. B. Jäsche: *Sämtliche Werke in chronologischer Reihenfolge*, hrsg. von G. Hartenstein, VIII. Band, Leipzig 1868. (In Husserls Besitz)

Ki., A., Rezension von E. Husserl, *Logische Untersuchungen*, I. Theil, Halle a. S. 1900: *Literarisches Centralblatt für Deutschland*, 52 (1901), S. 964–965.

*Knigge, Ph., *Versuch einer Logic für Frauenzimmer*, Hannover 1789.

Kohak, E. V., ,,Edmund Husserl: A Letter to Arnold Metzger'': *The Philosophical Forum*, 21 (1963/64), S. 48–68.

*Kroman, K., *Unsere Naturerkenntnis. Beiträge zu einer Theorie der Mathematik und Physik*, ins Deutsche übersetzt unter Mitwirkung des Verfassers von R. von Fischer-Benzon, Kopenhagen 1883. (In Husserls Besitz)

*Kries, J. von, *Die Principien der Wahrscheinlichkeitsrechnung. Eine logische Untersuchung*, Freiburg i. B. 1886. (In Husserls Besitz)

*—, ,,Über Real- und Beziehungs-Urteile'': *Vierteljahrsschrift für wissenschaftliche Philosophie*, 16 (1892), S. 253–288. (In Husserls Besitz)

*Külpe, O., *Einleitung in die Philosophie*, 1. Auflage, Leipzig 1895. (8., verbesserte Auflage, hrsg. von A. Messer, 1918, in Husserls Besitz)

*Lange, Fr. A., *Logische Studien. Ein Beitrag zur Neubegründung der formalen Logik und der Erkenntnisstheorie*, hrsg. von H. Cohen, Iserlohn 1877. (In Husserls Besitz)

*Lasson, A., ,,Jahresbericht über Erscheinungen der philosophischen Litteratur in Frankreich aus den Jahren 1894–1895'': *Zeitschrift für Philosophie und philosophische Kritik*, Neue Folge, 113 (1899), S. 65–110.

*Leibniz, G. W., „Schreiben an Gabriel Wagner. Vom Nutzen der Vernunftkritik oder Logik" ⟨1696⟩: *Opera philosophica*, Pars prior, hrsg. von J. E. Erdmann, Berlin 1840, S. 418–426. (In Husserls Besitz)

*—, *Nouveaux essais sur l'entendement humain* ⟨1703⟩: *Opera philosophica*, Pars prior, hrsg. von J. E. Erdmann, Berlin 1840, S. 194–418. (In Husserls Besitz)

—, „La Monadologie (Vulgo: Principia philosophiae seu theses in gratiam principis Eugenii conscriptae)" ⟨1714⟩: *Opera philosophica*, Pars altera, hrsg. von J. E. Erdmann, Berlin 1839, S. 705–712. (In Husserls Besitz)

*—, *Opera philosophica quae exstant latina, gallica, germanica omnia*, hrsg. von J. E. Erdmann, Berlin, Pars prior, 1840; Pars altera, 1839. (In Husserls Besitz)

*—, *Mathematische Schriften*, 2. Abtheilung, III. Band, hrsg. von C. I. Gerhardt: *Gesammelte Werke. Aus den Handschriften der Königlichen Bibliothek zu Hannover*, hrsg. von G. H. Pertz, 3. Folge, *Mathematik*, VII. Band, Halle 1863.

Lie, S., *Theorie der Transformationsgruppen*, unter Mitwirkung von Fr. Engel bearbeitet von S. Lie, 3 Bände, Leipzig und Berlin 1888–1893.

*Liebmann, O., „Die Arten der Nothwendigkeit": *Gedanken und Thatsachen. Philosophische Abhandlungen, Aphorismen und Studien*, 1. Heft, Straßburg 1882, S. 1–45. (In Husserls Besitz: *Gedanken und Thatsachen. Philosophische Abhandlungen, Aphorismen und Studien*, I. Band, Straßburg 1899. Vgl. S. 1–45.)

*Lipps, Th., „Die Aufgabe der Erkenntnisstheorie und die Wundt'sche Logik, I.": *Philosophische Monatshefte*, 26 (1880), S. 529–539.

*—, *Grundzüge der Logik*, Hamburg und Leipzig 1893. (In Husserls Besitz)

—, *Einheiten und Relationen. Eine Skizze zur Psychologie der Apperzeption*, Leipzig 1902. (In Husserls Besitz)

—, *Vom Fühlen, Wollen und Denken. Eine psychologische Skizze*, Leipzig 1902. (In Husserls Besitz)

—, „Fortsetzung der psychologischen Streitpunkte, V. Zur Psychologie der ‚Annahmen'": *Zeitschrift für Psychologie und Physiologie der Sinnesorgane*, 31 (1903), S. 67–78. (In Husserls Besitz)

*Lotze, H., *Logik. Drei Bücher vom Denken, vom Untersuchen und vom Erkennen: System der Philosophie*, I. Theil, 2. Auflage, Leipzig 1880. (In Husserls Besitz)

Luquet, G.-H., Rezension von: E. Husserl, *Logische Untersuchungen*, I. Theil, Halle a. S. 1900: *Revue philosophique de la France et de l'étranger*, 51 (1901), S. 414–418.

Mach, E., *Die Geschichte und die Wurzel des Satzes von der Erhaltung der Arbeit*. Vortrag, gehalten in der königlich böhmischen Gesellschaft der Wissenschaften am 15. November 1871, Prag 1872.

—, „Die ökonomische Natur der physikalischen Forschung." Vortrag, gehalten in der feierlichen Sitzung der kaiserlichen Akademie der Wissenschaften zu Wien am 25. Mai 1882: *Populär-wissenschaftliche Vorlesungen*, 2., unveränderte Auflage, Leipzig 1897, S. 208–236. (In Husserls Besitz)

*—, *Die Mechanik in ihrer Entwickelung historisch-kritisch dargestellt*, Leipzig 1883. (4., verbesserte und vermehrte Auflage, 1901, in Husserls Besitz)

Meinong, A., *Philosophenbriefe. Aus der wissenschaftlichen Korrespondenz von A. Meinong*, hrsg. von R. Kindlinger, Graz 1965.

Mill, J. St., *A System of Logic, Ratiocinative and Inductive, being a Connected View of the Principles of Evidence and the Methods of Scientific Investigation*, 7th edition, in 2 volumes, London 1868.

*—, *System der deductiven und inductiven Logik. Eine Darlegung der Grundsätze der Beweislehre und der Methoden wissenschaftlicher Forschung*, mit Genehmigung und unter Mitwirkung des Verfassers übersetzt und mit Anmerkungen versehen von Th. Gomperz: Gesammelte Werke, autorisirte Übersetzung unter Redaction von Th. Gomperz, II.–IV. Band, Leipzig 1872/73. (In Husserls Besitz)

*—, *An Examination of Sir William Hamilton's Philosophy and of the Principal Philosophical Questions discussed in his Writings*, 5th edition, London 1878. (In Husserls Besitz)

*Natorp, P., ,,Über objective und subjective Begründung der Erkenntniss. (Erster Aufsatz.)'': *Philosophische Monatshefte*, 23 (1887), S. 257–286.

*—, *Einleitung in die Psychologie nach kritischer Methode*, Freiburg i. B. 1888. (In Husserls Besitz)

—, ,,Quantität und Qualität in Begriff, Urtheil und gegenständlicher Erkenntniss. Ein Kapitel der transcendentalen Logik'': *Philosophische Monatshefte*, 27 (1891), S. 1–32, 129–160.

—, ,,Zu den Vorfragen der Psychologie'': *Philosophische Monatshefte*, 29 (1893), S. 581–611.

*—, *Sozialpädagogik. Theorie der Willenserziehung auf der Grundlage der Gemeinschaft*, Stuttgart 1899. (In Husserls Besitz)

—, ,,Zur Frage der logischen Methode. Mit Beziehung auf Edm. Husserls ,Prolegomena zur reinen Logik' '': *Kantstudien*, 6 (1901), S. 270–283. (In Husserls Besitz)

*—, *Allgemeine Psychologie nach kritischer Methode*, I. Buch, *Objekt und Methode der Psychologie*, Tübingen 1912. (In Husserls Besitz)

—, *Kant und die Marburger Schule*, Berlin 1912.

—, *Bücherverzeichnis der Bibliothek Paul Natorp*. Seizyo-Gakuen, Tokyo 1938.

Palágyi, M., *Der Streit der Psychologisten und Formalisten in der modernen Logik*, Leipzig 1902. (In Husserls Besitz)

Regeln für die deutsche Rechtschreibung nebst Wörterverzeichnis. Hrsg. im Auftrage des Königlich Preußischen Ministeriums der geistlichen, Unterrichts- und Medizinal-Angelegenheiten. Neue Bearbeitung ⟨1902⟩. Faksimiledruck. Mit einem Nachwort von P. Grebe: *Sammlung Duden 4*, Mannheim o. J.

*Riehl, A., *Der philosophische Kriticismus und seine Bedeutung für die positive Wissenschaft*, II. Band, I. Theil, *Die sinnlichen und logischen Grundlagen der Erkenntniss*, Leipzig 1879. (In Husserls Besitz)

Riemann, B., „Über die Hypothesen, welche der Geometrie zu Grunde liegen" ⟨1867⟩: *Gesammelte mathematische Werke und wissenschaftlicher Nachlaß*, hrsg. unter Mitwirkung von R. Dedekind von H. Weber, 2. Auflage, Leipzig 1892, S. 272–287.

Schapp, W., „Erinnerungen an Husserl": *Edmund Husserl 1859–1959. Recueil commémoratif publié à l'occasion du centenaire de la naissance du philosophe: Phaenomenologica 4*, Den Haag 1959, S. 12–25.

Schleiermacher, Fr., *Dialektik. Aus Schleiermachers handschriftlichem Nachlasse*, hrsg. von L. Jonas: *Sämtliche Werke*, 3. Abtheilung, *Zur Philosophie*, IV. Bandes II. Theil, Berlin 1839. (In Husserls Besitz)

Schuhmann, K., „Forschungsnotizen über Husserls ‚Entwurf einer ‚Vorrede' zu den *Logischen Untersuchungen*'": *Tijdschrift voor Filosofie*, 34 (1972), 513–524.

—, *Reine Phänomenologie und phänomenologische Philosophie. Historisch-analytische Monographie über Husserls „Ideen I": Phaenomenologica 57*, Den Haag 1973.

Schuppe, W., *Das menschliche Denken*, Berlin 1870. (In Husserls Besitz)

—, *Erkenntnistheoretische Logik*, Bonn 1878.

—, *Grundriß der Erkenntnistheorie und Logik*, 1. Auflage, Berlin 1894; 2., durchgesehene Auflage, 1910. (Beide Auflagen in Husserls Besitz)

*Sigwart, Chr., *Logik*, I. Band, *Die Lehre vom Urtheil, vom Begriff und vom Schluß*, 2., durchgesehene und erweiterte Auflage, Freiburg i. B. 1889; 3., durchgesehene Auflage, Tübingen 1904. (2. Auflage in Husserls Besitz)

Spencer, H., „Mill *versus* Hamilton — The Test of Truth": *Fortnightly Review*, 1 (1865), S. 531–550.

Spiegelberg, H., „What William James Knew about Edmund Husserl. On the Credibility of Pitkin's Testimony": *Life-World and Consciousness. Essays for Aron Gurwitsch*, ed. by L. E. Embree, Evanston 1972, S. 407–422.

*Stumpf, C., „Psychologie und Erkenntnistheorie": *Abhandlungen der philosophisch-philologischen Classe der königlich bayerischen Akademie der Wissenschaften*, XIX. Band, II. Abtheilung, 1891, S. 466–516.

—, „Zur Einteilung der Wissenschaften": *Abhandlungen der Königlich Preußischen Akademie der Wissenschaften vom Jahre 1906*, Berlin 1907. (Sonderdruck in Husserls Besitz)

*Trendelenburg, A., „Über Leibnizens Entwurf einer allgemeinen Charakteristik": *Historische Beiträge zur Philosophie*, III. Band, *Vermischte Abhandlungen*, Berlin 1867, S. 1–47. (In Husserls Besitz)

—, *Logische Untersuchungen*, 2 Bände, 3., vermehrte Auflage, Leipzig 1870. (In Husserls Besitz)

Twardowski, K., *Zur Lehre vom Inhalt und Gegenstand der Vorstellungen*. Wien 1894. (In Husserls Besitz)

Überweg, Fr., *System der Logik und Geschichte der logischen Lehren*, 5., verbesserte, vermehrte und mit einem Namen- und Sach-Register versehene Auflage, bearbeitet und hrsg. von J. B. Meyer, Bonn 1882. (In Husserls Besitz)

Van Breda, H. L., „Leibniz' Einfluß auf das Denken Husserls": *Akten des Internationalen Leibniz-Kongresses Hannover, 14.–19. November 1966*, V. Band, *Geschichte der Philosophie*, Wiesbaden 1971, S. 124–145.

*Windelband, W., „Kritische oder genetische Methode?": *Präludien. Aufsätze und Reden zur Einleitung in die Philosophie*, I. Band, 1. Auflage, Freiburg i. B. 1884, S. 247–279.

*Wundt, W., *Logik. Eine Untersuchung der Principien der Erkenntniss und der Methoden wissenschaftlicher Forschung*, I. Band, *Erkenntnisslehre*, 2., umgearbeitete Auflage, Stuttgart 1893. (In Husserls Besitz)

—, „Psychologismus und Logizismus": *Kleine Schriften*, I. Band, Leipzig 1910, S. 511–634. (In Husserls Besitz).

NAMENREGISTER

Dieses Verzeichnis enthält sämtliche von Husserl selber angeführten Namen.

SIGEL UND ZEICHEN

A   *1. Auflage des I. Teiles, 1900, und des II. Teiles, 1901*
B   *2. Auflage des I. Bandes, 1913*
B_1 *2. Auflage des 1. Teiles des II. Bandes, 1913*
B_2 *2. Auflage des 2. Teiles des II. Bandes, 1921*
Hrsg.   *Herausgeber*
Ms(s).   *Manuskript(e)*

| *Beginn einer neuen Seite in A bzw. B*
‖   *Beginn von neuen Seiten in A und B*
⌐ ⌐   *Varianten von A und B*
[ ]   *1) In Zitaten: Einfügungen Husserls, von ihm als solche gekenn-*
             zeichnet
             2) Am Rande: Seitenzahlen in A bzw. B
< >   *Einfügungen des Hrsg.*
ist*   *Hochgestellte Sternchen: Fußnoten Husserls (in A und B: hoch-*
             gestellte Ziffern), durch einen kurzen Strich vom Haupttext getrennt
ist[1]   *Hochgestellte Ziffern: Fußnoten des Hrsg., durch einen sich über die*
             ganze Seite erstreckenden Strich vom Grundtext getrennt

Sperrdruck   *1) Hervorhebung (in A z.T. durch Schreibung mit großem*
                 Anfangsbuchstaben)
                 2) Eigennamen (in A und B in KAPITÄLCHEN*)*
Kursivdruck   *1) Ausdrücke und Zitate in fremden Sprachen*
                 2) Alleinstehende Buchstaben
                 3) Titel von Büchern und Zeitschriften (in A und B nicht
                 oder unterschiedlich gekennzeichnet)